THE PSYCHOLOGY BOOK

心理學百科

DK

心理學百科

嘉芙蓮·哥連（Catherine Collin）等著
徐玥　譯
萬家輝　審訂

商務印書館

Original Title: *The Psychology Book*

本書中文繁體版由 DK 授權出版。
本書譯文由電子工業出版社授權使用。

心理學百科

作　　者：嘉芙蓮・哥連（Catherine Collin）　敖娜・格蘭特（Voula Grand）
　　　　　尼高・賓臣（Nigel Benson）　米連・賴恩（Merrin Lazyan）
　　　　　約翰・吉斯堡（Joannah Ginsburg）　馬庫斯・韋斯（Marcus Weeks）
譯　　者：徐　玥
審　　訂：萬家輝
責任編輯：黃振威
出　　版：商務印書館（香港）有限公司
　　　　　香港筲箕灣耀興道 3 號東滙廣場 8 樓
　　　　　http://www.commercialpress.com.hk
發　　行：香港聯合書刊物流有限公司
　　　　　香港新界荃灣德士古道 220-248 號荃灣工業中心 16 樓
印　　刷：C&C Offset Printing Co.,Ltd
版　　次：2022 年 3 月第 1 版第 3 次印刷

　　　　　ISBN 978 962 07 5723 5
　　　　　Published in Hong Kong SAR. Printed in China.

For the curious
www.dk.com

作者簡介

嘉芙蓮·哥連（Catherine Collin）

臨床心理學家。嘉芙蓮・哥連是派茅夫大學的副教授（心理治療高級講師）。她的研究興趣是心理健康的基礎醫療及心理行為治療。

敖娜·格蘭特（Voula Grand）

商業心理學家。敖娜・格蘭特常為國際企業提供領導及行政表現的意見。她的第一本小説*Honor's Shadow*是有關秘密、出賣及復仇的心理。

尼高·賓臣（Nigel Benson）

哲學及心理學講師。尼高・賓臣曾經撰寫數本有關心理學的暢銷書。

米連·賴恩（Merrin Lazyan）

集作家、編輯、聲樂家於一身。米連・賴恩在哈佛大學攻讀心理學，亦曾創作小說及非小說。

約翰·吉斯堡（Joannah Ginsburg）

臨床心理學家和記者。約翰・吉斯堡先後在紐約、波士頓、費城、達拉斯等的社區治療中心工作。她也是*This Book has Issues: Adventures in Popular Psychology*的其中一位作者。

馬庫斯·韋斯（Marcus Weeks）

作家及音樂家。哲學系畢業，從事寫作前曾執教鞭。曾協助出版多本藝術及科普著作。

目錄

哲學根源
萌芽中的心理學

行為主義
我們對環境的反應

心理治療

無意識決定行為

認知心理學

計算機般的腦

社會心理學

與他人共處一個世界

發展心理學

從嬰兒到成人

差異心理學

人格和智力

在公眾眼裏，心理學在所有的學科中可能是最神秘的，同時恐怕也是受誤解最多的。雖然心理學的聲音和思想滲透在每一種文化的日常生活中，但是大多數人依舊搞不清楚這個學科到底是關於甚麼的，以及心理學家到底是做甚麼的。有的人一提到「心理學」就會聯想到穿白大褂的人，他們可能是精神病院的醫生，也可能是拿小白鼠開刀的實驗員。有的人腦海中可能會浮現出一個滿嘴中歐口音的人，正在對躺椅上的病人進行精神分析，或者像電影裏演的那樣，實施着心靈操控術。

雖然這些形象過於誇張，但是它們的背後卻有着真實的成分。心理學這把大傘覆蓋了範圍相當廣泛的分支學科，也難怪人們會困惑於心理學到底是做甚麼的（光是以 psych 為前綴的詞就夠讓人眼花繚亂的了），心理學家自身對於某個術語的定義可能也存在着爭議。「Psychology」（心理學）這個詞源於古希臘語中的 psyche（意為靈魂或心靈）和 logia（意為研究和解釋），兩個詞合起來就組成了這個學科最初的涵義，而今天對「心理學」更為準確的描述是「心智與行為的科學」。

新的科學

心理學可以被看作是哲學與生理學之間的橋樑。生理學描述和解釋的是大腦和神經系統的生理結構，而心理學考察的是發生在其中的心理加工過程及其如何在思想、觀念和行動中體現出來。哲學關注的是思想和觀念，而心理學研究的是我們怎樣產生出思想和觀念以及我們的心靈是如何工作的。

心理學雖有着悠遠的過去，卻只有短暫的歷史。

—— 赫爾曼・艾賓浩斯

所有的科學都起源於哲學，起源於想用科學的方法去解釋哲學問題，但是像意識、知覺和記憶這類問題，它們看不見摸不着的特性預示了心理學要想將哲學觀點轉變為科學實踐勢必有很長的路要走。在一些大學裏，特別是在美國，心理學系起初都是哲學系的分支，而在其他一些國家，尤其是德國，心理學系建立之初就完全是科學類的科系。但是直到 19 世紀後期，心理學才憑藉自身的力量屹立於科學之林。

世界上第一個實驗心理學實驗室是由萊比錫大學的威廉・馮特於 1879 年建立的，這標誌着心理學作為一門真正的科學受到認可，同時也開拓了尚未被探索過的新的研究領域。到了 20 世紀，心理學進入繁盛時期；它的主要分支和思潮紛紛開始湧現。心理學的歷史和

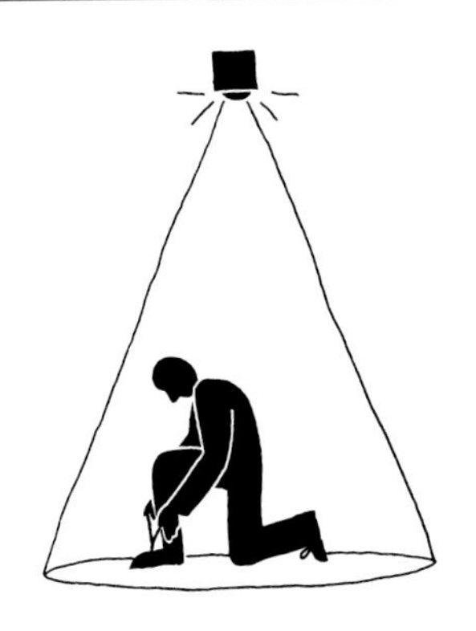

所有科學一樣，建立在後繼者的理論和發現之上，當代的心理學家仍然與許多古老的理論有着千絲萬縷的聯繫。一些學術研究領域的主題來源於心理學發展的初期，不同思想學派都對它們進行各自的解釋，而另一些則在人們的視線中來了又去，但是每次它們都會對後繼的思想產生重要的影響，並且有時候還可能孕育出嶄新的探索領域。

初學者想要了解如此廣泛的心理學領域有一個最簡單的辦法，那就是按照年代的順序看看所發生過的重大事件和變革，正如本書這樣：從心理學的哲學根源開始，經過行為主義、心理治療、認知、社會、發展心理學的研究，直到差異心理學。

兩種取向

即使是在發展的早期，心理學對不同人也有着不同的意味。在美國，它依附於哲學，所以其取向是思辨和理論性的，關注的是意識和自我這樣的概念。在歐洲，心理學研究植根於科學，所以強調的是檢驗實驗室控制條件下的感知或記憶等心理加工過程。然而，即便是偏科學取向的心理學家，他們的研究仍局限於內省的方法：像艾賓浩斯這樣的先驅以自己為調查對象，大大限制了他們所能觀察到的事物的範圍。雖然他們使用了科學的方法並且他們的理論為新的科學奠定了基礎，但是許多後輩的心理學家都發現他們的研究過於主觀，於是便開始尋找更為客觀的方法。

19 世紀 90 年代，俄國心理學家伊萬・巴甫洛夫做出了被認為是對歐洲和美國的心理學發展都產生了重要影響的實驗。他證明了動物能夠產生制約的反應，這一觀點後來發展為眾所周知的行為主義。行為主義者認為客觀地研究心理加工過程是不可能的，但是測量行為就相對簡單多了，而行為正是那些心理加工過程的體現。他們開始設計實驗來操縱各種制約條件，起初用動物做實驗來推斷人類的心理，後來乾脆直接用人類做實驗。行為主義者的研究幾乎只關注於行為如何被環境所塑造；「刺激—反應」理論因約翰・華生的工作而變得家傳戶曉。新的學習理論在歐洲和美國的發展勢如破竹，大大吸引了普通民眾的目光。

然而，當行為主義剛開始在美國嶄露頭角時，維也納一位年輕的精神病醫生開始提出關於心靈的理論，這一理論顛覆了同時代的思想並開闢了一條截然不同的道路。基

對我們心理學人來說，首要的事情是思考自己要走向何方。

—— 威廉・詹姆斯

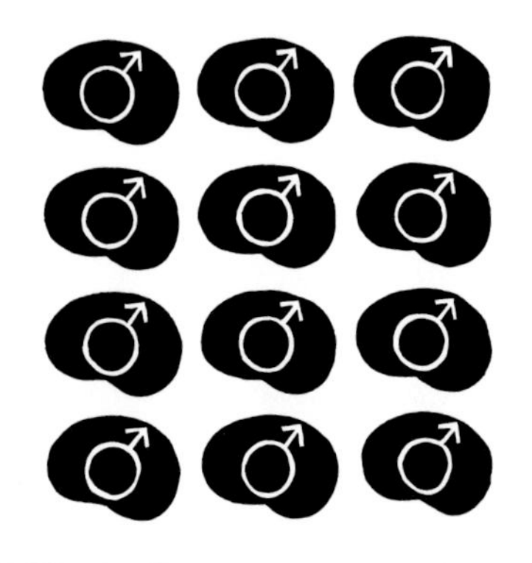

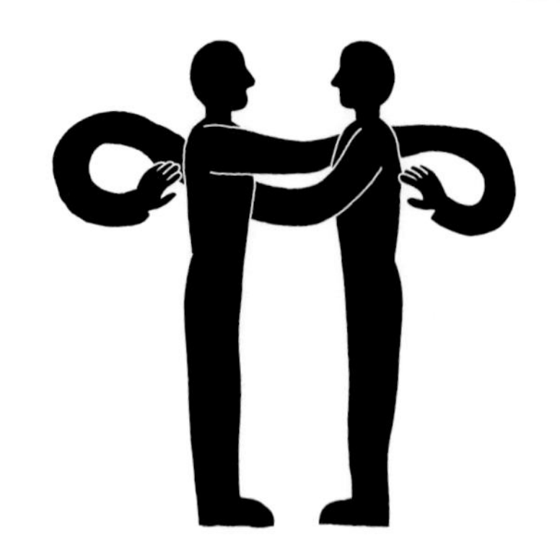

於對病人的觀察以及對病史資料的分析，佛洛伊德的精神分析理論又轉向主觀經驗的研究，而非實驗室實驗。他關注記憶、兒童發展和人際關係，強調無意識對行為的決定性作用。雖然他的思想在當時令人震驚，但是它們迅速而廣泛地被人們所接受，並且「談話治療」一直延續，並存在於今天的各種心理治療中。

新的研究領域

20世紀中葉，隨着一股研究心理加工過程的科學思潮的回歸，行為主義和精神分析漸漸沒落。這就是著名的認知心理學的興起，這一思想運動又起源於以研究知覺為主的完形心理學家的整體觀。認知心理學的工作開始於第二次世界大戰之後的美國；到了20世紀50年代後期，認知心理學變得舉世矚目。通信和計算機領域的飛速發展為心理學家提供了一種有用的類比；他們用信息加工模型來深化多個領域的理論，例如，注意、知覺、記憶和遺忘，語言和語言獲得問題，解決和決策，以及動機。

甚至由原始的「談話治療」衍生出的形式多樣的心理治療都受到了認知取向的影響。認知療法和認知行為療法被稱為精神分析的代替品，催生了人本心理學，注重人類生活的質量。這些治療師將他們的注意力從治療疾病轉向引導健康的人過上更有意義的生活。

心理學的早期階段主要關注個體的心智和行為，而現在，卻對我們如何與環境及他人互動更感興趣；社會心理學應運而生。和認知心理學一樣，社會心理學在相當程度上也得益於完形心理學，特別是20世紀30年代從納粹德國逃到美國的科特・勒溫。社會心理學統一了20世紀後半葉的步調，其研究揭示了許多新的發現，包括我們的態度和偏見、我們對權威的服從以及我們具有攻擊性和利他主義的原因，這些都與現代都市生活以及更有效的溝通交流有密切的關係。

佛洛伊德的後續影響主要體現在發展心理學這個新領域上。這一領域的研究起初只關心兒童的發展，後來慢慢地擴展到整個人一生的變化，從嬰兒直到老年。研究者勾勒出人類如何進行社會、文化和道德的學習，以及如何形成依戀。發展心理學對教育和培訓的貢獻也是非常突出的，同時，也影響着我們如何思考兒童發展中的人際關係及對種族和性別的態度。

幾乎每一個心理學分支都會涉

如果說19世紀是編輯稱霸的年代，那麼我們這個世紀就是精神科醫生的天下。

—— 麥克盧漢

及人類的獨特性的問題，但是，20 世紀後期心理學被單獨看作是差異心理學的天下。在試圖確認和測量人格特質及智力元素的同時，心理學家們也檢驗了正常與異常的定義及測量方法，並着眼於我們的個體差異在多大程度上是環境的結果還是遺傳的產物。

一門影響深遠的科學

留存到今天的眾多心理學分支覆蓋了心智生活及人類與動物行為的全部內容。其研究範圍又因與許多其他學科交叉而進一步擴展，包括醫學、生理學、神經科學、計算機科學、教育學、社會學、人類學，甚至政治、經濟和法律。心理學或許是最包羅萬象的科學。

心理學持續影響着其他科學，同時也被其他科學所影響，特別是神經科學和遺傳學。延續至今的先天和後天的爭論可以追溯到 19 世紀 70 年代的高爾頓的觀點；近年來，進化心理學對此爭論也做出了自己的貢獻，它發現心理特質是先天和生物學的現象，服從遺傳規律和自然選擇法則。

心理學是一個巨大的主題，它的發現和我們每一個人都息息相關。或多或少，它都在影響着政府、商業和工業、廣告業以及大眾傳媒的決策。它影響着羣體中的我們，也影響着身為個體的我們，它介入了對社會的一般性討論，也指導着對心理障礙的診斷和治療。

心理學家的觀點和理論融入了我們的日常文化，從某種程度上講，他們關於行為和心理加工過程的許多發現現在都被視為「常識」。心理學所提出的一些觀點確認了我們的直覺，僅是讓我們做出再一次的思考而已；但是心理學家也經常令公眾震驚和震怒，因為他們的發現動搖了人們傳統的、長久的信念。

在其簡短的歷史上，心理學帶來的許多觀念改變了我們的思維方式，幫助我們更能夠理解自己、他人和我們所生活的世界。它深深地質疑舊有的觀念，發掘出令人不安的真相，同時也為複雜的問題提出令人驚嘆的見解和解決之道。作為一門大學課程，它的受歡迎程度不斷提升，這不僅顯示出當代心理學的流行，而且顯示出這門探索人類神秘心靈世界的學科的豐富性和多樣性，以及給人們帶來的歡欣和鼓舞。■

心理學的目的是讓我們對自以為了然於胸的事情有截然不同的見解。

—— 保羅・瓦勒里

PHILOSOPHICAL ROOTS
PSYCHOLOGY IN THE MAKING

哲學根源
萌芽中的心理學

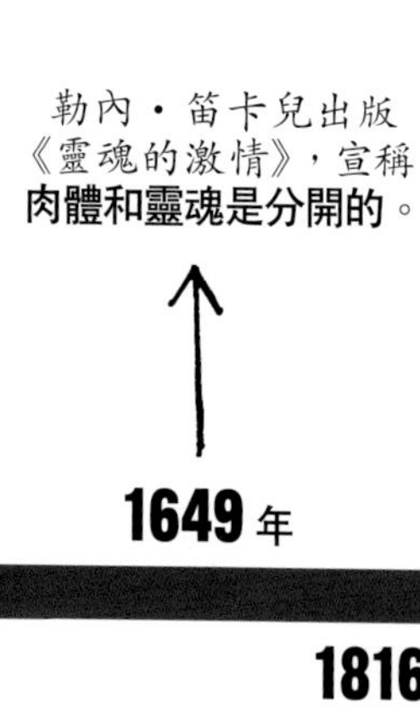

1649 年

勒內・笛卡兒出版《靈魂的激情》，宣稱**肉體和靈魂是分開的**。

1816 年

約翰・赫爾巴特在一本心理學教科書中用**意識和無意識**來描述動態的心靈。

1819 年

阿畢・法利亞在他的著作《論清醒睡眠的原因》中調查了**催眠**現象。

1849 年

索倫・齊克果的著作《致死的疾病》標誌着**存在主義**的開端。

1859 年

達爾文出版《物種起源》，提出我們的所有特質都來自遺傳。

1861 年

神經外科醫生**皮埃爾・保羅・布洛卡**發現人腦的左右半球有着不同的功能。

1869 年

弗朗西斯・高爾頓的研究認為**後天比先天更重要**，並將其寫進《遺傳的天賦》。

1874 年

卡爾・威爾尼克證明特定腦區的損傷能導致特定技能的缺失。

現代心理學的許多議題在今天的科學發展出來之前就是哲學領域長久討論的話題了。古希臘最早期的哲學家一直在尋找關於我們所存在的世界中各種問題的答案，以及我們思考和行動的方式。從那時起，我們就為了思索意識和自我、心靈和軀體、知識和知覺、社會的構成以及如何過上美好生活而絞盡腦汁。

科學的各個分支幾乎都起源於哲學，啟蒙於 16 世紀之後，直到一場「科學革命」的爆發，開闢了 18 世紀的理性年代。雖然科學知識的進展回答了許多關於我們所存在的世界的問題，但仍無法解釋我們的心靈如何工作。然而，科學和技術確實提供了研究的範式，告訴我們該如何提出適當的問題，並收集相關資料來驗證理論。

分離的心靈與肉體

17 世紀科學革命的代表人物之一，哲學家和數學家笛卡兒提出心靈和肉體是分離的，這對心理學的發展起到了至關重要的作用。他宣稱所有的人類都是二元的存在 —— 擁有獨立的機器一樣的身體，以及非物質、可思考的心靈或靈魂。後來的心理學思想家，如約翰・赫爾巴特，對機器的比喻進行了擴展，將人腦以及心理加工過程描述為人腦機器在工作。

心靈和肉體分離的程度成為爭論的主題。科學家想知道心靈在多大程度上是由生理因素以及我們的環境所塑造的。「先天和後天」的爭論由英國自然學家達爾文的進化論點燃，由弗朗西斯・高爾頓接棒，將話題引入自由意志、人格、發展和學習。這些領域還沒有完全被哲學所觸及，並且已經為迎接科學研究做好了準備。同時，心靈的奧秘隨着催眠的發現而受到熱烈的追捧，嚴肅的科學家們開始思考心

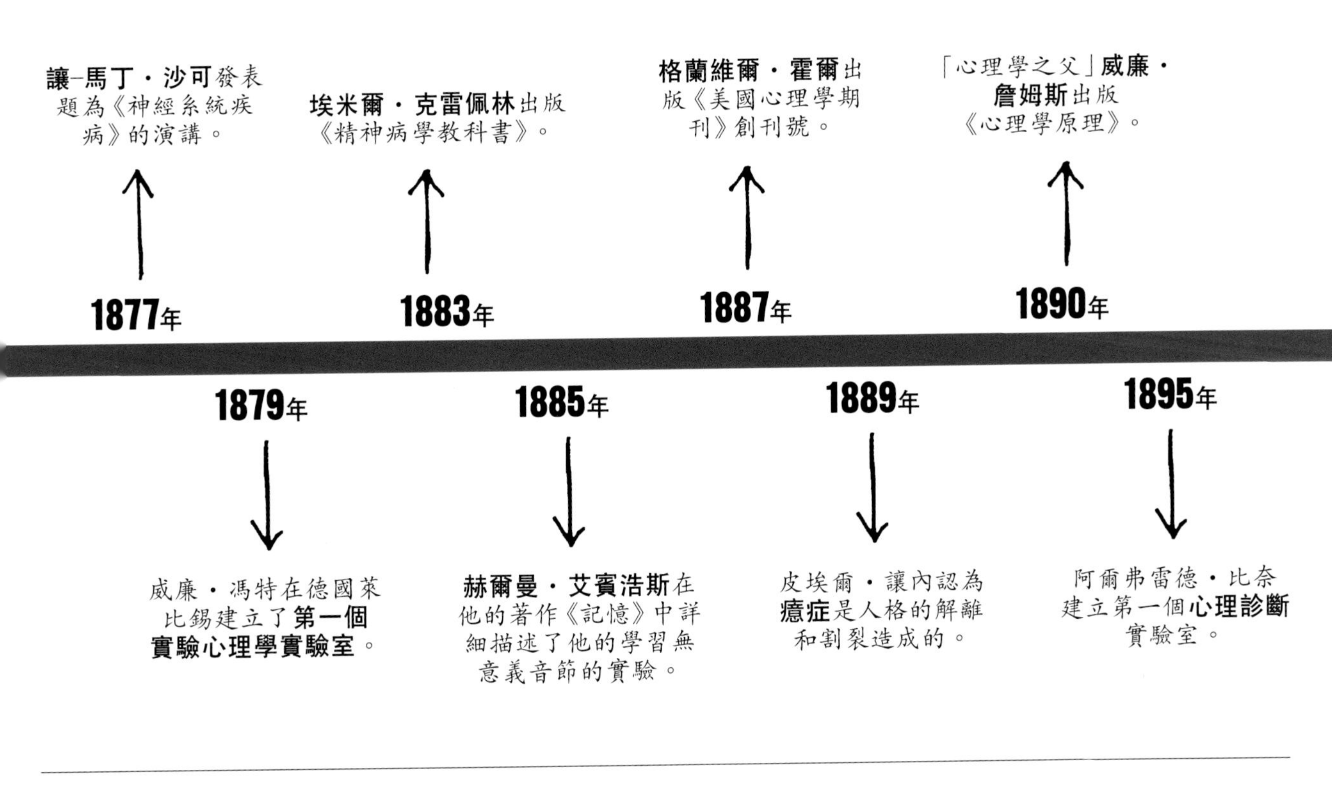

靈世界除了外顯的有意識思維是否還有更多內幕。這些科學家開始探查「無意識」的本質，以及它對我們的思維和行為的影響。

心理學的誕生

在這些背景基礎上，現代科學心理學誕生了。1879 年，威廉・馮特在德國萊比錫大學建立了第一個實驗心理學實驗室，歐洲和美國的大學裏也開始出現心理學系。正如哲學帶有特定的地域色彩一樣，心理學在不同的地區也有着各自的發展方向：在德國，像威廉・馮特、赫爾曼・艾賓浩斯和埃米爾・克雷佩林這樣的心理學家採用嚴格的科學和實驗方法進行研究；而在美國，威廉・詹姆斯和他的哈佛同事採用更為理論性和哲學化的方法。除了這些研究方向外，一個頗具影響力的學派在巴黎生根發芽，它圍繞着神經學家讓–馬丁・沙可的工作，即催眠治療癔症展開。這一學派吸引了一些心理學家，如皮埃爾・讓內，他關於無意識的觀點早於佛洛伊德的精神分析理論。

19 世紀的最後 20 年可以看到新的心理科學的重大飛速發展，同時，研究心靈的科學方法建立起來，這些方法和生理學和研究軀體的相關學科大致相同。起初，科學的方法僅用於研究知覺、意識、記憶、學習和智力，後來它在觀察和實驗過程中的實踐又為新的理論提供了寶貴財富。

雖然這些觀點通常來源於心靈研究者的自省，他們的研究也帶有強烈的主觀意味，但他們為下一代心理學家更客觀地研究心靈和行為奠定了基礎，並且催生了治療心理障礙的新理論。■

人格的四種氣質

克勞迪亞斯・蓋倫（約 129－約 201 年）

背景介紹

聚焦

體液説

此前

約公元前 400 年 古希臘醫生希波克拉底認為人體的體液中含有四種元素。

約公元前 325 年 古希臘哲學家亞里士多德認為幸福有四種來源：感官的、物質的、道德的和邏輯的。

此後

1543 年 解剖學家安德雷亞斯・維薩里在意大利出版了《人體構造》。他指出了蓋倫的錯誤，卻被當成異教徒而遭受指控。

1879 年 馮特認為氣質的差異源於在兩個維度上所佔的比例不同，這兩個維度分別為可變性和情緒性。

1947 年 在《人格維度》一書中，艾森克提出人格基於兩種維度。

萬物都由四種基本元素組成：土、空氣、火和水。

↓

這些元素與四種體液相對應，而體液影響着我們的身體功能。

↓

這些體液也會影響我們的情緒和行為——我們的「氣質」。

↓

體液的不均衡會導致氣質問題……

↓

……因此，通過重新找回體液的均衡，醫生可以治癒我們的情緒和行為問題。

羅馬哲學家和醫生克勞迪亞斯・蓋倫（Claudius Galen）根據古希臘的體液説，提出了人格類型的概念。體液説試圖揭示人體是如何工作的。

體液説的起源可以追溯到希臘哲學家恩培多克勒（前 495—前 435 年），他提出所有的物質都由四種基本元素，即土（寒冷而乾燥）、空氣（溫暖而潮濕）、火（溫暖而乾燥），和水（寒冷而潮濕）構成。「醫學之父」希波克拉底（前 460—前 370 年）基於這些元素提出了一個醫學模型，認為人體中有四種液體。這些液體被稱為「體液」。

200 年後，蓋倫將體液説擴展到人格，他觀察到人體的體液水平與情緒和行為傾向或「氣質」有着直接的聯繫。

蓋倫的四種氣質，即多血質、黏液質、膽汁質、抑鬱質的基礎是人體的體液處於均衡狀態。如果一種體液過多，那麼其對應的人格

參見：勒內·笛卡兒 20~21 頁，高爾頓·奧爾波特 306~313 頁，漢斯·艾森克 316~321 頁，沃爾特·米舍爾 326~327 頁。

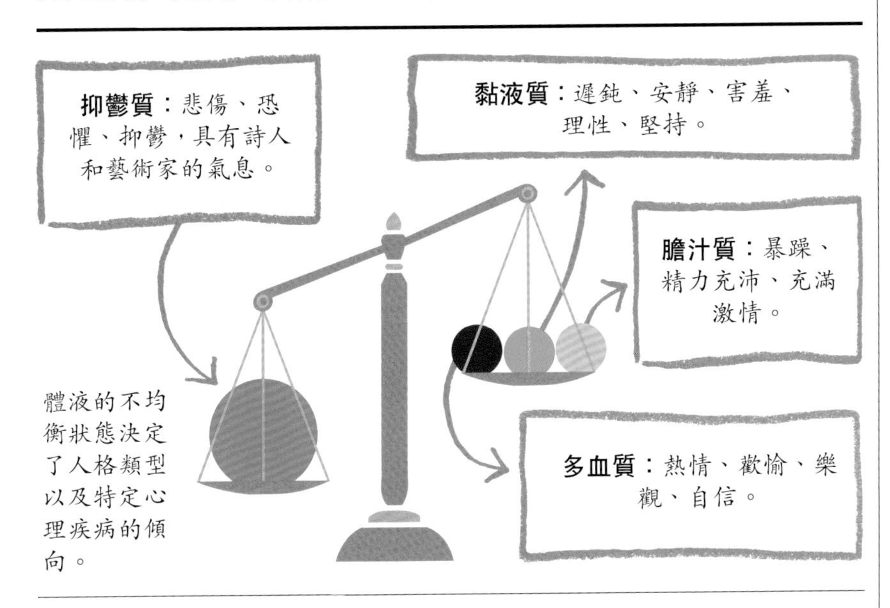

體液的不均衡狀態決定了人格類型以及特定心理疾病的傾向。

類型就開始佔主導。多血質的人擁有過多的血液，他們熱情、高興、樂觀且自信，但是也可能會有些自私。黏液質的人擁有過多的黏液，他們安定、溫和、冷靜、理性且堅持，但是也可能會有些遲鈍和害羞。膽汁質的人是暴躁而熾烈的，他們擁有過多的黃色膽汁。最後，抑鬱質的人黑色膽汁過多，他們具有詩人和藝術家的氣息，也經常體驗到悲傷和恐懼。

體液的失衡

根據蓋倫的說法，有的人生來就容易帶有某種氣質。然而，他又說，雖然氣質問題是由體液的失衡導致的，但是飲食和鍛鍊可以將其治癒。在更為極端的病例中，治療的方法還有排毒和放血。例如，一個超級多血質的人表現得特別自私，是因為他體內的血液過多；將身體切開一個小口放血就可以對此進行治療。

蓋倫的學說對醫學界的影響直到文藝復興時才結束，那時有了更科學的研究成果。1543 年，在意大利行醫的醫生安德雷亞斯·維薩里（1514—1564）發現蓋倫的解剖描述中有超過 200 個錯誤，但是儘管蓋倫的醫學觀點一敗塗地，他仍然持續影響着 20 世紀的心理學家。1947 年，艾森克推斷，氣質是以生物學為基礎的，並且他找到了兩種人格特質呼應着古老的氣質，即神經質和外向性。

雖然體液說不再屬於心理學的範疇，但是蓋倫提出的「許多生理和心理疾病相互關聯」的觀點構成了現代治療的基礎。■

克勞迪亞斯·蓋倫

克勞迪亞斯·蓋倫，也被稱為「帕加瑪的蓋倫」（帕加瑪位於土耳其），他是古羅馬的內科醫生、外科醫生和哲學家。他的父親埃利烏斯·尼康是一個富有的古希臘建築師，他給蓋倫提供了良好的教育和外出旅行的機會。蓋倫定居在羅馬，為帝王服務，包括馬可·奧勒留，並成為他的主治醫生。蓋倫在負責醫治角鬥士時學會了創傷的處理，他還撰寫了超過 500 部醫書。他認為通過動物來研究解剖是最好的方法。然而，雖然蓋倫發現了許多內臟器官的功能，但是他因為假設動物的軀體（如猴子和豬）和人類是非常相似的，所以也犯了不少錯誤。蓋倫活了至少 70 歲，關於蓋倫的爭論在他死後仍在繼續。

主要作品

約 190 年 《氣質》
約 190 年 《本能》
約190年 《關於自然科學的三篇論文》

人類這台機器中有理性的靈魂

勒內・笛卡兒（1596－1650 年）

背景介紹

聚焦

心靈 — 肉體二元論

此前

公元前 4 世紀 古希臘哲學家柏拉圖認為肉體來自物質世界，而靈魂，或者說心靈，來自理念世界。

公元前 4 世紀 古希臘哲學家亞里士多德認為靈魂與肉體是不可分離的：靈魂是肉體的實質。

此後

1710 年 在《人類知識原理》中，英裔愛爾蘭哲學家喬治・貝克萊認為肉體只是心靈的知覺。

1904 年 在《意識存在嗎》中，威廉・詹姆斯斷言意識不是獨立的實體，而是一種特殊的功能。

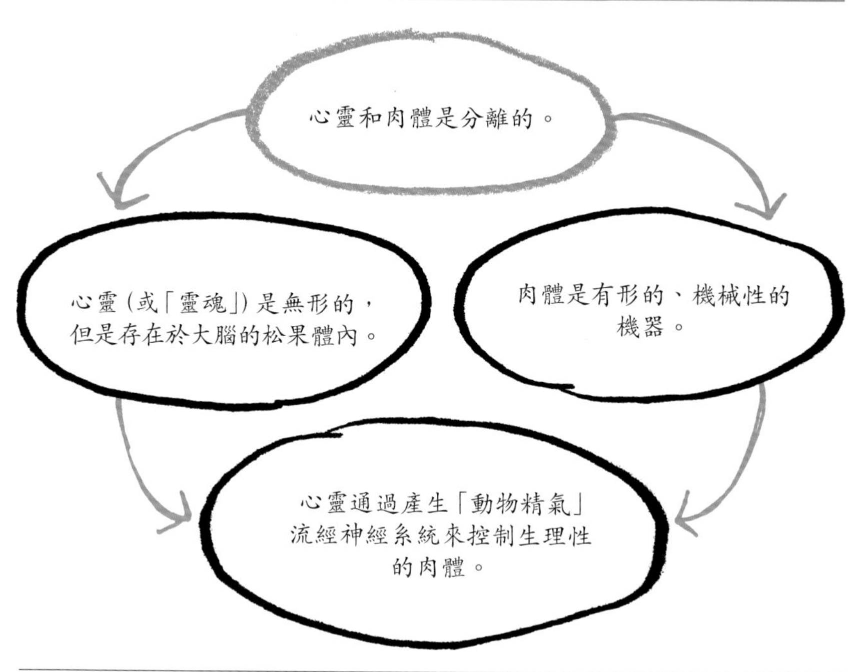

心靈與肉體是否分離的爭論可以一直追溯到柏拉圖和古希臘時期，但是 17 世紀的哲學家勒內・笛卡兒（Rene Descartes）是第一個詳細描寫了心靈與肉體之間關係的人。1633 年，笛卡兒寫了第一部哲學著作《論人》，他在其中這樣描述心靈和肉體的二元論：無形的心靈，或「靈魂」，存在於大腦的松果體中，負責思考，而肉體就像一台由「動物精氣」操控的機器，或者說是流經神經系統的體液使人做出各種動作。這種觀點在公元 2 世紀就因蓋倫而盛行，他還將這種觀

參見：克勞迪亞斯・蓋倫 18~19 頁，威廉・詹姆斯 38~45 頁，西格蒙德・佛洛伊德 92~99 頁。

點融入他的體液説；但是笛卡兒是第一個進行詳細描述的人，並且他強調心靈與肉體的分離性。在給法國哲學家馬林・梅森的信中，笛卡兒解釋説松果體是「思維之所在」，所以一定是靈魂的居所，「因為它們密不可分」。他說，這是非常重要的，因為若非如此，靈魂就無法與肉體相結合，而只能是精神上的存在。

笛卡兒想像心靈和肉體通過流經肉體的動物精氣相互作用。駐紮在大腦深處的松果體中的心靈，或靈魂，就像是一名舵手，支配着有意識的感覺。這樣，肉體就能夠影響心靈。相反，心靈通過動物精氣向肉體的特定區域流動來影響肉體，激發動作。

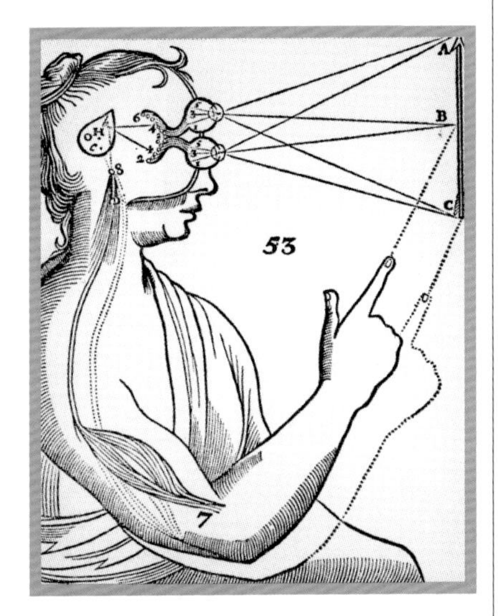

笛卡兒圖解松果體，松果體是大腦中獨一無二的器官，它完美地整合了來自雙眼和雙耳的視聽信息。

心靈和肉體是完全不同的。

—— 勒內・笛卡兒

心靈的比喻

笛卡兒從法國凡爾賽花園的供水系統及精美的噴泉中得到了靈感，他將操縱神經和肌肉的精氣比喻為水流的力量，「正是這種力量推動了一切」。噴泉是由噴泉製造者所控制的，而在此笛卡兒將其比作心靈。他解釋説：「這台機器中有一個理性的靈魂。它居住在大腦中，就好像噴泉製造者必須建造一個蓄水池，機器的水管伸到那裏，他可以隨意開啟或關閉，甚至改變噴水的方式。」

當哲學家們還在爭論心靈和大腦是否是不同的存在時，大多數心理學家已經視心靈為大腦的產物了。然而，實際上，心理健康與生理健康之間的差別是非常複雜的：當心理壓力導致生理疾病時，兩者是難解難分的，而化學失衡也會影響大腦。■

勒內・笛卡兒

勒內・笛卡兒生於法國圖賴訥拉海（現名以「笛卡兒」命名）。他的母親在他出生後不幾天就因結核病而去世，他因受到傳染也一直體弱多病。從八歲開始，他進入拉夫賴士的耶穌學校接受教育，在那裏養成了在牀上度過每個早上的習慣，因為他身體不好，所以就進行「系統冥想」—— 關於哲學、科學和數學。從 1612 年到 1628 年，他醉心於思考、旅行和寫作。1649 年，他受邀為瑞典女王克里斯蒂娜講課，但是她總是佔用他早上的時間，再加上寒冷的天氣，他的健康每況愈下。1650 年 2 月 11 日，笛卡兒去世。官方記載他死於肺炎，但是一些歷史學家認為他是被毒殺的。

主要作品

1637 年 《方法論》
1662 年 《論人》（寫於 1633 年）
1647 年 《人體的描述》
1649年 《靈魂的激情》

睡吧！

阿畢·法利亞（1756—1819 年）

背景介紹

聚焦

催眠

此前

1027 年　波斯哲學家和醫生阿維森納在《治癒之書》中描寫了恍惚狀態。

1779 年　德國醫生弗朗茲·麥斯邁出版了《發現動物磁力實錄》。

此後

1843 年　蘇格蘭外科醫生詹姆斯·布雷德在《神經性睡眠》一書中創造了「神經催眠術」這個詞。

19 世紀 80 年代　法國心理學家埃米爾·庫艾發現了安慰劑效應並出版了《通過有意識的自我暗示控制自我》。

19 世紀 80 年代　佛洛伊德研究了催眠及其表現出的控制潛意識體徵的力量。

引發精神恍惚狀態來治病已經不是甚麼新聞了。在一些古代文明中，如埃及和希臘，人們時常依靠「宿廟求夢」來治病，他們進入一種類似睡覺的狀態來聽取祭師的建議。1027 年，波斯醫生阿維森納記錄了精神恍惚狀態的特點，但是它還完全沒有被當作治療手段來使用，直到 18 世紀被德國醫生弗朗茲·麥斯邁再次啟用。麥斯邁的治療法是通過磁體和暗示來操縱身體本能的，或者說「動物的」磁力。在被「催眠」或「磁化」之後，有的人會抽搐，隨後他們就說自己感覺好多了。

多年以後，葡萄牙屬果阿的僧

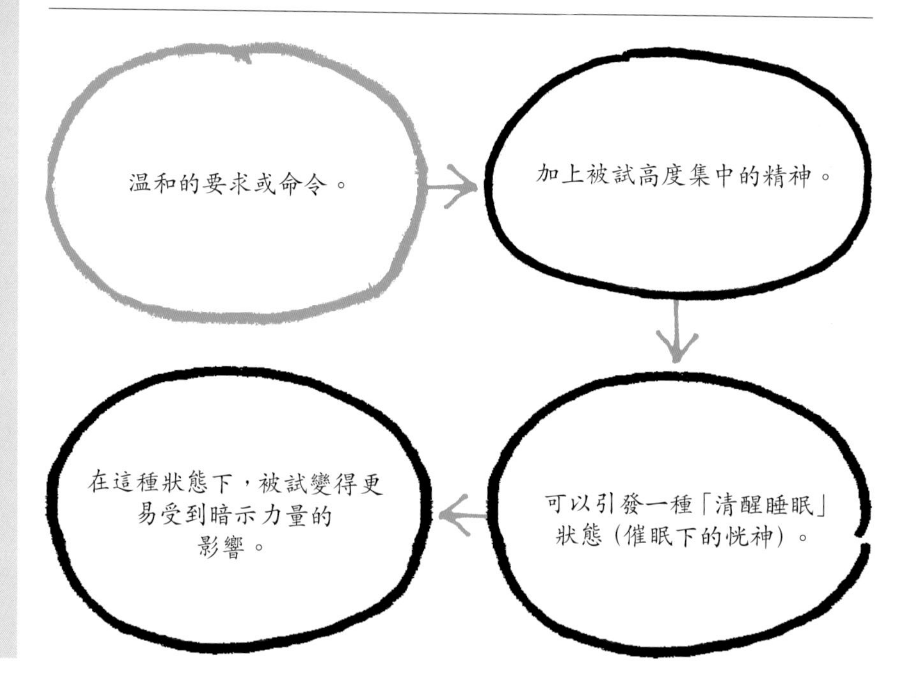

參見：讓–馬丁・沙可 30 頁，西格蒙德・佛洛伊德 92~99 頁，卡爾・榮格 102~107 頁，米爾頓・艾里克森 336 頁。

侶阿畢・法利亞（Abbe Faria）研究了麥斯邁的工作，他得出結論說磁力是催眠的關鍵完全是無稽之談。真相其實是更令人驚訝的：使人進入精神恍惚狀態或「清醒睡眠」的力量完全仰仗個體集中精神的程度。沒有甚麼必不可少的特殊法力，因為這種現象僅僅依靠暗示的力量。

清醒睡眠

法利亞的職責是幫助被試集中精神，進入正確的狀態。在《論清醒睡眠的原因》中，他描述了他的方法：「在挑選了態度端正的被試後，我要求他們坐在椅子上放鬆，閉上眼睛，集中精神，想着睡覺。當他們安靜地等待進一步的指令時，我用溫和的語氣命令說『睡吧！』，然後他們就進入了清醒睡眠」。

「催眠」（hypnosis）這個詞就來自於法利亞的清醒睡眠，是由蘇格蘭的外科醫生詹姆斯・布雷德在 1843 年創造的，它是由希臘語的「睡眠」（hypnos）和「狀態」（osis）組合而成的。布雷德得出結論，催眠不是一種睡眠，而是一種全神貫注並且受暗示性提高的狀態。在他去世後，人們對催眠的興趣鋭減，直到法國神經病醫生沙可開始系統性地利用催眠來治療創傷後的癔病。此後，催眠引起了布洛伊爾和佛洛伊德的注意，他們都對催眠背後的力量產生了疑惑，並且發現了潛意識的力量。■

弗朗兹・麥斯邁利用磁體來引發精神恍惚狀態，這通常是在胃部發生的。據説由此就可以引導身體中的「動物」磁力恢復和諧狀態。

> **磁體沒有任何作用；所有的一切都來自於被試本身並且發生在他的想像之中。**
>
> ——阿畢・法利亞

阿畢・法利亞

阿畢・法利亞出生在葡萄牙殖民地果阿，是一位富家女的兒子，但是他的父母在他 15 歲時離婚了。帶着葡萄牙當局開具的介紹信，法利亞和他的父親來到葡萄牙共同接受牧師的訓練。一次偶然的機會，年輕的法利亞被女王邀請到她的私人教堂佈道。在佈道的過程中，他異常緊張和驚慌，於是他的父親低聲說：「他們都是稻草人 —— 砍倒那些稻草！」法利亞立即忘記了害怕並開始流利地佈道；後來他就想知道為甚麼簡單的一句話就可以迅速改變他的心理狀態。他來到了法國，並投身法國大革命，身陷監獄時他一直在思索自我暗示的方法。法利亞成為了一位哲學家，然而他公開演示「清醒睡眠」的失敗結果卻令他名譽掃地。他於 1819 年死於中風，屍體被埋葬在巴黎蒙馬特的一座無名墳墓中。

主要作品

1819年 《論清醒睡眠的原因》

思想在相互對抗中產生推動力

約翰・赫爾巴特(1776−1841 年)

背景介紹

聚焦

結構主義

此前

1704 年 德國哲學家戈特弗里德・萊布尼茨在他的《人類理智新論》中討論了微弱知覺(無意識的知覺)。

1869 年 德國哲學家哈特曼出版了被廣泛閱讀的《無意識的哲學》。

此後

1895 年 佛洛伊德和布洛伊爾出版了《癔病研究》,提出了精神分析及相關的無意識理論。

1912 年 卡爾・榮格撰寫了《無意識心理學》,認為所有人的無意識經驗都存在着文化特異性。

經驗和感覺相結合形成思想。

相似的思想可以共存或合併。

不相似的思想相互對抗並在衝突中產生推動力。

一種思想勢必要戰勝另一種思想

獲勝的思想進入意識之中。

落敗的思想存在於意識之中;變成了無意識的思想。

約翰・赫爾巴特(Johann Friedrich Herbart)是德國的哲學家,他想要研究心靈是如何工作的,特別是如何掌管思想和觀念。試想我們每個人一生中都會產生無數的思想,為甚麼我們沒有越來越混亂呢?在赫爾巴特看來,心靈一定動用了某種系統來區分和儲存這些思想。他還想要知道為甚麼雖然思想一直存在(赫爾巴特認為它們是不會被銷毀的),但是卻又好像不在我們的意識之中。18 世紀的德國哲

參見：威廉·馮特 32~37 頁，西格蒙德·佛洛伊德 92~99 頁，卡爾·榮格 102~107 頁，安娜·佛洛伊德 111 頁，萊昂·費斯廷格 166~167 頁。

根據赫爾巴特的觀點，想法和感受包含着能量，它們像磁鐵一樣互相吸引同類，或排斥異類。

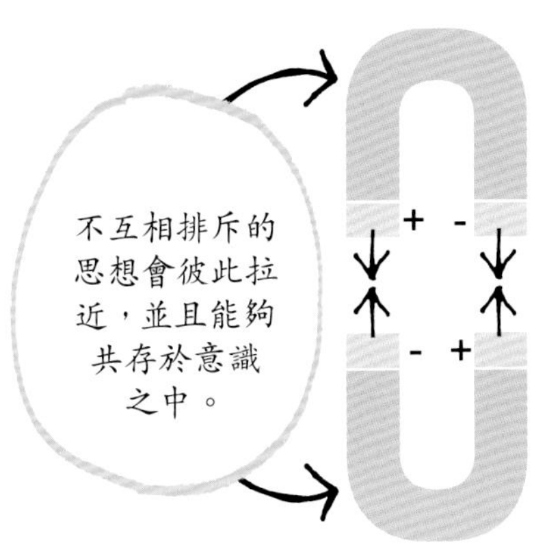

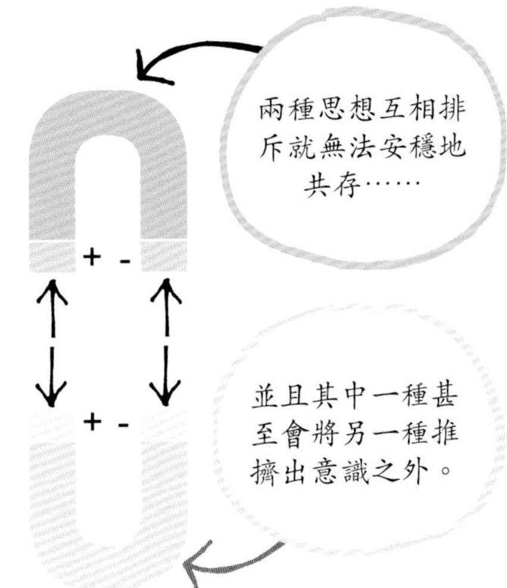

學家萊布尼茨最先開始探討存在於意識之外的思想，並稱之為微弱知覺。例如，他指出我們經常會回憶起曾經感知過的事物，如某個場景中的細節，即便我們並沒有自始至終地意識到它的存在。也就是說，我們感知事物、儲存對它們的記憶時是沒有意識到自己在這樣做的。

動態的思想

根據赫爾巴特的觀點，思想來自於對感覺到的信息的整合。他所說的思想包含了想法、心理表象甚至情緒狀態。這些共同組成了心靈的全部內容，並且赫爾巴特把它們看作動態而非靜態的元素，它們相互之間可以移動和影響。他說，思想能夠吸引或結合其他的思想或感受，也能夠排斥它們，就像磁鐵一樣。相似的思想，就好像顏色和音調，是能夠互相吸收和結合成更複雜的思想的。

但是，如果兩種思想不相似，它們也可能互不相干地存在着。時間久了，它們都會衰弱，最終沉沒在「意識的閾限」之下。一旦兩種思想刀兵相見，它們在相互抵抗中就會產生一種力量。它們在爭鬥中加滿能量，企圖將對方趕出意識之外，趕入赫爾巴特所謂的「趨勢狀態」，也就是我們現在所熟知的「無意識」。

赫爾巴特把無意識簡單地看作是虛弱的或被打壓的思想存儲的地方。他認為要進入意識必須達到一個明確的閾限，他試圖為健全的心靈如何管理思想找到結構化的解決之道。但是，佛洛伊德把無意識的機制看得更為複雜。他將赫爾巴特的觀點融入他自己的無意識理論中，並奠定了 20 世紀最重要的心理治療取向 —— 精神分析 —— 的基礎。■

約翰·赫爾巴特

約翰·赫爾巴特出生在德國的奧爾登堡。12 歲之前，他一直在家接受母親的教育，之後他進入當地的學校學習，接着又進入耶拿大學研究哲學。他當了 3 年私人家庭教師後拿到了哥廷根大學的博士學位，並在那裏教授哲學課程。1809 年，赫爾巴特來到哥尼斯堡接任該校康德哲學教席。進入上流社會後，赫爾巴特遇到了只有他一半年紀的英國女人瑪麗·德雷克，二人喜結連理。1833 年，他回到了哥廷根大學，在那裏繼續擔任哲學教授直到因中風而去世，享年 65 歲。

主要作品

1808 年 《一般實踐哲學》
1816 年 《心理學教科書》
1824 年 《作為科學的心理學》

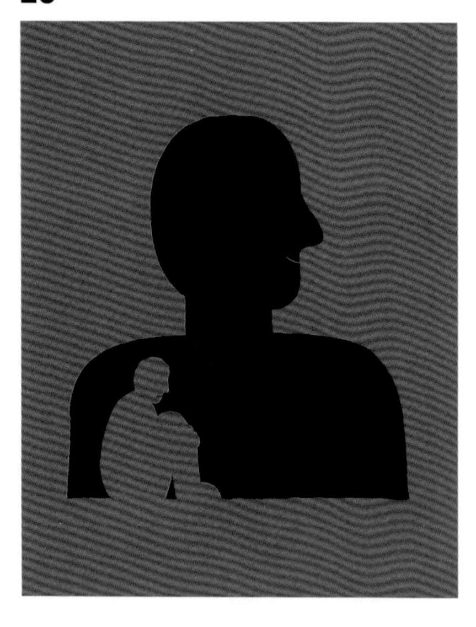

做真實的自己

索倫・齊克果（1813—1855 年）

背景介紹

聚焦

存在主義

此前

公元前 5 世紀　蘇格拉底說幸福的關鍵是發現「真實的自我」。

此後

1879 年　馮特把自我分析作為心理學的研究方法。

1913 年　華生公開批判心理學中的自我分析，他說「內省法完全不得要領」。

1951 年　羅傑斯出版了《以來訪者為中心的治療法》，1961 年又出版了《生而為人》。

1960 年　萊恩在《分裂的自我》中重新定義了「發瘋」，並將對內在衝突的存在主義分析應用於治療中。

1996 年　羅洛・梅的《焦慮的意義》就是以齊克果的《焦慮的概念》為基礎寫成的。

從古希臘時起，人們就一直在研究一個基本問題：「我是誰？」蘇格拉底（前 470—前 399 年）認為哲學的主要目的就是通過分析和理解自我來提高幸福感，他的名言是：「不經檢視的人生是沒有價值的。」索倫・齊克果（Søren Kierkegaard）在《致死的疾病》（1849）一書中利用自我分析來理解「絕望」問題，他認為絕望並非來自於憂

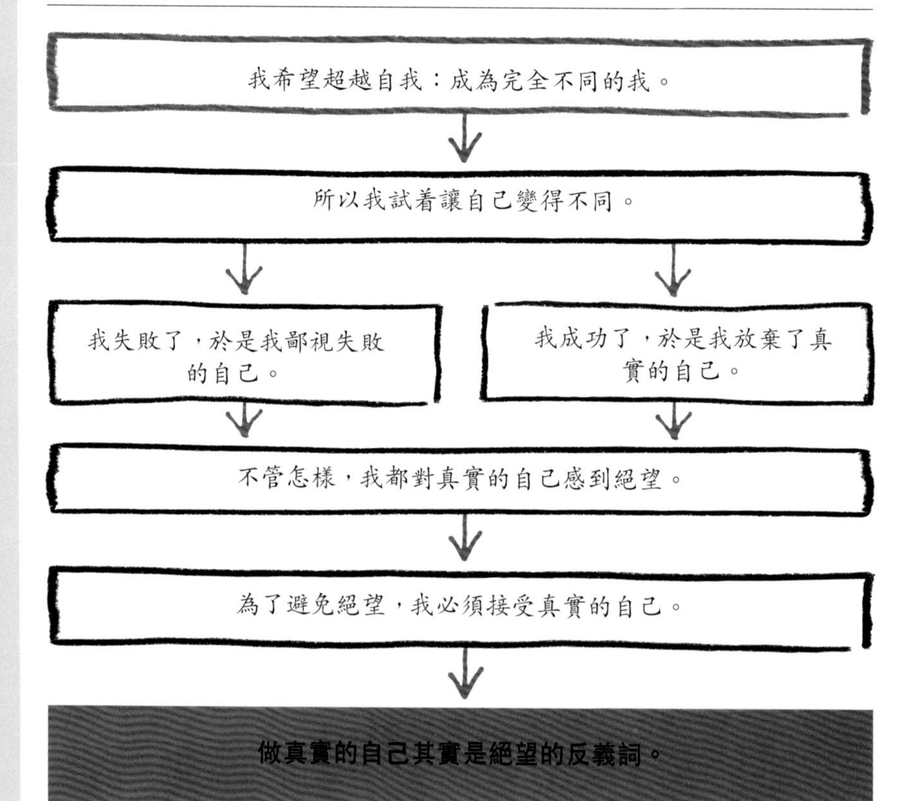

參見：威廉・馮特 32~37 頁，威廉・詹姆斯 38~45 頁，卡爾・羅傑斯 130~137 頁，羅洛・梅 141 頁，R.D. 萊恩 150~151 頁。

這幅畫描繪了拿破崙對權力過度膨脹的野心，使得他看不清真實的自己和人性的局限，於是最終陷入絕望。

鬱，而是來自於對自我的不認同。

齊克果描繪了絕望的幾個層次。最低、最常見的源自於忽視：一個人對自我有錯誤的認識，並且沒有意識到潛在自我的存在或本性。這種忽視帶來的效果類似於「傻樂」，所以齊克果自己也拿不準這能不能算作「絕望」。他認為，真正的絕望伴隨着自我意識的增強，更深層次的絕望源自於強烈的自我意識，並且極度地不喜歡自己。當一個人犯了錯誤時，例如，醫生資格考試不合格，他可能就會因為感到自己失去了甚麼而絕望。但是根據齊克果的觀點，如果更仔細觀察的話，很明顯這個人的絕望實際上不是為了甚麼事情（考試不合格），而是為了他自己。自己沒能達成某個目標是令人無法忍受的。於是人就想要變成一個完全不同的自己（成為醫生），但是現在他卻糾結於自己的失敗並且陷入了絕望。

放棄真實的自己

齊克果舉例說，有個人想要當皇帝，但是就算他真的實現了他的目標，他也完全放棄了原本的自己。為了他的慾望和成就，他必須要「拋棄」自己。這種對自己的否定是令人痛苦的：當一個人想要逃避自己時就會感到深深的絕望——「他不再擁有自己，不再是自己了」。

但是，齊克果也提供了一種解決辦法。他得出結論，只要拾起面對自己的勇氣，就能夠找回內心的平靜與和諧，切勿妄想成為其他人。「想要成為真實的自己，其實是絕望的反義詞，」他說。他認為，當我們不再否定真實的自己並且試着去發現和接受我們真實的本性時，絕望就消失了。

齊克果強調個人的責任感，以及發現個人的真正本質和人生目標的需要，這種觀點被看作存在主義哲學的開端。他的觀點直接影響了萊恩的存在主義治療法，並且影響了羅傑斯等臨床心理學家的人本主義治療實踐。■

索倫・齊克果

索倫・齊克果出生在一個富裕的丹麥家庭，他是虔誠的路德教信徒。他在哥本哈根大學研究神學和哲學。當他繼承了一大筆遺產後，他決定把一生都奉獻給哲學，但是最終卻不甚滿意。他說：「我真正需要做的，是搞清楚我到底在做甚麼，而不是我必須知道甚麼。」1840 年，他與雷吉納・奧爾森訂婚，卻又突然取消婚約，因為他覺得自己不適合結婚。長期的鬱鬱寡歡嚴重影響了他的生活。他深居簡出，主要的娛樂活動就是走到街上和陌生人聊天，以及獨自去鄉村騎自行車。

1855 年 10 月 2 日，齊克果在街上跌倒，同年 11 月 11 日卒於哥本哈根的弗里德里希醫院。

主要作品

1843 年 《恐懼與戰慄》
1843 年 《非此即彼》
1844 年 《焦慮的概念》
1849 年 《致死的疾病》

人格是由先天和後天因素合成的

弗朗西斯·高爾頓（1822－1911 年）

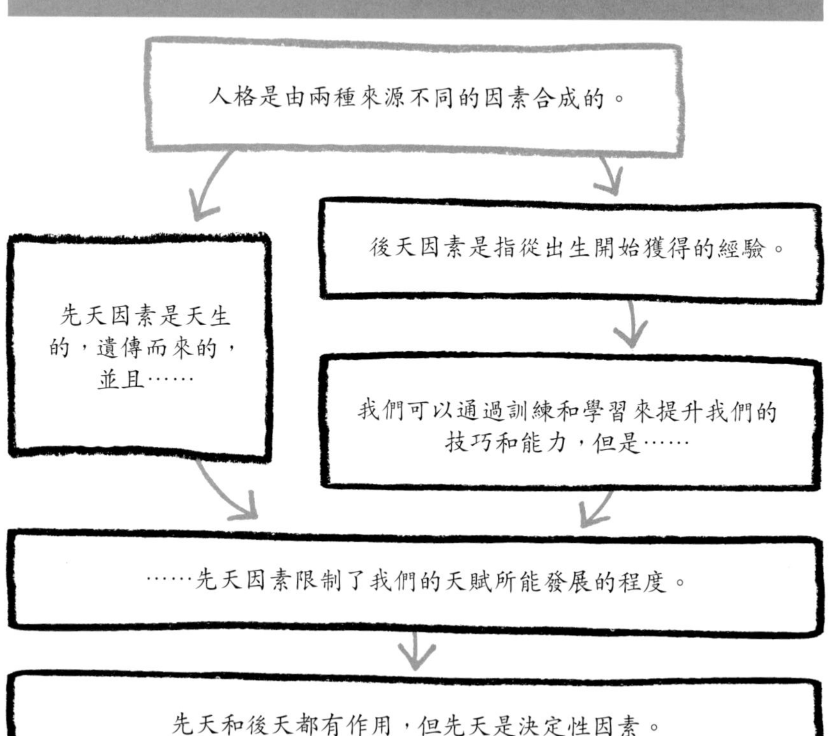

背景介紹

聚焦

生物心理學

此前

1690 年 英國哲學家洛克提出每個兒童的心靈都是一張白紙，因此我們生來都是平等的。

1859 年 生物學家達爾文認為所有的人類發展都是對環境適應的結果。

1890 年 威廉·詹姆斯認為人的能力傾向或本能，是遺傳而來的。

此後

1925 年 行為主義者華生說「並不存在甚麼遺傳而來的能力、天賦、氣質或者心理素質」。

20 世紀 40 年代 納粹德國企圖通過優生學創造一個「精英級的雅利安種族」。

弗朗西斯·高爾頓（Francis Galton）的親戚之中有許多才智過人的人，例如，進化生物學家達爾文。所以，不難理解為甚麼高爾頓會對能力是天生的還是習得的感興趣。他是最先提出「先天和後天」是各自獨立的兩種影響，並且它們的效果是可以進行測量和比較的，同時這兩種因素也起着塑造人格的作用。1869 年，為了寫就《遺傳天賦》一書，他選擇了「法官、政治家、指揮官、科學家、文學家……

參見：斯坦利・霍爾 46~47 頁，約翰・華生 66~71 頁，郭任遠 75 頁，埃莉諾・麥科比 284~285 頁，雷蒙德・卡特爾 314~315 頁。

性格與家庭休戚相關。

—— 弗朗西斯・高爾頓

占卜師、划船能手、摔跤選手」，甚至選擇了自己的家族族譜來研究遺傳特質。可想而知，他發現這些家庭比普通家庭擁有更多更有天賦的人。然而，他並不能完全將之歸功於先天因素，因為優越的家庭環境也會給成長帶來益處。高爾頓自己就生活在富裕的家庭裏，而且能夠接觸到不同尋常的優質教育資源。

必要的平衡

高爾頓還做了許多其他的研究，包括最早的大型問卷調查，在調查中他向英國皇家學會的成員發放問卷，詢問他們的興趣和工作單位。他的調查結果記錄在《科學的英國人》中，他認為，在先天和後天的對抗中，先天明顯佔據上風。他說，外來的影響能夠留下痕跡，但是甚麼都無法「抹去深深的個人印記」。但是，他堅持先天和後天在人格的塑造過程中均十分重要，因此即便是最高的先天才能也可能被「糟糕的後天條件所荒廢」。他還說，智力是遺傳而來的，但是也必須經過教育的熏陶。

1875 年，高爾頓開始研究 159 對雙生子。他發現他們之間的相似性與普通兄弟姐妹之間不完全一樣，普通兄弟姐妹之間大多中等程度地相像，而雙生子之間要麼特別相像，要麼完全不像。真正令他感到驚奇的是相似度並不會隨着時間而改變。他原本的預期是共同的成長環境會減少雙生子之間的不相似性，卻發現事實並非如此。後天好像完全沒起甚麼作用。

「先天和後天之爭」一直持續到今天。有的人支持高爾頓的理論，包括他的「優生學」觀點。有的人則更贊同每個孩子都是一張白紙或一塊白板，並且我們生來都是平等的。今天，大多數心理學家認為先天和後天在人類發展中共同扮演着重要的角色，並且以複雜的方式相互作用。■

高爾頓的雙生子研究調查了許多方面的相似性，例如，身高、體重、頭髮和眼睛的顏色，還有性情。筆跡往往相差很大是雙生子之間唯一一個顯著的不同點。

弗朗西斯・高爾頓

弗朗西斯・高爾頓是一個博學的人，他精通多門學科，包括人類學、犯罪學（指紋分類）、地理、氣象、生物和心理學。他出生在英國伯明翰的貴族家庭，是個天才兒童，2 歲便能識字。他在倫敦和伯明翰研究了一段時間醫學，隨後又在劍橋大學研究數學，但是他的研究生涯突然中斷，因為 1844 年他父親的去世給他帶來了巨大的心理打擊。

高爾頓開始四處遠遊，嘗試創新。1853 年他和路易莎・巴特勒結婚，他們的婚姻持續了 43 年，但是沒有孩子。他把他的一生奉獻給了測量生理和心理特徵、發明心理量表和寫作。他憑藉數不勝數的功績贏得了眾多獎項和榮譽，包括多個榮譽學位和騎士身份。

主要作品

1869 年 《遺傳天賦》
1874 年 《科學的英國人：他們的天性與後天教養》
1875 年 《雙生子研究》

癔症是有普遍規律的

讓-馬丁・沙可（1825－1893 年）

背景介紹

聚焦

神經病學

此前

公元前 1900 年　埃及的「卡琿莎草紙文稿」上記載，女性行為失調是「四處遊走的子宮」導致的。

公元前 400 年　希臘醫生希波克拉底在《論女性的疾病》一書中發明了「癔症」這個詞，用來形容某種女性疾病。

1662 年　英國醫生托馬斯・威利斯對患癔症的女性進行了屍檢，並沒有發現子宮的病變。

此後

1883 年　比奈來到巴黎薩伯特醫院和沙可成為同事，並記錄了沙可如何通過催眠治療癔症。

1895 年　沙可的學生佛洛伊德出版了《癔症研究》。

讓-馬丁・沙可（Jean-Martin Charcot）被奉為現代神經病學的奠基人，他對心理學和生理學之間的關係充滿了好奇。在 19 世紀六七十年代，他主要研究的是「癔症」，即女性的一系列極端情緒化行為，癔症被認為是子宮的問題造成的。症狀包括大悲大喜、身體瘋狂扭動、昏厥、無力、抽搐以及暫時性的失明和失聰。

在巴黎薩伯特醫院，沙可觀察了數以千計的癔症病例，總結出「癔症的規律」，並認為自己已經完全摸透了這種疾病。他聲稱，癔症是遺傳而來並且持續一生的，精神打擊會誘發出癔症。1882 年，沙可說：「在癔症中，一切都是有規律地進行的，所發生的事情總是驚人地相似；所有國家、所有時代、所有種族，簡言之，全世界都是如此。」

沙可提出，癔症和生理疾病非常相似說明它有生理上的起因，但是和他同時代的人摒棄了這種觀點。有的人甚至認為沙可所說的癔症只是一些外在的行為罷了。然而，沙可的一個學生，佛洛伊德相信癔症狀態是一種生理疾病，並且對此產生了極大的好奇。它成為佛洛伊德在他的精神分析理論中描述的第一種病症。■

沙可在巴黎薩伯特醫院講授關於癔症的知識。他認為癔症的發生有規律可循，有清晰的發展階段，並且可以通過催眠來治癒。

參見：阿爾弗雷德・比奈 50~53 頁，皮埃爾・讓內 54~55 頁，西格蒙德・佛洛伊德 92~99 頁。

心靈內在結構的不可思議的紊亂

埃米爾・克雷佩林（1856－1926 年）

背景介紹

聚焦

醫學精神病學

此前

公元前 50 年 羅馬詩人和哲學家盧克萊修用「痴呆」來形容「心智失常」。

1874 年 克雷佩林的導師馮特出版了《生理心理學原理》。

此後

1908 年 瑞士精神病學家尤金・布魯勒用希臘語的「skhizein」（分裂）和「phren」（心靈）這兩個詞組合成了一個新詞「schizophrenia」（精神分裂症）。

1948 年 世界衛生組織將克雷佩林對心理疾病的分類納入國際疾病分類標準中。

20 世紀 50 年代 第一種抗精神病藥物氯丙嗪開始用於治療精神分裂症。

德國醫生埃米爾・克雷佩林（Emil Kraepelin）相信，大多數心理疾病的起源都是生物性的，而他通常也被認為是現代醫學精神病學的創始人。在 1883 年出版的《精神病學教科書》中，他對心理疾病進行了詳細的分類，包括區分「早發性痴呆」（即早期發病的痴呆）和晚期發病的痴呆，如阿爾茨海默病。

精神分裂症

早發性痴呆，現在被稱為精神分裂症，克雷佩林在 1893 年對此的描述是「心靈的內在結構發生不可思議的紊亂所表現出的一系列臨床表徵」。他觀察到，這種疾病以混亂和反社會行為為特徵，通常發病於青少年晚期或成年早期。克雷佩林又將之分成四種亞類型。第一種是「單純性」痴呆，特徵為緩慢的衰退和退縮。第二種是偏執狂，病人終日處於害怕被迫害的狀態；他們會感覺自己「被監視」或「遭到非議」。第三種是青春型精神分裂症，表現為語無倫次，情緒反應經常與行為不一致，例如，在悲傷的場合放聲大笑。第四種是緊張症，特徵為行動和表情極度繃緊，通常表現為兩種極端，一種是刻板，如在同一個位置坐上幾個小時；另一種是過度活躍，如不停地前後擺動身體。

克雷佩林的分類至今仍然是精神分裂症診斷的基礎。另外，除了大腦功能性的損傷外，對精神分裂症患者的屍檢還顯示出大腦生物化學和結構上的異常。大量心理疾病都有着生物學起源，克雷佩林的這種觀點對精神病學領域產生了深遠的影響，直至今天，許多心理障礙仍然採用藥物治療。■

參見：威廉・馮特 32~37 頁，西格蒙德・佛洛伊德 92~99 頁，卡爾・榮格 102~107 頁，R.D. 萊恩 150~151 頁。

有生命
就有心靈

威廉・馮特（1832－1920 年）

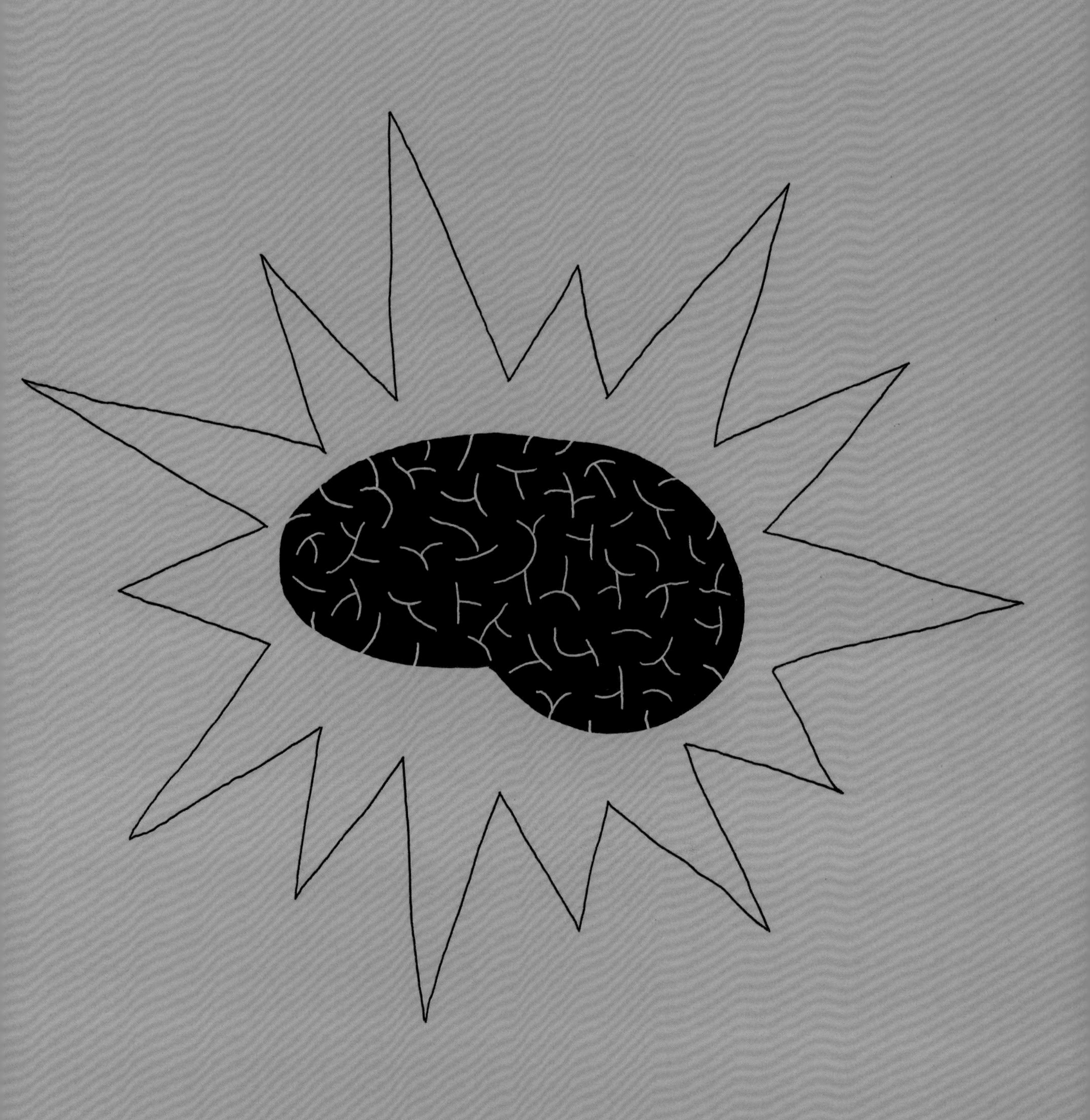

背景介紹

聚焦
實驗心理學

此前

公元5世紀 古希臘哲學家亞里士多德和柏拉圖認為動物擁有低等的、明顯不同於人類的意識。

17世紀30年代 笛卡兒說動物是沒有感覺的機器。

1859年 英國生物學家達爾文認為人類的祖先是動物。

此後

1949年 洛倫茨在《所羅門的指環》一書中展示了動物與人類的相似性，改變了人們對動物的看法。

2001年 美國動物學家唐納德・格里芬在《動物心靈》一書指出，動物具有對未來的感覺和複雜的記憶，也許還有自我意識。

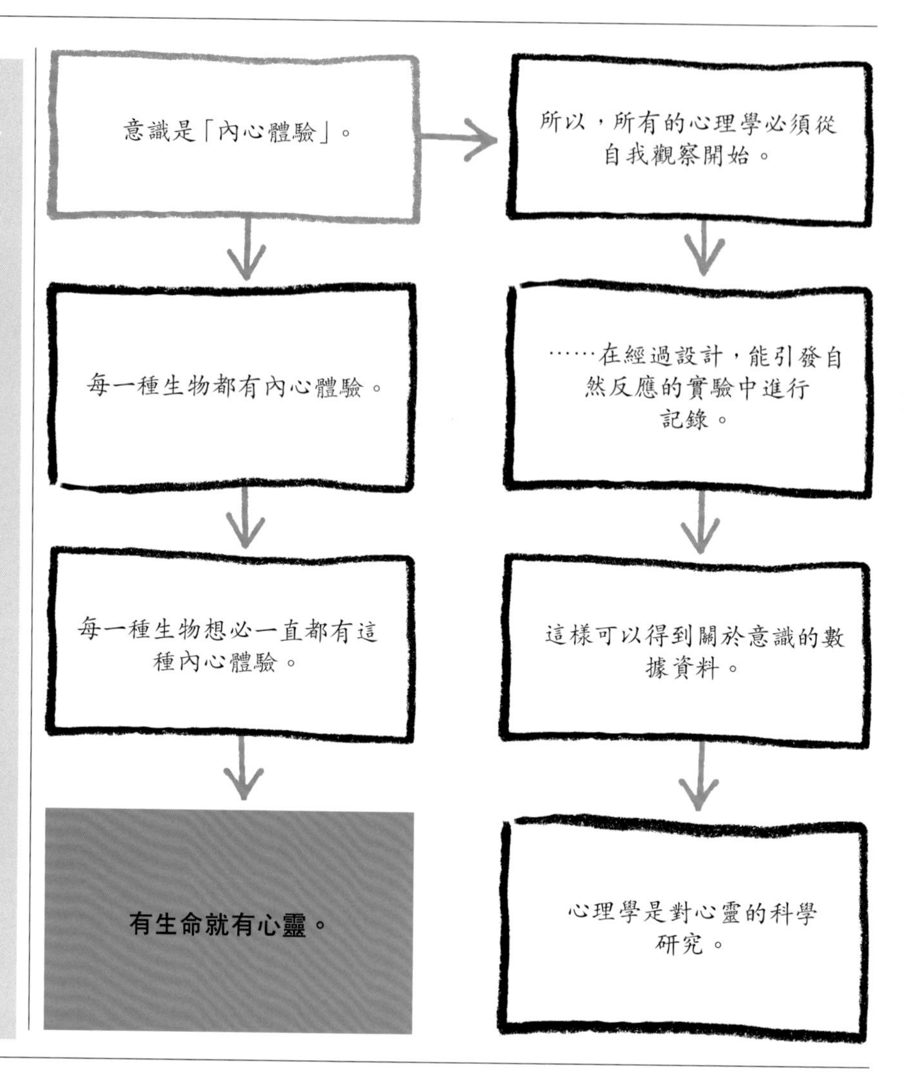

非人類的動物擁有心靈並且能夠做出某種形式的思考，這種觀點可以追溯到古希臘的哲學家。亞里士多德認為心靈有三種類型：植物心靈、動物心靈和人類心靈。植物心靈只涉及營養和生長。動物心靈雖然也有這些功能，但是牠們還能體驗到感覺，如疼痛、愉悦和慾望，甚至有原始的動機。人類心靈除了能做到所有這些，還可以推理。亞里士多德認為只有人類具有自我意識和更高級的認知能力。人類與動物的相似性是哲學家的重要議題之一，對心理學家更是如此。15世紀，法國哲學家笛卡兒宣稱動物不過是反射驅動的複雜機器。如果笛卡兒是對的，那麼觀察動物就不能回答關於我們自身行為的任何問題。然而，200多年以後，達爾文斷定人類在遺傳上和其他動物有密不可分的關係，並且這些生命體的意識與我們自身相比只是處於進化等級的較低水平而已，於是動物實驗很明顯是具有啟發意義的。這就是德國醫生、哲學家和心理學家威廉・馮特（Wilhelm Wundt）所贊同的觀點，他認為從最小的動物到人類是一種連續的生命狀態。在《生理心理學原理》一書中，他指出意識是所有生命體普遍擁有的特質，並且從進化過程一開始就有了。

馮特認為，對生命的準確定義必須涉及心靈的內容。他說：「從

參見：勒內・笛卡兒 20~21 頁，威廉・詹姆斯 38~45 頁，愛德華・桑代克 62~65 頁，約翰・華生 66~71 頁，B.F. 斯金納 78~85 頁。

心理功能分化的起源可以追溯到原生動物。

——威廉・馮特

觀察的角度來看，我們必須假設心靈的開始完全有可能追溯到生命的開始。因此，解決了生命起源的問題就解決了心理發展的起源問題。」馮特還說，即使是最簡單的生物體如原生動物都有着某種形式的心靈。這種觀點放到今天仍然令人驚訝，因為那時幾乎沒有人指望在單細胞動物身上驗證出簡單心理能力的存在，但是卻有人在 100 多年前就做出了這樣的論斷。

馮特醉心於驗證他自己的理論，並於 1879 年在德國萊比錫大學建立了世界上第一個正式的實驗心理學實驗室，因此他通常被譽為「實驗心理學之父」。他希望從基本的感覺過程入手，對人類的心理和行為進行系統的研究。他的實驗室帶動了美國及歐洲的其他大學紛紛建立起心理學系，其中許多都模仿他的實驗室而建，並由他的學生如

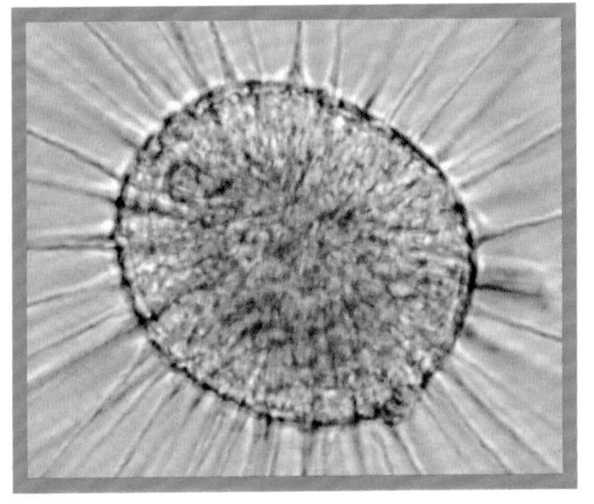

如馮特所言，即使單細胞生物也有某種形式的意識。他認為變形蟲具有吞噬食物的能力就說明牠也有相應的心理加工。

鐵欽納和詹姆斯・卡特爾領軍。

觀察行為

馮特相信「對意識進行準確描述是實驗心理學的唯一目標」。雖然他將意識理解為一種「內在體驗」，但是他只對「當下的現實」或者體驗的外在形式感興趣。這使他最終轉向行為研究，行為是可以通過「直接的觀察」進行研究和量化的。

馮特說觀察可分為兩種類型：外部和內部。外部觀察用於記錄外部世界可見的事物，並且可用於評估身體生理性的效應和因果關係，例如，刺激 – 反應實驗。如果給死青蛙的一根神經纖維施加微小的電刺激，相連接的肌肉痙攣就會導致青蛙腿抽動。在其他死去的動物身上也可以重複出這一現象，說明即便沒有意識也可以做出抽動這樣的動作。在活着的生命體身上，這樣的動作是被我們稱為「反射」的自動化行為的基礎，例如，當你碰到燙的東西時馬上就會縮手。

馮特所說的第二種類型的觀察是內部觀察，也就是「內省」或「自我觀察」，是指留意和記錄思想、感受等內在的東西。內部觀察對於研究是非常重要的，因為它能夠提供關於心靈如何工作的信息。馮特非常關心內部和外部世界之間的關係，他認為「生理和心理」是相互作用的，而不是相互排斥的。他開始全力研究人類的感覺，例如對光的視覺感受，因為這些能夠表現

馮特的實驗室為全世界的心理學系樹立了榜樣。他的實驗讓心理學從哲學的領域中走出來，進入科學的領域。

出外部生理世界與內部心理世界的聯繫。

在一項實驗中，馮特要求個體報告出他們在同一種光線下的感覺——標準化的顏色、一定水平的亮度以及固定的照射時長。這樣確保每個被試體驗到的是完全相同的刺激，使不同被試的反應具有可比性，同時如果有需要的話，實驗在一段時間後可以重複做。馮特堅持實驗的可重複性，因此他為未來所有的心理學實驗確立了標準。

馮特在他的感覺實驗中，着力於通過可測量的方法來探索人類的意識。他否認每個人看不見、摸不着的主觀經驗都是獨一無二的。在光反應實驗中，他特別感興趣的是一個人接受某種形式的刺激與做出有意識反應（非無意識反應）的時間間隔，並且用各種工具來精確測量這種反應。他還非常樂於聽到被試明顯存在個體差異的報告中的共性。

對意識進行準確描述是實驗心理學的唯一目標。

——威廉・馮特

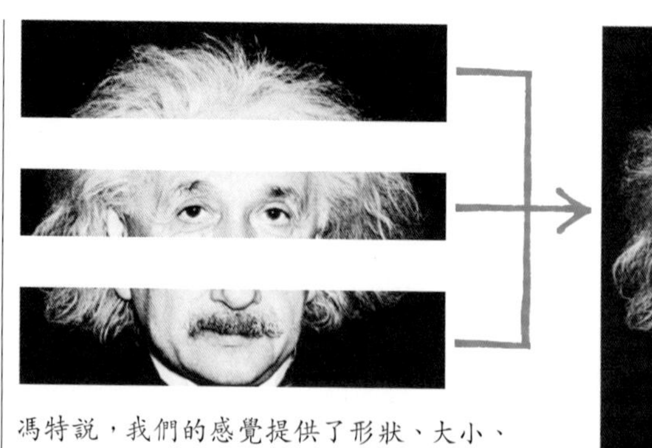

馮特說，我們的感覺提供了形狀、大小、顏色、味道和質地的細節信息，但是當這些信息被內化後，它們就被組合成複雜的表徵，如一張臉。

馮特認為，純感覺有三種成分：品質、強度和「情感基調」。例如，某種香水擁有一種香甜的氣味（品質），味道分明卻不濃郁（強度），讓人聞起來感到心曠神怡（情感基調），而一隻死老鼠可能散發着惡臭的（品質）、強烈的（強度）、令人作嘔的氣味（情感基調）。他說，所有意識都起源於感覺，但是它們並不是「單一」感覺信息的內化，而是經過組合或整合後以表徵的形式被知覺的，如死老鼠。馮特稱之為「外部世界中的客體或加工過程的表徵」。所以，舉例來說，如果我們看到帶有某些特徵的一張面孔，如嘴的形狀、眼睛的顏色、鼻子的大小等，我們就會把這張面孔辨認為我們所認識的某個人。

意識的分類

馮特根據他的感覺實驗，將意識分為三種類型：表徵、意願和感受，它們合在一起構成了對事物統一的印象。如果表徵代表的是外部世界的物體在心靈中的表象（如視野中的一棵樹），那麼也可稱為「知覺」；如果表徵代表的是主觀活動（如記住一棵樹，或想像一隻獨角獸），那麼就稱為「直覺」。他稱知覺或直覺在意識中變清晰的心理加工為「統覺」。所以，舉例來說，你可能突然知覺到一聲巨響，然後將其統合為警示的信號，意味着如果你不能迅速躲開就要被車撞到。

意願以它干預外部世界的方式為特徵，它表達我們的意志，或「心願」，例如，想要選擇穿着紅色衣衫。這種類型的意識是在實驗控制或測量之外的。然而，馮特發現意識的第三種類型，感受是可以被測量的，方法是通過參加實驗的被試的主觀報告，或者測量行為的水平，如緊張、放鬆或興奮。

文化心理學

對馮特來說，一個人的心理發

展不僅由感覺所決定，還受到複雜的社會和文化所影響，這在實驗情境下是難以複製或控制的。宗教、語言、神話、歷史、藝術、法律和風俗都包含在這些影響之列，他用人生的最後 20 年在十卷巨著《文化心理學》中討論了這些問題。

馮特將語言視為文化對意識的貢獻中特別重要的一個部分。任何言語交流都始於我們對想要說的事情的「整體印象」或統一的想法。我們從這種一般性的「統合」開始，接着選擇表達它的詞彙和句子。在講話時，我們控制着意圖表達的準確性。我們可能會說：「不，不是那樣，我的意思是……」然後選擇不同的詞彙或短語來更好地表達我們的想法。無論誰在聽，都不得不去理解講話者試圖表達的意思，但是實際的詞句可能並沒有整體印象那麼重要，特別是有強烈的情緒捲入時。馮特指出，這種心理加工的證據就是，我們通常會記住一個人講話的整體意思，但是時間長了就會忘記他當時使用的特定的詞句。

在正常講話的過程中……意願一刻不停地指引着思想和發音動作之間的配合。

——威廉・馮特

相比有限的手勢和信號交流，使用真正的語言的能力，才是今天許多心理學家認可的區分人類與其他動物的關鍵因素。也許有一些例外，如黑猩猩這樣的非人靈長類，但語言仍然被認為是對於意識非常重要的一種人類能力。

意識與物種

關於意識的定義仍在爭論中，但是從馮特開始它基本上就變化不大了。動物的意識水平還無法確定，這也推動了關於特定動物實驗、集約農業和血腥運動如獵狐和鬥牛的道德標準的出台。特別值得關注的是動物能否像人類一樣體驗到不舒服、恐懼和痛苦。雖然今天的一些心理學家支持馮特的觀點，但動物是否有自我意識的基本問題還未得到解答。■

威廉・馮特

威廉・馮特生於巴登（現德國曼海姆），是家裏的第四個孩子，他的家族幾代都是高級知識分子。他的父親是路德教會的牧師。年少的馮特幾乎沒甚麼時間玩耍，他被迫接受嚴格的政權教育，13 歲起就進入了森嚴的天主教學校。他分別在柏林、圖賓根和海德堡大學學習和研究，直到 1856 年從醫學專業畢業。

兩年以後，馮特成為著名的視知覺研究者赫爾姆霍茲醫生的助手。在海德堡時，馮特開始講授世界上第一門實驗心理學課，並且在 1879 年建立了第一個心理學實驗室。馮特撰寫了 490 多部著作，並且可能是世界上最多產的科學作家。

主要作品

1863 年　《關於人類和動物心靈的演講》
1896 年　《心理學綱要》
1873年　《生理心理學原理》

只要沒有人讓我們定義「意識」，我們就知道它是甚麼

威廉・詹姆斯（1842－1910 年）

背景介紹

聚焦

意識分析

此前

1641 年　笛卡兒將自我意識定義為思考的能力。

1690 年　英國哲學家和醫生洛克將意識定義為「一個人對進入自己心靈的東西的知覺」。

1781 年　德國哲學家伊曼努爾・康德說，同時發生的事件會被經驗為「意識的統一」。

此後

1923 年　韋特默在《知覺的組織原則》一書中描寫了心靈如何動態地解釋表象。

1925 年　約翰・華生認為意識是「既無法下定義又沒甚麼用處的概念」。

「意識」這個詞通常指一個人對自己的思想包括感覺、情感和記憶的覺察。我們想當然地以為我們能做到這樣的覺察，除非遇到甚麼困難，如實在太累了甚麼都幹不了。但是當你將注意力集中在你的意識上時，你就會發現你的意識體驗是不斷變化着的。例如，在閱讀本書時，你可能會想起過去的經歷或者因為注意被打斷而懊惱；對未來的計劃也會自然地浮現在你的腦海中。思考你的意識經驗僅僅讓你認識到你的思想有多麼善變，它們似乎以整體的形式來了又去。

美國心理學家威廉・詹姆斯將每日的意識經驗比作持續的流體，時而也會被臨時打斷和改變方向。他說：「意識可以恰當地比喻成一條『河流』或『溪流』。今後再談起時，我們可以稱之為思想流，或意識流……」

詹姆斯對「意識流」的描述

意識本身不能以碎片的形式出現……它並不是被甚麼東西連接起來的；它像流體一樣。

——威廉・詹姆斯

幾乎得到了每個人的認同，因為我們感同身受。而同時，詹姆斯又說意識流很難準確定義：「如果每一個想法都是個人意識的組成部分，那麼『個人意識』這個詞又成了問題……對它做出解釋是最為艱巨的哲學課題。」

這個「最艱巨的哲學課題」由來已久。不過，古希臘討論的是心靈，而不用「意識」或其他

威廉・詹姆斯

1842 年，威廉・詹姆斯出生在一個富裕且有影響力的紐約家庭，小時候就遊歷過很多地方，在歐洲和美國都讀過書。詹姆斯很早就顯現出藝術天賦，並且原本想當個畫家，但是他對科學日漸濃厚的興趣使他於 1861 年考入哈佛大學。1864 年，他轉入哈佛醫學院，然而他的研究因為身體疾病和抑鬱症而中斷。1869 年，他拿到了醫師資格，但是從沒有真的去行醫。1873 年，詹姆斯回到哈佛，成為哲學和心理學雙料教授。他在美國率先開設了實驗心理學課程，有力地推動了心理學成為一門真正的科學。他於 1907 年退休，1910 年在新罕布什爾的家中平靜地去世。

主要作品

1890 年　《心理學原理》
1892 年　《心理學》
1897 年　《信仰的意志》

參見：勒內·笛卡兒 20~21 頁，威廉·馮特 32~37 頁，約翰·華生 66~71 頁，西格蒙德·佛洛伊德 92~99 頁，弗里茲·皮爾斯 112~117 頁，沃爾夫岡·科勒 160~161 頁，馬克斯·韋特海默 335 頁。

等同的詞。關於是否有甚麼東西能夠脱離肉體獨立存在一直在爭論。公元前 4 世紀，柏拉圖對靈魂和肉體進行了區分，但是亞里士多德認為即便有分別，這兩者也不可能真的分開。

早期定義

17 世紀中葉，哲學的先驅之一笛卡兒試圖描述意識，他提出意識居住在一個無形的地方，稱為「思想的王國」，相對的，物質世界存在於「延展的王國」。公認的第一個給出意識的現代定義的人是 17 世紀英國哲學家洛克，他説意識是個體知覺的持續通道。詹姆斯被洛克關於知覺通道的觀點以及 18 世紀德國哲學家康德的觀點所吸引。康德在意的是我們的經驗整合方式，他注意到，如果我們聽到一聲噪音的同時感覺到疼痛，那麼一般情況下我們都會將兩者體驗成一個事件。這就是他所謂的「意識的統一」，這個概念影響了後繼的許多哲學家，包括威廉·詹姆斯。

詹姆斯認為，關於意識最重要的一點是它不是一個「東西」而是一個過程，「它是腦通過神經系統操控的，卻又比腦本身複雜得多」。它讓我們反思過去、現在和未來，規劃和適應環境，

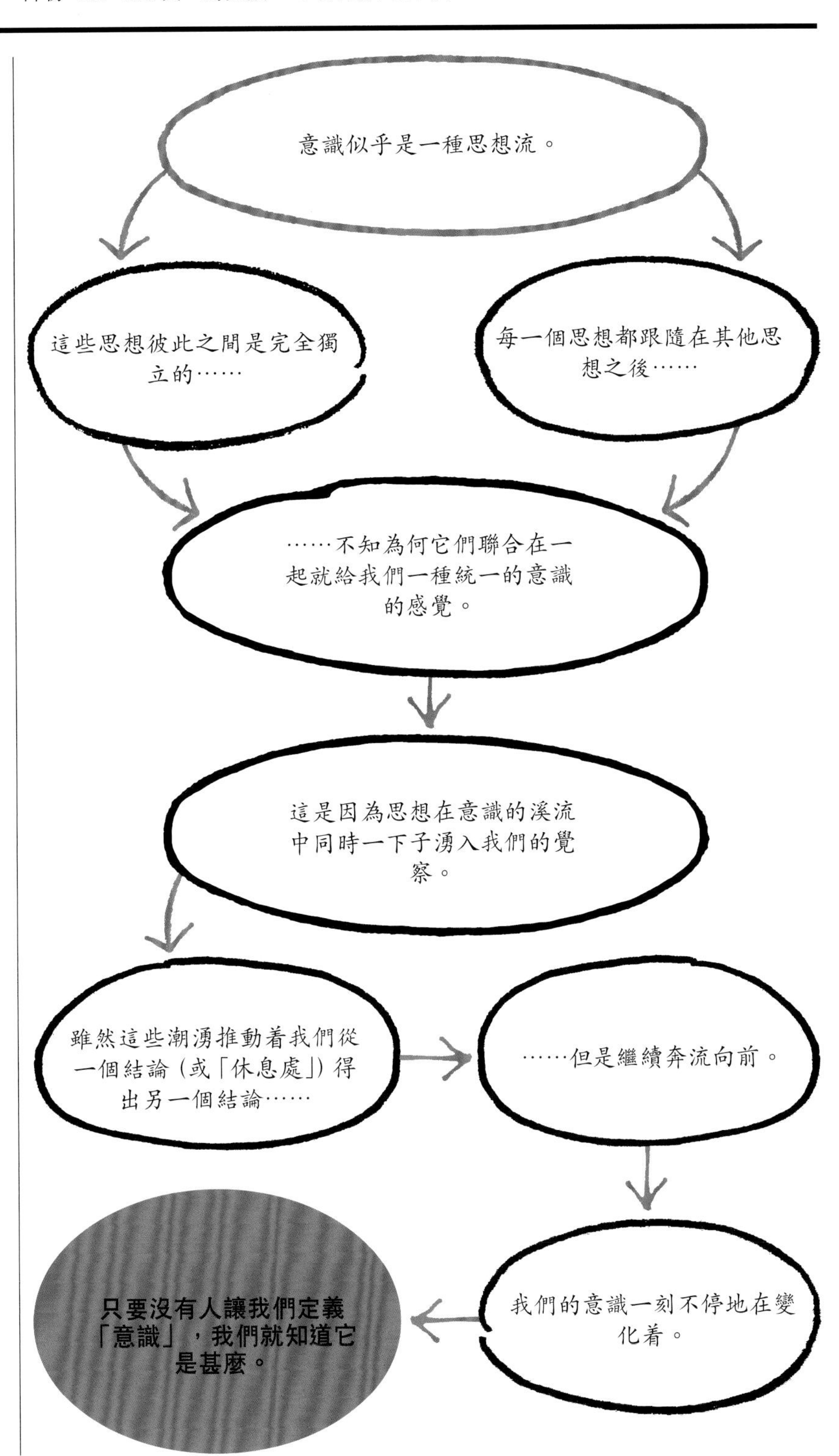

沒有純粹的感官，意識是客體和關係交織在一起的複合體。

——威廉・詹姆斯

並且完成意識的最主要目的——活着。

然而，詹姆斯發現很難想像出統一的意識的結構。他用 12 個人來比喻：「有 12 個單詞，12 個人，給他們每人一個單詞。然後這些人站成一排或一圈，讓他們每個人都專心地想自己的單詞；這樣就不會有完整句子的意識」。如果意識是獨立思想的溪流，詹姆斯想知道它們是如何結合在一起的。他說：「思想 a 加上思想 b 不等於思想(a+b)。」兩個思想加在一起不能合併成一個思想。它們更有可能產生一個完全新的想法。例如，如果思想 a 是「9 點了」，思想 b 是「火車 9 點 2 分開」，隨即產生的思想 c 可能是「我就要趕不上火車啦！」

整合的思想

詹姆斯下結論說，理解意識流中的思想如何整合的最簡單方法是假設「同時得知的事情在同一股溪流中」。他認為，有的思想，或感覺，不可避免地會聯繫在一起，如康德列舉的同時聽到噪音和感覺到疼痛，因為任何同時被我們所覺察的思想都匯入了同一股溪流。我們的意識中有很多這樣的溪流，有的流動得快，有的流動得慢。詹姆斯說，甚至還有一些休息處，我們在那裏停下來生成腦海中的圖像，這些圖像是可以被保留和深入思考的。他將這些休息處稱為「實體部」，將流動的溪流稱為「傳送部」，他說我們的思維不停歇地被傳送部或溪流從一個實體部推向另一個實體部。因此，我們被源源不斷的思想流從一個結論衝向另一個結論，馬不停蹄地前行着。沒有最終的結論，意識不是一個東西而是一個過程，一刻

詹姆斯用 12 個詞的句子來說明他在理解獨立的思想如何產生統一的意識時所遇到的困惑。如果每個人只覺察到一個詞，那麼怎麼能產生整個句子的意識呢？

法國後印象派畫家喬治・修拉用純色的圓點創作的作品。然而我們的腦整合了這些獨立的元素，讓我們看到了一幅人像。

不停地在變化。

詹姆斯對意識的私人特性也很感興趣，他認為思想不能脱離思想者而單獨存在，它們是你的思想或我的思想。每一個思想都歸屬於某一個人，思想不能脱離人而獨立存在。這些思想以我們自己想要的方式相互結合，形成自我。詹姆斯説，因為思想不能同自我分離，所以對自我的研究應該是心理學的起點。實驗心理學家不讚同這種觀點，因為不能對「自我」進行實驗，但是詹姆斯認為自我可以做某些事情，可以以某種方式去感覺，研究自我就足夠了。他説，「經驗主義自我」通過自己的行為來證明自己，並且可以將其分為幾個部分 —— 物質自我、精神自我和社會自我 —— 每個部分都能夠利用自省來研究。

情緒理論

在對意識研究的早期階段，詹姆斯發現情緒在我們的日常生活中起着重要的作用，於是他和同事卡爾・郎一起提出了關於情緒與動作和行為的關係的理論。所謂的詹—郎情緒理論認為情緒起源於意識對生理狀態的知覺。為了闡明這一理論，詹姆斯以「看到一隻熊然後逃跑」為例。情況並不是你看到一隻熊，感到害怕，然後因為害怕而逃跑。真正發生的事情是你看到一隻熊於是逃跑，有意識地感覺到害怕是因為跑的動作。這種觀點與大多人的想法相悖，詹姆斯的觀點是心靈對跑的生理效應的知覺：呼吸加速、心跳加快和大量流汗被解讀為恐懼情緒。再舉個例子，根據詹姆斯的理論，你感到快樂可能是因為你意識到自己在笑；並不是你感到快樂在先，笑在後。

實用主義

詹姆斯的意識理論與我們相信事情真假的方法有關。他説：「真理來源於事實……但是……同時『事實』本身又是不真實的；完全不是。真理是信念在作祟，起點

無懈可擊的真理只有一個……真理就是意識存在於當下。

——威廉·詹姆斯

是相信，終點也是相信。」詹姆斯將「真正的信念」定義為信仰者所發現的有用的東西。對信念的有用性的強調正是美國實用主義傳統哲學的核心，也是詹姆斯思想的核心。

詹姆斯說，在人生中，我們一直不停地檢驗一條又一條的「真理」，我們有意識的信念也在不停變化，於是「舊的真理」被修正，有時候也會被「新的真理」所取代。這種觀點與所有科學研究的發展都有非常密切的關係，包括心理學。詹姆斯以 1902 年居里夫人發現放射性元素鐳為例。在研究過程中，居里夫人發現鐳似乎放射出無限的能量，「有一瞬間感到違背了我們對整個自然秩序的認識」。然而，在有意識地思考其中的關係後，她得出結論「雖然它延伸了我們對於能量的舊觀念，但是稍稍修改了能量的特性」。在這個例子中，居里夫人的科學知識受到了質疑和修正，但是它的核心信念仍然是完整無缺的。

後續研究

詹姆斯死後，行為主義開始興起，對意識的研究熱情逐漸冷卻。因此，從 20 世紀 20 年代到 50 年代，這方面都沒有甚麼理論進展。一個重要的例外是德國興起的完形運動，它強調腦是以整體的方式工作的，涉及的是整體的意識經驗，而不是分開的一個個事物，正如當我們看到一幅畫時，我們看到的不是分離的點、線和形狀，而是有意義的整體。這種觀點總結起來就是完形最著名的論斷：「整體大於部分的總和」。

20 世紀 80 年代，心理學家和神經科學家開始開拓被稱為「意識研究」的新領域，研究興趣主要集中在兩個方面：正常健康的人報告的意識的內容和意識狀態遭受某種損傷的人的意識。後者還包括這樣的情況，比如病人處於植物人狀態，陷入昏迷的病人是清醒的，也能夠自主呼吸，但是明顯喪失了全部的高級腦功能。兩方面研究的目的都想要儘可能地評估意識，理解其背後的生理和心理機制。

現代神經科學已經證明意識確有其機制。20 世紀末，英國分子生物學家和生物物理學家弗朗西斯·克里克提出意識與特定的腦區前額葉有關，它參與思維的加工過程，如計劃、問題解決和行為控制。

哥倫比亞的神經科學家魯道夫·利納斯的研究將意識與丘腦及大腦皮質的活動聯繫起來。丘腦是一個位於大腦中心深處的結構，負責調控腦內一定頻率的振動；如果這種節律被破壞，感染疾病或遺傳導致，那麼個體就會發生神經性紊亂，如癲癇或帕金森症，也可能出現心理問題，如抑鬱。

然而，到了定義意識的時候，現代所做的嘗試依舊是徒勞的，很模糊而且難以應用。例如，美國神經科學家安東尼奧·達瑪西

居里夫人的研究和大多數科學研究一樣，修正而非完全顛覆先前的理論。詹姆斯說，新的「真理」不斷以類似的方式修正我們的基本信念。

通過對大腦的MRI掃描，我們發現了位於掃描圖中間位置的腦結構丘腦與意識有關。

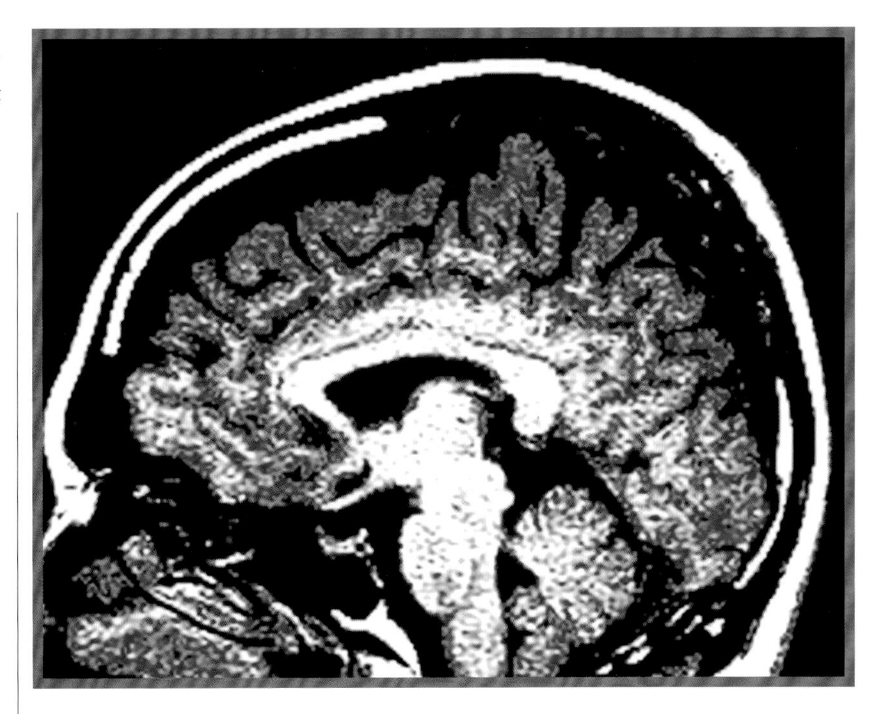

奧稱意識為「對所發生的事情的感受」，將它定義為「生命體對自身和周圍世界的覺察」。正如威廉·詹姆斯在100多年前所說的，意識是很難被定義的。

持續的影響

詹姆斯1890年的《心理學原理》至今仍在再版，他的觀點深深影響着許多心理學家，甚至其他領域的科學家和思想家。他的實用主義哲學：關心的不是「甚麼是真相」而是「甚麼是可以相信的」，幫助心理學把目光從心靈與肉體是否分離的問題轉向更有用的心理加工過程，如注意、記憶、推理、想像和意圖。詹姆斯認為，這種取向有助於哲學家和心理學家的轉變，「從抽象概念、固定原理、封閉系統、虛假的絕對和起源，轉向事實、行動和能量」。他堅持關注事物的整體性，包括不同環境對我們的行動的影響，這些造就了我們對行為的理解，相對的，崇尚內省的結構主義取向卻把我們的經驗化整為零。

1875年詹姆斯開始在哈佛大學開設心理學專業之前，美國任何大學都沒有獨立的心理學課程。但是在此後的20年之內，美國約有24所大學和學院將心理學看作獨立的學術學科，並且提供學位。三種專業的心理學期刊也在同一時期創辦了，另外還成立了專業的組織——美國心理學會。

儘管詹姆斯聲稱他痛恨實驗工作，但是他仍將實驗心理學引入美國。他這樣做是因為他開始認識到實驗是證實或證偽一個理論的最好方法。他也並未忽視內省的應用，將其看作發現心理加工過程的一種工具。

因為詹姆斯的工作，世人對心理學的認識和關注都發生了變化，心理學從「蹲牆角的小科目」變為意義深遠的學科。

1977年，在美國心理學會成立75週年慶祝大會上，美國加州大學伯克利分校的心理學名譽退休教授大衛·克雷奇在演講中稱詹姆斯為「心理學之父」。■

所有的意識互相交融好似一幅幅漸隱的畫面。可以說它們不過是一種不停延伸的意識，一條永不間斷的河流。

——威廉·詹姆斯

青春期是一次新生

斯坦利・霍爾（1844－1924 年）

背景介紹

聚焦

人類發展

此前

1905 年 佛洛伊德在《性學三論》中稱青少年期為「生殖期」。

此後

1928 年 美國人類學家瑪格麗特・米德在《薩摩亞人的成年》中說，只有在西方社會，青春期才被看作人類發展的一個特殊階段。

1950 年 埃里克森在《兒童與社會》中，將青春期描繪成「自我認同對角色混亂」的階段，面臨着「同一性危機」。

1983 年 新西蘭人類學家德里克・弗里曼在《瑪格麗特・米德與薩摩亞人》中質疑了米德所提出的「青春期只是一種社會化層面的概念」的觀點。

人類的發展是先天就決定好的：這是對我們「祖先的痕跡」的重複。

↓

兒童有着動物一樣的本能，並且會經過很多發展階段。

↓

在青春期，進化的勢頭平息了，到了個性化發展的時期。

↓

在這段狂熱躁動的時期裏，青少年變得更加敏感、衝動、關注自我，也更容易憂鬱。

↓

隨後，兒童開始步入成年變得更加文明、更加高級。

↓

青春期是一次新生。

參見：弗朗西斯・高爾頓 28~29 頁，威廉・馮特 32~37 頁，
西格蒙德・佛洛伊德 92~99 頁，艾瑞克・埃里克森 272~273 頁。

英文的「青春期」(adolecence) 來自於拉丁語，從字面上理解是「成長」的意思。從理論上講，青春期是指童年與成年之間的一個特殊階段，但是實際上它通常被簡單地定義為青少年時期，也就是所謂的「十來歲」的那些年。在大多數西方國家，關於青春期的觀點直到 20 世紀才得到認可；在某個特殊的年級，特別是 18 歲，童年結束了，而成年開始了。

心理學家和教育家斯坦利・霍爾 (Stanley Hall) 在他 1904 年的著作《青春期》中，第一次從學術的角度對這個話題進行了探討。受達爾文進化論的影響，霍爾認為整個童年，特別是某些行為和早期生理發展，都反映了進化的過程，並且我們每個人都按照我們「祖先的設定」而發展。

霍爾受到的另一個重要影響是 18 世紀德國作家和音樂家的狂飆運動，它全面推進了言論自由。霍爾把青春期比作「狂飆運動」；他認為這是一個情緒躁動和叛逆的時期，行為既可以安靜內斂，也可以魯莽衝動。他說，青春期「渴求強烈的情感和新的感覺……單調、常規和細節是不被容忍的」。對自我和環境的意識大幅提升；對事物的感受更加敏感，感官上有自己的追求。

現代的回應

霍爾的許多發現在今天的研究中都得到了印證。霍爾認為青春期是非常容易產生抑鬱的，並且還描繪了一條「心志消沉曲線」，這條曲線從 11 歲開始，在 15 歲達到高峰，然後逐步回落至 23 歲。現代研究發現了類似的模式。霍爾指出抑鬱的起因也驚人地相似：懷疑自己被討厭，似乎有不能克服的性格缺點，以及「幻想沒有希望的愛情」。他認為青春期的自我意識走向了批評和自我批評。這種觀點又被之後的研究所證實，青少年的高級推理能力讓他們去「揣摩言外之意」，同時放大他們對情境的敏感性。霍爾甚至還提到犯罪活動在青少年中間更為普遍，高峰在 18 歲左右。

但是霍爾對青春期並沒有抱有完全消極的態度。他在《青年期：教育、管理和衛生》中寫道：「青春期是一次新生，在此刻誕生了更高級、更複雜的人類特質」。所以，在霍爾看來，青春期事實上是讓一切變得更好的必要開端。■

青春期是人類靈魂中最壞和最好的衝動彼此交鋒的時期。

——格蘭維爾・斯坦利・霍爾

格蘭維爾・斯坦利・霍爾

格蘭維爾・斯坦利・霍爾出生於美國馬薩諸塞州阿什菲爾德的一個農民家庭，他於 1867 年從馬薩諸塞州威廉姆斯學院畢業。他的遊學計劃因為資金不足而擱淺，於是在去德國之前，他服從母親的心願來到紐約學了一年神學。1870 年，霍爾回到美國，他在哈佛大學跟着威廉・詹姆斯做了四年研究，拿到了美國的第一個心理學博士學位。然後他又回到德國，在威廉・馮特的萊比錫實驗室工作了兩年。

1882 年，霍爾成為約翰・霍普金斯大學的教授，他在那裏建立了美國的第一個心理學實驗室。他還於 1887 年創辦了《美國心理學期刊》，並於 1892 年成為美國心理學會第一任主席。

主要作品

1904 年 《青春期》
1906 年 《青年期：教育、管理和衛生》
1911 年 《教育問題》
1922 年 《老年期》

學習了24小時之後，我們就遺忘了三分之二

赫爾曼・艾賓浩斯（1850－1909 年）

背景介紹

聚焦

記憶研究

此前

公元前 5 世紀　古希臘人就會「記憶術」，如利用關鍵詞或韻律來輔助記憶。

1582 年　意大利哲學家喬爾丹諾・布魯諾在《記憶的藝術》中提出了利用知識和經驗的圖表來記憶的方法。

此後

1932 年　巴特利特認為每個記憶都混合着知識和推理。

1949 年　赫布在《行為組織》中提出，學習是受刺激的腦細胞「排列組合」的結果。

1960 年　美國心理學家里奧・波斯特曼發現新的學習能夠被先前的學習所干擾，形成「倒攝干擾」。

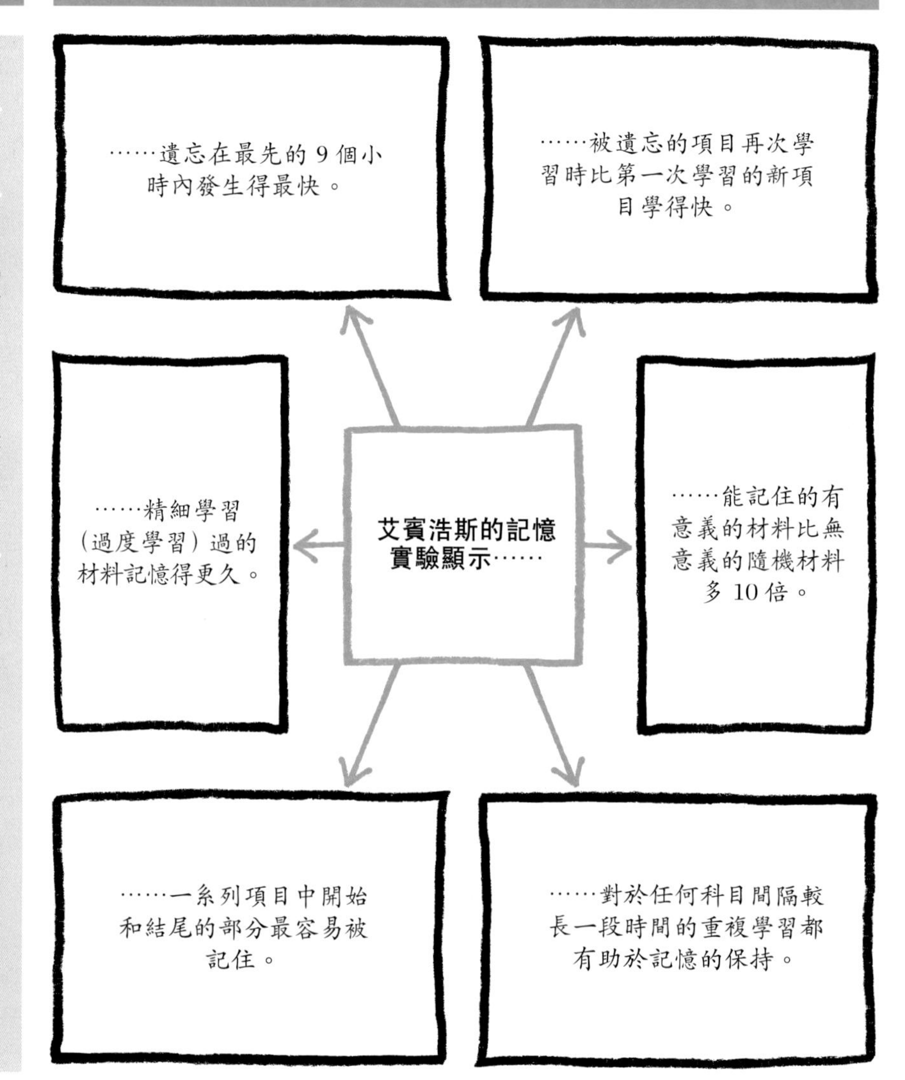

參見：布魯瑪・蔡加尼克 162 頁，唐納德・赫布 163 頁，喬治・米勒 168~173 頁，安道爾・圖爾文 186~191 頁，高爾頓・鮑爾 194~195 頁，丹尼爾・夏克特 208~209 頁，弗雷德里克・巴特利特 335 頁。

在1885 年，赫爾曼・艾賓浩斯（Hermann Ebbinghaus）對自己進行了一系列長期枯燥的實驗，並因此成為第一位系統研究學習和記憶的心理學家。約翰・洛克和大衛・休謨這樣的哲學家提出記憶包含着聯想——通過共同的特徵，如時間、地點、起因或結果，將事物或想法聯繫在一起。艾賓浩斯決定檢測聯想對記憶的影響，從數字上記錄的結果來看記憶是否遵循某種固定的模式。

記憶實驗

艾賓浩斯從記憶單詞列表開始，然後測驗他能夠回憶出多少。為了防止使用聯想策略，他編造了 2300 個「無意義音節」，這些無意義音節全部由三個字母組成，都是標準的輔音 – 元音 – 輔音結構，例如，「ZUC」和「QAX」。把這些無意義音節做成列表後，他先是每個音節看幾百毫秒，然後停頓 15 秒後再從頭看一遍列表。他如此反覆，直到覺得自己可以快速準確地將列表背誦下來。他測試了不同列表長度和不同學習間隔，記錄了學習和遺忘的速度。

艾賓浩斯發現他記憶有意義的材料，如一首詩，比記憶無意義音節列表要容易十倍。他還注意到，這些無意義音節被重複學習的次數越多，再次學習所需要的時間就越少。並且，前幾次的重複學習對於記住音節表是最有效用的。

在審視關於遺忘的研究結果時，艾賓浩斯發現，不出所料，他花費越多時間去記憶，遺忘的速度就越慢，並且學習後即刻回憶的成績越好。艾賓浩斯還揭示了記憶保持的意想不到的模式。他發現在最初的 1 小時裏，記憶損失得非常厲害，此後損失的速度逐漸減小，9 小時以後，約有 60% 的內容都被遺忘了。24 小時之後，約有三分之二的內容被遺忘。畫圖表示，就是一條清晰的「遺忘曲線」，開始時陡然降低，然後緩緩下滑。

艾賓浩斯發現，聽一個小時材料，同時學習和背誦，記憶的效果更好，回憶起來也更容易。

艾賓浩斯的研究開啟了一個新的研究領域，幫助心理學確立了科學地位。他嚴謹的研究方法直到今天仍然是所有心理學實驗的榜樣。■

赫爾曼・艾賓浩斯

赫爾曼・艾賓浩斯生於德國巴門一個商人家庭。他 17 歲開始在波恩大學學習哲學，1870 年，他的學術生涯受到普法戰爭的影響而中斷。1873 年，他完成學業後搬到了柏林，隨後又遊歷了法國和英國，他的記憶研究開始於 1879 年。1885 年，他的《記憶》問世，詳述了「無意義音節」研究，同年他榮升為柏林大學的教授，在那裏他建立了兩個心理學實驗室，還創立了一個學術期刊。艾賓浩斯後來又去了布雷斯勞大學，在那裏也建立了一個實驗室，最後他來到哈雷教書直至死於肺炎，享年 59 歲。

主要作品

1885 年　《記憶：對實驗心理學的一項貢獻》
1897－1908 年　《心理學基礎》（共 2 卷）
1908 年　《心理學：入門教材》

一個人的智力不是一成不變的

阿爾弗雷德·比奈（1857—1911 年）

背景介紹

聚焦

智力理論

此前

1859 年 英國自然學家達爾文在《物種起源》中提出智力是遺傳而來的。

1879 年起 馮特將科學的方法引入心理學，尋求客觀的方法來測量心理能力，如智力。

1890 年 美國心理學家詹姆斯·卡特爾設計了測量個體心理能力差異的測驗。

此後

20 世紀 20 年代 英國教育學家西里爾·伯特稱智力主要來自遺傳。

20 世紀 40 年代 雷蒙德·卡特爾定義了兩種智力：流體智力（天生的）和晶體智力（後天經驗形成的）。

在1859 年，達爾文在《物種起源》中提出了他的進化論，正可謂一石激起千層浪，至此掀起了關於智力的爭論，即智力是遺傳而來、一成不變的，還是可以受到環境因素改造的。19 世紀 80 年代初期，他的表弟高爾頓在倫敦對 9000 多人進行了認知能力測驗，並得出結論：基本的智力一出生就確定下來了。幾乎同一時間，馮特提出了智商（IQ）的觀點，並且試圖去測量它。馮特的工作啟發了美國心理

參見：弗朗西斯·高爾頓 28~29 頁，讓-馬丁·沙可 30 頁，威廉·馮特 32~37 頁，雷蒙德·卡特爾 314~315 頁。

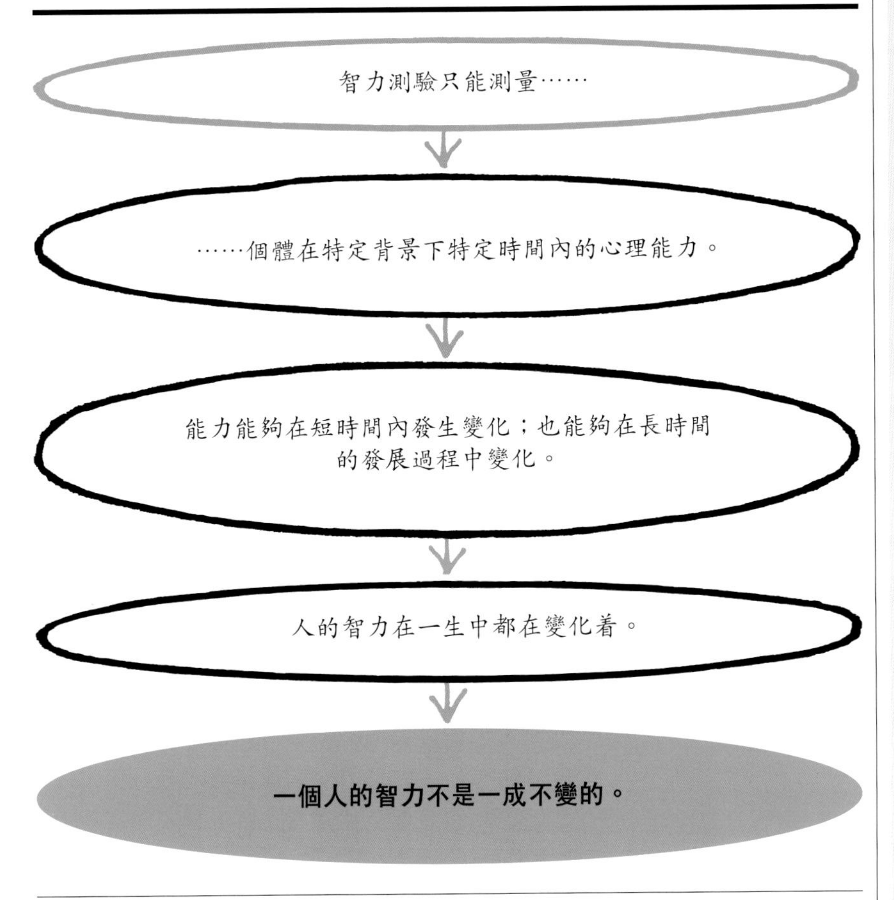

學家詹姆斯·卡特爾，他開始研究如何測量心理能力，並為比奈的人類智力研究奠定了基礎。

對「學習」充滿興趣

比奈在被心理學吸引之前研究的是法律和自然科學。在巴黎薩伯特醫院與讓-馬丁·沙可共事七年多讓他充分受到精細而嚴謹的科學實驗方法的影響。他對研究人類智力的渴望起因於他對自己的兩個女兒成長過程的驚嘆。他發現孩子吸收新知識的速度和難易程度與他們付出了多少注意力有關。環境和孩子的心情似乎都對學習有重要的作用。

聽說高爾頓在倫敦所做的測驗後，比奈決定實施他自己的大規模研究，來測量擁有不同專長的羣體之間個體能力的差異，如數學家、象棋手、作家和畫家。同時，他還繼續研究兒童的智力功能，並發現他們在特定階段會獲得特定的技能。例如，兒童很小的時候沒有抽

阿爾弗雷德·比奈

阿爾弗雷德·比奈出生於法國的尼斯，但是小小年紀就因為父母離婚而搬到了巴黎。1878 年他獲得了法學學位，然後為了學習醫學而在巴黎大學進修。然而，比奈認定他真正的興趣在心理學，並且基本依靠自學成才在 1883 年獲得了讓-馬丁·沙可所在的巴黎薩伯特醫院的職位。結婚後的第二年，他的兩個女兒降生了，他開始對智力和學習產生了興趣。1891 年，比奈被任命為巴黎大學實驗心理學實驗室副主任，並於 1894 年升為主任。

比奈 1911 年去世後，被追加了很多榮譽。1917 年，兒童心理學研究學會更名為阿爾弗雷德·比奈學會。

主要作品

1903 年　《智力的實驗研究》
1905 年　《心靈與腦》
1911 年　《測量智力發展的方法》

象思維的能力，這種智力水平的增長似乎單純與年齡有關。

1899 年，比奈受邀加入了一個致力於教育研究的新組織——兒童心理學研究學會。他在很短的時間內就成為這個團體的領導者，並開始發表對教師和教育官員有益的文章。同時，法國開始強制所有 6~12 歲的兒童接受學校教育，而比奈應邀開發鑑別有學習障礙兒童的測驗，以給予適合他們需要的教育。1904 年，比奈又接受了政府的委任來開發評估嬰兒學習潛能的方法，他開始潛心研究正常兒童與有智力問題的兒童之間的差異，並尋找測量這些差異的方法。

比奈 — 西蒙量表

比奈與巴黎大學實驗心理學實驗室（1894 年比奈成為該實驗室的主任）的科學家德奧爾多・西蒙成為同事。兩位科學家開始了長期而多產的合作。

做智力測驗（大多數智力測驗仍基於比奈–西蒙量表）已經成為預測孩子學習潛能的標準方法。

1905 年，比奈和西蒙編制了他們的第一個測驗，稱為「診斷弱智、低能和愚笨的新方法」。很快，他們又推出了修訂版，針對 3~13 歲兒童，簡稱比奈 – 西蒙量表。這個量表分別於 1908 年和 1911 年得到修訂。

基於對兒童的多年觀察，比奈和西蒙選擇了 30 個不同難度的測驗，包含適用於不同年齡階段兒童平均能力的任務。最簡單的測驗任務有追蹤光束，或者人物之間的基本對話。稍難一點的任務有說出各種身體部位的名稱、重複兩個數字、重複簡單的句子、解釋簡單的詞，如「房子」或「叉子」。在更難的任務中，兒童要描述一對相似的物體的區別、憑記憶畫畫，或者用三個給定的詞造句。最難的任務有重複七個隨機的數字、找出法語單詞「obéisance」的三個韻律，還有回答這樣的問題：「我的鄰居家裏來了陌生人，依次是醫生、律師和神父。發生了甚麼事？」

比奈和西蒙找了 50 個孩子來做他們的量表，孩子們被分成 5 個年齡段。這些孩子都是由學校老師挑選出的在該年齡段能力中等的孩子，以此作為正常孩子的基線來衡量所有能力水平的孩子。

對智力來說，在現實生活中有一個不可或缺的基本中介，它起着非常重要的作用：那就是判斷力。

——阿爾弗雷德・比奈

比奈和西蒙的 30 個測驗任務按照難度排序，在嚴格控制的條件下施測。比奈從他女兒身上觀察到兒童很容易分心，注意力集中程度對他們完成任務的能力有很大影響。他視智力為多種心理功能的混合物，應對着千變萬化的真實環境，並且受到現實判斷力的控制。

智力不是一成不變的

比奈一直坦言比奈—西蒙量表存在缺陷。他敏銳地指出，量表只是簡單地將孩子們智力測驗的成績與其他年齡相仿的孩子進行了排序。量表的 1908 年和 1911 年的版本更加重視對不同年齡羣體的測驗，並且最終由此引出了「智力年齡」的概念。

比奈還強調心理發展的不同速率及其所受到的環境因素的影響。

他傾向於把他的測驗看作一種評價特定時間點心理水平的方法，因為個體的水平是隨着環境的變化而變化的。這種觀點與頗有影響力的英國心理學家查爾斯・斯皮爾曼的觀點相悖，斯皮爾曼認為智力只與生物因素有關。

雖然比奈堅持孩子的智力不是固定不變的，但是即使他設計出量化智力的方法，也終究無法對一個人的智力做出精確的測量。最終，比奈認為不可能像測量長度或容積那樣來測量智力，對於智力只能進行分類。

比奈−西蒙量表產生了一個智商值，表示的是測驗成績的總體水平。下圖所示的是智商在總體中的變化。

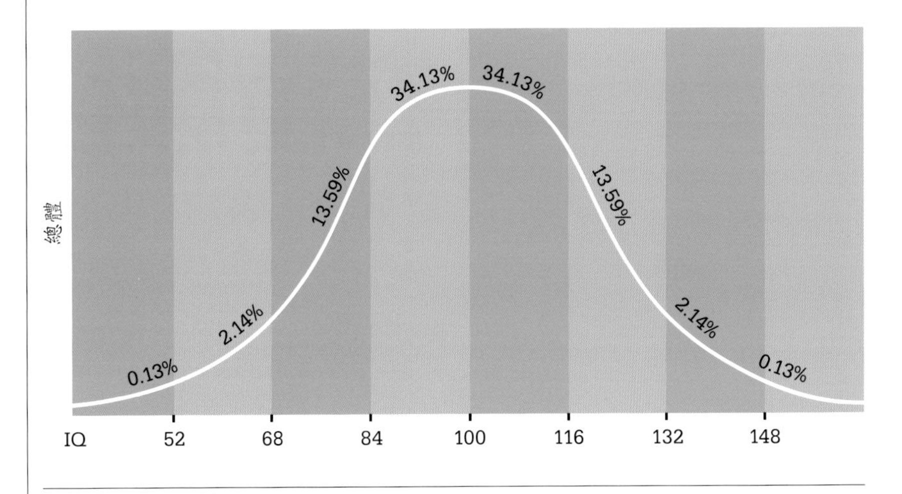

利用與濫用

1908 年，美國心理學家亨利・戈達德來到歐洲，發現了比奈—西蒙量表。他將其翻譯成英文，並在美國學校發放了約 22000 份用於測驗。不幸的是，比奈並沒有將智力完全歸於遺傳因素，而戈達德卻認為智力就是遺傳決定的。他視比奈—西蒙量表為辨別低智商兒童的利器。

1916 年，另一位美國心理學家路易斯・特曼修訂了比奈—西蒙量表。他的測驗結果取自大量的美國兒童樣本，他將量表重新命名為史丹福—比奈量表。這個量表不僅用於鑑別有特殊需要的兒童，而且可以在今後為他們分設更為職業化或者說工作導向的教育，直接將他們的餘生綁定在低級的工作上。路易斯・推孟和戈達德一樣，都相信智力是遺傳的，而且是不可改變的，就算學校教育也無能為力。

比奈恐怕並沒有意識到他的成果被這樣利用了多久。他是一個深居簡出的人，很少關心自己之外的事情。他從沒有離開過法國，而在法國，比奈—西蒙量表在他有生之年從未被採納過，所以他也從來不知道自己的成果被進行了怎樣的修改。當他意識到「有外來的觀點植入了他的量表」時，他強烈譴責那些將智力看作一個數據的人。

比奈的智商觀點仍然是當今智力概念的基礎，雖然有所欠缺，但是它開啟了我們對人類智力的認識和研究。■

我找到的方法不是對個體進行測量，而是歸類。

——阿爾弗雷德・比奈

無意識看到了躲在窗簾後的男人

皮埃爾・讓內（1859－1947 年）

背景介紹

聚焦

神經病學

此前

1878 年　沙可在《神經系統疾病》一書中描寫了癔症的症狀，並將之視為一種獨特的生理疾病。

此後

1895 年　佛洛伊德認為解離是一種心理防禦機制。

20 世紀初　美國神經病學家莫頓・普林斯認為解離障礙是有範圍的。

1913 年　法國自然學家德勒茲將解離比喻為兩個完全不同的人結合在一起，其中一個頭腦清醒，而另一個昏昏沉沉。

1977 年　歐內斯特・希爾加德在《分離的意識》中討論了催眠產生的意識分裂現象。

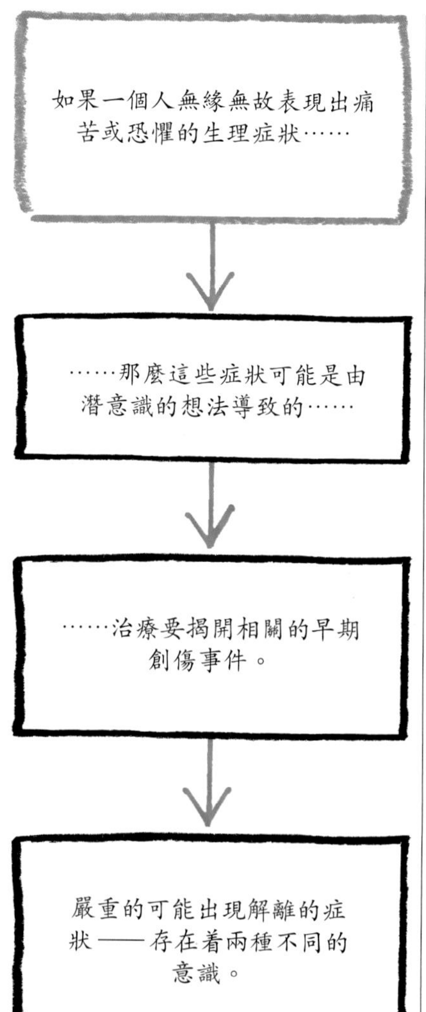

從 1880 年到 1910 年，「解離」現象引起了社會極大的興趣，這是一種人的意識中心理加工過程或者說正常的人格發生分裂的症狀。輕度的解離，相當於「夢遊」或「虛幻」的感覺，是很常見的，大多數人在某個時刻都可能體驗到。生病也常常是出現輕度解離的誘因，比如發燒或者藥物的作用，包括酒精，而且人可能不記得解離狀態下發生的事情。極少數的人會被診斷為多重人格障礙，即一個人表現出兩種或兩種以上的獨立人格。這種極端的例子現在被劃分為「解離性身份認同障礙」。

法國哲學家和醫生皮埃爾・讓內（Pierre Janet）是把解離當作精神病症狀來研究的第一人。在 19 世紀八九十年代，他任職於巴黎薩伯特醫院，治療患有「癔症」的病人。他發表了多篇關於表現出這種極端病症的女性的個案研究。例如，有一位化名「露西」的病人，她在大多數情況下是安靜的，但是有時會突然陷入異常激動的狀態，

參見：讓–馬丁・沙可 30 頁，阿爾弗雷德・比奈 50~53 頁，西格蒙德・佛洛伊德 92~99 頁，
科比特・西格彭 赫維・克萊克里 330~331 頁，歐內斯特・希爾加德 337 頁。

> **這些人被某些事情困擾着，你必須認真查清其根源。**
>
> ——皮埃爾・讓內

無緣無故地哭鬧和害怕。她似乎有着三種獨立的人格，讓內稱之為「1 號露西」「2 號露西」「3 號露西」，她們之間的轉換毫無預示，特別是在被催眠的時候。1 號露西和 2 號露西都只有屬於自己的記憶，但是 3 號露西能記得和三種人格相關的所有事情。值得注意的是，3 號露西能夠回憶起一段創傷性的經歷，那是她七歲時的暑假，她被藏在窗簾後的兩個男人嚇壞了。

潛意識的創傷

讓內得出結論，露西的童年創傷是導致她產生解離症狀的原因。正如他在《精神的不自主運動》中所寫的：「要想讓一個人的身體做出害怕的姿態，就要讓這個人體驗到害怕的感覺；如果這種姿態是由潛意識的想法所控制的，那麼病人的意識裏只會產生相應的情緒，卻不知道自己為甚麼會有這樣的感受。」當露西被恐懼包圍時，她會說：「我好害怕，可是我不知道為甚麼害怕。」讓內說：「無意識有它的天地，它看到了躲在窗簾後的男人，並且讓身體表現出害怕的姿態。」讓內還補充道，他相信是創傷事件和壓力刺激了那些有解離傾向的人發作。

讓內認為，心靈的一部分就是隱藏在無序和紊亂行為之後的「潛意識」。然而，佛洛伊德認為這個詞太模糊了，於是他將病人的心理創傷根源稱為「無意識」。佛洛伊德發展了讓內的觀點，把解離歸為一種一般性的「防禦機制」。

讓內的工作被忽視了幾十年，因為世人並不認同催眠是研究和治療心理疾病的有效手段。然而，自從 20 世紀後期，研究解離症狀的心理學家又對此產生了興趣。■

童年創傷似乎被淡忘了，但是根據讓內的觀點，它們常常還保留在心靈的「潛意識」之中，並且造成成年後的心理問題。

皮埃爾・讓內

皮埃爾・讓內出生在法國巴黎一個中產階級知識分子家庭。他小時候十分熱愛自然科學，收集了好多植物標本。他的叔叔保羅・讓內是個哲學家，鼓勵他學習醫學和哲學，於是在巴黎高等師範學院畢業之後，他在巴黎大學繼續深造並拿到了哲學碩士學位。年僅 22 歲的讓內成為勒阿弗爾的哲學教授，並在那裏開展了對催眠狀態的研究。受沙可影響，讓內將他的研究拓展到「癔症」領域，並於 1898 年成為巴黎薩伯特醫院沙可實驗室的主任。他依舊在巴黎大學任教，1902 年又被法蘭西公學院聘為心理學教授。

主要作品

1893 年 《癔症的心理狀態》
1902 年 《神經症》
1907 年 《癔症的主要症狀》

BEHAVIOURISM

RESPONDING TO OUR ENVIRONMENT

行為主義
我們對環境的反應

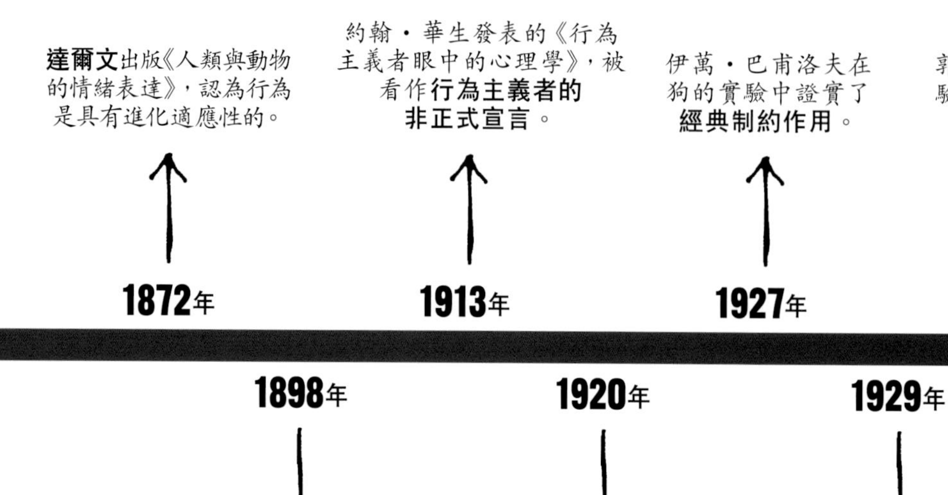

19世紀 90 年代，心理學已經從它的哲學起源中分離出來，並發展為一門科學。歐洲和美國都成立了心理學實驗室和大學院系，第二代心理學家正在成長。

在美國，心理學家急於推進建立在客觀基礎上的新學科，科學的探索在威廉・詹姆斯等人的內省和哲學取向中逆流而上。他們覺得，內省完全是主觀性的，據此提出的理論既不能被證明也不能被推翻。如果將心理學看作一門科學，那麼它就應該以可觀察、可測量的現象為基礎。他們的解決之道是在嚴格控制的實驗室條件下研究心理加工的外在表現，即行為。如約翰・華生所言，心理學是「自然科學的分支，研究對象是人類的行為——所為及所言，既有習得的也有天生的」。早期的「行為主義者」，包括桑代克、托爾曼和格斯里，設計實驗來觀察精心控制的情境下動物的行為，並根據這些實驗結果推斷環境對人類的影響，以及關於學習、記憶和制約作用的理論。

制約作用

行為主義實驗受到了研究生理過程的俄國生理學家巴甫洛夫所設計的類似實驗的影響，他不經意間奠定了行為主義心理學的基礎。在他著名的狗分泌唾液的研究中，巴甫洛夫描述了動物如何對條件刺激進行反應，並為心理學家奠定了行為主義核心思想的基礎。條件作用通常也被稱為「刺激—反應（S—R）」心理學，它構成了行為主義的雛形。

行為主義主要觀察外部刺激引起的反應，忽視內在心理狀態與加工過程，因為這些被認為是不可能用科學的方法來檢驗的，所以在分析行為時可以忽略不計。心理學研究的基本點從「心靈」向「行為」的轉變掀起了一場革命，伴隨而來的是「行為主義者的宣言」——華生發表於 1913 年的《行為主義者眼中的心理學》。

康拉德・洛倫茨發現了**印刻現象**，也就是說初生的動物會根據某個關鍵時期所接收的感觀信息來判定誰是牠的父母。

1935年

1938年

埃德溫・格斯里認為**「單次學習」**就足夠了，制約反射不需要依賴於重複。

克拉克・赫爾認為**驅動力減少**（我們的基本需要得到滿足）是強化真正的唯一的基礎。

1943年

1948年

愛德華・托爾曼在《老鼠與人類的認知地圖》中說當我們在度過每天的生活時就在發展**認知地圖**。

斯金納出版了《言語行為》，並聲稱言語是過去的**行為和遺傳史**的產物。

1957年

1958年

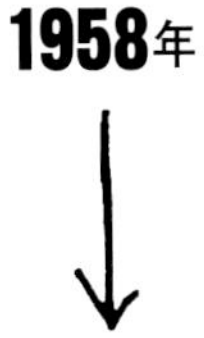

約瑟夫・沃爾普將**減敏技術**應用於退伍老兵的「戰後神經官能症」。

諾姆・喬姆斯基針對斯金納的《言語行為》寫了一篇重要評論，掀起了一場**認知革命**。

1959年

20世紀60年代

尼爾・米勒的實驗推動了**生理反饋**技術的發明。

在美國，行為主義成為心理學的主要取向，並獨領風騷 40 年。巴甫洛夫主義和經典制約作用的觀點演變為華生的斷言：行為完全是由環境刺激塑造的，與內在或遺傳因素無關。第二代行為主義以「激進行為主義者」斯金納為首，他在「操作制約作用」的理論中對刺激與反應的關係做出了新的思考。他認為行為是由其後的結果塑造的，而非先前的刺激。這種觀點似乎與威廉・詹姆斯有些類似，它徹底改變了行為主義的方向，不僅接納了遺傳因素，而且將心理狀態解釋為行為的結果（而不是起因）。

認知革命

20 世紀中葉，心理學家開始對行為主義產生質疑。動物行為學的研究顯示，本能的行為與後天習得的行為同樣重要，這一發現令條件作用派如坐針氈。對斯金納觀點的反響也點燃了一場「認知革命」，心理學的注意力再次從行為回到心靈和心理加工過程上。這一時期的一位重要人物就是托爾曼，雖然他也是行為主義者，但是他的理論沒有拋棄知覺和認知的重要性，因為起源於德國的完形心理學給了他啟發。隨着神經科學的興起，另一位行為主義者卡爾・拉什里又將關注點從行為引向了腦與腦功能。

現在，行為主義已經走到了盡頭，並且被認知心理學的各種分支所取代。然而，它留下的遺產仍然閃耀着光輝，特別是它為這個學科確立了科學的方法論，它所提供的研究範式被廣泛應用於心理學實驗中。行為療法直到今天仍然在使用，並且是認知行為療法的重要組成部分。■

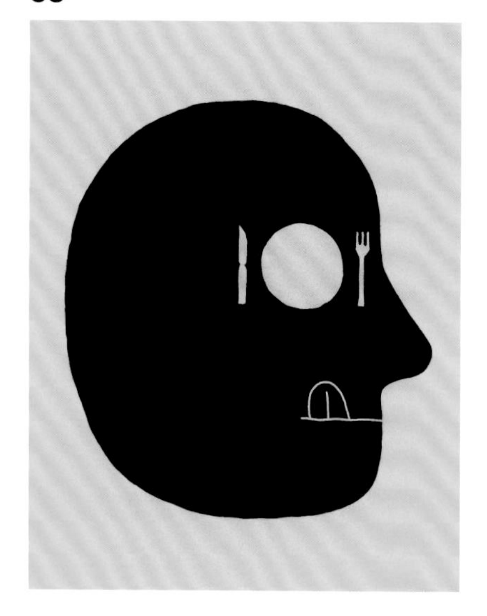

美食令人垂涎

伊萬・巴甫洛夫（1849－1936 年）

背景介紹

聚焦

經典制約作用

此前

12 世紀早期 阿拉伯醫生阿文祖爾為了測試外科手術的程序而用動物做實驗。

1890 年 威廉・詹姆斯在《心理學原理》中說：「對執行完一個步驟的感受是下一個刺激不可分割的一部分。」

此後

1920 年 華生的「小阿爾伯特」實驗在人類身上證實了經典性條件作用。

20 世紀 30 年代 斯金納發現老鼠以特定的方式做出條件性的行為。

20 世紀 50 年代 心理治療師將「條件作用」應用在行為治療中。

一個非制約刺激（如出現食物）……

……能夠引發非制約反應（如開始分泌唾液）。

如果一個非制約刺激伴隨着一個中性刺激（如鈴聲）……

……制約反應就開始形成。

重複一段時間後，制約刺激（鈴聲）單獨出現……

將引發制約反應（開始分泌唾液）。

當現代心理學還在襁褓之中時，許多重大的發現都是其他領域的科學家從他們的研究中得到的。俄國生理學家伊萬・巴甫洛夫（Ivan Pavlov）就是這些早期先驅者中最著名的人物之一，他在研究狗的唾液分泌及消化功能時得到了意想不到的結果。

19 世紀 90 年代，巴甫洛夫對狗進行了一系列的實驗，他利用外科手術的植入設備測量狗在餵食時唾液的分泌量。他發現狗不僅在真的進食時分泌唾液，而且在只是聞到或者看到美味的食物時也會分泌唾液。甚至在因期待食物而靠近看護者時，也會分泌唾液。

巴甫洛夫的觀察讓他看到了各種刺激及其引發的反應之間的聯繫。在一項實驗中，他在給狗食物之前總會開啟一個節拍器，重複這個過程，直到狗能將這種聲音與美味的食物聯想在一起。這種條件性的作用最終使狗在單獨聽到節拍器的聲音時也能夠分泌唾液。

參見：威廉・詹姆斯 38~45 頁，約翰・華生 66~71 頁，B.F. 斯金納 78~85 頁，斯坦利・沙克特 338 頁。

巴甫洛夫的狗只要看到穿白大褂的實驗員就能夠分泌出唾液。牠們條件性地將白大褂與食物聯想在了一起，因為給牠們餵食的人總是穿着白大褂。

在隨後的實驗中，巴甫洛夫將節拍器換成了鈴聲或蜂鳴器、閃光和不同聲調的哨子。然而，不管刺激的性質如何，結果都是一樣的：一旦中性刺激（鈴聲、蜂鳴器或閃光）與食物之間建立了聯繫，狗就能夠對這些刺激做出分泌唾液的反應。

條件性反應

巴甫洛夫得出結論，提供給狗的食物是一種「非制約刺激」（US），因為它所引發的是不需要學習的，或者說「非制約」的反應（UR）── 在這裏，即為分泌唾液。但是，節拍器只有在狗學會了與食物聯想到一起之後才能成為引發唾液分泌的刺激。因此，巴甫洛夫稱之為「制約刺激」（CS）。對節拍器產生的分泌唾液的反應也是習得的，所以是一種「制約反應」（CR）。

在之後的實驗中，巴甫洛夫又發現如果制約刺激多次出現之後都取消食物的供給，制約反應就可以被抑制，或者說「被忘掉」。他還證明了條件性反應既可以是生理上的，也可以是心理上的。當各種刺激伴隨着疼痛或者某種形式的危險出現時，就會引發恐懼或焦的制約反應。

如今眾所周知的經典性制約作用或巴甫洛夫條件作用原理，以及巴甫洛夫的實驗方法，使心理學向真正的科學，而非哲學，邁進了一大步。巴甫洛夫的工作產生了重大的影響，特別是對美國的行為主義心理學家，如華生和斯金納。■

事實是科學的空氣。沒有它們，科學人就無法生存。

——伊萬・巴甫洛夫

伊萬・巴甫洛夫

伊萬・巴甫洛夫，俄國梁贊市鄉村牧師的長子，原本注定要追隨他父親的腳步，但是他很快放棄了在當地神學院的學習，轉入了聖彼得堡大學。1875 年畢業後，他進入外科醫學院，在那裏獲得了博士學位和獎學金。1890 年，巴甫洛夫成為軍事醫學院的教授和實驗醫學研究院生理學系主任。就是在這裏，他做出了舉世聞名的關於狗的消化系統的研究，並因此奪得了 1904 年的諾貝爾獎。巴甫洛夫於 1925 年正式退休，但是他仍然繼續着他的實驗，直到 1936 年 2 月死於肺炎。

主要作品

1897 年 《關於主要消化腺功能的演講》
1928 年 《關於條件作用的演講》
1941 年 《條件作用與精神病》

無益的行動淘汰出局

愛德華・桑代克（1874—1949 年）

背景介紹

聚焦

聯結主義

此前

1885 年 赫爾曼・艾賓浩斯在《記憶》中揭示了「遺忘曲線」——人類記憶消退的速率。

19 世紀 90 年代 伊萬・巴甫洛夫提出經典制約作用原理。

此後

1918 年 約翰・華生的「小阿爾伯特」實驗將條件作用應用在了嬰兒身上。

1923 年 英國心理學家查爾斯・斯皮爾曼提出了測量人類智力的單一的一般性因素 —— G 因素。

20 世紀 30 年代 斯金納提出來自結果的條件作用理論 —— 操作性條件作用。

當巴甫洛夫在俄國潛心用狗做實驗的同時，愛德華・桑代克（Edward Thorndike）在美國開始為了他的博士論文而進行動物行為研究。他可能是第一位真正的「行為主義」心理學家，雖然這個詞的出現已經是他的研究完成之後很久的事了。

19 世紀 90 年代，桑代克畢業時，科學心理學在大學裏還是新鮮的研究領域，他憧憬着將這門新科學應用到他感興趣的教育和學習研

參見：赫爾曼・艾賓浩斯 48~49 頁，伊萬・巴甫洛夫 60~61 頁，約翰・華生 66~71 頁，愛德華・托爾曼 72~73 頁，B.F. 斯金納 78~85 頁，唐納德・赫布 163 頁。

心理學有助於估量一個目標達成的概率。

——愛德華・桑代克

究中。桑代克最初的目的是研究人類的學習，但是當他在研究過程中怎麼也找不到適合的課題時，他就把注意力轉向了動物，希望在一系列嚴格控制的實驗中觀察智力及學習的過程。然而，桑代克得到的結果遠不止這些，他奠定了行為主義心理學的基礎。

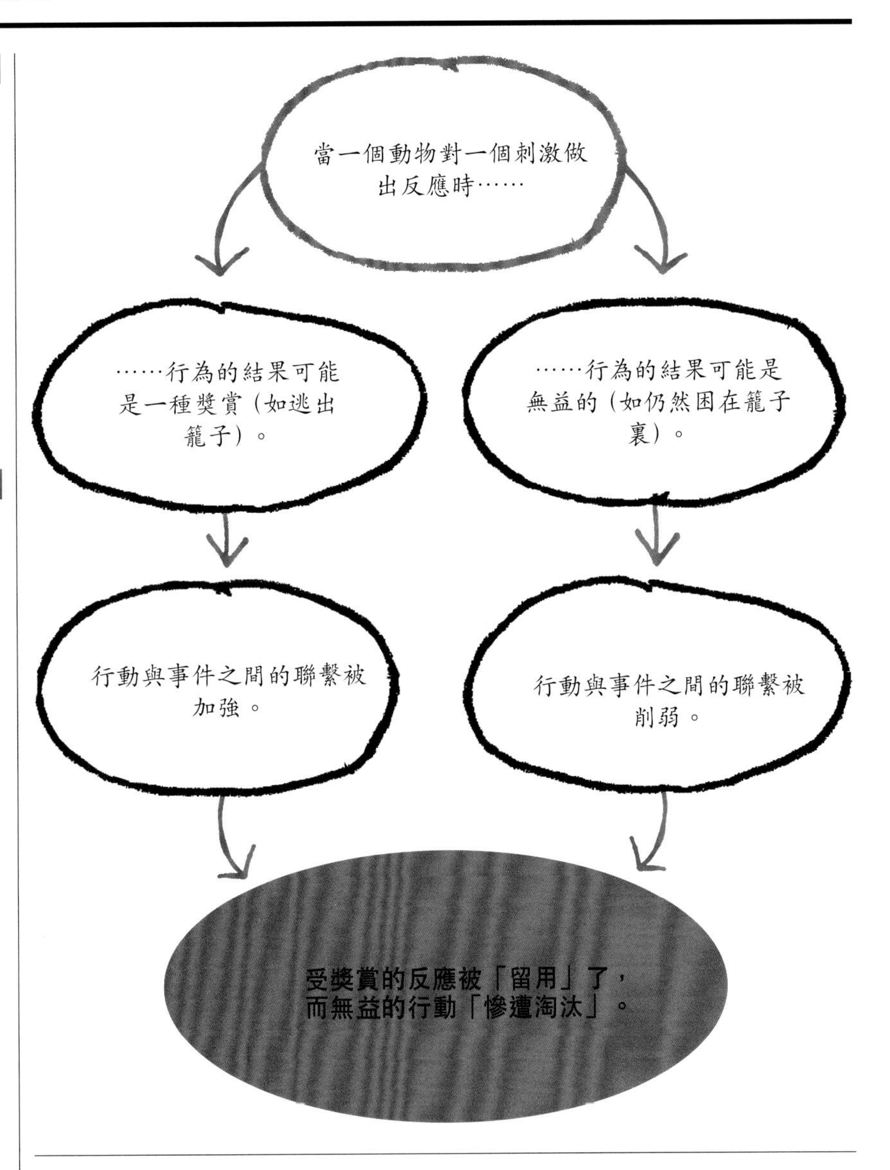

學習環境

他最開始的實驗是讓雞學習走他為了實驗專門設計和搭建的迷宮。後來，這成了行為主義實驗技術的「品質保證」——使用特別創設的環境，被試可以在其中接受特定的刺激或任務，即現在的「工具性條件作用」或「工具性學習」。隨着研究的推進，桑代克又改用貓做實驗，他發明了「迷箱」來觀察它們學習逃跑的能力。

飢腸轆轆的貓被關在迷箱中，探索牠身處的環境時會碰到各種裝置，如線繩、鈴鐺或者可以按的按鈕或面板，其中有一種連接着打開箱門的門閂。如果這時貓發現了，牠就可以跑出來並得到食物獎勵。這個過程重複多次，桑代克關心的是貓每次打開迷箱門所用的時間，這表明動物能多快認識牠周圍的環境。

實驗使用了不同的貓，每一隻都被放到一系列具有不同開門機關的迷箱中。桑代克發現，貓在第一波嘗試和犯錯後發現了逃跑的機關，之後的嘗試和犯錯數就會逐漸減少，因為貓學會了哪種行為是無

桑代克提出的效果律構成了所有行為主義心理學的基礎。他證明了動物通過加強行動與結果之間的連接來學習，牠們能記住積極的結果並忘記消極的結果。

效的，哪種是可以獲得獎賞的。

效果律

根據這些實驗的結果，桑代克提出了他的效果律，也就是說如果對一種情境的反應引發了令人滿意的結果，那麼這種反應在未來就更有可能再次出現；如果對一種情境的反應引發了不好的結果，那麼這種反應再次出現的可能性很小。這是行為主義心理學觀點、刺激與反應之間的聯繫以及學習與行為的關係第一次被正式地闡述出來。桑代克認為，當刺激（S）與反應（R）之間建立聯結時，大腦中也建立了對應的神經連接。他稱這種 S—R 學習為「聯結主義」，即學習過程中建立的聯結「印刻」在大腦的神經環路中。

桑代克的觀點是，行為的結果決定了刺激—反應聯結被印刻的深淺程度。在迷箱中，拉繩子或者按開關的結果可能是逃脱或失敗。換句話説，當特定的刺激—反應伴隨着令人滿意或愉快的事情（如逃脱或獎賞）時，那些反應就傾向於「加固與這種情境的聯結，因此，當它再次發生時，先前的反應也更有可能出現」。它們被「印刻」在神經連接中。當刺激—反應伴隨着惱人的或難過的事情（如繼續被困或受懲罰）時，情境與反應之間的神經連接就會被削弱，直到最後「無益的行動被淘汰出局」。

強調刺激與反應的結果，以及結果會反過來加強刺激與反應之間的聯結，這種觀點可以作為日後被稱為學習的強化理論的例子。實際上，強化以及結果的重要性完全被下一代行為主義者（如約翰・華生）忽視了，但是效果律遠遠領先於斯金納的工作以及他的操作性條件作用理論。

在之後的研究中，桑代克更新了效果律，他在其中加入了其他的變量，例如反應和獎賞之間的延遲、任務重複的效果，以及當任務沒有被重複時會多快被遺忘。由此，他又提出了練習律，即刺激與反應之間的聯結因重複而加強，不再啟用則會減弱。此外，聯結加強或減弱的速率是可以變化的。根據桑代克的説法，「滿意或不滿意的

任何人所擁有的智力、性格和技能都是特定的原始傾向和他們所接受的訓練的共同產物。

——愛德華・桑代克

人們曾經認為成年學習者獲取知識的能力比兒童差。桑代克認為他們只是在學習速度而非記憶上有顯著差異。

程度越高，聯結被加強或減弱的幅度就越大」。

有趣的是，雖然桑代克用標準的行為主義方法研究動物行為，並撰寫了《動物智力》(1911)，它被奉為早期行為主義的經典著作，但是他認為，他自己首先是一位教育心理學家。他原本想要測查的是動物的智力，而非行為。例如，他想要看到的是動物通過簡單的嘗試和犯錯進行學習，而不是通過頓悟，頓悟是當時心理學界流行的觀點。他寫道，「大多數的書寧願給動物寫讚歌，也不願意寫一寫心理學。他們都在稱讚動物的智慧，卻沒有人談動物的愚蠢。」他的貓在迷箱中是逐步學習的，並不是突發靈感頓悟出如何逃脱，這一事實支持了他的理論。動物是通過嘗試和犯錯被迫學習的，因為牠們沒有能力推理出門與操縱桿之間的關係。

人類的智力

《動物智力》出版後，桑代克將他的注意轉向人的智力。在他看來，最基本的智力就是產生簡單的刺激和反應聯想，並建立神經連接。動物越聰明，就越能夠建立這樣的聯結。因此，智力可以被定義為形成神經連接的能力，這不僅依賴於遺傳因素，也要靠經驗的積累。

為了找到測量人類智力的方法，桑代克設計了 CAVD（完形填空、算術、詞彙、執行指示）量表。它是當代所有智力測驗的楷模，不僅評估了機械智力（理解事情如何發生），而且評估了抽象智力（創造力）和社會智力（人際交往能力）。桑代克還特別想知道年齡對學習的影響，他提出的學習理論至今仍是教育心理學的核心內容，這或許也是桑代克最希望被世人記住的豐功偉績。可惜，桑代克對行為主義的影響實在太大了，所以他大多時候都出現在行為主義者的名單上。■

愛德華・桑代克

1874 年，愛德華・桑代克出生在美國馬薩諸塞州的威廉斯堡，他的父親是衛理公會的牧師。1895 年，他從衛斯理大學畢業後，進入哈佛大學跟威廉・詹姆斯繼續學習心理學。1897 年，桑代克來到紐約的哥倫比亞大學，1898 年，他在那裏完成了博士論文。

桑代克對教育心理學的熱愛使他來到俄亥俄州克里夫蘭西部保留地大學當老師，但是僅僅一年之後，他就回到了哥倫比亞大學，從 1899 年到 1939 年退休，一直都在那裏教書。1912 年，他當選了美國心理學會主席。桑代克繼續着他的研究和寫作，直至 74 歲在紐約蒙特羅斯去世。

主要作品

1905 年 《心理學要素》
1910 年 《心理學對教育學的貢獻》
1911 年 《動物智力》
1927 年 《智力測驗》

無論人們天性如何，都可以被訓練成任何樣子

約翰・華生（1878－1958 年）

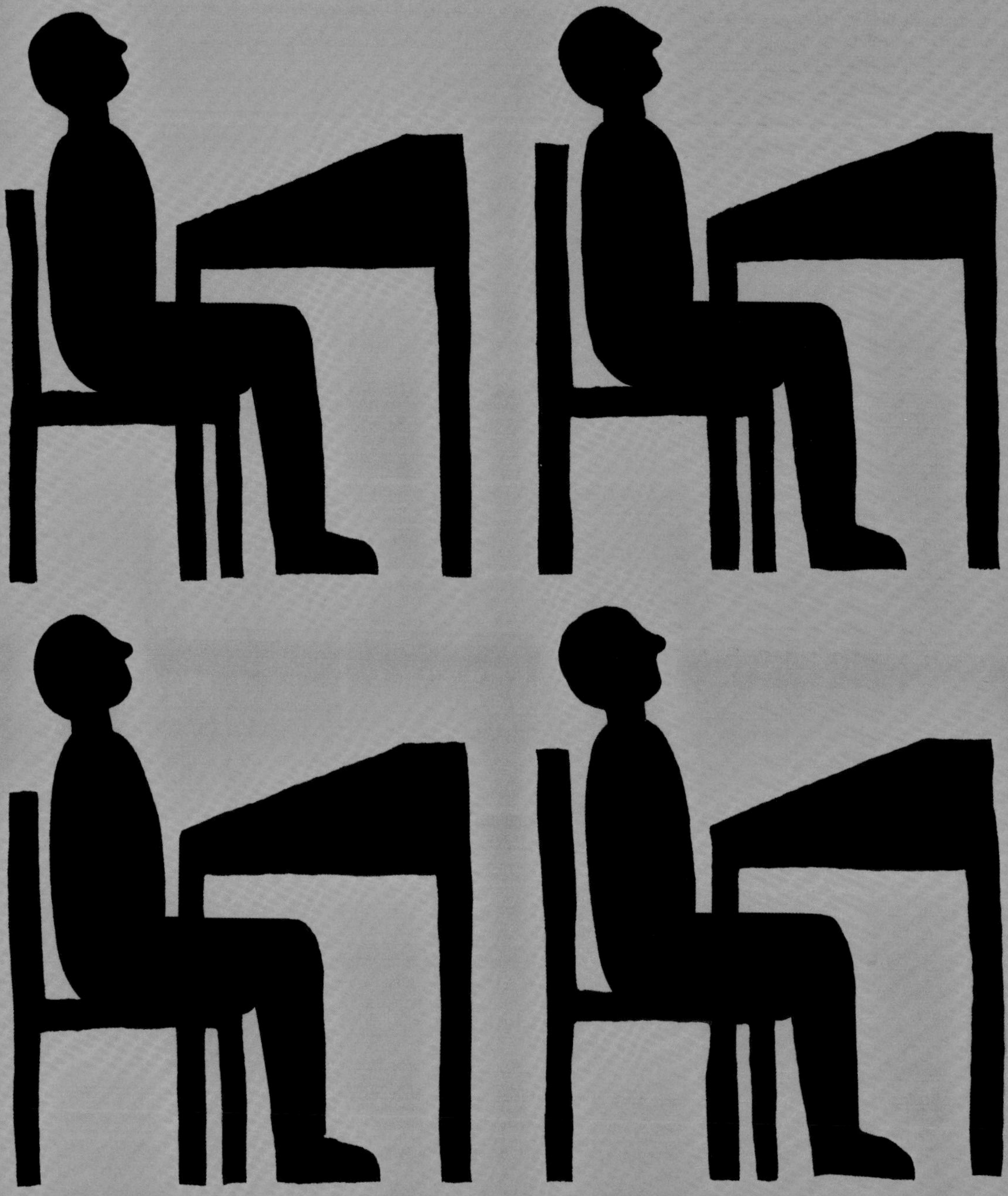

背景介紹

聚焦

古典行為主義

此前

19 世紀 90 年代 生於德國的生物學家雅克・洛布（華生的導師之一）用純生理－化學的術語來解釋動物行為。

19 世紀 90 年代 巴甫洛夫通過對狗的實驗確立了經典制約作用原理。

1905 年 桑代克發現動物為了使其行為產生積極的後果而學習。

此後

1932 年 托爾曼在他的潛在學習理論中將認知引入行為主義。

20 世紀 50 年代 認知心理學家將研究的落腳點放在了隱藏在人類行為背後並引發行為的心理加工過程上。

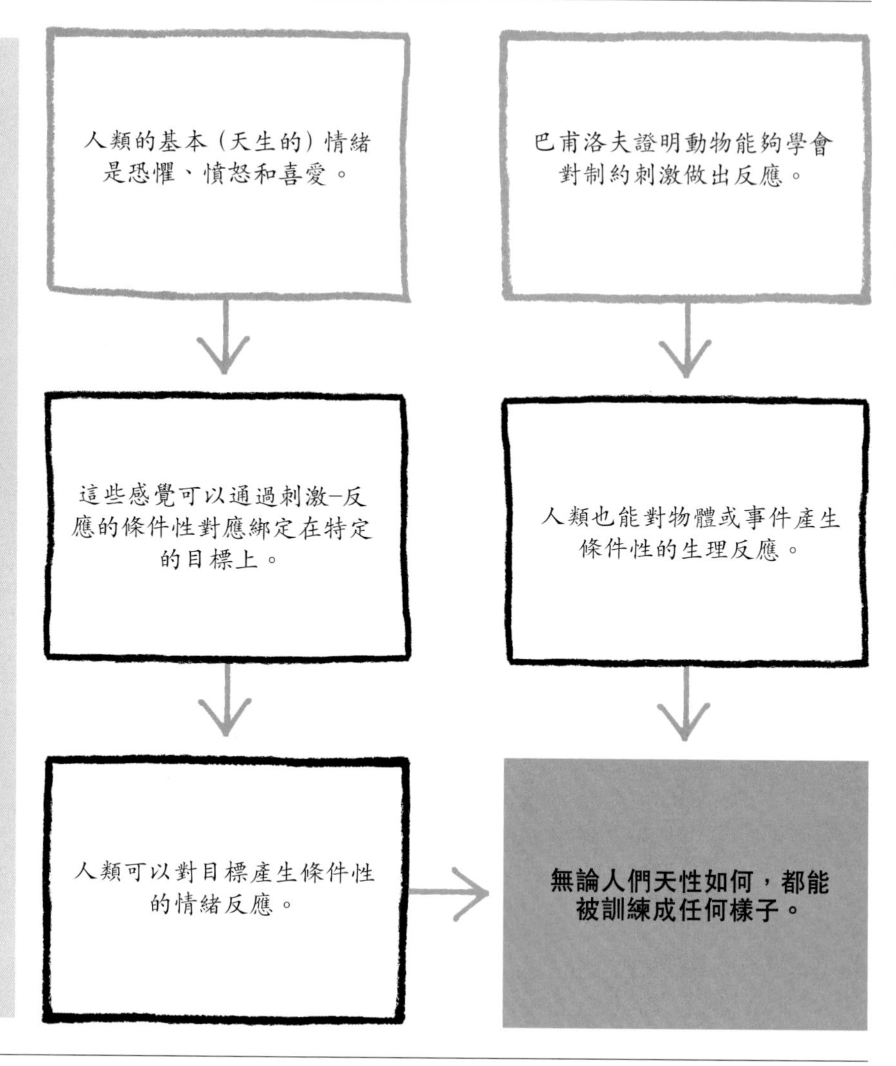

20世紀初期，許多心理學家紛紛表示內省的方法不足以研究人類的心理，他們都開始投身於通過實驗室中嚴格控制的實驗誘發的行為來研究心理。

約翰・華生並不是完全行為主義取向的第一人，但他的確是最引人注目的。在因婚姻醜聞而中斷的職業生涯中，他成為 20 世紀最有影響力也最具爭議性的心理學家之一。因為他對刺激－反應學習理論的研究早於桑代克，所以他被認為是行為主義之父，也是他使行為主義流行於世。他在 1913 年的演講《行為主義者眼中的心理學》拋出了革命性的觀點：「真正的科學心理學應該放棄談論心理狀態，取而代之的是預測和控制行為。」這場演講被後輩心理學家們看作「行為主義宣言」。

華生在美國巴爾的摩的約翰霍普金斯大學做研究之前，大多數關於行為的實驗都着眼於動物的行為，用動物實驗的結果推論人類的行為。華生的博士論文研究的是老鼠和猴子，但是（也許是受到第一次世界大戰期間為軍方工作的經歷影響）他也熱衷於用人類被試做實驗。他想要研究經典性條件作用的刺激－反應模式以及可以怎樣利用它來預測和控制人類的行為。他認為人類有三種基本情緒——恐懼、憤怒和喜愛——於是他想要知道

參見：伊萬・巴甫洛夫 60~61 頁，愛德華・桑代克 62~65 頁，愛德華・托爾曼 72~73 頁，B.F. 斯金納 78~85 頁，約瑟夫・沃爾普 86~87 頁，肯尼斯・克拉克 282~283 頁，阿爾伯特・班杜拉 286~291 頁。

心理學，在行為主義者的眼裏，是完全客觀的、以實驗為基礎的自然科學分支。

——約翰・華生

在對一個刺激做出反應時一個人是否能夠條件性地產生這些感受。

小阿爾伯特

華生和他的科研助手羅莎莉・蕾娜對從當地兒童醫院挑選的 9 個月大的嬰兒「阿爾伯特」進行了一系列的實驗。華生想看看反覆給嬰兒看一個小動物的同時製造令人害怕的巨大噪音，嬰兒有沒有可能學會害怕這個小動物。他還想要知道這種恐懼能否轉移到其他動物或物體上，以及這種恐懼能夠持續多久。現在，華生的實驗方法被認為是殘忍且不道德的，但是在當時他們確實將從前的動物研究向前推進了。

在今天眾所周知的「小阿爾伯特實驗」中，華生把健康但「總的來說有點遲鈍和冷淡」的小阿爾伯特放在軟墊上，然後觀察他看到小狗、小白鼠、兔子、猴子和其他無生命的東西（如面具和燃燒的紙）的反應。阿爾伯特不怕任何動物或東西，甚至敢伸手去摸它們。於是，華生就以此為基線，來評估孩子的行為有多大改變。有一次，阿爾伯特正坐在軟墊上玩，華生突然用錘子使勁敲一根金屬棒，發出了巨大的噪音；可想而知，阿爾伯特非常害怕和緊張，大哭起來。現在，華生就得到了一個可以引發兒童恐懼反應的非條件刺激（巨大的噪音）。他設想如果這個非條件刺激與小白鼠同時出現，那麼它可能會讓小阿爾伯特對小動物產生條件性的恐懼。

在阿爾伯特剛滿 11 個月時，華生又把他帶到了實驗室。小白鼠和小阿爾伯特都放在了軟墊上，然後這個孩子伸手觸摸小白鼠時他就用鐵錘用力敲擊金屬棒。孩子號啕大哭起來。這個過程一共重複了七次，分別在兩個時段進行的，兩個時段之間又相隔了一週的時間，之後即便沒有任何噪音出現，阿爾伯特一看到小白鼠被帶進房間就會開始緊張。

通過讓小白鼠和巨大的噪音多次共同出現，華生應用了巴甫洛夫

約翰・華生

約翰・華生出生在美國南卡羅萊納州的一個貧苦家庭，他的童年並不順遂，他的父親長年沉迷於酒色，在華生 13 歲的時候就離開了他，而他的母親是虔誠的教徒。華生的青春期非常叛逆和暴力，但他的學習成績卻很好，16 歲的時候就被附近的弗曼大學錄取了。他在芝加哥獲得博士學位後，開始在約翰・霍普金斯大學當助教，並於 1913 年在那裏發表了被譽為「行為主義宣言」的演講。他在第一次世界大戰期間曾經為軍隊工作過一小段時間，之後又回到了約翰・霍普金斯。當他和他的科研助手羅莎莉・蕾娜的醜聞曝光後，他被迫辭職，轉而投身廣告界，其間他仍然在出版關於心理學的書。1935 年，37 歲的蕾娜早早離開人世，之後華生便退隱江湖。

主要作品

1913 年 《行為主義者眼中的心理學》
1920 年 《條件性情緒反應》（與羅莎莉・蕾娜共同完成）
1924 年 《行為主義》

在狗身上發現的經典制約作用。現在，兒童對噪音的自然反應——害怕和緊張——與小白鼠聯繫在一起。兒童對小白鼠也會產生條件性的恐懼反應。根據經典性條件作用原理，小白鼠原本是不會引發任何特殊反應的中性刺激；巨大的噪音是能引發恐懼這種「非制約反應」(UR)的「非制約刺激」(US)。經過條件作用訓練之後，小白鼠成為「制約刺激」(CS)，能夠引發出恐懼這種「制約反應」(CR)。

然而，這種制約作用似乎不只是對小白鼠的簡單的害怕，而且似乎也不是暫時的。為了檢驗阿爾伯特的恐懼是否「泛化」了，或者說擴散到其他類似的對象上，在條件作用形成的五天後，華生又給他看了其他白色帶毛的東西，包括兔子、小狗和裘皮大衣。阿爾伯特對這些東西表現出了和對小白鼠一樣的緊張和恐懼反應。

在這些實驗中，華生證明了人類的情緒易受經典制約作用的影響。這是一個新的發現，因為先前的刺激－反應實驗研究的都是軀體行為的學習。華生不僅發現了人類行為是可以被預測的——給予特定的刺激和條件——也是可以被控制和塑造的。一個月後再次檢查阿爾伯特對小白鼠、兔子和狗的反應，發現條件作用的效應仍然持續着，不過再也無法進一步證實，因為此後不久阿爾伯特就被他的媽媽接出了醫院。

我永遠不會滿足，除非讓我在一間可以時刻觀察的實驗室裏培育孩子。

——約翰・華生

無限的可塑性

華生的職業生涯在小阿爾伯特實驗後戛然而止，他與助手蕾娜的醜聞迫使他辭去了教授的職位。雖然他的研究尚未完成，但是他堅持自己的行為主義觀點，並且特別希望將經典制約作用應用於人類身上。或許因為他無法忍受被迫離開學術界的現實（他進入廣告界並取得了巨大成功），他開始誇大自己的發現，並利用自己能言善辯的天賦繼續出版關於心理學的書籍。

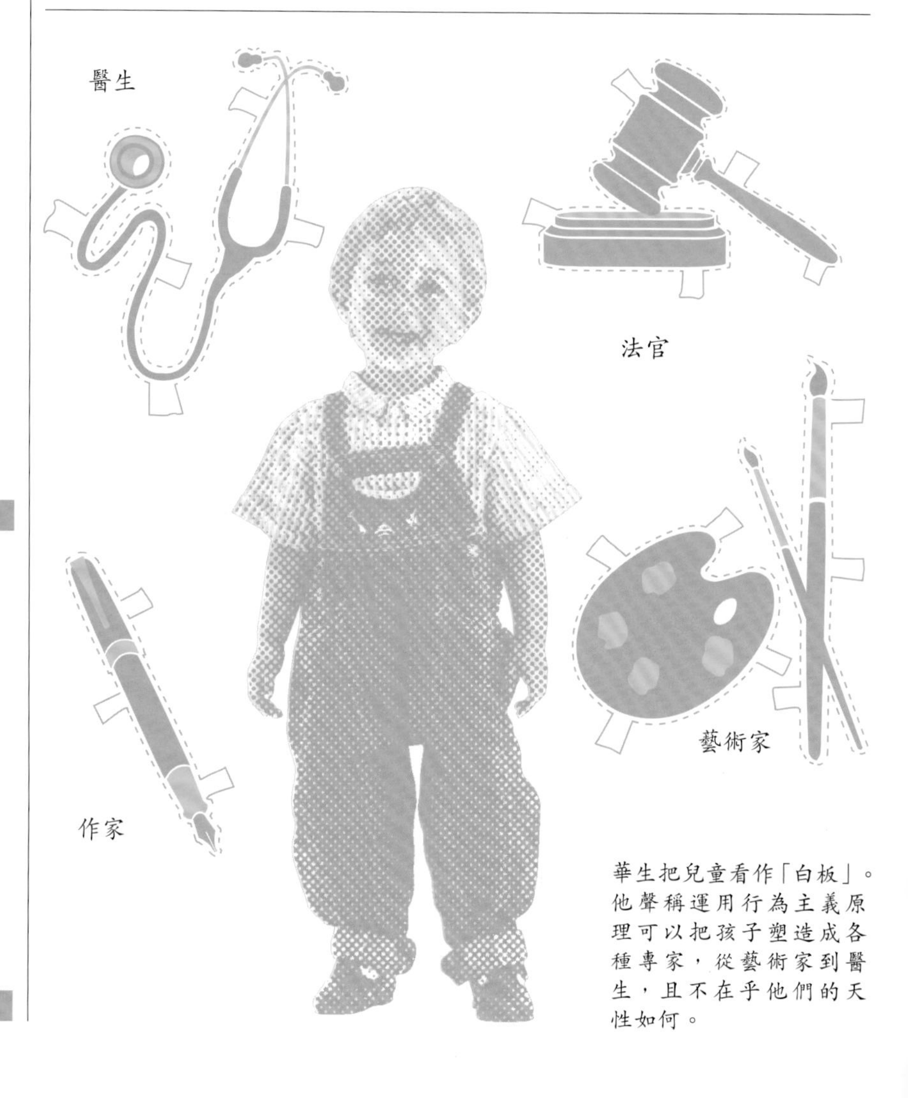

華生把兒童看作「白板」。他聲稱運用行為主義原理可以把孩子塑造成各種專家，從藝術家到醫生，且不在乎他們的天性如何。

例如，他不甘於只宣稱有可能控制情緒反應，還鼓吹說基於同樣的原理還可以控制或調節幾乎人類的所有行為，不管有多麼複雜。僅僅因為小阿爾伯特條件性地對他原本不害怕的白色毛絨物體產生了恐懼反應，華生就認為「無論天性如何，任何人都可以被訓練成任意的樣子」。他甚至在 1924 年所寫的《行為主義》一書中寫道：「給我一打健康的嬰兒，讓他們在我特製的世界中長大，我保證可以隨意把任何一個人培養成任何我想要他成為的專家——醫生、律師、藝術家、商人，甚至乞丐和小偷，不管他的天賦、愛好、傾向、能力、職業和種族。」在「先天對後天」的爭論中，華生是徹頭徹尾站在「後天」這一邊的。

無感情的教養

不能繼續在大學裏做研究了，於是華生為了推廣他的行為主義觀點而把目光投向了育兒早教界。這是他的觀點被證明最有公眾影響力的地方，也是最受爭議的地方。可想而知，他提倡用嚴格的行為主義方法來養育孩子，在 20 世紀二、三十年代，他的許多關於育兒的書都非常暢銷。現在回頭看看，很容易發現他的方法基於極端的情感疏離，存在着巨大的誤導性和潛在的傷害性，但是他的方法卻被數以萬計的家長們所接受，包括華生和蕾娜本人。

華生認為，兒童是由環境塑造的，而環境在家長的控制之下。在他看來，養育兒童就是通過行為矯正對恐懼、憤怒和喜愛等情緒進行客觀的練習。想一想他悲慘的童年，或許他已經拋棄了那些會令自己變得脆弱、變得過度依賴父母的情感。不過，他也反對父母有極端情緒，並且反對體罰。

華生主義儼然成為美國托兒所和起居室裏的福音書。

——阿爾弗雷德·阿德勒

華生將刺激—反應條件作用應用在育兒上終於引發了批評。後來的人認為這樣的方法是冷漠和充滿操縱性的，看重的是功效和結果而不是兒童的幸福。按照華生的行為主義模式養大的孩子所受到的長期傷害是由淺入深的，也是非常明顯的。那時候他的書猶如育兒「聖經」一樣受到追捧，說明整個一代人都是在現在被認為有害的教養方式下長大的。甚至華生自己的家庭也無法倖免：蕾娜最終看到了她丈夫的育兒理論的缺陷，並在《父母雜誌》發表了名為《我是一個行為主義者的孩子的母親》的文章，華生的孫女，演員瑪麗艾特·哈特利也在她的自傳《打破沉默》中記錄了她混亂的家庭。

其他育兒方法很快湧現出來，卻依然效忠於行為主義。心理學家斯金納接受了華生的條件作用基本原理（除了有失人性的小阿爾伯特實驗），並以此作為自己的「激進行為主義」的起點，他將行為主義應用於育兒方面時要溫和得多。■

20 世紀 20 年代，華生將其對人類行為的理解應用於廣告界，他證明了人在購買商品時會受到商品形象的影響，而非內容。

最大的迷宮就是人類的世界

愛德華・托爾曼（1886－1959 年）

背景介紹

聚焦

認知（「目的」）行為主義

此前

19 世紀 90 年代 伊萬・巴甫洛夫通過對狗的實驗確立了經典制約作用理論。

1920 年 約翰・華生對人類實施了行為主義實驗，即著名的「小阿爾伯特」實驗。

此後

1938 年 斯金納對操作性條件作用的研究用鴿子代替了老鼠，並且更為精細和複雜。

20 世紀 50 年代 認知心理學取代行為主義成為心理學的主流。

20 世紀 80 年代 沃爾普的行為療法和貝克的認知療法融合成為認知行為療法。

雖然愛德華・托爾曼（Edward Tolman）是美國行為主義心理學家的領軍人物之一，但是他跟桑代克和華生的取向有很大的不同。他贊同行為主義的基本方法論——心理學只能通過客觀科學的實驗來研究——但是他對心理加工過程也感興趣，包括知覺、認知和動機，他在德國學習完形心理學的時候接觸過這些內容。他將這兩種原本互不相干的取向結合起來，提出了關於條件作用的新理論，並開創了他所謂的「目的行為主義」——現在稱為認知行為主義。

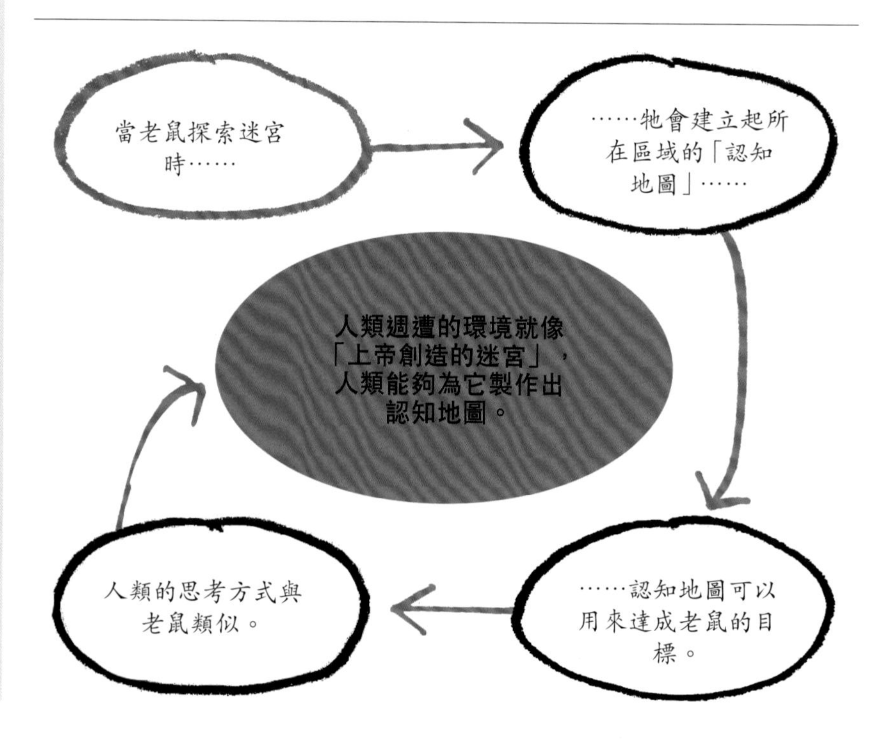

參見：伊萬・巴甫洛夫 60~61 頁，愛德華・桑代克 62~65 頁，約翰・華生 66~71 頁，B.F. 斯金納 78~85 頁，約瑟夫・沃爾普 86~87 頁，沃爾夫岡・科勒 160~161 頁，丹尼爾・卡尼曼 193 頁。

學習並非只有一種類型。

——愛德華・托爾曼

托爾曼對條件作用學習的基本假設心存疑慮（行為是簡單地通過對刺激的自動反應而習得的）。他認為就算沒有獎勵的強化，動物也能認識周圍的世界，並且在之後的決策中運用這些知識。

他設計了一系列的老鼠走迷宮實驗來檢測強化在學習中的作用。他比較了三組老鼠，第一組成功走出迷宮就會立即獲得食物獎勵，第二組六天後才能得到獎勵，第三組兩天後得到獎勵，他的想法被證實了。第二組和第三組老鼠在得到食物獎勵那天之後走迷宮時犯的錯誤明顯減少，這說明牠們已經「知道」了迷宮的路，在接受獎勵之前就學會了。一旦得到了獎勵，牠們就能夠運用已經建立的「認知地圖」更快地走出迷宮。

潛在學習

托爾曼將老鼠還沒有得到明確獎勵的初始學習階段稱為「潛在學習」。他認為人類和所有的動物一樣，在日復一日的生活中建立起了週遭世界——「上帝創造的迷宮」——的認知地圖，利用它就可以定位特定的目標。他舉例說，我們記住了每天經過的路上的各種地標的位置，但是只有當我們需要沿路尋找某處時才會意識到這些。進一步的實驗顯示，老鼠擁有的是位置感而不僅僅學會了到達某個特定地點該如何轉彎。

在《動物與人類的目的性行為》一書中，托爾曼概括了他的潛在學習和認知地圖理論，將行為主義的方法論與完形心理學結合在一起，並引入了認知的元素。■

我們在日常生活中會建立起週遭環境的認知地圖。我們可能並不會意識到這一點，直到我們需要找到一個每每經過卻從沒留意過的地方。

愛德華・托爾曼

愛德華・托爾曼生於美國馬薩諸塞州西牛頓的一個小康之家。他先在麻省理工學院學習電化學，1911 年畢業後，他讀了威廉・詹姆斯的著作便選擇到哈佛大學讀研究生，學習哲學和心理學。在學習期間，他來到德國並接觸到完形心理學。拿到博士學位後，他來到西北大學教書，但是他的和平主義觀點令他丟了這份工作，於是他調入加州大學伯克利分校。正是在這裏，他完成了老鼠走迷宮的實驗。在麥卡錫當政期間，他因為拒絕在他認為限制學術自由的效忠誓言上簽字而受到威脅。情勢於 1955 年好轉。1959 年，他在伯克利去世，享年 73 歲。

主要作品

1932 年 《動物和人類的目的性行為》

1942 年 《戰爭的驅動力》

1948 年 《老鼠和人類的認知地圖》

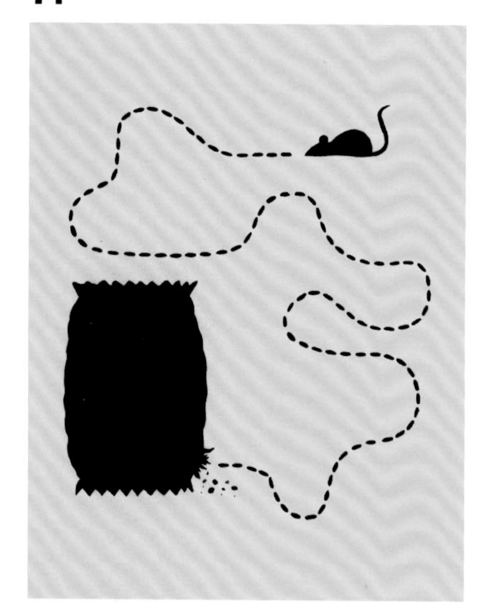

一旦被老鼠看到穀袋，我們就知道牠會回來的

埃德溫·格思里（1886－1959 年）

背景介紹

聚焦

學習理論

此前

19 世紀 90 年代 巴甫洛夫在狗身上驗證了「經典制約作用」。

19 世紀 90 年代 桑代克為他實驗中的貓設計了迷箱。

20 世紀 20 年代 托爾曼對強化在制約作用中所扮演的角色提出了疑問。

此後

1938 年 斯金納提出了操作制約作用的觀點，強調行為結果的作用。

20 世紀 40 年代 皮亞傑的學習理論認為兒童天生就想要探索和獲取知識。

1977 年 阿爾伯特·班杜拉的社會學習理論認為行為可以通過觀察和模仿其他人的行為來習得。

20世紀 20 年代，當美國哲學家埃德溫·格思里（Edwin Guthrie）將他的注意轉向心理學時，學習的刺激－反應模式構成了幾乎所有行為主義理論的基礎。巴甫洛夫的「經典性條件作用」認為將被試反覆暴露在特定刺激組合中（如在給事物的同時搖鈴），最終可以誘發制約的反應（如一聽到鈴響就分泌唾液）。

雖然格斯里是一個嚴格的行為主義者，但是他不同意制約作用必須要得到強化才能成功。他認為特定刺激和反應在初次配對的時候就建立了緊密的聯繫。格思里的單次學習理論來自於觀察被困迷箱中的貓。一旦貓發現了逃脱的機關，就會在逃脱和動作之間建立聯想，於是接下來遇到類似的情形時牠就會重複動作。格思里說，同理可證，一旦老鼠發現了食物源，牠就知道了肚子餓的時候該去哪裏。

格思里將自己的觀點發展為「近因」理論，認為「當刺激伴隨着某個動作出現之後，這種刺激再次出現時就有可能仍伴隨着該動作」。通過刺激－反應聯想習得的是動作，而非行為。相關的動作結合起來成為行動；重複不是強化聯想，而是促進行動的形成，行動結合而成行為。■

我們指望一次爭吵就能改變態度。

——埃德溫·格思里

參見：伊萬·巴甫洛夫 60~61 頁，愛德華·桑代克 62~65 頁，愛德華·托爾曼 72~73 頁，B.F. 斯金納 78~85 頁，讓·皮亞傑 262~269 頁，阿爾伯特·班杜拉 286~291 頁。

沒有甚麼天性能阻擋貓愛上老鼠

郭任遠（1898－1970 年）

背景介紹

聚焦

行為發育遺傳學

此前

1874 年 高爾頓的《科學的英國人：他們的天性與教養》掀起了先天與後天之爭。

1924 年 華生發表了著名的「一打嬰兒」的狂言，宣稱不論任何人的天性如何，都能夠被訓練成任何樣子。

此後

1938 年 斯金納在《有機體的行為》中闡述了他的激進行為主義觀點，認為控制行為的是環境而非本能。

1942 年 托爾曼出版《內驅力的戰爭》，探討了攻擊行為是習得的還是天生的。

1966 年 康拉德・洛倫茨出版《論攻擊行為》，將攻擊行為看作一種天生的反應。

20世紀 20 年代，行為主義者華生正在宣揚即便是天生的行為也能夠被制約作用所改變。但是，是中國的心理學家郭任遠將行為主義的觀點引向極致，他拒絕用本能來解釋行為。

郭先生覺得本能只是心理學家為了解釋還沒有適合的理論可以闡明的行為而找的藉口：「過去我們的行為研究方向是錯誤的，因為我們只是試圖在動物身上找到本能，而不是去發現我們如何在動物身上塑造所謂的本能。」郭先生最著名的實驗是養育小貓，一些小貓從出生起就和老鼠一起養在籠子裏，另一些長大以後才見到老鼠長甚麼樣子。他發現「如果小貓從很小的時候起就和老鼠養在同一個籠子裏，長大以後就會接納老鼠：不只是從不攻擊老鼠，而且是將老鼠看作牠的同類，和牠一起玩耍，甚至變得相互依戀」。可惜的是，郭先生的工作被迫中止，並且前往美國，最後定居香港。當郭先生的觀點被西方所熟知時，行為主義已經開始衰退，而認知心理學正在興起。然而，他的無先天機制的發展理論作為對立面影響着「天性派」的心理學家洛倫茨。■

郭先生證明，傳統意義上被認為是天敵的東西之間能夠存在和諧的關係。他下結論說沒有甚麼「先天機制」能夠驅使他們發生爭鬥。

參見：弗朗西斯・高爾頓 28~29 頁，約翰・華生 66~71 頁，愛德華・托爾曼 72~73 頁，康拉德・洛倫茨 77 頁，B.F. 斯金納 78~85 頁。

學習有無限可能

卡爾・拉什里（1890－1958 年）

背景介紹

聚焦

神經心理學

此前

1861 年 法國解剖學家布洛卡在人腦中定位出負責言語加工的區域。

19 世紀 80 年代 西班牙病理學家和神經科學家聖地亞哥・拉蒙-卡哈爾提出人體的神經系統由細胞組成，此後德國解剖學家沃爾德耶・哈茨稱之為神經元。

此後

1949 年 唐納德・赫布認為在聯想學習的過程中，細胞進行了組合和排序。

自 1980 年起 借助現代腦成像技術，如 CT、fMRI（功能性磁共振成像技術）和 PET（正電子斷層掃描技術），神經科學家就可以對特定腦功能進行定位。

美國生理學家轉為心理學家的卡爾・拉什里（Karl Lashley）感興趣的是在學習的過程中人腦發生了哪些生理變化。巴甫洛夫和其他行為主義者認為制約作用導致人腦中發生了化學或電變化，而拉什里希望準確查明這些變化到底是甚麼。

特別是，拉什里想要定位記憶痕跡，也就是人腦中負責記憶的特定區域。和許多行為主義者一樣，他利用老鼠走迷宮來做基本的學習實驗。首先，老鼠學會了找到迷宮中通往食物獎勵的路徑。接着，拉什里對牠們進行外科手術，給每一隻老鼠切除不同的大腦皮質。然後，老鼠再次被放入迷宮中，以檢驗牠們的記憶和學習能力。

沒有專門的細胞留給特定的記憶。

——卡爾・拉什里

沒有記憶的位置

拉什里發現無論切除腦的哪個部分，老鼠對實驗任務的記憶都依然存在。牠們對新任務的學習和保持受到了影響，但是影響程度依賴於切除的多少，而不是切除的位置。他得出結論說記憶痕跡沒有特定的區域，而是分佈在整個大腦皮質中；因此腦的每個部分都同等重要，這就是「均勢原理」。幾十年以後，他說他的實驗「有時候讓他覺得最恰當的結論是學習有無限可能」。■

參見：約翰・華生 66~71 頁，唐納德・赫布 163 頁，喬治・米勒 168~173 頁，丹尼爾・夏克特 208~209 頁，羅傑・布朗 237 頁。

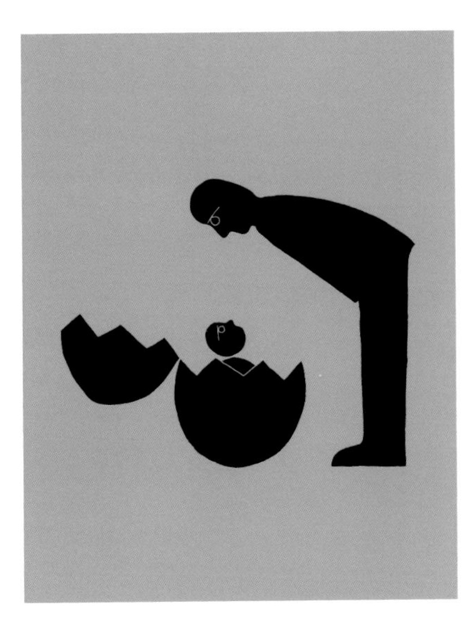

印刻是無法被遺忘的

康拉德・洛倫茨（1903－1989 年）

背景介紹

聚焦

動物行為學

此前

1859 年 英國生物學家達爾文出版《物種起源》，提出了自然選擇理論。

1898 年 洛倫茨的導師，德國生物學家奧斯卡爾・海印洛特開始研究鴨子和鵝的行為，並發現了印刻現象。

此後

1959 年 德國心理學家埃克哈特・赫斯在實驗中發現，對於印刻來說，最先被學習的東西記憶效果最好；而對於聯想學習來說，最近被學習的東西記憶效果最好。

1969 年 約翰・鮑爾比認為新生兒對母親的依戀具有遺傳傾向。

奧地利動物學家兼醫生康拉德・洛倫茨（Konrad Lorenz）是動物行為學的奠基人之一，他在自然環境下對動物行為進行比較研究。他的研究從觀察奧地利阿爾登堡的家庭避暑小屋裏的鵝和鴨子開始。他注意到幼小的禽類被孵化出來後很快就會和牠們的母親建立情感聯結，但是如果母親不在了也會對養育者產生相同的依戀。雖然這種被洛倫茨稱為「印刻」的現象此前已經有人觀察到了，但他是第一個對此進行系統研究的人。他最著名的事跡，是讓一羣小鵝和小鴨把他當成養育者。

洛倫茨發現，印刻與學習的區別在於牠只發生在動物成長的某個特定階段，即「關鍵期」。和學習不一樣，印刻的形成是快速的，不依賴於行為，而且是不可逆的；印刻是無法被遺忘的。

洛倫茨繼續觀察其他具有階段性的先天行為，例如求偶行為，並將這些描述為「固定行為模式」。在特定的關鍵期由特定的刺激觸發之前，這種行為一直都處於休眠狀態。他強調，固定行為模式不需要學習，是遺傳得來的，也是通過自然選擇過程進化而成的。■

洛倫茨發現鵝和其他禽類會跟隨和依戀牠們從蛋殼中孵化出來後遇見的第一個移動的對象，例如他的雨靴。

參見：弗朗西斯・高爾頓 28~29 頁，伊萬・巴甫洛夫 60~61 頁，愛德華・桑代克 62~65 頁，卡爾・拉什里 76 頁，約翰・鮑爾比 274~277 頁。

行為是由正負強化塑造的

伯爾赫斯・弗雷德里克・斯金納（1904－1990 年）

背景介紹

聚焦

激進行為主義

此前

1890 年 威廉・詹姆斯在《心理學原理》一書中概括了行為主義理論。

19 世紀 90 年代 巴甫洛夫提出制約刺激和反應的概念。

1924 年 華生奠定了現代行為主義運動的基礎。

20 世紀 30 年代 郭任遠認為行為在一生中不斷被塑造，甚至所謂的先天行為也是在胎兒期就受到「經驗」影響的。

此後

20 世紀 50 年代 約瑟夫・沃爾普發明了系統減敏法，並應用在行為治療中。

20 世紀 60 年代 阿爾伯特・班杜拉的社會學習理論受到了激進行為主義的影響。

伯爾赫斯・弗雷德里克・斯金納（Burrhus Frederic Skinner）可能是最廣為人知也最有影響力的行為主義心理學家。雖然他不是這一領域的先驅，但是他發展了前人的觀點，如巴甫洛夫和華生，他把行為主義理論投入嚴格的實驗監控下以滿足他的「激進行為主義」立場。

斯金納絕對是行為主義最理想的倡導者。他的觀點不僅基於謹慎的科學方法論（以實證為基礎的、可證明的），而且他的實驗還使用了設計新穎精巧、令世人稱奇的裝置。斯金納是一個嗜好 DIY 的能工巧匠，同時也是一個富有煽動力的自我宣傳家。然而，在這個「表演者」形象的背後是一名嚴肅的科學家，他的工作是把心理學從內省的哲學土壤中拔出來的最後一股力量，成為一門科學的學科，找到自己正確的位置。

斯金納曾經想當一名作家，而且他對許多早期心理學家的哲學化理論沒甚麼興趣。巴甫洛夫和華生的工作深深地打動了他。他認為心理學應該追隨科學的腳步，任何無法在嚴格控制的實驗中被看到、被測量和被複製的事物，他都不感興趣。

行為主義的理想就是排除萬難改造環境以施加控制。

——B.F. 斯金納

因此，心理加工過程不在斯金納的興趣範圍之內。事實上，他下結論說它們是完全主觀的，並且離開肉體就無法存在。在斯

B.F. 斯金納

1904 年，斯金納出生在美國賓夕法尼亞州的薩斯奎哈納。他在紐約漢密爾頓大學學習英語，本想以後當一名作家，但他很快意識到文學生涯不適合他。受巴甫洛夫和華生的工作影響，他開始在哈佛大學研究心理學，並於 1931 年獲得博士學位，成為一名研究員。1936 年他轉入明尼蘇達大學，1946 年至 1947 年又跑到印第安納大學心理系。1948 年，斯金納回到哈佛大學，並在那裏度過餘生。20 世紀 80 年代，他被診斷為白血病，但是他仍然繼續工作，直到去世的那天還在完成最後一篇演講稿，那一天是 1990 年 8 月 18 日。

主要作品

1938 年 《有機體的行為：實驗分析》
1948 年 《瓦爾登第二》
1953 年 《科學與人類行為》
1957 年 《言語行為》
1971 年 《超越自由與尊嚴》

參見：威廉・詹姆斯 38~45 頁，伊萬・巴甫洛夫 60~61 頁，約翰・華生 66~71 頁，郭任遠 75 頁，約瑟夫・沃爾普 86~87 頁，阿爾伯特・班杜拉 286~291 頁，諾姆・喬姆斯基 294~297 頁。

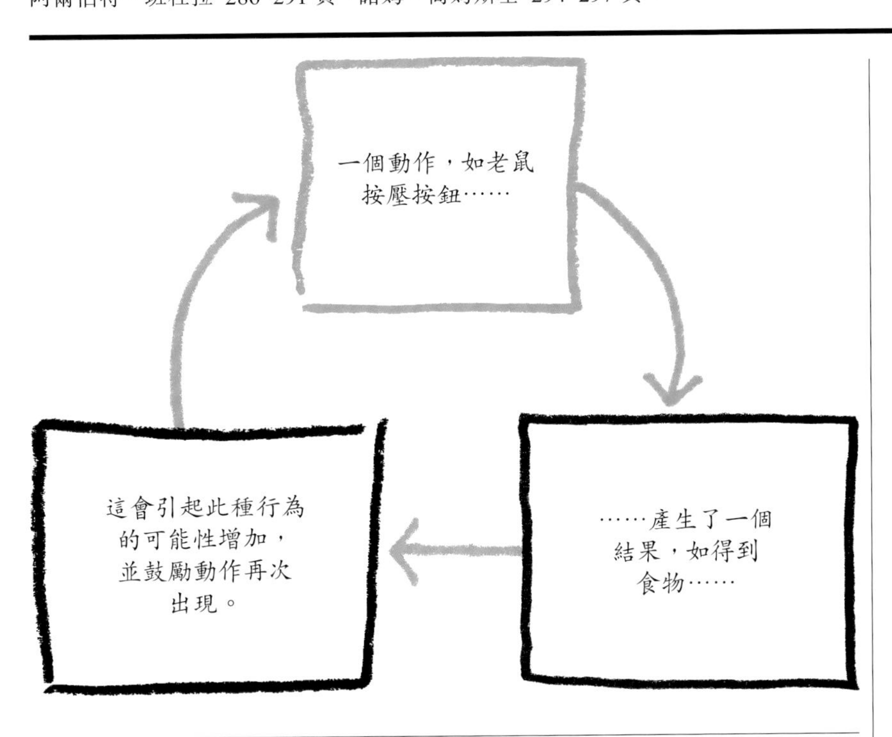

金納看來，進行心理學研究必須依靠可觀察的行為，而不是不可觀察的思想。

雖然斯金納是一個嚴格的行為主義者，但是他對條件作用的解釋不同於早期的行為主義者，特別是巴甫洛夫的「經典制約作用」原理。斯金納不同意人為地引入一個條件性刺激就可以通過單純的重複訓練引發制約反應的觀點，他認為這是由於某種特殊的原因造成的。

在斯金納看來，塑造行為更重要的似乎是動作的結果而不是先前或同時出現的任何刺激。他從他的實驗中得出結論，行為主要是從動作的結果中習得的。這一充滿偉大洞察力的觀點成為行為主義心理學的轉捩點。

斯金納箱

斯金納在哈佛大學當研究員時，對老鼠進行了一系列實驗，他在實驗中使用的裝置就是後來世人熟知的「斯金納箱」。一隻老鼠被放在斯金納箱內，箱中裝有一個特殊的槓桿。每次老鼠按壓槓桿時，都會出現食物顆粒。按壓槓桿的頻率可以自動被記錄下來。起初老鼠可能是偶然或僅僅出於好奇而按壓了槓桿，按壓的結果是得到一些食物。一段時間以後，老鼠就學會了只要按壓槓桿食物就會出現，於是開始為了得到食物而有目的地按壓槓桿。得到了食物「積極強化」的老鼠按壓槓桿的行為與沒有得到強化的老鼠或者食物出現時間不同的老鼠相比，很顯然，食物作為老鼠動作的結果而出現，更能影響老鼠未來的行為。

斯金納得出結論，動物受到牠們從動作或環境中得來的反饋的影響。當老鼠探索周圍的世界時，牠們的某些動作帶來了積極的結果（斯金納謹慎地迴避「獎賞」這個詞，因為得到獎賞意味着做出的是「好」的行為），反過來這樣的結果鼓勵牠們重複那種行為。用斯金納的話說，「生命體」操縱着它的環境，同時遇到的刺激（食

斯金納箱是由心理學家創造的最巧奪天工的裝置之一，斯金納可以完全控制動物身處的環境，同時還可以觀察動物的行為。

斯金納經實驗證實，積極強化能夠刺激特定的行為模式產生。他把一隻老鼠放在他精心設計的箱子中，箱子裝有一根槓桿。每當小動物按壓槓桿時都會有食物顆粒出現，鼓勵着它一次又一次地做出按壓槓桿的行為。

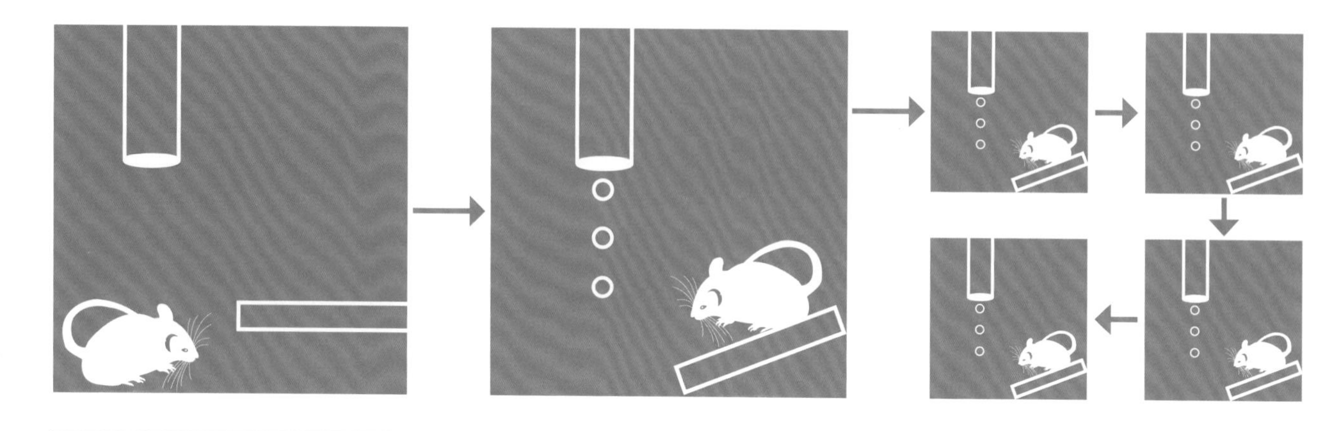

物顆粒）又強化了牠的操作性行為（按壓槓桿）。為了和經典制約作用區分開，他啟用了「操作制約作用」的說法。兩者的主要差別在於操作制約作用不依賴於先前的刺激，而依賴於隨後產生的行為結果。另一個差別是操作制約作用是一個雙向的過程，一方面動作或行為操縱着環境，另一方面環境也塑造着行為。

在實驗過程中，斯金納手上的食物顆粒開始不夠用了，於是他不得不重新安排老鼠獲得食物的速率。現在，一些老鼠只有在重複按壓槓桿很多次以後才能獲得食物顆粒，需要按壓的次數有固定的，也有隨機的。變化後的結果仍然支持斯金納原本的發現，並且還得到了新的發現：當強化刺激使行為發生的可能性很大時，如果強化刺激突然停止了，那麼行為發生的概率也隨之減小，其模式取決於刺激撤銷的模式。

斯金納繼續將他的實驗做出各種變化，並不斷精細化，包括評估老鼠能否分辨裝置設置的變化以及食物出現速率的差別對反應的影響。正如他所懷疑的那樣，老鼠迅速就適應了新的設置。

負強化

在隨後的實驗中，斯金納箱的底板鋪設了一根電線，接通後就會給老鼠電擊。斯金納以此來研究負強化對行為的影響。和他不願意用「獎賞」這個詞一樣，他也小心翼翼地不將電擊描述為「懲罰」，其中的差別對於他的研究意義尤為重要。

負強化並不是心理學的新概念。早在 1890 年，威廉・詹姆斯就在《心理學原理》中寫道：「舉例來說，動物從小就能意識到恐懼和喜愛是相反的。如果一個人類的孩子在第一次試着輕拍小狗反被咬傷，那麼恐懼感就會被強烈地喚起，多年以後也不會有狗能喚起他喜愛的感覺。」

在賭博中贏錢通常會激發再次嘗試的衝動，而輸錢則會減少這種衝動，正如斯金納的老鼠得到食物的速率變換對牠們行為的塑造一樣。

正強化

正如預期的那樣，斯金納發現無論行為何時導致電擊的消極結果，都會減少這種行為。他繼續在實驗中改進斯金納箱，使得老鼠能夠按壓槓桿來切斷電流，通過移除一種消極刺激來提供一種正強化。結果再次鞏固了斯金納的理論：如果行為使得消極刺激被移除，那麼行為就會增加。

然而，實驗結果也揭示了因正強化而習得的行為與因消極刺激導致的行為之間的一個有趣的差異。與由消極反應導致的行為相比，老鼠對積極刺激（也包括移除消極刺激）的反應更好更快。斯金納在下結論中繼續謹慎地迴避使用「獎賞」和「懲罰」的概念，他說正強化程序對行為的塑造更為有效。實際上，他開始相信負強化甚至會起到反效果，在大多數情況下被試會繼續尋找某個行為的積極反饋而不管引起了甚麼消極反饋。

這些實驗結果對人類行為的各個方面都有啟示，例如，管教兒童遵守紀律。如果一個小男孩想要尋找愉悅感（如挖鼻子）卻一直受到懲罰，於是當有成人在場時他可能就會儘量避免這樣做。孩子調整他的行為，只是為了逃避懲罰。斯金納自己認為所有形式的懲罰都不適合用來控制兒童的行為。

斯金納的鴿子實驗證明對成績的正強化能加速和鞏固新行為模式的學習。

遺傳傾向

操作性條件作用對行為的塑造與達爾文的自然選擇理論驚人地一致，實質上，只有遺傳結構適應特定環境的有機體才能生存、繁衍，讓它們的種族立足於世。一種強化刺激將觸發怎樣的操作性強化過程，老鼠可能以甚麼樣的方式行動，不僅有賴於老鼠的好奇心和智力水平，也取決於遺傳結構。斯金納將遺傳傾向和條件作用相結合得出結論：「一個人的行為受到他的遺傳和環境因素共同控制」，他在《結果選擇論》中提出了這樣的觀點，這篇文章於 1981 年發表在《科學》雜誌上。

1936 年，斯金納到明尼蘇達大學就職，在那裏繼續他的操作性條件作用的實驗研究，並且嘗試着將他的觀點付諸實際應用，在這段時間裏，他用鴿子代替了貓。通過對鴿子的研究，斯金納發現他能夠做出更精巧的實驗。利用他所謂的「相繼漸近法」，他能夠引發和研究更為複雜的行為模式。

在鴿子實驗中，斯金納對他想要引發的任意行為給予正強化。例如，如果他想要訓練鴿子按順時針方向轉圈飛，那麼就在鴿子做出正確動作的那個時刻餵食，但是只餵一點點。一旦行為建立起來，就在正確飛行了一段時間之後再餵食，重複這樣的過程直到鴿子為了得到食物不得不飛完完整的一圈。

教學方法

斯金納在研究中開始質疑當時學校裏的教學方法。在 20 世紀 50 年代，他自己的孩子正在接受正規教育，學生們經常被佈置五花八門的學習任務，而且在整個學習計劃完成之後老師才會給予評分，此前學生們得不到任何反饋。這樣的方式與斯金納關於學習過程的發現是相悖的，而且在斯金納看來，甚至有反效果。相對的，斯金納提出的教學方法是在學習的每個階段都增加反饋，這種方法隨後被許多教育體系所接納。他還發明了一種「教學機器」，學生在完成一系列測驗問題的過程中，每當答對的時候就可以得到鼓勵性的反饋，而不是在測驗結束時才能得到反饋。雖然斯金納的教學機器在當時得到的讚譽有限，但是幾十年後其中蘊含的原理重現在計算機自學程序中。

曾有人說，斯金納的許多發明在當時都被誤解了，因此他被視為一個「怪咖」。例如，他的「嬰兒照料器」設計成一張小床，可以讓他年幼的女兒處於一個可控的、溫暖的環境中。然而，公眾卻將它和斯金納箱混淆在一起，將它當成按鈕操縱的「子嗣控制器」，傳言還說斯金納用他自己的孩子做實驗。即便如此，嬰兒照料器還是吸引了廣泛的注意，並且斯金納也從來不是個會因受到關注而害羞的人。

戰爭成就

另一個受到質疑和嘲笑的著名實驗是「工程鴿子」。1944 年，斯金納鴿子研究的實際應用對戰爭也作出了一定的貢獻。那時，導彈巡航系統還沒有發明出來，所以斯金納發明了一種可以安裝在炸彈上像鼻子一樣的圓錐體，裏面放入三隻鴿子。通過操作性條件反射訓練這些鴿子啄食由鏡頭投射在圓錐體前方的轟炸目標的圖像。這種啄食行為可以控制導彈的飛行路徑。軍隊認真地接納了他的想法；美國國防研究委員會資助了這個項目，即便它從沒有應用在戰鬥中。人們的質疑是，熱衷於發明小物件的斯金納似乎只對發明本身感興趣，而不是發明的應用。當問他覺得將動物捲入戰爭中是否正確時，他回答說他認為人類捲入戰爭本身就是錯誤的。

對內在狀態的無視不是說它們不存在，而是它們與功能分析無關。

——B.F. 斯金納

斯金納的晚年一直在哈佛大學做學術研究，並且將他的發現寫成了無數的文章和書籍。《沃爾登第二》(1948) 描述了一個在操作性條件作用下學習行為的烏托邦社會。書中利用正強化達到社會控制的觀點激起了無數爭論，甚至被抨擊為極權主義，但基於第二次世界大戰後的政治背景，人們的反應並不激烈。

在功課取得階段性進步時定期給予表揚或鼓勵，相比在最後給一個大獎勵，更能促進孩子的學習。

激進行為主義

斯金納始終保持着行為主義的取向，他稱他所堅持的心理學分支為「激進行為主義」。雖然他沒有否認思維過程和心理狀態的存在，但是他認為心理學應該只關心人體對一般條件或情境的生理反應。

在《超越自由與尊嚴》一書中，斯金納將塑造行為的觀點又向前推進了一步，重新翻出了自由意志與決定論之間的哲學爭論。對激進行為主義者斯金納來說，自由意志是一種幻覺；基於結果所做出的選擇控制着我們所有的行為，甚至我們的生活。想要逃脱的企圖注定是要遭遇失敗的。正如他説：「彌爾頓的撒旦從天堂跌入地獄。他會説些甚麼來安慰自己呢？『至少，我們自由了。』不過，我認為那是老式自由主義的想法。雖然他將要獲得自由，但是他也將要發現自己身處地獄。」

類似這樣的觀點令斯金納聲名狼藉，遭受了極其猛烈的批評。特別是 1957 年他在《言語行為》一書中大談行為主義觀點在語言學習領域的應用，傷及了認知心理學先驅喬姆斯基大人。

然而，一些對斯金納的批評源於對操作制約作用的誤解。激進行為主義和邏輯實證主義的哲學運動時常被錯誤地聯繫在一起，邏輯實證主義認為想法或觀點只有在被真實經驗所證實的情況下才是有意義的。但是事實上，它與美國實用主義有更多的共同之處，美國實用主義是指根據結果來衡量行動的重要性或價值。它也曾被錯誤地解釋為所有生命體都是被動承受制約作用的對象，但是斯金納的操作制約作用卻是一種雙方向的過程，生物體操縱着環境而環境也會做出回應，產生的結果通常塑造着未來的行為。

20 世紀 60 年代，心理學的焦點在研究行為和研究心理過程中間搖擺，而且那段時間裏斯金納的觀點慘遭唾棄，或者至少是被忽視。然而，不久之後行為主義東山再起，他的工作也受到許多應用心理學領域的賞識，特別是教育學家和臨床心理學家——認知行為治療的方法吸收了很多他的觀點。■

斯金納極度偏愛這樣的觀點：不存在所謂的個體，也不存在所謂的行為主體，人和動物都是行為的有機體。

——托馬斯・沙茨

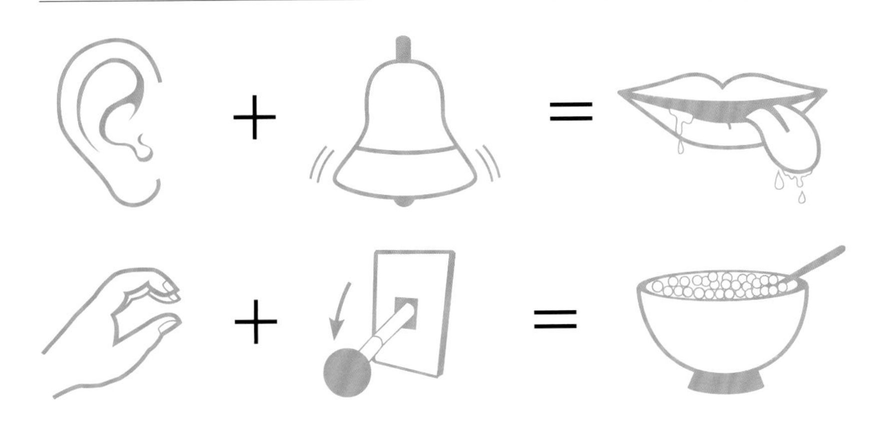

經典制約作用產生了對中性刺激的自動化行為反應，如當鈴聲響起時分泌唾液並期待食物的出現。

操作制約作用通過正強化使行為重複出現的可能性提高，如按壓槓桿就會得到食物。

別想了，放鬆

約瑟夫・沃爾普（1915－1997年）

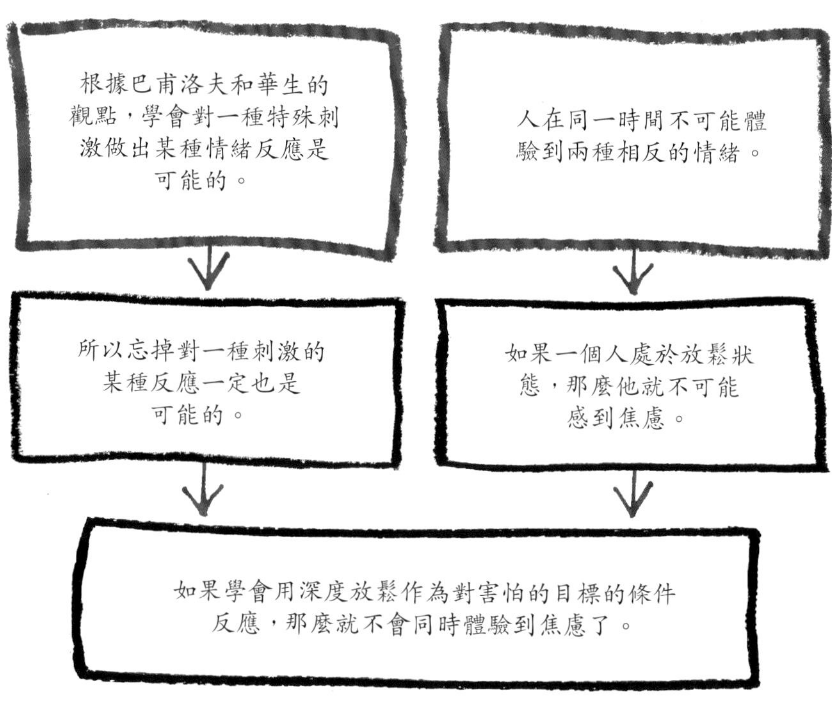

背景介紹

聚焦

交互抑制

此前

1906年 巴甫洛夫首次公開關於刺激－反應技術的研究，表明行為可以通過制約作用來學習。

1913年 華生發表題為《行為主義者眼中的心理學》的演講，提出了行為主義心理學的基本原理。

1920年 華生的小阿爾伯特實驗證明情緒可以受到經典制約作用的影響。

1938年 斯金納出版《生物體的行為》，提出了他的人類行為與遺傳和環境的關係的理論。

此後

1961年 約瑟夫・沃爾普提出系統減敏的概念。

在20世紀上半葉，心理治療完全由佛洛伊德的精神分析統領着，焦慮被認為是源自內心深處的衝突。焦慮只能通過對個體的意識和無意識以及先前經驗進行長期的內省式分析來緩解。但是生於南非的精神病學家約瑟夫・沃爾普（Joseph Wolpe）在第二次世界大戰期間為患上創傷後壓力障礙（也稱為「戰後神經症」）的士兵們治療焦慮時，發現這些心理治療的方法對他的病人們絲毫沒有幫助。和這

參見：伊萬・巴甫洛夫 60~61 頁，約翰・華生 66~71 頁，B.F. 斯金納 78~85 頁，艾倫・貝克 174~177 頁，威廉姆・里弗斯 334 頁。

行為依賴於神經通路。

——約瑟夫・沃爾普

些漢子談他們的經歷既不能阻止創傷片段的閃回，也不能結束他們的焦慮。

忘掉恐懼

沃爾普相信一定有比精神分析更簡單、更快速的方法，能夠解決深度焦慮的問題。他注意到巴甫洛夫和華生等行為主義者的工作，他們通過刺激－反應訓練成功教會動物和孩子新的行為模式。他們能夠對一個物體或事件自動做出先前從未有過的情緒反應。沃爾普推斷，如果行為能夠通過這樣的方式來學習，那麼也能夠被忘卻，於是他打算找到一種方法來拯救退伍老兵。

沃爾普發現一個人在同一時間不可能體驗到兩種相反的情緒狀態。例如，當你感到非常放鬆時，不可能體驗到焦慮。這啟發了他教他的病人深層肌肉放鬆術，接下來他又同時給出某些焦慮情境，如誘發刺激，這種技術就是後人熟知的交互抑制。

沃爾普要求病人想像一件令人不安的事。如果他們開始感到焦慮了，就鼓勵他們「停止想像那些場景，並且放鬆」。這種方法循序漸進地阻斷了病人的恐懼感。正如病人先前在回憶特定的恐怖事件時因自身經驗而產生條件性焦慮體驗那樣，現在他也能夠通過專注於放鬆這種完全相反的感受來阻斷他的焦慮反應。

沃爾普的交互抑制成功地引導大腦只聚焦於現狀和當下的行為，不需要分析病人的過往。這是一種快速起效的方法，而且引申出行為治療領域許多重要的新方法。沃爾普自己還由此發展出系統減敏程序來治療恐懼症，例如害怕老鼠或坐飛機，這種方法至今仍有廣泛的應用。■

基於沃爾普的交互抑制觀點而研發出的方法可以成功治癒害怕老鼠這樣的恐懼症：在接觸恐懼目標的同時做深度放鬆。

約瑟夫・沃爾普

約瑟夫・沃爾普生於南非的約翰內斯堡。他在維特沃特斯蘭德大學學習醫學，隨後服務於南非軍隊，在那裏治療患有「戰後神經症」的人。回到大學研究他的系統減敏技術時，精神分析學派的人嘲諷他治療神經症竟敢不首先了解病人的病史。1960 年，沃爾普移居美國，並獲得了美國國籍。起初他任教於弗吉尼亞大學，後成為費城天普大學的精神病學教授，在那裏他建立了令人景仰的行為治療學會。沃爾普被尊為傑出的師者，他堅持教學直至死於肺癌，享年 82 歲。

主要作品

1958 年 《交互抑制心理治療法》
1969 年 《行為主義治療實踐》
1988 年 《不害怕的生活》

PSYCHOTHERAPY

THE UNCONSCIOUS DETERMINES BEHAVIOUR

心理治療
無意識決定行為

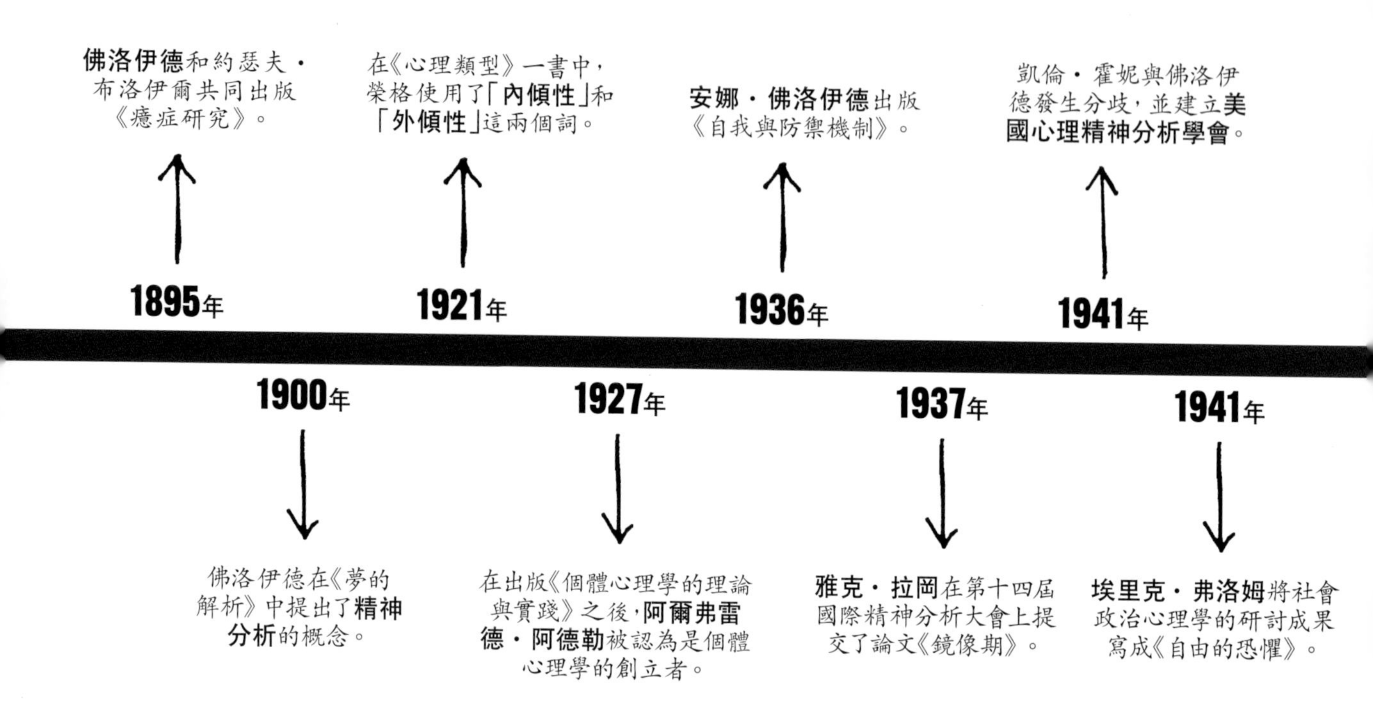

在20世紀，行為主義成為美國心理學的主流取向；歐洲的心理學家卻完全不同。這主要歸功於佛洛伊德的工作，他的理論關注點是心理治療，而不是心理加工過程和行為的研究。與行為主義不同，他的觀點基於觀察和病史分析，而非實驗證據。

佛洛伊德曾經和法國神經學家沙可一起工作，深受後者使用催眠治療癔症的影響。從和沙可共事時起，佛洛伊德就認識到無意識的重要性，他覺得沒有意識到的想法對我們的行為至關重要。佛洛伊德相信，通過和病人談話能走進無意識，可以將隱藏的痛苦記憶帶入病人的意識層面，並由此減輕他們的症狀。

新的心理治療法

佛洛伊德的觀點蔓延至整個歐洲和美國。在他的維也納精神分析學會裏，他有自己的小圈子，其中包括阿德勒和榮格。然而，這兩個人都慢慢開始不贊同佛洛伊德理論中的某個部分，並在佛洛伊德的觀點基礎上提出了屬於自己的心理動力學取向的觀點。著名的心理治療師克萊因和霍妮，甚至佛洛伊德的女兒安娜，也紛紛叛離了佛洛伊德。除了一些觀念上的不同外，佛洛伊德的基本思想在後代的精神分析學家中只是被修正而從未被否認，並且後來的理論將重點放在了各不相同的地方。例如，埃里克森更為偏重社會性和發展趨勢，而榮格研究的是集體無意識。

20世紀上半葉，各種形式的精神分析是與行為主義抗衡的最主要勢力，直到第二次世界大戰。20世紀50年代，佛洛伊德學派的心理治療仍然為治療師改採用，特別是拉岡和他的追隨者，但是新的治療師似乎想要找尋真正能改變病人生活的方法。皮爾斯夫婦以及保羅·古德曼提出了帶有折中性質的完形療法，同時存在主義哲學也啟發了弗蘭克爾和弗洛姆這樣的心理

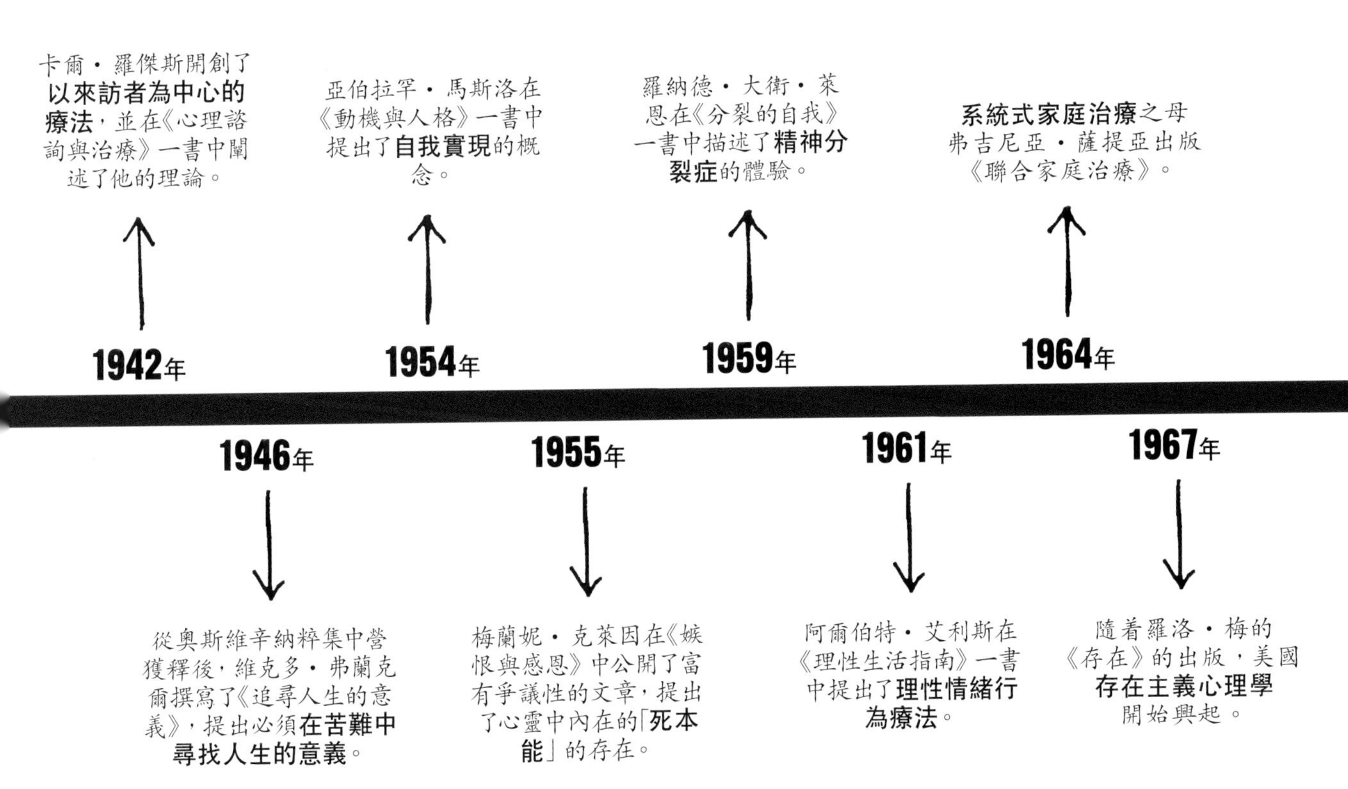

學家，他們賦予心理治療更多的社會性和政治性。

更重要的是，一羣心理學家開始熱心探索更偏人本主義的方法，並於 20 世紀 50 年代後期在美國召開了一系列研討會，初步形成了所謂的「第三種勢力」，關注的是自我實現、創造力和人性自由等議題。它的奠基人有馬斯洛、羅傑斯和羅洛・梅，他們強調保持心理健康與治療心理障礙同等重要。

也許那時對精神分析最大的威脅要數認知心理學，它批評精神分析學派缺少客觀的證據，包括它的理論和治療的有效性。相對的，認知心理學提供了經科學證明的理論，以及經臨床證明有效的治療實踐。

認知心理治療

認知心理學家批評精神分析學派是不科學的，它的理論不可被證實。佛洛伊德的主要觀點，即被壓抑的記憶，受到瓦茲拉威克的質疑，並且洛夫特斯提出所有形式的記憶都是不穩定的。認知心理學隨之提出了基於實證的心理治療法，如艾利斯的理性情緒行為療法（REBT）和貝克的認知療法。佛洛伊德對童年發展和個人經歷的重視推動了發展心理學和社會心理學的發展，到 20 世紀後期，科爾諾、薩提亞和溫尼考特將視線放在了家庭環境上；同時其他人，如蒂莫西・利里和多蘿西・羅伊，則看重社會壓力。

雖然佛洛伊德的原始觀點多年來一直被抨擊，但是從佛洛伊德的精神分析到認知療法及人本主義治療的演變大大推動了精神衛生事業的發展，也使人們了解了無意識、驅動力和行為的模式。■

無意識是真正的心靈

西格蒙德・佛洛伊德（1856－1939 年）

背景介紹

聚焦

精神分析

此前

公元前 2500–公元前 600 年 印度吠陀經將意識描述為「一種抽象、無聲、完全統一的意識領域」。

1567 年 瑞士醫生帕拉賽爾蘇斯第一個從醫學角度描述了無意識。

19 世紀 80 年代 法國神經學家讓–馬丁・沙可利用催眠來治療癔症及其他異常的心理症狀。

此後

1913 年 約翰・華生批評佛洛伊德的觀點無疑是不科學的、無法得到證實的。

1944 年 卡爾・榮格稱，普遍原型的存在證明無意識是存在的。

無意識是心理學中最引人注目的概念之一。雖然它徘徊在我們的覺察或控制之外，但是它似乎容納了我們所有的現實經驗。它是我們保存所有記憶、思想和感受的地方。奧地利神經病學家和精神科醫生佛洛伊德為這個觀點深深吸引，他試圖找到在那時的心理學能力範圍之外可以解釋事物的方法。那些想要探查無意識的人擔心無意識充斥着超自然的力量，對我們的意識層面來説它們太強大、令人恐懼、難以理解。佛洛伊德的工作是先鋒性的。他提出心靈是由意識、無意識和前意識構成的，並且是他使無意識的觀點人盡皆知。

催眠與癔症

1885 年，佛洛伊德將無意識介紹給世界時，他無意中發現了法國神經學家讓–馬丁・沙可的工作，沙可在利用催眠治療心理疾病頗有成效。沙可的觀點是，癔症是一種由神經系統異常引起的神經障礙，這種觀點為治療提供了新的重要可能。佛洛伊德回到維也納，渴望利用這種新的見解，但是卻苦於找不到一種工作方法。

隨後他遇到了約瑟夫・布洛伊爾，布洛伊爾是著名的醫生，他發現簡單地讓他的一位病人描述其幻想或幻覺就能夠極大地緩解心理疾病的症狀。布洛伊爾開始利用催眠來幫助這位病人喚醒創傷性的記憶，一週兩次的催眠治療過後，她的全部症狀都得到緩解。於是，布洛伊爾説，她的症狀是由埋藏在無意識心靈中令人困擾的記憶所導致的，而思維將它們帶入意識層面後症狀就消失了。這就是安娜・O 的故事，是用內省式心理治療法治癒心理疾病的第一個案例。

安娜・O 的真名是貝莎・巴本海姆，被診斷為麻痹症和癔症。布洛伊爾醫生對她進行的談話治療成功地治癒了她。

布洛伊爾成為佛洛伊德的朋友和同事，他們一起發展和推廣他們的心理治療方法，這種療法的基本觀點是多種形式的心理疾病（非理性恐懼、焦慮、癔症、想像的癱瘓和疼痛、偏執和妄想）都源於病人從前經歷過的、現在隱藏在意識之外的創傷體驗。佛洛伊德和布洛伊爾的方法見諸於他們共同撰寫的《癔症研究》（1895），他們宣稱找到了一種在無意識中釋放被壓抑的記憶的方法，使病人能夠有意識地想起這些記憶，並在情感上和理智上對抗這些經驗。這個過程釋放了受困的情緒，於是症狀就消失了。布洛伊爾不認同佛洛伊德過分強調性本能和神經症（由心理衝突引發的問題），於是兩人分道揚

參見：約翰・赫爾巴特 24~25 頁，讓-馬丁・沙可 30 頁，卡爾・榮格 102~107 頁，梅蘭妮・克萊因 108~109 頁，安娜・佛洛伊德 111 頁，雅克・拉岡 122~123 頁，保羅・瓦茲拉威克 149 頁，艾倫・貝克 174~175 頁，伊麗莎白・洛夫特斯 202~207 頁。

鑣；佛洛伊德則繼續發展精神分析的觀點和技術。

尋常的心靈

我們很容易理解意識的本質，也相信我們的所思所感、記憶和體驗構成了整個心靈。佛洛伊德卻說處於活躍狀態的意識（在日常經驗中直接覺察到的工作着的心靈）只是所有心靈力量的一小部分。意識存在於容易通達的表面層次。在意識之下是強大的無意識——我們當下的認知狀態和行為的控制室。意識受到無意識的操控。有意識的心靈只是複雜心理王國的表面部分。

佛洛伊德說，由於無意識無所不包，因此它與意識有一點點的重疊，這部分被稱為「前意識」。被意識到的每個事物都有機會從無意識走進意識。然而，並不是每個事物最終都能夠被意識到；大多數依然停留在無意識之中。那些不存在於一般的工作記憶中，也沒有被刻意壓抑的記憶就駐紮在佛洛伊德所謂的前意識裏。我們能夠在任何時候將這些記憶帶入有意識的覺察中。

無意識承載着過於強大、過於痛苦以及有意識的心靈加工不了的思想和記憶。佛洛伊德相信當某些想法或記憶威脅到整個心靈時，它們就會被踢出有意識的記憶，並存儲在無意識裏。

> **詩人和哲學家在我之前就發現了無意識，我發現的是研究它們的科學方法。**
>
> ——西格蒙德・佛洛伊德

當想法、記憶或衝動過於痛苦，有意識的心靈無法抵擋時，它們就會被壓抑……

……並存儲於本能驅動力之外的無意識之中，當下的意識無法接觸到它們。

無意識默默地控制着個體的思想和行為。

我們的無意識思想和有意識思想之間的分歧會產生心理緊張感……

……只有當被壓抑的記憶通過精神分析進入意識層面時才能得到緩解。

心靈像一座冰山，漂浮在水面之上的只是其七分之一。

——西格蒙德・佛洛伊德

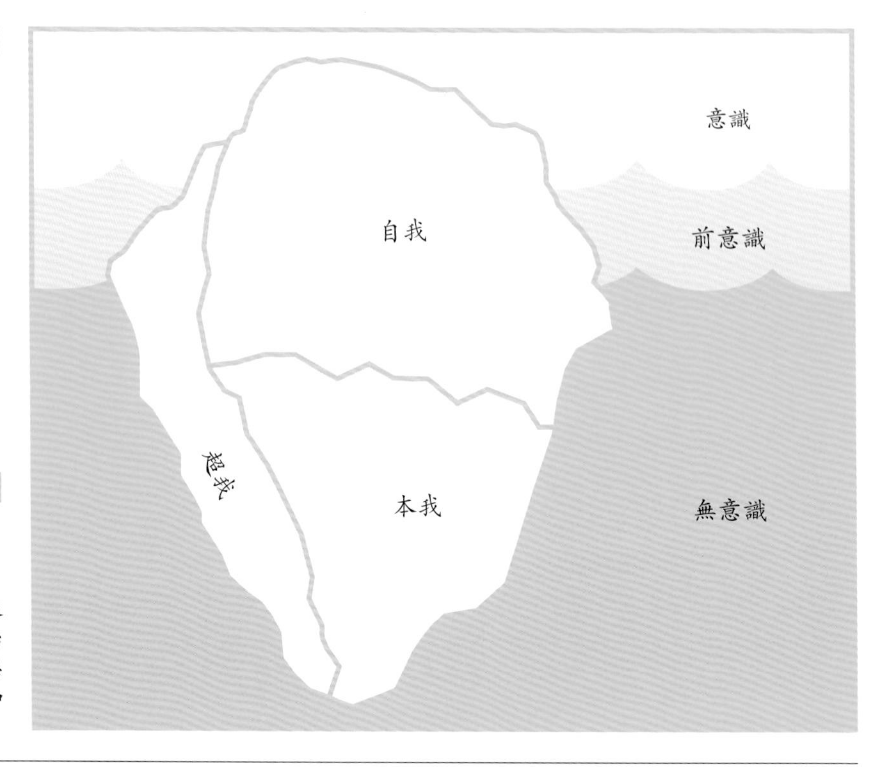

根據佛洛伊德的觀點，我們的心靈就像一座冰山，隱藏在無意識之中的有原始驅動力和本我。自我處理着有意識的思想，協調本我和超我——我們的批評和判斷之音。

動態的思想

佛洛伊德還受到生理學家恩斯特・布魯克的影響，布魯克是19世紀「新生理學」的開創者之一，他為所有有機體尋找機械化的解釋。布魯克稱，和所有有生命的有機體一樣，人類也是一個能量系統，所以必須遵守能量守恆定律。這一定律是指一個系統內的能量總和永遠保持不變；能量不能消亡，只能移動或轉移。佛洛伊德將這種思想應用於心理加工過程，提出了「心理能量」的觀點。他說，這種能量可以修改、傳遞和轉換，但是不能消亡。所以如果我們擁有一種意識層面不能接受的思想，心靈就會將它從意識趕入無意識，這種過程被佛洛伊德稱為「壓抑」。我們可能會壓抑童年的創傷記憶、不可接受的慾望（可能是對你最好朋友的愛人的）或者其他危害到你的幸福或生活的想法。

驅動力

無意識也是我們本能的生物驅動力之所在。驅動力控制着我們的行為，指導我們為滿足基本需要而做出選擇。驅動力保障着我們的生存：食物和水的需要；延續種族的性需要；尋找溫暖住所的需要；友情的需要。但是佛洛伊德說，無意識還掌控着一種相反的驅動力——與生俱來的死亡驅動力。這種驅動力是自我毀滅式的，推動我們前進，使我們逐漸接近死亡。

在後來的工作中，佛洛伊德將心靈由意識、無意識和前意識構成的觀點發展為新的結構：本我、自我和超我。本我（形成原始衝動）服從快樂法則，也就是說每個願望都必須即刻得到滿足：它此時此刻就要得到所有的東西。但是，另一個心理結構，自我，認同現實法則，也就是說我們不能擁有我們想要的每一樣東西，而且必須為我們生活的世界負責任。自我引導着本我，試圖找到合理的方法來幫助本我滿足願望，不造成破壞性或其他可怕的結果。

自我本身又受到超我的控制，即內化的來自父輩和社會的道德規範。超我是一種判斷力，是良心、罪惡感和羞恥感的來源。

事實上，佛洛伊德認為無意識中充斥着大量衝突的力量。除了生與死的驅動力外，還裝載着大量被壓抑的記憶和情緒，以及有意識的現實和被壓抑的現實之間的矛盾。根據佛洛伊德的觀點，源自這些對峙力量的衝突即為心理衝突，是人類痛苦的根源。人類就會生存在焦慮、抑鬱、神經質和其他不滿足了。

精神分析治療

因為無意識是不可通達的，所以發現衝突的唯一方法就是通過意識層面所表現出來的症狀。佛洛伊德稱，情緒上的痛苦就是無意識衝突的結果。我們不可能在沒有任何情緒困擾的狀態下持續和自己作對，對抗那些被壓抑的思想以及死亡的力量。

佛洛伊德治療心理疾病的獨特方法就是對付那些存在於無意識之中的衝突。他力求將病人從被壓抑的記憶中釋放出來，減輕他們的心理痛苦。他的治療方法被稱為精神分析心理治療法，或精神分析治療。治療的過程並不是輕而易舉的。精神分析治療必須由接受過佛洛伊德式專門訓練的治療師實施，治療中病人通常躺在沙發椅上和治療師進行談話。從第一次治療開始，精神分析治療分為多次進行，一次治療有時候可以長達數小時，每週進行幾次，一直持續數年。

一個人不僅不必費盡心機地去消除他的心結，而且應該與其保持一致；心結才是指引人的外在行為的本源。

——西格蒙德・佛洛伊德

當無意識的想法無法通過正常的內省提取出來時，也可以通過其他方式和意識對話。它可以通過我們的偏好、吸引我們或我們創造的象徵符號隱秘地流露出來。

在精神分析的過程中，分析師就像一個中介，試圖讓無法言說的思想或者無法忍受的情感暴露在陽光下。代表意識和無意識衝突的信息可能會被掩飾，或被編碼，精神分析師的工作就是利用精神分析的工具來揭示出這些信息。

想要讓無意識浮現出來有很多種方法。佛洛伊德最早詳細探討的方法之一就是分析夢；眾所

佛洛伊德的病人在談話時半躺在治療室內的沙發上。佛洛伊德會坐在病人的視線之外，傾聽談話中的線索，尋找病人內在衝突的根源。

周知，他在《夢的解析》一書中研究了自己的夢。他說，每個夢都代表一種願望的實現，意識層面的願望越不堪，在夢中隱藏得越深或扭曲得越嚴重。所以，無意識將意識中的信息經過編碼後傳遞出來。例如，佛洛伊德討論了人們所做的赤身裸體的夢，大多數人的這種夢主要來源於童年早期的記憶，那時候裸體並不令人感到害羞。在夢裏，做夢者感到很尷尬，而夢裏的其他人大多視而不見，從願望的實現角度來解釋就是做夢者希望擺脱羞恥感和限制。按照佛洛伊德的觀點，甚至連夢裏的建築物都代表着某些意義：樓梯間、礦井、上鎖的門或狹小的凹槽都代表着被壓抑的性感受。

薩爾瓦多・達利的《記憶的永恆》是對時間流逝的超現實主義表現，意味着腐朽和死亡。其奇幻的本質正符合佛洛伊德式的夢的解析。

通達無意識

其他揭示無意識的著名方法還有口誤和自由聯想。口誤是言語上的錯誤，或者「説漏了嘴」，它透露出被壓抑的信念、思想或情緒。不由自主地用一個詞代替了另一個發音相似的詞揭示出一個人的真實感受。例如，一個男人想要感謝一個女人讓他吃到了「最香的一頓飯」，卻說成了「最胸的一頓飯」，口誤暴露出了他的

夢的解析是通向在心靈中暗自活躍的無意識的一條捷徑。

——西格蒙德・佛洛伊德

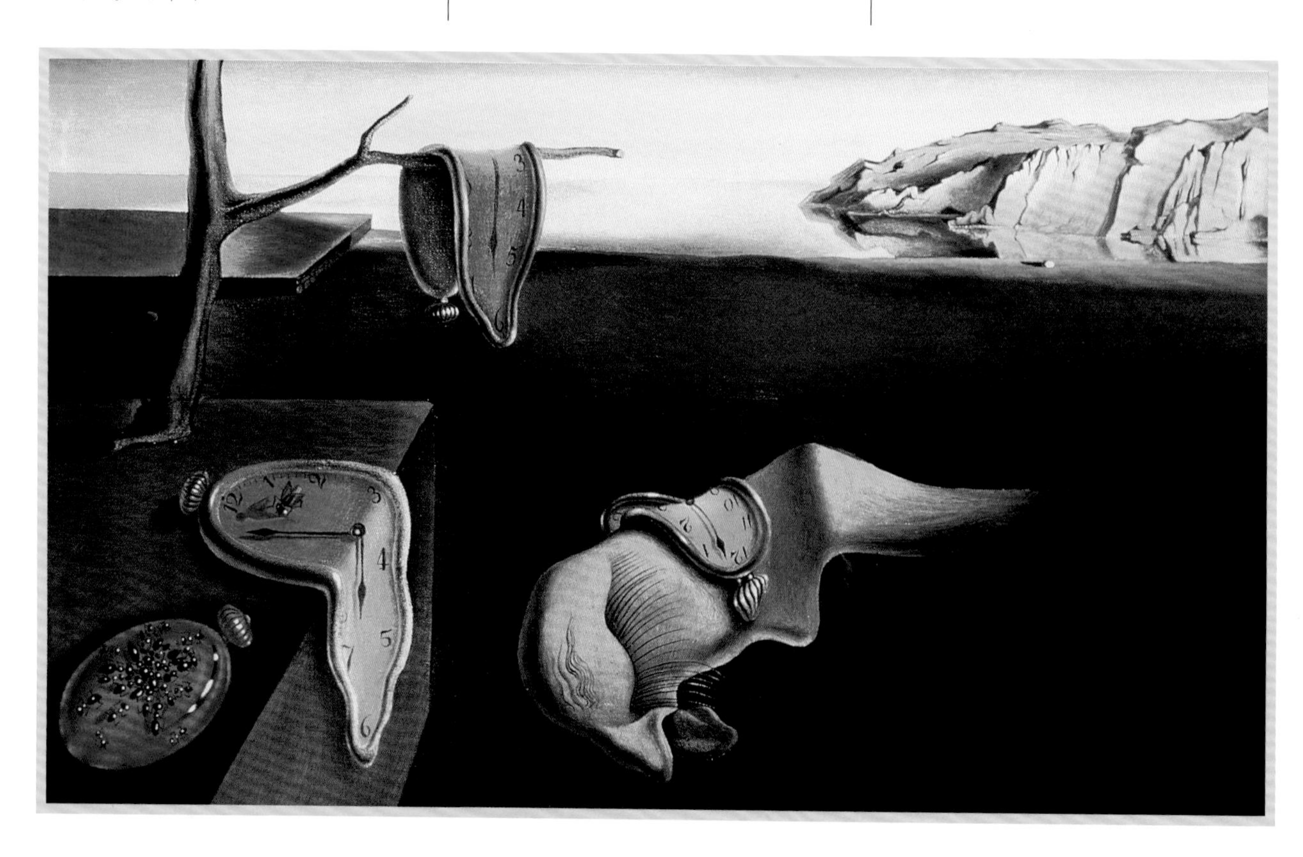

真實想法。佛洛伊德也用過自由聯想技術（榮格首創），病人聽到一個詞後要説出進入腦海中的第一個詞。他相信這個過程能夠直達無意識，因為我們的心靈是自動聯想的，所以隱藏的思想立刻被説出來，不給意識留下干擾的機會。

為了幫助個體擺脱被壓抑的狀態，開始有意識地處理影響他的真正問題，佛洛伊德認為必須通達被壓抑的情感。例如，如果一個人發現很難面對其他人，他就會選擇壓抑這種感覺而不是處理這種對峙。一段時間後，這些被壓抑的情緒越積越多，就會以其他方式嶄露頭角。生氣、焦慮、抑鬱、藥物和酒精濫用或者飲食障礙都可能成為和未經處理就被壓抑了的情感做鬥爭的結果。佛洛伊德斷言，未經處理的情感始終是個威脅，會產生越來越多令人不舒服的緊張感，為了壓制它們，還會採取更極端的方式。

分析的過程使身陷囹圄的記憶和情感解脱出來，病人也時常驚異於這些被深埋的情感。病人發現自己為一件自以為早已不在意的陳年舊事而哭泣是很尋常的。這種反應説明，這些事件和情感依然活躍着——仍舊保持着情緒能量——它們只是被壓抑了，並且沒有得到處理。用佛洛伊德的話説，「宣洩」是釋放與被壓抑的記憶有關的深層情緒體驗的行為。如果重要的事件（如父母的去世）因為太過令人痛苦而在當時沒能充分體驗，那麼依然存在的痛苦和痛苦的能量，只有經過宣洩才能被徹底釋放。

精神分析學派

佛洛伊德在維也納創立了精神分析學會，他深深影響了當時的精神衛生事業。他培養其他人承襲他的方法，成為應用領域的權威。時間一長，他的學生和其他人不斷修正他的觀點，逐漸將學會分成三派：佛洛伊德派（堅持佛洛伊德的原始思想）、克萊因派（追隨克萊因的思想）和新佛洛伊德派（將佛洛伊德的觀點應用到更廣闊的領域）。現代精神分析至少囊括了 22 種不同的思想學派，佛洛伊德的思想也流傳至今，影響着一代又一代的從業者。■

和生理一樣，心理並不像表面看起來的那樣。

——西格蒙德・佛洛伊德

西格蒙德・佛洛伊德

原名西吉斯蒙德・佛洛伊德（Sigismund Schlomo Freud）出生在摩拉維亞的弗萊堡，是母親最喜歡的孩子；他母親稱他為「金發西吉」。佛洛伊德 4 歲的時候，全家搬到了維也納。西吉斯蒙德改名為西格蒙德。1886 年，佛洛伊德拿到醫學學位並開了一家診所，專門治療神經疾病，同年與瑪莎・波奈斯結婚。最終，他發展了「談話療法」並開闢了全新的心理學取向：精神分析。

1908 年，佛洛伊德創立精神分析學會，使他的學術思想在未來得以延續。第二次世界大戰期間，納粹公開焚燬他的作品，於是他搬到了倫敦。患口腔癌後，他請求醫生為他實施了安樂死。

主要作品

1900 年 《夢的解析》
1904 年 《日常生活中的心理病理學》
1905 年 《性學三論》
1930 年 《文明與缺憾》

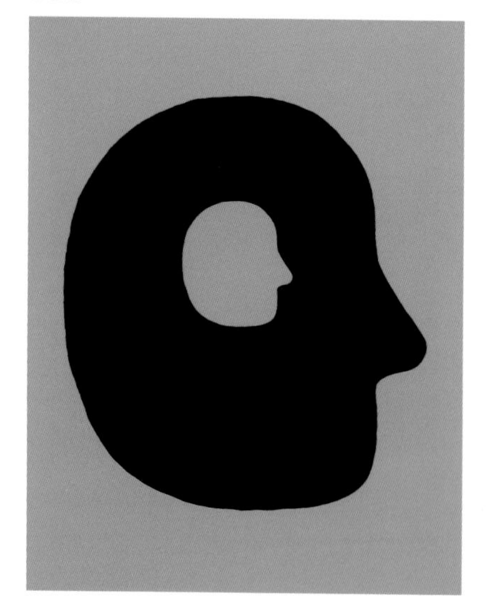

神經病患者通常都心懷自卑

阿爾弗雷德・阿德勒（1870－1937 年）

背景介紹

聚焦

個體心理學

此前

1896 年 威廉・詹姆斯說過，自尊與達成的目標和未達成的目標的比例有關，它可以通過降低期望和取得成就來提升。

1902 年 查爾斯・荷頓・庫利提出了「鏡中之我」，我們看待自己的方式是基於我們想像別人如何看待我們。

此後

1943 年 亞伯拉罕・馬斯洛說，要想對自己有良好的感覺，我們既需要取得成績，又需要受到他人的尊重。

20 世紀 60 年代 英國心理學家邁克爾・阿蓋爾說，自尊源於比較；當我們認為自己比別人成功時會感覺更好，當我們認為自己沒有別人成功時會感覺更糟。

佛洛伊德的思想統領了 19 世紀後期的心理治療，但是佛洛伊德的方法在探尋無意識驅動力和個人過去經歷方面仍有局限。阿爾弗雷德・阿德勒（Alfred Adler）是第一位超越佛洛伊德的觀點、並提出自己的心理學理論的精神分析師，他認為一個人的心理也受到當下和意識的影響，而社會和環境的影響同樣不容忽視。基於這些觀點，阿德勒建立了自己的方向——個體心理學。

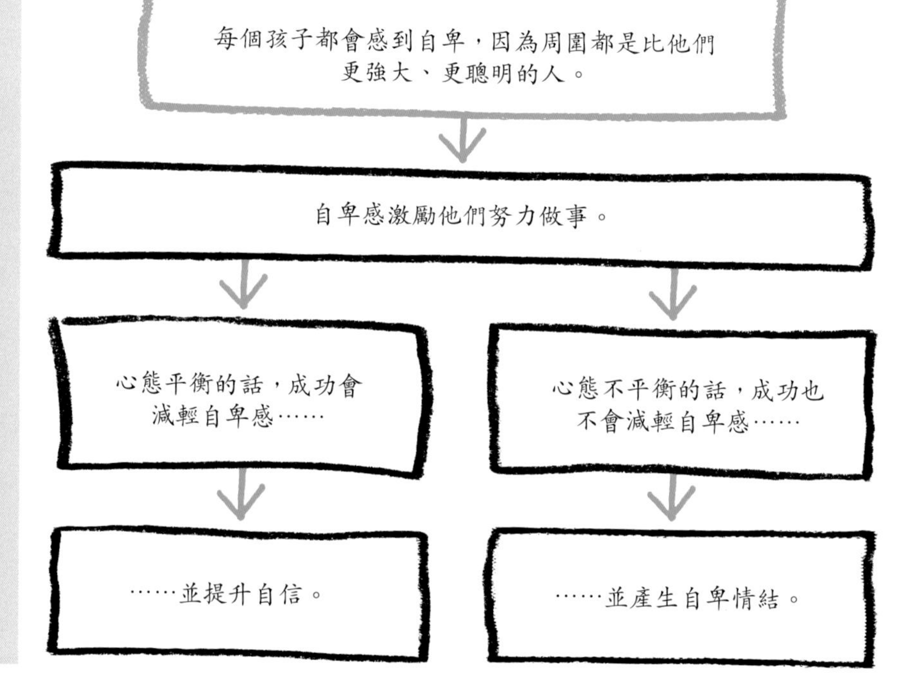

參見：凱倫・霍妮 110 頁，埃里克・弗洛姆 124~129 頁，亞伯拉罕・馬斯洛 138~139 頁，羅洛・梅 141 頁，阿爾伯特・艾利斯 142~145 頁。

殘奧會的田徑選手可能受到克服自身障礙的強烈願望所驅使，從而努力達成更高水平的身體成就。阿德勒稱之為「代償」。

阿德勒在職業生涯的初期就對自卑感以及自尊的積極和消極影響特別感興趣，那時他的工作是治療有身體殘疾的病人。在觀察身體殘疾對成就和自我感覺的影響中，他發現病人之間存在着巨大的差異。阿德勒注意到，有的人能夠取得高水平的運動成績，在這些人身上，身體殘疾反而成為一種強大的推動力；另一個極端是，他也親見了一些病人因身體殘疾而感到挫敗，並放棄了改善境遇的努力。阿德勒認識到，差異來自於這些個體看待自己的方式；換句話說，就是他們的自尊。

自卑情結

根據阿德勒的觀點，感到自卑是一般人都會有的體驗，這起源於童年。兒童自然會感到自卑，因為他們周圍總是圍繞着更強大、更有能力的人。兒童通常會模仿年長者，希望自己擁有更強的能力，環境中的各種力量激勵他們自我發展和完善。

擁有健康人格的兒童和成人每當認為自己達成了外部目標時就會獲得自信。等到下一次挑戰出現並被克服時，自卑感就會蕩然無存；這種心靈成長的過程會進入良性循環。然而，一個心理自卑的人也可能發展出更嚴重的自卑感——形成失衡的人格和阿德勒所說的「自卑情結」，這時自卑感不再會減輕。

阿德勒還認為，「追求卓越情結」同樣是一種失衡的心態，它反映的是一種對努力追求目標的需要。即便目標達成，也不能增強這些個體的自信，只能刺激他們尋求更多的外部認可和成就。■

生而為人就會感到自卑。

——阿爾弗雷德・阿德勒

阿爾弗雷德・阿德勒

5 歲的阿爾弗雷德・阿德勒差一點就被肺炎奪去了生命，因此他渴望成為醫生。他在維也納長大，在最終選擇心理學之前他學的是眼科。1897 年，他與俄國社會活動家瑞莎・愛普斯坦結婚，並且生了四個孩子。

阿德勒是維也納心理學會的早期成員之一，也是第一個離開學會的人，因為他認為個體不僅受到佛洛伊德所說的無意識驅動力所影響，而且受到社會因素所影響。1911 年離開之後，阿德勒的職業生涯大放異彩，建立了自己的治療學派並提出了許多重要的心理學概念。1932 年，他離開奧地利奔赴美國。在蘇格蘭阿伯丁大學演講中，他因心臟病突發去世。

主要作品

1912 年 《神經症的性格》
1927 年 《個體心理學的理論與實踐》
1927 年 《理解人的本性》

集體無意識是由原型構成的

卡爾・榮格（1875－1961 年）

背景介紹

聚焦

精神分析

此前

1899 年 佛洛伊德在《夢的解析》中探討了無意識的本質和夢的象徵性。

1903 年 皮埃爾・讓內提出創傷性事件會產生充滿情緒的信念，並對個體的情緒和行為產生多年的影響。

此後

1949 年 榮格學派的坎貝爾出版《千面英雄》，詳述了歷史上來自不同文化背景的文學作品中的原型。

1969 年 英國心理學家約翰・鮑爾比認為人的本能表現為社會交換中模式化的行為和思想。

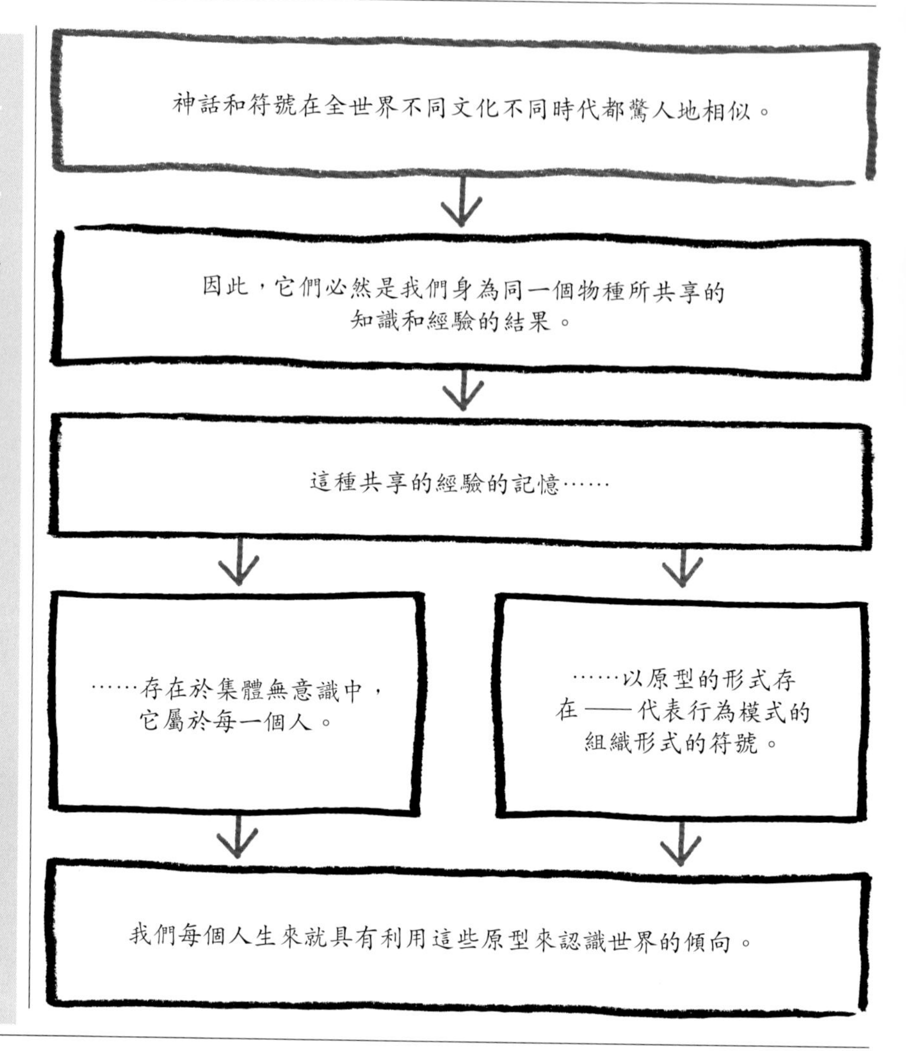

佛洛伊德提出，我們並非受到外在的力量所指引，如上帝或命運，我們真正所受的是我們內在的心靈的驅動和操控，特別是無意識。他說，我們的經驗受到無意識中的原始驅動力所影響。他的門徒，瑞士精神病學家卡爾・榮格(Carl Jung)將這種觀點向前推進，鑽研了組成無意識的元素及其作用。

令榮格格外感興趣的是，世界上不同的社會雖然各自擁有迥異的文化，卻也有着某些驚人的相似之處。在神話和符號中，有着不可思議的共性，並且幾千年一直如此。他想，一定是有甚麼超越人類個人經驗的東西存在；他斷定，符號象徵一定存在於人類心靈的某個部分。

在榮格看來，這些具有共性的深層存在證明了人類心靈的某個部分容納了永恆的思想，就像是一種「集體的記憶」。榮格提出，有一種特殊且獨立的無意識存在於每個人心中，與我們的任何個人經驗都無關，這就是「集體無意識」。

在榮格看來，共通的神話和符號是這種集體無意識的一部分。他認為，符號存儲在可遺傳的記憶裏，世代延續，在跨越不同的文化和時代時稍有修改。這些遺傳而來的記憶以符號為媒介浮現在心靈中，就成為榮格所說的「原型」。

參見：皮埃爾・讓內 54~55 頁，西格蒙德・佛洛伊德 92~99 頁，雅克・拉岡 122~123 頁，斯蒂文・平克 211 頁。

個人無意識依賴於更深的層次……我稱之為集體無意識。

——卡爾・榮格

古老的記憶

榮格相信原型是遺傳而來的記憶，它們構成了人類經驗的全部。他認為原型來自我們最初的祖先的記憶。它們是心靈的模板，借助它們，我們無意識地組織和理解我們自己的經驗。我們的個人生活可能千差萬別，但是無意識中這種預先存在的亞結構幫助我們理解自己的經驗。

原型可以被認為是遺傳而來的情緒和行為模式。它們使我們認識到特定的行為組合或情緒表達擁有甚麼意義。我們似乎是憑本能做到這一點的，但是榮格說，所謂本能實際上是對原型的無意識的使用。

榮格提出心靈由三個部分組成：自我、個人無意識、集體無意識。他說，自我代表了有意識的心靈或自我，而個人無意識是指個體自己的記憶，包括那些被壓抑了的。集體無意識是心靈的一部分，也是原型的居所。

原型

原型有許多種，並且不同文化中的原型可以相互混合和改造，我們每個人心中有着每一種原型。因為我們利用這些符號來理解和認識世界及我們的經驗，所以它們存在於所有人類的表達形式中，如藝術、文學作品和戲劇。

原型的本質是我們會對它產生即刻的認識，並且賦予它特定的情緒化的意義。原型可以和許多種行為和情緒模式聯繫在一起，而且有些原型是廣為人知的，例如，智慧老人、女神、聖母瑪利亞、偉大母親，還有英雄。

人格面具是榮格描述的最重要的原型之一。他發現在他自己的早年生活中，他傾向於只向外界展示某一部分人格。這種特點在其他人身上也有，而且人們把自己的人格分成多個部分，根據環境和情景選擇性地只展現某一部分的自我。我們展示給外界的自我（我們的公眾形象）是一種原型，榮格稱之為「人格面具」。榮格認為自我既有男性化的部分，也有女性化的部分，社會因素和生物因素對於將一個人塑造成完全的男人或女人起着同樣重要的作用。當我們變成完全的男人或女人時，我們就把潛藏的另一半拋之腦後，雖然我們仍然能夠通過原型通達這部分自我。「阿尼姆斯」是指女性人格中存在的男性化成分，「阿尼瑪」是指男性心靈中的女性化成分。這就是所謂的「另一半」，與之相對的就是讓我們成長為女孩或男孩的那一半。這些原型幫助我們理解異性的本質，並且因為它們包含了對男人或女人的所有印象，所以它們必然反映出對男性和女性的傳統觀點。

阿尼姆斯象徵着我們文化中的「真男人」，他可以是肌肉男、指揮官、冷靜的邏輯學家，也可以是調情高手。阿尼瑪既可以是聖潔的

夏娃是「阿尼瑪」的象徵，是男性無意識中的女性成分。榮格說，她「渾身上下充滿了陷阱和誘惑，令男人為之沉淪……而生活就應該是這樣」。

歷史上所有影響深遠的觀點都可以追溯到原型。

——卡爾・榮格

女神、純真的處子，也可以風情萬種。她親近自然、真情流露、不矯揉造作。她出現在畫作或故事裏，例如夏娃或特洛伊中的海倫，或者像瑪麗蓮・夢露那樣的女人，她們吸引着男人的目光，她們攝取男人的魂魄。因為這些原型存在於我們的無意識之中，所以它們會影響我們的心情和反應，並且維持着自己的感性狀態（阿尼瑪）或理性狀態（阿尼姆斯）。

榮格將我們不願意讓外界看到的原型稱為陰影，它是人格面具的對立面，代表的是我們的秘密或者被壓抑的想法以及我們性格中令人羞恥的那一面，正如《聖經》中的惡魔，以及文學作品中的變身怪醫哲基爾。陰影是我們投射給自己的壞的一面，但它並不是完全消極的；它也可能代表了我們選擇壓抑的方面，只因在特定的情境下一時無法令人接受。

所有的原型中最重要的是「真實自我」。這個原型試圖協調所有部分成為一個統一完整的自我。根據榮格的觀點，人類生存的真正目標是達到高級愉悅的心理狀態，即「自我實現」，實現的途徑依賴於真實自我的原型。當充分自我實現時，原型就是智慧和真理的來源，並且能夠連通自我和精神。榮格強調自我實現不是自動發生的，必須有意識地去追尋。

夢中的原型

原型在夢的解析中異常重要。榮格相信夢是意識層面的自我與永恆（本我和集體無意識）之間的對話，並且原型會在夢中以符號的形式出現，便於對話的進行。

原型在夢的情境中有特殊的意義。例如，智慧老人的原型在夢中可能會以精神導師、家長、老師或醫生的形象出現，這些人可以提供指引和智慧。聖母瑪利亞的原型可能在夢中以夢者自己的母親或祖母的形象出現，即養育者，她能提供安全感、舒適感和可靠感。聖嬰的原型代表你的真實自我，即最純潔的一面，象徵着天真無邪，在夢中可能會以嬰兒或孩童的面目出現，代表率真和潛能。為避免本我過於膨脹，惡搞者的形象就會出面，這種玩笑式的原型暴露出做夢者的弱點，而惡作劇可以防止個體將自身和自己的願望看得過重。惡搞者也可能幻化成挪威的半神洛基、希臘的潘恩大帝、非洲蜘蛛神安納西，或者簡單的魔術師或小丑。

在羅伯特・史蒂文森的故事中，哲基爾醫生會變身為邪惡的海德，這個故事通過一個體現了榮格所謂的陰影原型的人物來探討「黑暗自我」的觀點。

《白雪公主》的故事傳遍全世界。榮格將這個童話故事的普及歸功於其中原型人物的運用。

利用原型

原型在被意識到之前就存在於我們的心靈之中，因此，能夠深深地影響我們對經驗的知覺。無論我們有意識地認為發生了甚麼事，我們選擇去知覺的，即體驗的，都受控於這些無意識的想法。就這樣，集體無意識及其內容影響了有意識的心態。根據榮格的觀點，很多我們以為經過了深思熟慮、認真推理、有意識的思維其實卻是受到無意識活動的指引，特別是原型。

除了集體無意識和原型的觀點，榮格還是第一個利用詞語聯想的人，並且提出了人格類型的外傾性和內傾性的概念。它們後來廣泛應用於人格測驗中，如邁爾斯職業性格測試（MBTI）。榮格的工作對心理學、人類學、神學都有重要的影響，他提出的原型也可以輕易地在電影、文學作品和描寫普遍性人物的其他文化形式中找到。■

> 了解了無意識，我們就能讓自己擺脫無意識的操控。
>
> ——卡爾·榮格

卡爾·榮格

卡爾·榮格出生在瑞士的一個小鄉村，他的家庭教育很好，家人卻都很古怪。他和他的媽媽特別親近，然而媽媽卻患有抑鬱症。榮格極具語言天賦，他精通多種歐洲語言，還懂一些古代的語言，如梵文。1903 年，他與艾瑪·羅思巴結婚，他們共生育了五個孩子。

榮格接受的是精神病學的訓練，但是在 1907 年遇見佛洛伊德之後，他成為精神分析師和佛洛伊德的繼承人。然而，這兩個人在理論上的分歧愈演愈烈，最後分道揚鑣。在第一次世界大戰後的幾年裏，榮格遊歷了非洲、美國和印度，研究了當地的人們，還進行了一些人類學和考古學方向的探索。1935 年，他成為蘇黎世大學的教授，但是為了專心做研究而辭去了教學工作。

主要作品

1912 年 《符號的轉換》
1934 年 《原型與集體無意識》
1945 年 《論夢的本質》

生本能與死本能的爭鬥持續一生

梅蘭妮・克萊因（1882－1960 年）

背景介紹

聚焦

精神分析

此前

1818 年 德國哲學家叔本華說，存在是由活着的慾望驅動的，與之永恆對抗的是同等的死亡驅動力。

1910 年 精神分析師威廉・斯塔克爾認為對性本能的社會壓抑與死本能的增長是並行的。

1932 年 佛洛伊德稱，為獲得滿足的大多數基本驅動力實際上都是為了對抗死亡。

此後

2002 年 美國心理學家朱莉・諾勒姆提出了「防禦悲觀主義」的觀點，認為悲觀主義實際上是為了人們更好地應對現代生活的壓力和需求。

關於對抗力量的話題一直吸引着作家、哲學家和科學家。文學作品、宗教和藝術中隨處可見善與惡、朋友與敵人的故事。在牛頓的物理學說中，一種力量與另一種同等的相反力量對抗時會達到一種穩定或平衡的狀態。這樣的對抗力量也是人的存在的核心部分，其中最有力量的驅動力可能就是生與死。

佛洛伊德說，為了避免被自己的死本能所摧毀，我們利用自戀或自我關注的生本能（力比多）來迫使死本能指向外部，對抗其他目標。梅蘭妮・克萊因（Melanie Klein）擴展了這種觀點，她說即便我們將死亡的力量指向外部，我們仍舊能感覺到被這種「攻擊本能」所毀滅的危險；為了完成這項艱巨的任務，我們必須「調動力比多」。與這些對抗的力量共存會產生內在的心理衝突，是人類經驗的核心。克萊因稱，我們成長和創造的驅動力——從繁衍到創造——永遠與同等力度並具有毀滅性的力量相抵，這種持續的心理緊張是所有痛苦的基石。

戲劇的張力在於對真實情緒和情感的反映。偉大的劇作，如莎士比亞的《羅密歐與朱麗葉》，表現出來的不僅有戀人之間積極的力量，也有置人於死地的毒藥。

克萊因還說，這種心理緊張解釋了我們內心的攻擊和暴力傾向。它造成了愛與恨之間的爭鬥，甚至從嬰兒一出生就出現了。在我們的生本能與死本能之間（快樂與痛苦之間）永遠的鬥爭造成了我們心靈中的困惑。無論怎樣，憤怒或「不好的」情感都可能變成每種情境中

參見：西格蒙德・佛洛伊德 92~99 頁，安娜・佛洛伊德 111 頁，雅克・拉岡 122~123 頁。

的主導。

永恆的衝突

克萊因認為我們從未擺脱過這些原始衝突。我們一生都與它們相伴，從未達到過安全、成熟的狀態，而且對暴力的「原始幻想」始終在無意識中探頭探腦。克萊因覺得，考慮到這種心理衝突的滲透性影響，傳統意義上的幸福是不可能實現的，而且生活就是在尋找忍受衝突的辦法。生活不是為了涅槃。

這樣的忍受狀態是我們能夠寄予希望的最好辦法，所以克萊因不難發現人們的生命中缺少了慾望或對自己的認可，於是導致抑鬱和絕望。在克萊因看來，人類的經驗不可避免地充斥着焦慮、痛苦、喪失和毀滅。因此，人們必須學會面對生與死的極端。■

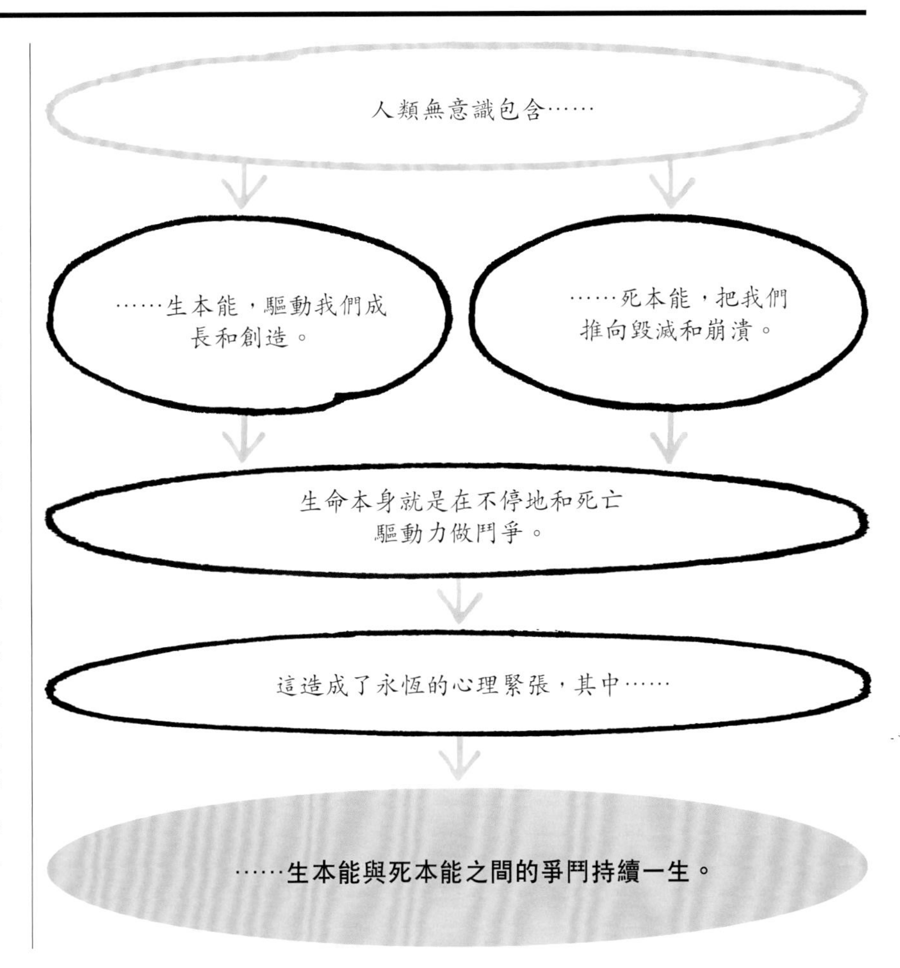

梅蘭妮・克萊因

梅蘭妮・克萊因出生在奧地利，是家裏的四個孩子之一。她的父母沒甚麼感情，後來離婚了。17 歲時，她與工業化學家亞瑟・克萊因訂婚，並放棄了學醫的計劃。

1910 年，在閱讀了一本佛洛伊德的著作後，克萊因決定成為一名精神分析師。她自己深受抑鬱症的困擾，並且被死亡所籠罩：在她 4 歲時，敬愛的姐姐死掉了，她的哥哥死於疑似的自殺，她的兒子也在 1933 年的一場登山事故中喪命。雖然克萊因沒有任何官方的認證，但是她在精神分析領域有着巨大的影響，她對兒童的貢獻尤其令人尊敬，是她將遊戲運用於治療之中。

主要作品

1932 年 《兒童精神分析》
1935 年 《躁狂抑鬱狀態的心理過程》
1955 年 《嫉恨與感恩》
1961 年 《一個兒童的分析過程》

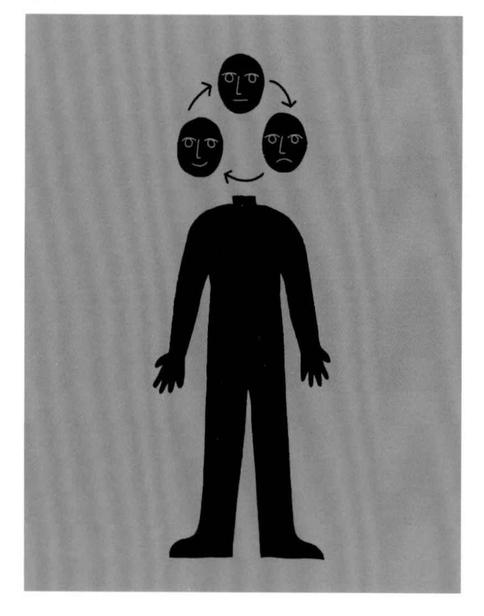

「應該」的暴政

凱倫·霍妮（1885－1952 年）

背景介紹

聚焦

精神分析

此前

1889 年 皮埃爾·讓內在《精神的不自主運動》中描述了「分裂」現象，即人格明顯分成了不同的獨立的部分。

此後

20 世紀 50 年代 梅蘭妮·克萊因說，為了應對難以控制的衝突情感，有的人會出現人格分裂。

20 世紀 70 年代 奧地利精神分析學家海因茨·科胡特稱，當孩子的需要沒能被滿足時，自戀和自負組成的那部分自我就會浮現出來。

20 世紀 70 年代 艾利斯提出理性情緒行為療法，幫助人們擺脫內心中「必須」的束縛。

社會環境——從家庭到學校、工作場所，再到更廣闊的社區——產生了特定信念支撐的社會文化「規範」。生於德國的精神分析學家凱倫·霍妮（Karen Horney）曾說，不健康或「有毒的」社會環境可能會在個體身上創造出不健康的信念系統，妨礙人們意識到他們的最高潛能。

霍妮還說，必須認清我們何時不受自我決定的信念所操控，而受那些內化了的有毒的環境所操控。它們以內在的信息來起作用，例如，「我應該被認可而且更強大」或者「我應該變瘦」。她教她的病人意識到對他們心靈的兩種影響：有着真實慾望的「真實自我」，和為了滿足「應該」的要求奮力掙扎的「理想自我」。理想自我的想法對真實自我來說都是不現實和不匹配的，並且因為真實自我沒法達到理想自我的期望，所以會產生消極的反饋。這導致了第三種不快樂的自我——「被鄙視的自我」。

千萬別覺得自己有多麼可恥；你本來就應該是這樣的。

——凱倫·霍妮

霍妮認為「應該」是我們「與命運談條件」的基礎；如果我們屈從了，我們就會神奇地相信自己控制了客觀現實，雖然事實上它們導致了深層的不愉快和神經症。霍妮的觀點和她所處的社會環境有着密切的關係，20 世紀早期的德國對一致性的要求非常嚴格。■

參見：皮埃爾·讓內 54~55 頁，西格蒙德·佛洛伊德 92~99 頁，梅蘭妮·克萊因 108~109 頁，卡爾·羅傑斯 130~137 頁，亞伯拉罕·馬斯洛 138~139 頁，阿爾伯特·艾利斯 142~145 頁。

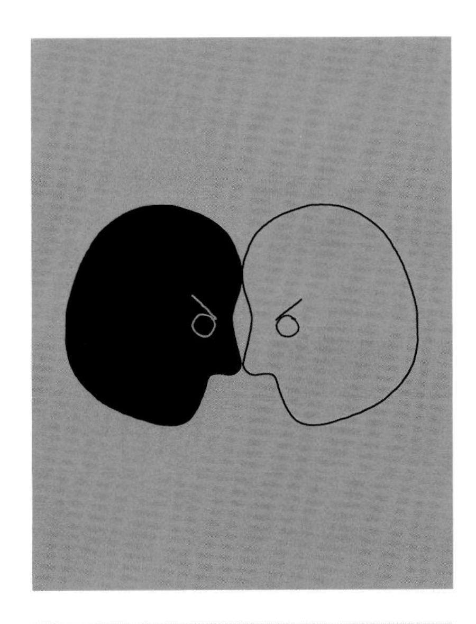

超我只有在與充滿敵意的自我對峙時才會變得清晰

安娜·佛洛伊德（1895－1982 年）

背景介紹

聚焦
精神分析

此前
20 世紀 20 年代 佛洛伊德在他的文章《快樂法則之外》中首次提出了本我、自我和超我的概念。

此後
20 世紀 50 年代 梅蘭妮·克萊因不同意超我的形成受到父母的影響的觀點。

1961 年 伯恩提出，兒童、成人和父母的自我狀態一直存在於我們的生命中，並且這些可以通過精神分析挖掘出來。

1976 年 美國心理學家簡·盧文格說，自我在人一生中的發展是分階段的，是內在自我與外在環境交互作用的結果。

《聖經》上說，伊甸園裏的亞當和夏娃面對着誘惑與正義之間的抉擇。在心理結構模型中，佛洛伊德描述了存在於人類潛意識中的一個類似的模型，由三部分構成：本我、超我和自我。

本我，就像一條狡猾的蛇，在我們耳邊低訴着甚麼能讓我們感覺良好。它完全由慾望驅使，尋找着基本的快樂和滿足（如食物、舒適、溫暖和性）。

超我像一個正義的使者，要求我們向着更高的目標前進。它強加給我們父母和社會的價值觀，告訴我們甚麼是我們應該做的，甚麼是不應該做的。

自我，像一個做決定的成年人——控制着衝動，並做出如何行動的判斷；它是個調停者，在本我和超我之間搖擺。

奧地利精神分析學家安娜·佛洛伊德延伸了她父親的觀點，將關注點放在了超我的構成以及它對自我的影響上。自我面對着現實世界，同時還要作為超我的下級管理着本我。超我說着令人感到內疚和羞愧的話，像個內在的批評家。當我們斥責自己不應該按照某種方式思考或行動時就聽到了超我的聲音；超我只有在與充滿敵意的自我對峙時才會變得清晰（「發言」）。

自我防禦機制

超我的批判性聲音會導致焦慮，而且根據安娜·佛洛伊德的觀點，這時我們就會啟動自我防禦。心靈有無數種方法來防止焦慮變得不可承受。安娜描述了我們常用的一些創造性的防禦機制，從幽默和昇華到否認和替代。她的自我防禦理論被認為與 20 世紀的人本主義治療法不謀而合。■

參見：西格蒙德·佛洛伊德 92~99 頁，梅蘭妮·克萊因 108~109 頁，埃里克·伯恩 337 頁。

你只能容忍你自己發現的真理

弗里茲・皮爾斯（1893－1970年）

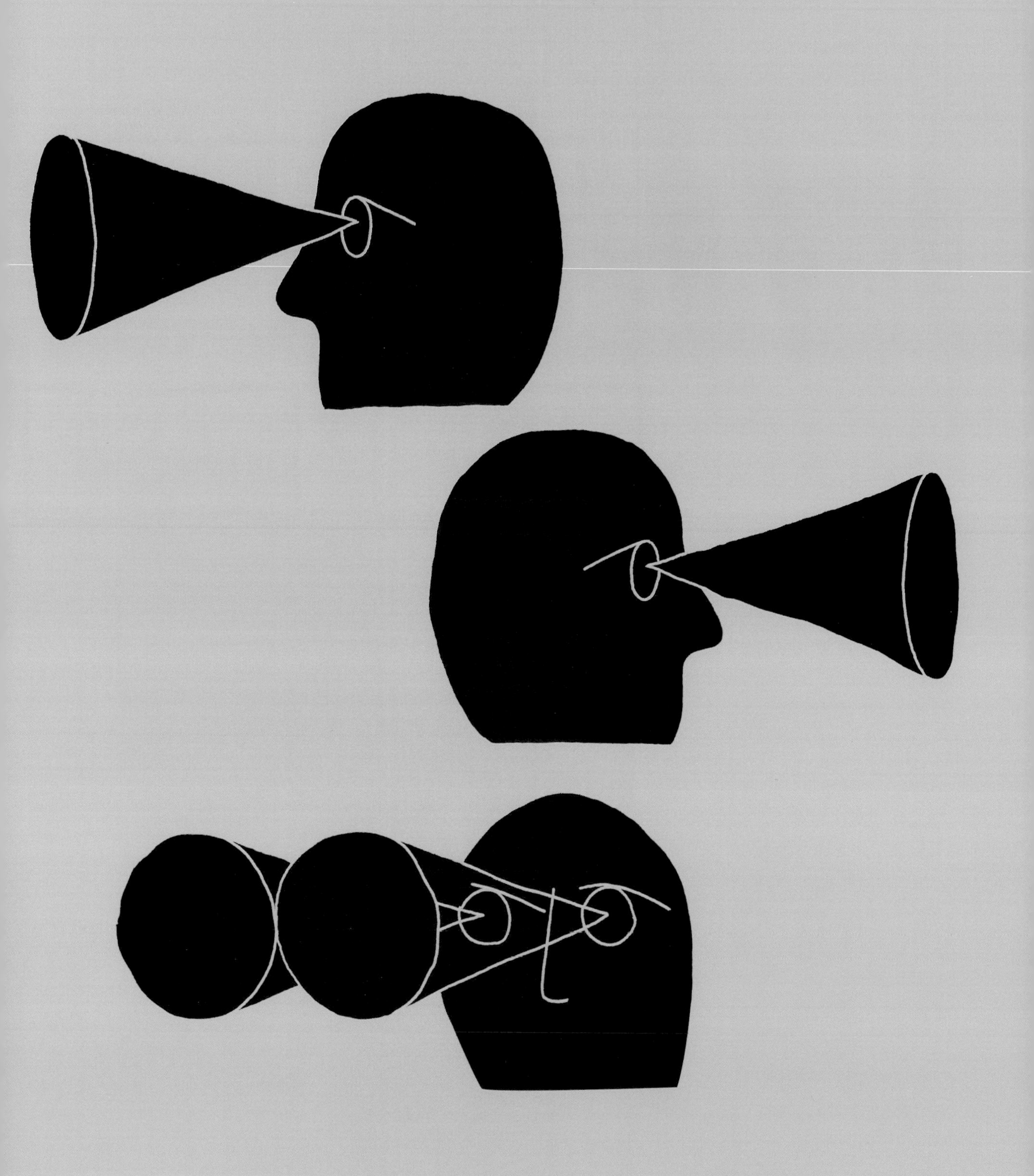

背景介紹

聚焦

完形治療

此前

20 世紀 20 年代 卡爾・榮格說人們需要和內在的自己相連接。

1943 年 韋特海默解釋了「生產性思維」的概念。

1950 年 在《神經症與人類成長》中，霍妮提出人們需要拒絕別人強加給自己的「應該」。

此後

1961 年 羅傑斯說知道治療的形式和方向的人是來訪者，而不是治療師。

1973 年 美國自助類讀物作家理查德・班德勒，神經語言學程序（NLP）的創始人之一，在他的新療法中運用了許多完形療法的技術。

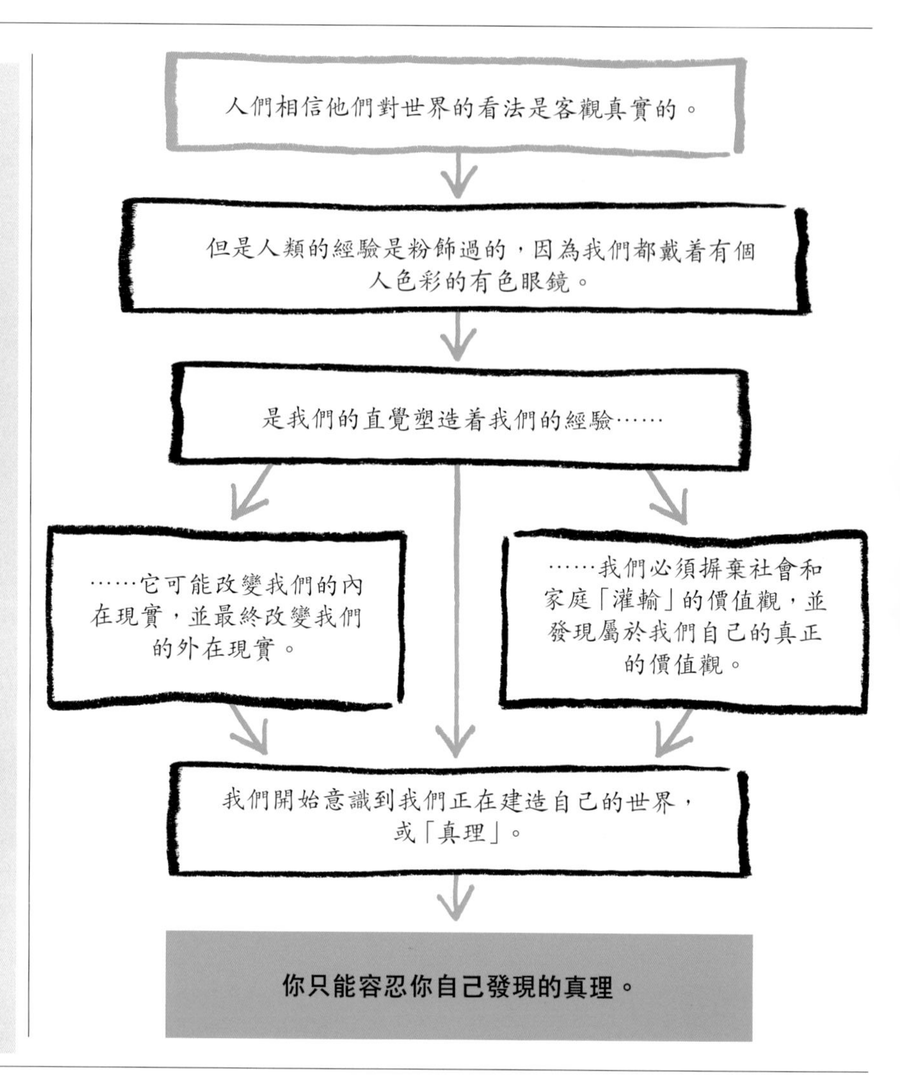

在18 世紀，德國哲學家康德掀起了一場思維的革命，指出我們不可能真正了解我們的「身外之物」，因為我們的知識受到我們的心智和感覺的限制。我們不知道事物是如何自處的，而只能去體驗它們。這種觀點成為完形治療的基礎，它認為至關重要的是記住人類經驗的複雜性——悲痛與創傷，靈感與激情，還有近乎無限的可能性——經過個性化的濾鏡被我們重新編碼。我們不能自動化地吸收世界上所有的聲音、感受和畫面；我們能只能掃描和選擇一部分。

弗里茲・皮爾斯（Fritz Perls）是完形治療的創始人之一，他指出我們對現實的個人感覺是由我們的知覺創造的；我們看到的是我們的經驗，而不是事物本身。然而，這往往容易被拋之腦後，或者認識不到。他說我們傾向於錯誤地把我們對世界的看法當成絕對客觀的真相，而不承認知覺在塑造我們的觀點時對統合想法、行動和信念的作用及影響。根據皮爾斯的觀點，唯一存在的真理就是一個人自己的真理。

承擔責任

皮爾斯的理論發展於 20 世紀 40 年代，當時主流的精神分析觀點認為人類心靈能夠分解成一系列對滿足生物驅動力的追求。這種取向對皮爾斯來說太嚴格、太結構化、太簡略、太寬泛；不適用於皮爾斯最看重的個人經驗。精神分

參見：索倫・齊克果 26~27 頁，卡爾・榮格 102~107 頁，凱倫・霍妮 110 頁，埃里克・弗洛姆 124~129 頁，卡爾・羅傑斯 130~137 頁，亞伯拉罕・馬斯洛 138~139 頁，羅傑・謝帕德 192 頁，喬・卡巴金 210 頁，馬克斯・韋特海默 335 頁。

析不能讓病人認識到他們自身經驗的創造性，也不能讓他們承擔起自我創造的責任。精神分析模型的基礎是認為病人處在無意識衝突的折磨中，直到精神分析師介入並將他們從無意識驅動力中拯救出來。皮爾斯從另外的角度認為對人們來說最重要的是了解自身在創造中的力量。他想要讓我們意識到我們能夠改變自己的現實，事實上還可以為此負責任。沒有人能夠代替我們做到這一點。一旦我們認識到知覺才是現實的擎天柱，我們每個人都有責任創造人生並選擇我們看待世界的方式。

承認力量

完形治療利用個體經驗、知覺和責任感的原則——既有思想上的也有感受上的——鼓勵個體通過建立內在控制感來成長。皮爾斯堅持認為我們能夠學會控制自己的

學習就是發現事物的可能性。

——弗里茲・皮爾斯

皮爾斯所寫的完形祈禱文濃縮了完形治療。它強調為了我們自己的需要而生活的重要性，而不是通過他人來尋求自我實現。

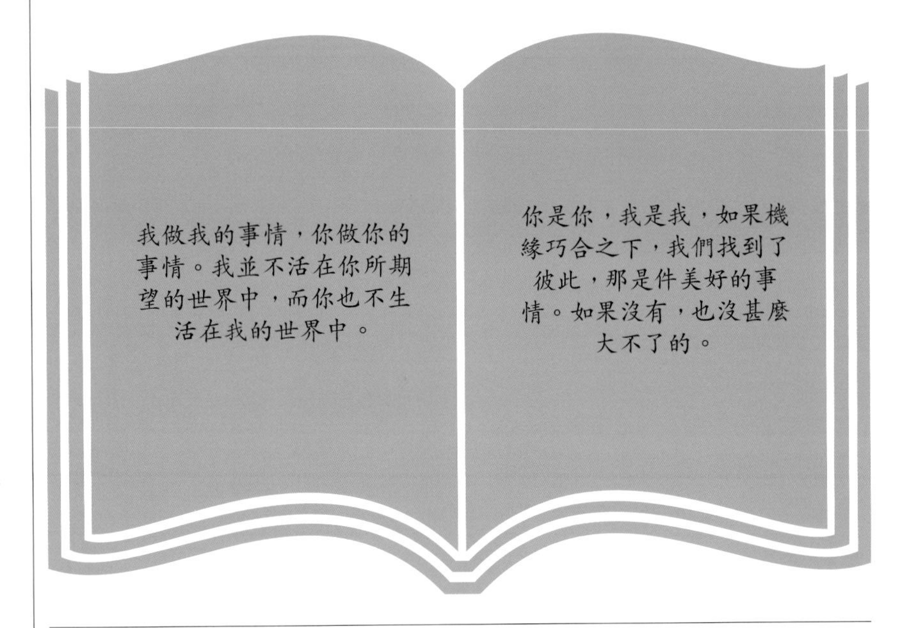

內在經驗，而不管外在環境如何。一旦我們了解是我們的知覺塑造了我們的經驗，就能夠看到自身的作用，而我們改採取的行動就是武器，然後我們就能有意識地利用這些來改變現實。控制我們內在的心靈環境可以給我們力量，其方式有兩種：如何解釋環境，以及如何對環境做出反應。諺語有云：「沒有人能讓你生氣，除了你自己」，這句話完美地闡明了這個哲學道理，人們對交通事故、壞消息或個人批評等的不同反應方式會使真相看起來各有千秋。

在完形治療中，一個人必須直接為自己的行動和反應負責，不管可能會發生甚麼事。皮爾斯稱這種可以維持情緒的穩定性而不理會環境如何變化的能力為「內穩態」，這個生物學術語一般用來描述人體內所維持的穩定的物理環境。它暗示着許多系統之間的良好平衡，而這就是完形治療中所謂的心靈。它通過各種思想、感受和知覺來尋找維持心靈平衡的方法，這些都是整個人類經驗的組成部分。它用整體的眼光來看待人，視一個人為整體，而非若干部分。

皮爾斯將自己的使命定位於幫助病人覺察知覺的力量以及它如何塑造現實（或者我們如何描述「現實」）。通過這樣的方式，他的病人

和佛教一樣，完形治療鼓勵發展正念覺察和接受不可避免的改變。皮爾斯呼喚改變「磨滅創造性的學習」。

變得有能力控制和塑造他們內心的風景。當他們為所知覺的現實負起責任後，他們就能夠創造他們想要的現實。

皮爾斯利用完形治療的整合觀來幫助他的病人實現這個目標。最首要的步驟是學習對當下感受的覺察，並聚焦於這種覺察，讓個體直接地體驗他當下的感受和知覺到的現實。這種「融入此時此刻」的能力在完形治療過程中是至關重要的；它是一種即刻的情緒覺察，是理解我們每個人創造自己的環境並對之反應的基礎。它還為改變我們對自己和環境的體驗方式提供了一條途徑。

作為一種個人成長的工具，和真實感受（真實的思想和情緒）相聯通的能力對皮爾斯來説比其他治療形式的心理解釋或分析反饋更重要。隱藏在行為背後的「為甚麼」對皮爾斯來説一點都不重要；重要的是「怎麼樣」和「甚麼」。從治療師到病人降低對尋找「為甚麼」的重視而轉向追尋意義，極大地改變了醫患關係。在先前的治療取向中，一般是治療師操控着病人奔向治療目標，而完形取向是治療師和病人之間保持一種溫暖、共情式的關係，他們結成同伴一起努力達成目標。治療師的角色是靈活的，並不單是病人的領導者；皮爾斯的完形取向隨後成為羅傑斯的人本主義、以人為中心取向的基礎。

否認命運

完形方法的另一個部分是語言的運用。病人可用於增強自我意識的一個重要工具是注意和改變言語中「我」的使用。皮爾斯説，要想為我們的現實負責任，我們必須認識到我們是怎樣使用語言來產生缺乏控制感的錯覺的。簡單地改變措辭，從「我不能那樣做」到「我不會那樣做」，就是在給自己機會做選擇。這樣也有助於確立感覺的歸屬，情緒源於也屬於我，我不能因我的情感而怪罪其他人或事。

改變語言的另一個例子是將「應該」替換成「想要」，例如，「我應該現在離開」變成「我想要現在離開」。這也是給出了選擇的機

弗里茲·皮爾斯

福雷德里克·弗里茲·所羅門·皮爾斯出生在 19 世紀末的柏林。他學醫出身，曾作為醫生在第一次世界大戰期間為德國軍隊服務過一小段時間。隨後，他受訓成為精神分析師，1930 年與心理學家勞拉·波斯那結婚，並遷居南非，在那裏他和勞拉建立了一個精神分析研究院。在他們不再對精神分析抱有幻想後，在 20 世紀 40 年代搬到了紐約，投入進步思想蓬勃發展的浪潮中。20 世紀 60 年代，他們離婚了，皮爾斯搬到加利福尼亞州，在那裏繼續改變着心理治療的格局。1969 年，他離開美國開始在加拿大建立治療中心，但是次年就在開展工作坊期間因心臟病發而去世。

主要作品

1946 年 《自我的飢餓與攻擊性》
1969 年 《完形治療實錄》
1973 年 《完形與目擊治療》

放鬆你的心靈，然後想想你的感覺。

——弗里茲・皮爾斯

20世紀60年代，嬉皮文化與發現自我的完形觀點相一致，但是皮爾斯反對「及時行樂」和「所謂的感官解放之路」。

會。皮爾斯説，因為我們學會了對我們的經驗負責任，所以我們找到了擺脱社會影響的真實自我。我們也體驗到自己的權力，認識到我們並不受制於「剛剛發生」的事情。一旦理解了我們可以選擇如何接納自己的人生，受害者的感受就煙消雲散了；我們不是無能為力的。

如果你需要鼓勵、表揚、有人拍拍你的後背，那麼所有人都成了你的法官。

——弗里茲・皮爾斯

帶着這樣的個人責任感，我們就能阻止自己去體驗對真實自我不利的事件、人際關係或環境。完形理論也要求我們近距離審視為了被社會規範所接受而選擇甚麼。我們的所作所為可能一直處在假設的真相中，並且我們自動就接受了它們。皮爾斯説，我們應該採納最有啟發性的信念並找到我們的真實自我。書寫我們自己的觀點、哲學、需求和興趣的能力是至關重要的。隨着我們對自我責任、自我信任和自我洞察的意識的增加，我們理解了我們在構建自己的世界，或真理。我們的人生變得易於承受，因為「你只能容忍你自己發現的真理」。

親密的可能性

完形治療重在「當下」和發現屬於自己的道路與思想，在20世紀60年代與西方世界的反文化革命完美契合。但是這種對個人主義的重視在一些心理學家和精神分析師看來是治療的弱點，特別是在那些把人類完全看作社會屬性的人眼裏。他們聲稱，按照完形原則生活的人排除了與他人親密的可能性，它過分關注個性而犧牲了社會性。完形治療的支持者們回應説，如果不找到真實的自我，就不可能發展出與他人真實的關係。

1964年，皮爾斯成為加利福尼亞州伊莎蘭研究所的正式講師，對這個在精神和心理學領域享有盛譽的中心產生了長遠的影響。20世紀70年代的人口大爆炸之後，完形治療漸漸遭到冷落，但是它的原則仍被許多其他形式的治療改採用。今天，完形被認為是心理治療的「正規」取向之一。■

眾所周知，收養一個孩子並給他愛是永遠不夠的

唐納德・溫尼考特（1896－1971 年）

背景介紹

聚焦

精神分析

此前

20 世紀初 佛洛伊德提出神經病患者的衝突（以及超我）源於依狄匹斯時期，即 3~6 歲。

20 世紀 30 年代 克萊因稱，超我的原始形式在 1 歲時就開始發展了，而愛與恨天生就是交織在一起的。

此後

1947 年 心理學家和遊戲治療師弗吉尼亞・亞瑟蘭提出了遊戲治療的八個原則，其中包括接納兒童所表現出的女性化或男性化。

1979 年 瑞士精神分析學家愛麗絲・米勒在《天才兒童的劇本》中說，我們被鼓勵去「發展未經思想雕琢的藝術」。

許多人相信，如果一個孩子在缺少愛與支持的環境中痛苦地長大，那麼他們能夠融入一個能滿足需求的新家庭。然而，安定與接納有助於孩子健康成長，但是這只是需求的一部分。

作為英國第一位接受過精神分析訓練的兒科醫生，唐納德・溫尼考特（Donald Winnicott）始終對母嬰關係和兒童發展過程感興趣。他深受佛洛伊德和克萊因的影響，特別是關於母親或照料者對嬰兒的無意識情感。溫尼考特的職業生涯始

參見：西格蒙德・佛洛伊德 92~99 頁，梅蘭妮・克萊因 108~109 頁，
弗吉尼亞・薩提亞 146~147 頁，約翰・鮑爾比 274~277 頁。

被原始家庭忽視或虐待的兒童害怕得不到收養家庭的愛……

……所以為了防禦，他們表現出憎恨的態度，即便面對的是溫良的父母。

這自然會激發出父母的憎恨感。

如果父母承認他們的恨並容忍這些情感……

……被收養的兒童就知道他是被愛的，也是值得愛的，即便這時候兒童和成人雙方都體驗着恨意。

兒童將能夠形成強烈的依戀。

於研究第二次世界大戰期間無家可歸的孩子，他調查了兒童在試圖被一個新家庭所接納時面對的困難。

溫尼考特在他的文章《反移情中的憎恨》中寫道：「眾所周知，收養一個孩子並給他愛是永遠不夠的」。事實上，父母必須有能力將被收養的兒童接納到他們的家庭中，並且有能力忍耐對他的憎恨。溫尼考特說，一個孩子只有在被憎恨之後才能夠相信他是被愛的；他強調「忍耐恨意」在治療中的作用不容小覷。

溫尼考特解釋說，當一個兒童被剝奪了適當的父母關愛，隨後又被賜予了擁有健康家庭環境（如收養或寄養家庭）的機會時，兒童就開始發展無意識的希望。但是恐懼也伴隨着這種希望。當兒童對過去徹底絕望，甚至基本的情緒和身體需要都無法滿足時，防禦機制就會啟動。這些無意識的力量保護着兒童不被可能會導致失望的希望所傷害。溫尼考特繼續說，防禦機制解釋了恨意的存在。兒童可能會對新的父母大發雷霆，表現出憎恨的態

唐納德・溫尼考特

英國兒科醫生兼精神分析師唐納德・溫尼考特出生在英國德文郡普利茅斯的一個頗有名望的大家族，他是家裏最小的孩子，也是唯一的兒子。雖然他的母親患有抑鬱症，但是他的父親，約翰・福德里克・溫尼考特先生，對他有着積極的影響。溫尼考特起初成為一名兒科醫生，隨後，在 20 世紀 30 年代又接受了精神分析訓練。

溫尼考特結過兩次婚，他的第二任妻子克萊爾・佈雷頓是精神病學的社工，工作是幫助第二次世界大戰期間心智失常的兒童。他當了四十多年兒科醫生，形成了獨特的觀點。他兩次成為英國精神分析學會的主席，通過多次演講和廣播節目來為公眾傳播知識。

主要作品

1947 年 《反移情中的憎恨》
1951 年 《傳統目標與傳統現象》
1960 年 《親子關係理論》

被收養的兒童似乎只有在被憎恨後才能相信自己被愛。

——唐納德・溫尼考特

度，同樣也激發出照料者的恨意。他稱這種行為為「反社會傾向」。

根據溫尼考特的觀點，對痛苦中的兒童來說，憎恨和被憎恨的需要甚至比反抗的需要更迫切，照料者對憎恨情緒的忍耐是治癒兒童的關鍵性因素。溫尼考特說，必須允許兒童表達恨意，而父母必須既能夠容忍兒童的恨意又能夠忍耐自己的恨意。

這種觀點或許令人震驚，而人們也會為了源於自身的恨意而糾結。他們可能會感到內疚，因為孩子已經非常難過了。但是孩子主動地對父母表現出憤恨，以防過去被忽視的經驗再次上演。

溫尼考特說，破碎家庭的兒童或孤兒「在無意識地花時間尋找他的父母」，來自過去的情感也會轉移到其他成年人身上。兒童已經內化了仇恨，即便恨意不復存在了，他的眼中依然有恨。在新環境中，兒童需要看到空氣中充滿恨意時會發生甚麼事情。溫尼考特解釋說：「到底發生了甚麼事呢？剛被收養的一段時間兒童找到一絲希望，然後他就開始測試這個環境，尋找他的監護人可能會恨他的證據。」

兒童表達恨意並證明自己實在不值得愛有很多方法。這種無用感來自於早期消極的親子經驗。從兒童的角度來看，他正試着保護自己避免感到愛或被愛，因為這種狀態也伴隨着失望的可能。

處理恨意

兒童的憎恨情緒既挑釁着父母，也挑釁着他們的老師和其他權威人物。溫尼考特認為成年人承認這些情感，而不是簡單地否認它們是非常重要的。他們也需要理解兒童的恨意不是個人化的；兒童是在表達先前同一些現在已不在場的人的不愉快處境和現已不在的人的焦慮。

當然，權威人物如何處理自己的憎恨也是相當重要的。兒童相信自己是「壞孩子」而且不值得被愛，這種信念不應該被成人的反應所強化；成人只需簡單地忍耐憎恨的情感並認識到這些情感是親子關係的一部分。這是唯一讓孩子感到安全並能夠形成依戀的方法。

無論新的環境有多麼溫暖美好，都不能抹去孩子的過去；過去的經驗或多或少會殘留下痕跡。溫尼考特認為沒有解決的捷徑。因為從前發生過的事情，所以兒童預期成人會對自己產生憎恨，於是主動拒絕；當憎恨沒有變成拒絕而被忍耐所代替時，憎恨就開始煙消雲散了。

兒童身上的「反社會傾向」是他們表達對處境的焦慮的一種方式，他們在考驗照料者能否繼續營造充滿支持和關愛的家。

不理會被兒童挑動的無意識的消極情感，父母必須為兒童提供一個支持性的環境，讓他有安全感。

健康的恨意

溫尼考特認為，即使是心理健康的家庭，孩子也是親生的，無意識的憎恨仍然是養育經驗中自然產生的一個重要部分，並且他還談到了「適當憎恨」。克萊因曾說過，嬰兒會對母親感到憎恨，但是溫尼考特進一步說母親也會恨孩子——甚至在此之前，有一種非常原始和粗暴的愛。嬰兒的存在給母親的心理上和身體上都提出了巨大的要求，這些都會激發母親的憎恨感。溫尼考特列出了母親為甚麼會憎恨孩子的 18 個原因，包括：懷孕和分娩都有可能危及生命；嬰兒干擾了她的私生活；在照料中，嬰兒弄傷了她，甚至咬了她；嬰兒對她就像對待女傭或奴隸。溫尼考特說，儘管如此種種，但是她仍然愛着他，「甚至排泄物和所有的一切」，懷着強烈的、原始的愛，而且不得不學會忍耐對孩子的恨，一點也不表現出來。如果她不能適當地恨，她就會以一種受虐和不健康的方式將這些憎恨的情感轉向自己。

治療關係

溫尼考特還用親子關係來比喻治療師和來訪者之間的治療關係。在精神分析過程中，治療師產生的情感可稱為「反移情」。在治療中，來訪者被喚起的情感——通常類似於對父母或兄弟姐妹的情感——轉移到了治療師身上。溫尼考特在他的文章中描述了作為精神分析的一部分，治療師是如何對來訪者產生憎恨之感的，雖然這種恨是由來訪者挑起的對治療師的必要考驗。來訪者需要知道治療師是否足夠強大和可信賴，是否能夠抵擋住這種攻擊。

從嬰兒的角度來看，母親的多愁善感沒甚麼好處。

——唐納德・溫尼考特

現實主義取向

溫尼考特的觀點中有一些是令人震驚的，他相信我們應該用現實主義的態度養育孩子，不要為了堅持誠實而思慮過多。這樣無論身為孩子，還是長大以後，我們都能坦然面對不可避免的消極情感。溫尼考特是一個現實主義者和實用主義者，他不相信所謂的「完美家庭」或者世界上用幾句話就消除所有的前塵往事。他注重真實的環境和我們的心理狀態，要求我們如是做，勇敢而誠實。他的觀點完全沒有走進任何學校的理念中，雖然它們影響深遠，並且持續衝擊着全世界的社會工作、教育、發展心理學和精神分析。■

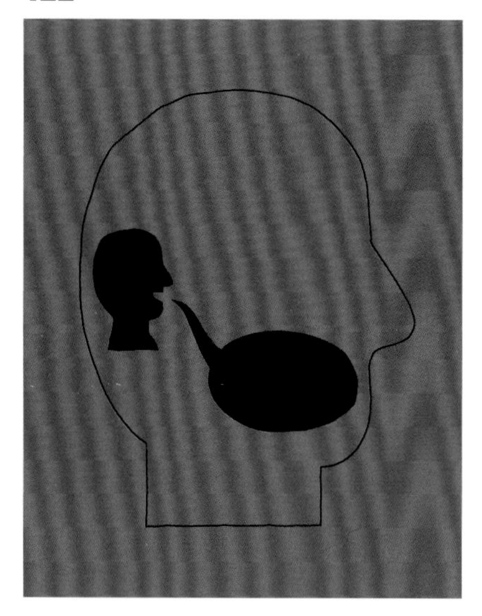

無意識是「他者」的言說

雅克・拉岡(1901—1981年)

背景介紹

聚焦

精神分析

此前

1807年 德國哲學家黑格爾說，自我意識依賴於他人的存在。

1818年 德國哲學家叔本華稱，沒有觀察的主體就沒有客體，對客體的知覺受限於個人的視覺和經驗。

1890年 威廉・詹姆斯在《心理學原理》中區分了作為知者的自我，或者說「I」，以及作為被知者的自我，或者說「me」。

此後

1943年 法國哲學家薩特說，我們對周圍世界或「他者」的知覺會隨着另一個人的出現而改變，我們將其對「他者」的觀念吸收到自己的觀念中。

「他者」是在我們自身邊界之外的所有事物。

↓

我們通過「他者」的存在定義和重新定義自己。

↓

我們通過「他者」的語言理解世界。

↓

我們也將這些語言運用到我們內心最深處的思想中。

↓

無意識是「他者」的言說。

精神分析學家將無意識解釋為我們想要排斥的所有記憶存儲的場所，而且這些記憶不能夠有意識地提取。有時候，無意識會以躲躲藏藏的方式向有意識的自我喊話：榮格認為無意識通過夢境、符號和原型表現自己，而佛洛伊德認為無意識通過動機行為和偶然的口誤表達出來。各種精神分析學派達成一致的一件事情就是無意識的世界比有意識的自我要大得多。然而，在法國精神病學家雅克・拉岡(Jacques Lacan)看來，無意識的語言不是自我的，而是「他者」的。

自我感

我們對自我的理解是想當然的——我們每個人都以獨立的個體而存在，我們通過自己的眼睛看世界，我們和其他人以及外界之間有着明顯的界限，並且假設我們的思維方式以及與環境互動的方式也各不相同。但是假如外界甚麼都沒

參見：威廉・詹姆斯 38~45 頁，西格蒙德・佛洛伊德 92~99 頁，卡爾・榮格 102~107 頁，唐納德・赫布 163 頁。

我們的自我感是由我們對「他者」或外界的意識塑造的。然而，拉岡說，「他者」的語言構成了我們最深層的思想。

有，我們怎麼能辨別出自己呢？那樣我們可能無法形成自我感，因為沒有輪廓可以參考。我們能夠判斷出我們是有別於周圍世界的個體的唯一方法，就是我們區分自己與環境或他人的能力，這讓我們變成主體的我（I）。因此拉岡下結論說，我們每個人都只是「他我」，因為我們擁有「他者」的觀念。

在拉岡看來，「他者」是自我之外絕對存在的東西；它是我們出生的環境，是我們為了生存和繁衍必須去「釋義」和理解的。嬰兒必須學會將感覺組織成概念和類別以在世界中生存，並且逐漸獲得對一系列意符 —— 符號或代碼 —— 的覺察和理解。但是這些意符只能來自自我之外的外部世界，因此它們必由他人的語言構成，或者是拉岡偏愛的「言說」。

我們只能通過語言來思考或表達我們的想法和情緒，而根據拉岡的觀點，我們擁有的唯一語言卻是「他者」的。因此，被翻譯成無意識思想的感覺和圖像必須由「他者」的語言來構建，或者如拉岡所說的，「無意識是『他者』的言說」。這種觀點在精神分析實踐中具有廣泛的影響，使得對無意識的解釋更加客觀和開放。■

我總是在他人的範圍之內。

——雅克・拉岡

雅克・拉岡

雅克・拉岡出生在巴黎，畢業於耶穌會管理下的斯坦尼斯拉斯大學。他繼續學習醫學，並取得了精神科醫師認證。第二次世界大戰期間，拉岡一直留在巴黎的一家軍事醫院工作。

戰後，精神分析成為拉岡工作的主要工具。然而，1953 年他被國際精神分析學會除名，因為他離經叛道地使用短時治療進行面談。隨後，拉岡成立了法國精神分析學會。

拉岡的作品傳播到了哲學、藝術、文學和語言學領域，他每週都要舉辦研討會，參會的人都是著名的思想家，如羅蘭・巴特、克洛德・列維・斯特勞斯等。作為死忠的佛洛伊德主義者，拉岡於 1963 年創立了巴黎佛洛伊德學派，於 1981 年改名為佛洛伊德事業學派。

主要作品

1966 年　《文章》
1968 年　《自我的語言》
1954－1980 年　《研討會》(27 卷)

人的主要任務是讓自己重生

埃里克・弗洛姆（1900—1980 年）

背景介紹

聚焦

人本主義精神分析

此前

1258–1261 年 蘇菲教大師路米說對人類靈魂的渴望源於它與起源的分離。

20 世紀 50 年代 羅洛・梅說「真正的宗教」是由對人生目標和意義的挑戰構成的，在挑戰過程中需要承擔責任並做出選擇。

此後

1950 年 凱倫・霍妮說中立的自我被分成了理想自我和現實自我。

20 世紀 60 年代 亞伯拉罕・馬斯洛將創造力和他人的認可看作自我實現的特徵。

20 世紀 70 年代 弗里茲・皮爾斯說為了達到自我實現，我們必須發現自己。

尋找人生意義的能力是人類的區分性特徵。根據德裔美國精神分析學家埃里克・弗洛姆（Erich Fromm）的觀點，尋找人生意義的能力也決定了我們是沿着一條快樂且滿足的道路前行還是在一條不滿且紛亂的道路上顛簸。弗洛姆相信雖然人生本質上是痛苦的，但是我們能夠通過賦予人生意義以及追求和建構真實自我而變得願意忍受痛苦。人生的最終目標是達到弗洛姆所描述的「人生的最高品質是熱愛生活」。

根據弗洛姆的觀點，人生原本就充滿了各種情感挫折，因為人生活在鬥爭的舞台上。人自始至終都在試圖平衡他的個人本性——作為獨立個體的存在——與人際交往的需要。人的內在自我有一部分只關注如何在其他人的王國裏生存；人的一半為本性而活，一半為他人而活。然而我們看到的自己是脫離了本性的，而且是與他人隔絕的。更糟糕的是，我們是唯一有能力思考這種脫離和隔絕的事實的。理性的人類一生都在認識自己。

弗洛姆認為，我們與本性的脫離源自智力的增長，於是我們意識到我們的脫離。我們有能力超越本性。這種能力使我們繁衍生息，讓我們擁有智力上的優越性，但是也讓我們孤獨地生存在這個世界中。

對一般人來說，最難受的莫過於在一個羣體裏卻找不到認同感。

——埃里克・弗洛姆

人生充滿了焦慮感和無力感，因為我們與自己的本性及他人脫離。

這些感覺能夠被克服，通過……

……努力尋找和發現我們自己的思想和能力。

……相信我們個人的獨特性。

……培養我們愛的能力。

參見：凱倫・霍妮 110 頁，弗里茲・皮爾斯 112~117 頁，卡爾・羅傑斯 130~137 頁，亞伯拉罕・馬斯洛 138~139 頁，羅洛・梅 141 頁。

藝術家的創造力鼓勵他們用全新的方式來詮釋世界。世界上最享有盛譽的藝術家一般都是離經叛道的。

理性讓我們意識到自己和所愛的人必死的命運。這種領悟造成了慢性的緊張感和無法忍受的孤獨感，這是我們一直在試圖克服的東西；人的內在狀態是焦慮和絕望。不過弗洛姆堅稱，希望是存在的，因為人能夠通過尋找目標來克服孤獨感和疏離感。

雖然我們努力想要成為自由的、獨一無二的個體，但是我們仍然感到需要融入他人，並且為了試着平衡這些需要，我們可以簡單地去服從一個羣體或權威。弗洛姆說，這是一種誤導；發現自我的獨立感以及自己的個人觀點和價值觀系統是至關重要的，不應迎合慣例或權威。如果我們選擇了對他人和集體負責，那麼我們就疏遠了自己，而我們的人生目的是通過相信我們個人的獨特性、發現我們自己的思想和能力以及尋找我們和其他人的差別來定義自己。人的主要任務是讓自己重生，這樣才能從困惑、孤獨和冷漠中解脫出來。

創造力與愛

弗洛姆相信，我們尋找整體感的唯一方法就是發現我們的個體感，追隨自己的想法和感情以及創造性靈感能夠讓我們達成心願，因為「創造力呼喚我們求實的勇氣」。

另一種擺脱孤獨感的方法是來自愛的能力。弗洛姆關於愛的觀點與當時世界上盛行的觀點大不相同。在弗洛姆看來，愛既不是一種情緒，也不依賴於尋找愛的對象，它是人際間一種富有創造性的能力，一個人必須真正成為另一個人的人格的一部分。他說：「它是一種態度，是一個人的使命，決定了人與整個世界的關係。」

對於人與人之間的愛，弗洛姆說，主要的原則是關心、責任感、尊重和了解 —— 客觀地了解彼此真正想要的和需要的。只有尊重我們和他人之間的獨立性和獨特性，愛才成為可能；這就是我們培養創造性的人際交往能力的方法。愛要求將其他人看作個體來尊重，它的基礎是獨立自主，而不是捆綁在一起的人格。在我們對交往和統一性的苛求中，我們試着去愛，但是我們的人際關係卻時常處於失衡的狀態。我們以為我們正在被愛，但是事實上，我們可能只是在尋找另一種形式的服從。我們説「我愛你」的真正意思是「在你身上我看到了我」「我將要成為你」或者「我將佔有你」。在愛中，我們試圖甩掉自己的獨特性，或者從其他人身上偷走它。我們渴望「融為一體」，在他人身上看到我們自己，同時也人為地將我們的特質強加在其他人身上。

弗洛姆說，愛的唯一方法是隨心所欲地愛，讓他人做真正的自

四種非生產型人格

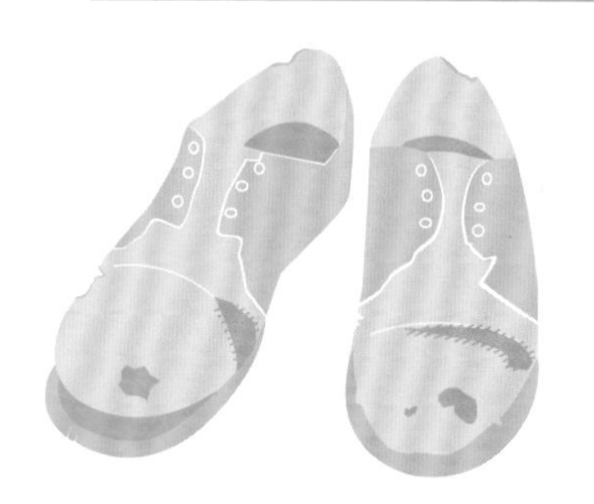

承受型，別無選擇，只能接受他們的角色，從來不為了改變或改善而抗爭。

剝削型，具有攻擊性和自我中心性，其做出的行為往往帶有強迫性和欺騙性。

囤積型，為維護自己所擁有的東西而戰，並且始終尋求得到更多。

交易型，甚麼都「賣」，尤其是自己的形象。

己；尊重他人的不同觀點、愛好和信仰。愛不是去發現一個人適不適合另一個人，也不是尋求完美「配對」。愛是「在保持我們自我的獨立性與完整性的條件下，與自身之外的某人或某事結合」。

許多人花費了大量的時間和金錢用於打造自己認為最值得被接納的自我，極度渴望被愛和被需要。這是徒勞的，因為只有一個人擁有強烈的自我感，能夠牢牢地確立自己對世界的理解，才有能力真正自由地愛他人。那些傾向於等待接受愛而不是給予愛的人將成為失敗者；他們還會以其他的方式尋求建立「伸手接受」的關係，總是期盼着被給予甚麼——物質或非物質的——而不是去給予。這些人相信所有好東西都來自外界，他們永遠覺得自己有需求，卻從來得不到滿足。

「了解自己」是人類獲得力量與幸福的基本要求。

——埃里克・弗洛姆

人格類型

弗洛姆將一些人格類型稱為「非生產型」，因為這些類型會讓人逃避真正的行為責任，阻礙生產和個人成長。四種主要的非生產型是承受型、剝削型、囤積型和交易型，每一種都有正負兩面。第五種類型，戀屍型，是完全負面的；而第六種人格類型是生產型人格，是弗洛姆的理想型。在現實中，我們的人格一般是四種主要類型的混合體。

「承受」意味着活得很被動，默默承受着各種管控。這樣的人是追隨者而不是領導者；事情壓制着他們，而不是他們做事情。這是一種受害者的立場，但是從積極的一面講，可以得到很多的捐助和接納。弗洛姆將這種類型比作歷史上的農民階級和外來勞工。

「剝削」意味着從別人那裏索取來滿足自己，剝削型的人獲取他們所需要的東西並不是用賺取或創造的方式。他們極富自信並具有強烈的主動性。這種類型可看作上層社會的貴族，通過剝削廣大人民羣眾的財富來填滿自己的口袋。

「囤積者」總是在尋找地位高的朋友，並且根據價值大小來給他們排序。渴求權力和吝嗇的他們是實用主義者，腦子裏打着小算盤。從歷史上說，他們是中產階級或資產階級，崛起於經濟大蕭條時期。

最後一種主要類型是「交易型」。這樣的人執迷於自己的形象，以及如何成功地宣傳和賣出自己。每一種選擇都要進行評估，根據衣着、座駕等所反映出來的地位把自己「嫁入豪門」。往壞的方面說，他們是機會主義者，投機取巧、膚淺不堪；往好的方面說，他們富有激情、目標明確、精力充沛。這種類型最能代表現代社會，這個佔有慾和自我意識不斷膨脹的社會。

最消極的人格類型，即戀屍型，只尋求毀滅。戀屍型的人強烈地害怕人生無序和不可控的本質，熱衷於談論疾病和死亡，渴望建立「法律和秩序」。他們傾向於給他人強加固化的目標。在現代社會中，這樣的人是悲觀主義者，他們永遠只看到半個空杯子，而不是半杯水。

弗洛姆提出的最後一種人格類型，是生產型，通過靈活性、學習和社交能力真誠地尋找人生合理的解決之道。為了成為世界中的一員並擺脱孤獨感，生產型的人用理性和開放的心靈與世界互動，願意接受新的事實，改變他們的想法。生產型的人能夠真正愛上另一個人，不是把他當作戰利品或避風港。弗洛姆稱這樣的勇者為「不戴面具的人」。

弗洛姆的工作具有獨創的視角，吸收了心理學、社會學和政治學的思想，特別受到了卡爾·馬克思的影響。他的作品有着主流的受眾，影響了學術界以外的廣大民眾——主要因為他堅持思想自由。他被認為是人本主義心理學當之無愧的先驅。■

人生原本就有着內在的動力，它趨向於成長、表達和生存。

——埃里克·弗洛姆

希特勒對死亡和毀滅的執迷說明他是典型的弗洛姆所說的戀屍型人格，渴望擁有控制感並建立秩序。

埃里克·弗洛姆

埃里克·弗洛姆的父母是純正的猶太人，他是家中唯一的孩子，他在德國的法蘭克福長大。作為一個有思想的年輕人，他起初受到了猶太法典《塔木德經》的影響，但是隨後他開始對卡爾·馬克思和社會主義理論以及佛洛伊德的精神分析感興趣。為了理解他在第一次世界大戰中所目睹的戰爭和敵意，他研究了法學和社會學（達到了博士水平），之後才接受精神分析訓練。1933 年納粹在德國掌權之後，弗洛姆遷居瑞士，後來又搬到紐約，在那裏他開始了精神分析實踐並在哥倫比亞大學教書。

弗洛姆結過三次婚，20 世紀 30 年代還與凱倫·霍妮有過一段浪漫的感情。1951 年，他離開美國來到墨西哥教書，11 年後回來成為紐約大學精神病學教授。79 歲時，他在瑞士去世。

主要作品

1941 年 《自由的恐懼》
1947 年 《為自己的人》
1956 年 《愛的藝術》

美好的人生是一種過程，而不是一種存在狀態

卡爾・羅傑斯（1902－1987年）

背景介紹

聚焦

個人中心的治療

此前

20 世紀 20 年代 奧地利精神分析學家奧托・蘭克提出，拋棄過氣的思想、情緒和行為對心理成長和發展至關重要。

20 世紀 50 年代 亞伯拉罕・馬斯洛說，人不能被視為症狀的集合，而應首先被視為人。

此後

20 世紀 60 年代 弗里茲・皮爾斯關於外化他人的期望來找到真實自我的觀點大行其道。

2004 年 美國人本主義心理學家克拉克・莫斯塔卡斯提出人類的人生所獨有的要素是希望、愛、自我、創造力、個性和可塑性。

從19 世紀到 20 世紀早期，許多心理治療取向的基本出發點都是心理疾病是需要被治療的病態缺陷。例如，流行的精神分析理論將心理不健康的人稱為「精神病」。心理疾病似乎被人用負面的眼光來看待，並且那時候大多數心理實踐與理論對心理疾病的成因有着嚴格的結構化的定義和解釋，並且用固定的方法去治療。

美國心理學家卡爾・羅傑斯（Carl Rogers）以不同尋常的方式來看待心理健康，這種做法永遠地開拓了心理治療的方向。他認為那個時代的哲學觀太過刻板和嚴格，而人類的經驗在某種程度上講是動態的，人性過於複雜，所以不能簡單地進行分類。

實現心理健康

羅傑斯認為，將心理健康看作一種特定的固化的狀態是荒謬的；良好的心理狀態並非一下子到達的一系列台階的盡頭。心理健康不是像精神分析學家所說的那樣，因為個體先前緊張的精神病狀態是通過生物驅動力和衝動得到了滿足而獲得的；也不是像行為主義者主張的那樣，在特殊設計的程序下培養和發展出來的一種內穩態或內平衡，以此來減輕外部世界對自我的干擾。

羅傑斯不相信處於缺陷狀態的任何人需要為了達到更好的狀態而被定格，他更偏向於將人類的經驗、我們的心靈和環境看作活生生的和不斷成長變化的。他提到「有機體的體驗是不斷前行的過程」—— 生命是即時即刻變化着的；生命存在於每刻的體驗中。

在羅傑斯看來，健康的自我概念不是一成不變的，而是流動變化着的，有着無限的可能性。羅傑斯相信真實、自由、流暢的健康人類

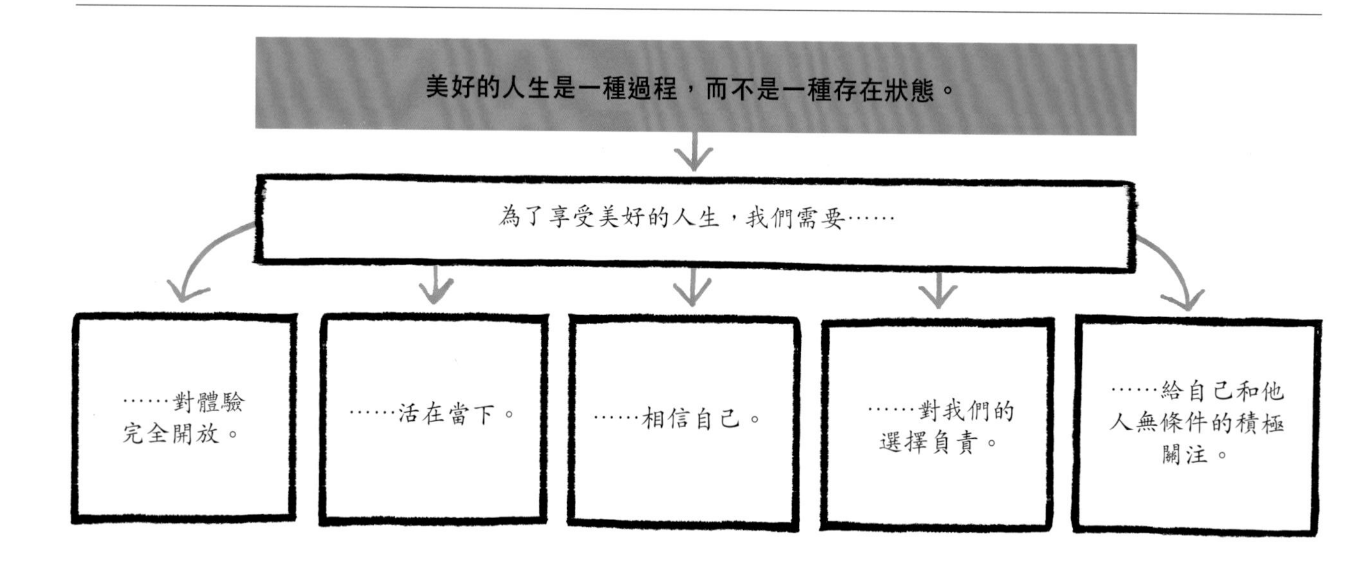

參見：弗里茲・皮爾斯 112~117 頁，埃里克・弗洛姆 124~129 頁，亞伯拉罕・馬斯洛 138~139 頁，羅洛・梅 141 頁，多蘿西・朵約 154 頁，馬丁・沙利文 200~201 頁。

羅傑斯斷言，人生不像迷宮只有一條通路，而是有着各種可能性，有着不同的通路，但是人們經常不能夠或不願意看到它們。為了享受到「美好的人生」，我們需要對生活帶給我們的東西保持靈活性和開放性，全心體驗每時每刻。

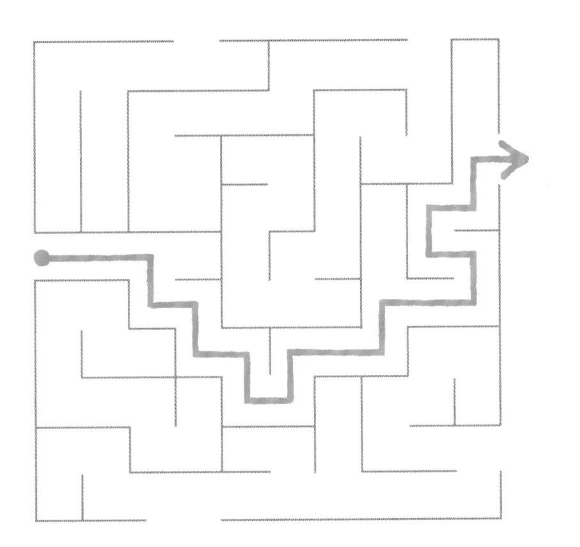

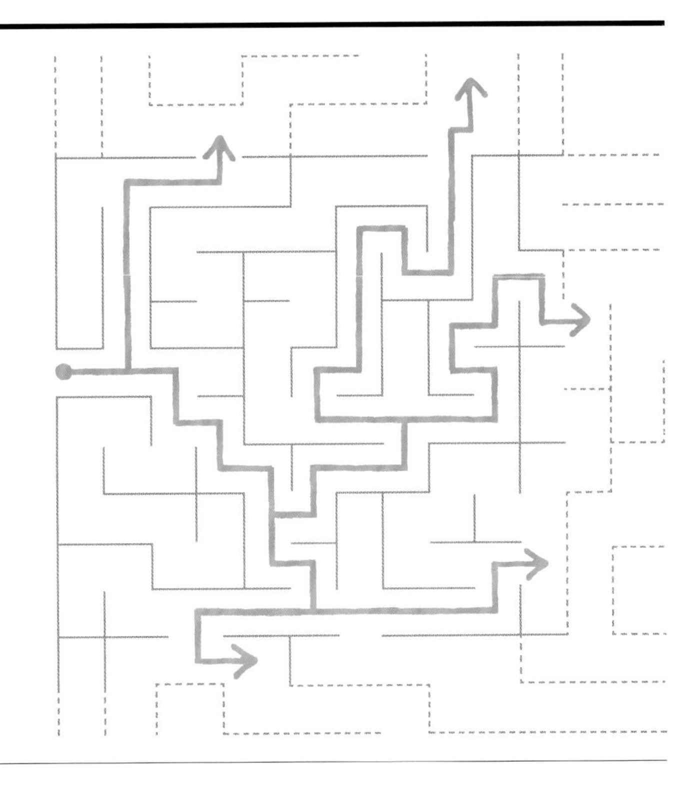

體驗沒有任何限制。人類並非如同為人本主義心理學家的馬斯洛所説的，在奔往以「調整」和「實現」為終點的路上。羅傑斯稱，存在的目的甚至不是為了達到任何終點，因為存在是一段至死沒有終點、一直在成長和發現的過程中的旅程。

擁有「美好人生」

羅傑斯用「美好人生」來指代完全融入人生的溪流中的人的性格、態度和行為。其中一個關鍵的要素是完全活在當下的能力。因為自我和人格都處於人的經驗之外，所以每時每刻保持開放並讓經驗塑造自我是至關重要的。個體生活在不斷變化的環境中，但是這種變化過於頻繁又趨於簡單，所以人們否認這種易變性，並取而代之地架設了想當然的結構。然後，他們又試圖打造自己以及對現實的看法來適應他們所創造的結構。這種存在的方法與羅傑斯所認為的流動、變化的自我結構，即我們存在的本質，是背道而馳的。

世界是甚麼樣的，或者應該是甚麼樣的，以及我們自己在其中所扮演甚麼角色，對這些問題的回答為我們的世界設定了限制，降低了我們活在當下並對經驗開放的能力。羅傑斯相信，過上美好的人生並保持對經驗的開放，我們就不會感到束手束腳。

下一刻我會是甚麼樣子，我會做甚麼，隨時間而變，並且不可預測。

——卡爾・羅傑斯

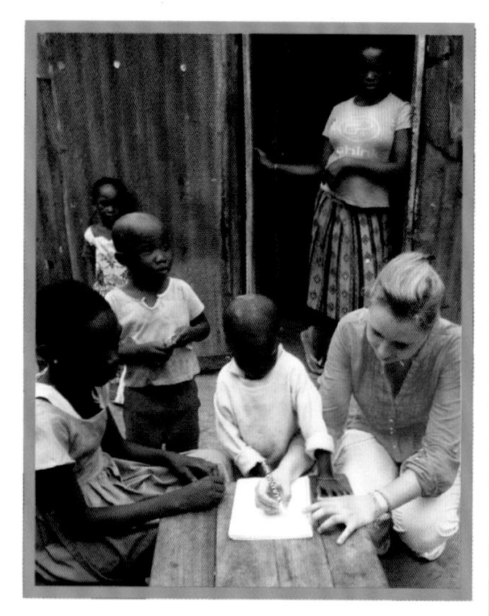

幫助發展中國家可能是對新經驗保持開放的一種很好的方法，它可以挑戰對世界的固有觀念，發現更多的自我。

在羅傑斯看來，我們不應將我們的經驗納入自我感覺的成見中。如果我們秉持着事物應該是甚麼樣子的，而不是接受它們真實的樣子，我們就可能將自己的需要感知為「不協調」或不匹配的。

如果世界不是「我們想要的那樣」，而我們又覺得無法改變自己的觀點，那麼披着「防禦」外衣的衝突就產生了。羅傑斯解釋說，防禦是指無意識地運用策略來阻止問題刺激進入意識的傾向。我們或者否認（阻斷）或者扭曲（重新解釋）真實發生的事情，特別是為了維持我們先前的觀點而拒絕接受現實。這樣做之後，我們就否認了自己全部的潛在反應、感受和想法，我們也將大量觀點看作錯誤的或不合適的。防禦性的感受和想法源自現實與我們狹隘地人為解釋經驗的先前觀念之間產生的衝突。為了真正踐行羅傑斯所說的「有機體的體驗是不斷前行的過程」，我們需要完全對新的經驗開放，絲毫不帶防禦性。

情緒譜

羅傑斯認為，調節我們的情緒譜可以讓我們對人生的每個部分有更深層和豐富的體驗。我們或許以為自己能夠選擇性地阻斷情緒，抑制令人困擾或不舒服的情感，但是當我們壓抑自己的情緒時，我們不可避免地會調低所有的情緒，阻止自己通達全部的本性。從另一個角度講，如果我們允許自己更舒服地與情緒相處，包括那些我們認為消極的情緒，那麼積極情感的流量會更大；似乎允許我們自己感受痛苦，也就允許我們更多地感受到快樂。

自我和人格從經驗中來，而不是通過預置的自我結構來解釋經驗。

——卡爾・羅傑斯

羅傑斯說，如果我們總是對發生的每一件事保持開放，那麼我們

以固定的眼光看待世界通常會導致不幸福。我們就像「一個有着各種形狀的洞的正方體」，總是因為我們的人生並非我們所期待的那樣而感到受挫。羅傑斯認為我們應該拋棄預置的觀念，看看世界本來的面目。

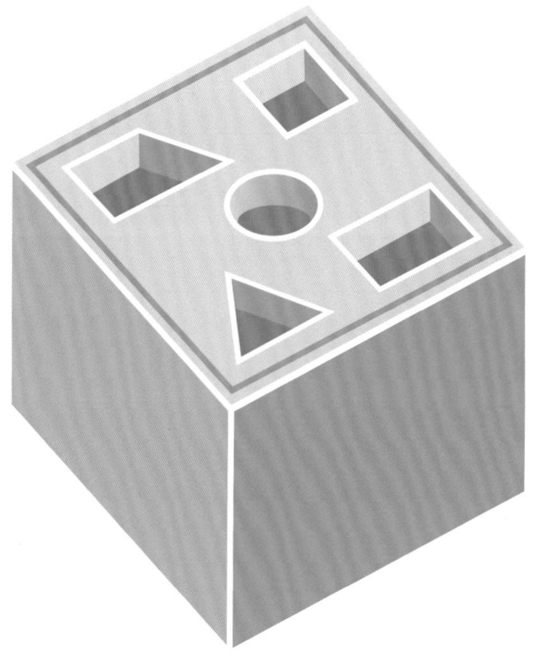

就擁有完全的行為能力，反過來我們就能夠從經驗中獲得最大的滿足。我們沒必要為了防禦而封鎖自我的任何部分，所以我們能夠全心體驗每一件事物。一旦我們擺脫了心靈的預置結構，我們就能夠讓自己自由翱翔。我們不是組裝經驗以適應我們對世界的看法，而是要去「發現經驗的結構」。

羅傑斯說，這種開放性不適合膽小鬼；它需要個體擁有一定的勇氣。我們不需要害怕任何情感，他說，我們需要的只是迎接認知和經驗的洪流。全面通達我們的經驗後，我們每個人都更能夠找到真正適合真實自我的道路——這就是羅傑斯所說的，我們將變成全功能個體。我們一直在成長，並且羅傑斯強調人們成長的方向——可以自由向任何方向發展——通常是最適合他們的方向。

無條件接納

與心理治療領域的先行者相比，羅傑斯相信人性本善；並且心理和情緒健康才是人類的根本。這些觀念是積極看待病人和絕對無條件接納的基礎。羅傑斯要求他的病人學着同樣對待自己和他人。這種觀點的基礎是同情心和對每個人的潛能的認可，這就是著名的「無條件積極關注」。羅傑斯認為所有人，不僅是他的病人，都需要以此方式看待自己、看待他人和環境。

無條件的自我接納和無條件的接納他人至關重要，如果做不到這樣，人們就無法對經驗開放。羅傑斯堅信我們中的許多人都有非常嚴格、苛刻的條條框框，只有滿足它們，我們才會表示贊同和接納。我們也以自我價值為基礎並根據成就或外表來評價他人，並不接受人們本來的面目。

父母可能無意間教會孩子只有達到特定要求時才是值得愛的，例如當他們吃蔬菜或物理成績拿A時才表揚和獎勵他們，但是這使得他們不能開放地愛自己。羅傑斯稱這些要求為「價值條件」，他認為這種要求人或事物符合我們武斷期望的傾向會給我們極大的傷害。

羅傑斯說個體生來就是有價值的。接納絕不應該是有條件的，無條件的積極關注是我們擁有「美好人生」的關鍵。

隨着人們越來越接納自己，他們也變得對他人越來越有耐心。接納緩解了以錯誤觀點來衡量我們的價值所產生的壓力。我們能夠開始認識到，我們每個人都是不斷進步的；我們每個人都在改變的進程中，就如同羅傑斯在他的著作《生

在行動或情境上有條件的愛，例如要在學校取得A的成績，或吃適當的食物，會讓兒童感到自己沒有價值和不被接受。

他人的觀點和我們自己的觀點都不如我們的經驗真實。

——卡爾・羅傑斯

人類有一種重要的價值，無論他被如何評價和定義，他都首先是一個人。

——卡爾・羅傑斯

而為人》中所說的那樣：我們都處於一種永恆的「存在狀態」。自我接納程度越高，不健康的壓力和批評越少，這樣我們才能真正成為高效能的人。

相信自己

為了擁有「美好人生」，就要像羅傑斯認為的那樣，學會相信自己。羅傑斯發現，隨着一個人不斷開放自我，他同時也提高了相信自己的能力，能夠更加自如地憑本能行事。不需要壓抑自己的任何部分，他就更有能力協調自我的每個部分。這使得他能夠通達各種觀點和感覺，反過來他也能更好地衡量所面臨的選擇，並真正意識到自己的潛能。他能更清楚地看到真實自我所期望的方向，並做出真正符合自己需要的選擇。不再受應該做甚麼的支配，也不受社會或父母想要他做甚麼而擾，他可以更輕鬆地活在當下，並真正意識到自己真正想要的東西。現在，他能夠相信自己，「不是因為他是絕對正確的，而是因為他可以完全承受自己每一個行動的後果，如果不令人滿意也可以修正它們」，羅傑斯解釋道。

擁有「美好人生」後，我們還能感到擁有自己的生命，並對自己有了責任感——這是羅傑斯哲學的另一個原則，來自存在主義觀點。我們選擇想甚麼、做甚麼是我們的責任；當我們真正確認自己想要甚麼、需要甚麼時，心中絕無怨恨，並且會一步步去實現。同時，我們也有更大的義務和傾向去開拓我們的人生。我們常會聽說，某位醫生痛恨醫學，卻因為父母說當醫生受人尊敬和讚譽——來自父母和社會——而走上了這條職業道路。然而相對的，對輟學或掛科學生的評價明顯低於自立自強努力賺錢請家教的學生。

他人影響我們對自己的要求和界定的方式是非常複雜的。當我們按照其他人而非自己的期望行事時，我們可以將怨恨深深地埋藏在

卡爾・羅傑斯

卡爾・羅傑斯出生在美國伊利諾伊州奧克帕克的一個虔誠的新教徒家庭，在上大學之前他在家庭之外幾乎沒有甚麼朋友。起初，羅傑斯的專業是農業，在與他的青梅竹馬海倫・艾略特結婚後，他於 1924 年參加了一個神學研討會，隨後便開始學習心理學。羅傑斯效力於俄亥俄、芝加哥和維斯康星的多所大學，提出了基於人本主義心理學的以個人為中心的療法。他還為勞軍聯合組織服務過，為第二次世界大戰期間返回的官兵們治療。1964 年，美國人本主義學會為他頒發了「年度人本主義學家」獎，他將人生的最後十年都獻給了世界和平。他於 1987 年獲得了諾貝爾獎。

主要作品

1942 年 《心理諮詢與心理治療》
1951 年 《以受輔者為中心的治療》
1961 年 《生而為人》

教孩子學騎自行車需要鼓勵和支持，但是最後孩子必須勇敢地相信自己。羅傑斯將個人中心的治療法以此類推。

心裏。如果我們的行動不受外界影響，我們就能夠感到對自己的命運有更加真實和穩固的控制感，滿意之感也油然而生。

個人中心的取向

羅傑斯的哲學成為一種被稱為人本主義心理學的新取向的基石，這種取向是他在 20 世紀 50 年代與馬斯洛和羅洛・梅共同開創的。它積極地看待人性，認為人基本上都是健康的並且有能力成長和認識到自己的潛能。這種取向與當時其他主要的心理治療法截然不同，例如，精神分析和行為主義都關注於個體的病理學以及如何進行修復。

起初，羅傑斯稱這種取向為「以受輔者為中心」，隨後又改為「以人為中心」，除了臨床工作，對教育、育兒、商業和其他領域也都產生了巨大的影響。對於以個人中心的治療法，羅傑斯描述其為「非指導性療法」，治療師是幫助受輔者找到自己的答案的推動者，因為只有受輔者才最了解自己。在以個人中心的療法中，由受輔者確認自己的問題以及治療的方向。例如，來訪者可能不希望治療師死盯着他的童年，而是想要處理正在面對的工作上的問題，這時治療師可以幫助他找到他真正想要扮演的角色。羅傑斯將這個過程描述為「支持性的，而非重塑性的」；來訪者不一定非得回答治療師的問題，但是必須學習如何變得更有自我意識和更相信自己，才能獨立擁有「美好人生」。

羅傑斯的後續影響

羅傑斯是 20 世紀最有影響力的心理治療師之一，他的以受輔者為本、非指導性治療法成為心理治療發展的轉折點。他推動了 20 世紀 60 年代哲學思想的碰撞，鼓勵人與人之間開放性的交流。他的影響力從專業的心理諮詢界延伸到教育學和社會工作等多個領域，是嘗試通過更有效的交流解決人際衝突的先驅。■

美好人生意味着將自己全身心投入生命的洪流中。

——卡爾・羅傑斯

一個人能成為甚麼，就一定能成為甚麼

亞伯拉罕・馬斯洛（1908－1970 年）

背景介紹

聚焦

人本主義

此前

20 世紀 20 年代 阿德勒稱，在我們所有行為和經驗背後只有一種推動力量，那就是追求完美。

1935 年 亨利・莫里研製主觀統覺測驗，用於測量人格和動機。

此後

20 世紀 50 年代 肯特・戈德斯坦將自我實現定義為有機體個人能力實現的傾向以及可能性，他還說自我實現的驅動力是決定個體一生的唯一驅動力。

1974 年 弗里茲・皮爾斯說每一種有生命的事物都「只有一個內在目標，即實現自我」。

縱觀有記載的歷史，「我們為甚麼在這裏」以及「我們人生的目的是甚麼」一直是個疑問。這些問題之下是「到底甚麼能讓我們真正滿意」以及如何找到它。精神分析學家可能會說，內在生物驅動力的實現就可以令人滿意，而行為主義可能會強調滿足食物、睡眠和性的生理需要的重要性，但是 20 世紀早期到中期心理治療的思想新浪潮認為通向內心滿足的路徑要複雜得多。

這種新取向的主要支持者是亞伯拉罕・馬斯洛（Abraham Maslow），他是心理學人本主義運動的奠基人之一。他通過對我們最重要的東西來檢視人類的經驗：愛、希望、真誠、精神、個性和存在。他的理論中最重要的方面是為了使意識狀態高度發展並發揮最大潛能，個體必須發現和追求自己人生的真正意義。馬斯洛稱存在的終極狀態為自我實現。

為了自我實現

馬斯洛用高度結構化的方式解釋了人類動機的軌跡——為了達到自我實現的目標，人類的需要分為若干層次。他著名的需要層次理論可以用一個金字塔來描繪，最底層是最基本的需要，向上的每一層都是其他基本需要。

馬斯洛的需要層次可分為兩個部分：最初級的四個層次為「匱乏需要」，這些需要不能得到滿足的話就無法達成「成長需要」在智力層面上更大的滿足。匱乏需要是簡單而基本的；它們包括生存必需品（如食物、水和睡眠）、安全需要（渴求安全，遠離危險）、愛和歸屬需要（我們需要他人的親近和接納）以及自尊需要（我們需要實現我們的人生並得到認可）。

在更高的層次上，成長需要是指求知需要（知道和理解的需要）、審美需要（渴望秩序和美的需要）和終極的關於人生意義的兩種需

參見：阿爾弗雷德·阿德勒 100~101 頁，埃里克·弗洛姆 124~129 頁，卡爾·羅傑斯 130~137 頁，羅洛·梅 141 頁，馬丁·沙利文 200~201 頁。

需要層次

馬斯洛的需要層次列出了他在成功人士身上觀察到的特徵，它們是分層次呈現的。

層次	內容	類別
自我超越	幫助他人，與我們之外的事物有關	成長需要
自我實現	發揮個人潛能	成長需要
審美	秩序、美、系統	成長需要
求知	知道、理解	成長需要
自尊	成就、認可、尊重、勝任	匱乏需要
愛與歸屬	接納、友誼、親密、人際關係	匱乏需要
安全	安全感、穩定、健康、居所、金錢、職業	匱乏需要
生理	空氣、食物、飲品、睡眠、溫暖、運動	匱乏需要

要，即精神和心理上的滿足：自我實現和自我超越。自我實現是對自我滿足的需求，而自我超越是超越自己的需要，與高於我們自身的事物有關或者幫助其他人發揮他們的潛能。

馬斯洛還提出，我們每個人都有着適合自己的獨一無二的個人目的，我們正在尋找和追求其中一些目的的實現。如果一個人所做的事情不合適，那麼他所有其他的需要也無法滿足，他會終生感到焦躁不安和不滿足。我們每個人必須發現自己的潛能，找尋讓自己滿足的體驗——「一個人能成為甚麼，就一定能成為甚麼」，馬斯洛説。■

亞伯拉罕·馬斯洛

亞伯拉罕·馬斯洛生於紐約的布魯克林區，是七個孩子中的老大。他的父母是從俄國移民到美國的猶太人。他們對馬斯洛抱有很高的期望，強迫他學習法律，直到 1928 年馬斯洛決定自己掌控人生，開始鑽研心理學時才擺脱了父母的束縛。同年，他違抗父母之命迎娶了自己的表妹貝莎·古德曼，並生了兩個孩子。

馬斯洛轉入威斯康星大學並在研究靈長類的著名行為心理學家哈洛手下工作。後來，馬斯洛在哥倫比亞大學找到了一位導師，他就是精神分析學家、佛洛伊德的前同事阿德勒。

主要作品

1943 年 《人類動機理論》
1954 年 《動機與人格》
1962 年 《存在心理學》

找到了痛苦的意義，就不再痛苦

維克多·弗蘭克爾（1905－1997 年）

背景介紹

聚焦

意義治療

此前

公元前 600–公元前 500 年 印度的釋迦牟尼說，痛苦是由慾望產生的，減輕痛苦的方法就是減少慾望。

公元前 458 年 古希臘劇作家埃斯庫羅斯提出了「智慧來源於痛苦」的觀點。

此後

20 世紀 50 年代 法國存在主義哲學家讓–保羅·薩特說我們的人生沒有甚麼上帝賦予的目的，我們必須自己去尋找。

2003 年 塞利格曼說「圓滿的人生」包含快樂、投入（心流體驗）和意義。

2007 年 美國心理學家丹·吉爾伯特解釋說，人感到不幸福是因為他們「打開的方式不對」。

1942 年，維也納精神病學家維克多·弗蘭克爾（Viktor Frankl）和他的妻兒被關入集中營時，他已經在專門研究自殺預防和抑鬱治療了。在那裏，他度過了三年的時間，經受了無數恐懼和痛苦，最終成為當時集中營裏唯一的倖存者。之後，弗蘭克爾寫就了《追尋人生的意義》，他在書中解釋道，人類擁有兩種心理力量，這兩種力量讓我們能夠忍受痛苦和可能的毀滅情境並不斷前行；它們是做決定的能力和思想的自由。弗蘭克爾強調，我們不受環境或事件的支配，因為我們主導着自己成為甚麼樣的人。根據我們對事件的解釋，就算是痛苦也可以顯得有所不同。

一個在這個世界上一無所有的人依然能夠獲得快樂。

——維克多·弗蘭克爾

弗蘭克爾引用了他的一個病人的例子，這個病人因為思念去世的妻子而痛苦不堪。弗蘭克爾問他，如果當初是他先死去會怎麼樣，病人回答說他妻子的反應可能會截然不同。弗蘭克爾指出病人因他的妻子而悲傷，但是體驗到悲傷的只有他自己。當賦予痛苦以意義時，痛苦就變得能夠忍受了；「找到了痛苦的意義，就不再痛苦了」。

弗蘭克爾認為，從某種程度上說，意義是我們「發現的，而不是創造的」，我們必須自己發現它。我們通過生活，特別是愛、創造和我們選擇看待事物的方式來尋找意義。■

參見：羅洛·梅 141 頁，伯里斯·西魯爾尼克 152~153 頁，馬丁·沙利文 200~201 頁。

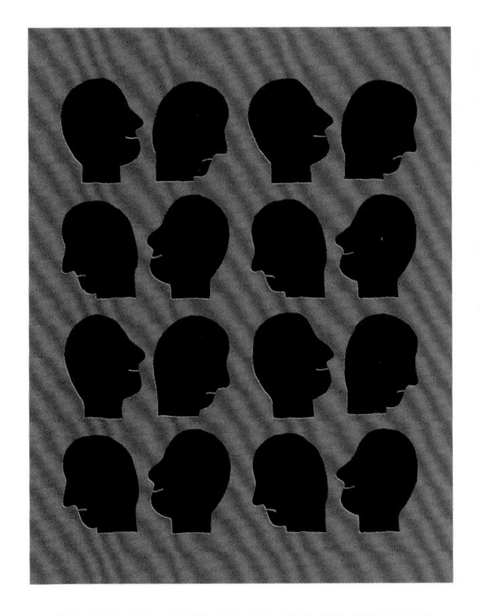

不經歷痛苦，不生而為人

羅洛・梅（1909－1994 年）

背景介紹

聚焦

存在主義心理治療

此前

1841 年 齊克果稱，人們誤解了基督教的觀念，並且濫用科學去錯誤地抵禦內部存在的焦慮。

1942 年 瑞士醫生賓斯格萬在《人類存在的現實及其基本形式》中將存在主義哲學與心理治療結合起來。

1942 年 人本主義心理學的先驅卡爾・羅傑斯出版《心理諮詢與治療》。

此後

1980 年 歐文・亞隆在《存在主義心理治療》中提出，人生有四件最為人們所關心的事情：死亡、自由、孤獨和無意義。

在19 世紀中葉，海德格爾、尼采和齊克果等哲學家挑戰社會教條並要求人們放開思想去完全理解人類的經驗，這場運動現在被稱為「存在主義」。自由意志、個人責任感和如何解釋我們的經驗等是存在主義學家最感興趣的問題，他們想要知道人類存在的意義到底是甚麼。

心理學家羅洛・梅（Rollo May）的《焦慮的意義》（1950）第一次將這種以人為本的哲學取向引入心理學，因此羅洛・梅通常被後人成為存在主義心理學之父。

存在主義取向

羅洛・梅將人生看作人類經驗的集合，痛苦是人生的普通成分，而非病態的標誌。不言而喻，作為人類，我們傾向於追求讓我們感到舒適的經驗。我們享受着熟悉的環境，喜歡能讓心理和生理感覺保持平衡和放鬆狀態的經驗。然而，這種傾嚮導致我們將經驗標記為「好的」或「壞的」，依據僅僅是它們所帶來的快樂或不適的水平。羅洛・梅說，這樣做對我們是有百害而無一利的，因為如果我們把這些自己正在抵抗的東西視為人生的自然組成部分，那麼我們的人生就會得到無限的成長和發展。

羅洛・梅提出了一種類似於佛教思想的方法，在人生中，我們要平等地接受所有形式的經驗，而不是逃避或否認那些我們判斷為不舒服或不愉快的經驗。我們還需要接受「消極」感受，而不是逃避或壓抑它們。他說，痛苦和悲傷並不是病態；它們是人生的本質和核心，它們非常重要，因為它們促使我們得到心靈的成長。■

參見：索倫・齊克果 26~27 頁，阿爾弗雷德・阿德勒 100~101 頁，卡爾・羅傑斯 130~137 頁，亞伯拉罕・馬斯洛 138~139 頁，維克多・弗蘭克爾 140 頁，伯里斯・西魯爾尼克 152~153 頁。

合理的信念產生健康的情緒結果

阿爾伯特・艾利斯（1913－2007 年）

背景介紹

聚焦

理性情緒行為療法

此前

1927 年 阿爾弗雷德・阿德勒說，一個人的行為源於他的想法。

20 世紀 40 年代 隨着完形治療的興起，知覺在認識現實中的作用被重視起來。

1950 年 凱倫・霍妮提出我們要逃離「應該的暴政」。

此後

20 世紀 60 年代 艾倫・貝克說，抑鬱是不現實地、消極地看待世界的結果。

1980 年 美國精神病學家大衛・伯恩斯將過早下結論、全或無思維、總認為對、過度泛化和小題大做歸位認知歪曲。

古希臘哲學家埃皮克提圖在公元 80 年就宣稱：「人不是被事物所擾，而是被他們對事物的看法所擾。」這一理念是理性情緒行為療法（REBT）的基礎，該療法於 1955 年由阿爾伯特・艾利斯博士提出，他認為經驗不是產生特定情緒反映的原因；個體的信念系統才是產生這些反應的源頭。

20 世紀 40 年代至 50 年代，艾利斯一直從事精神分析師的工作，他逐漸認識到他的許多病人對自己及家人有所成見，而他們的病症也

參見：阿爾弗雷德・阿德勒 100~101 頁，凱倫・霍妮 110 頁，埃里克・弗洛姆 124~129 頁，卡爾・羅傑斯 130~137 頁，艾倫・貝克 174~177 頁，馬丁・沙利文 200~201 頁。

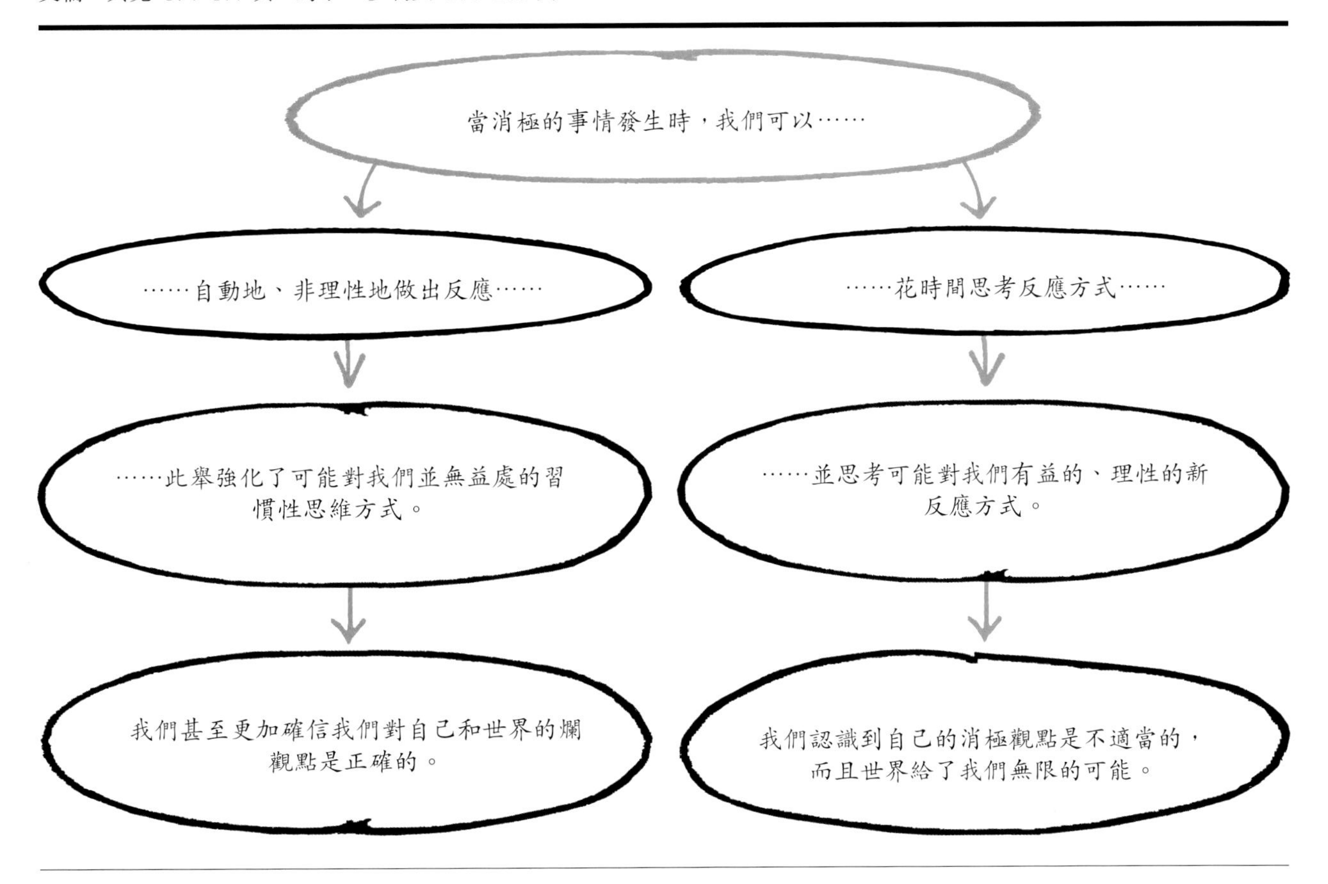

無法痊癒。似乎一個問題解決了，病人就會再擺出一個問題。艾利斯斷定，問題的根源在於人們思考的方式（他們的認知），需要改變的正是這裏。

非理性思維

艾利斯開始推介他的理性治療方法，因為他相信大多數長期存在的情緒問題幾乎都與非理性思維有關。他說最常見的不理智就是對事物下極端的結論，特別是消極事物。例如，如果一個具有非理性思維的男人丟了工作，對他來說那不僅僅是倒霉，而是天塌地裂。他相信因為自己被解僱了，所以自己就是一無是處的，並且他也不可能再找到其他的工作了。艾利斯說，非理性信念是毫無邏輯、充滿極端性、破壞性而且是自我傷害的，因為它們會導致不健康的情緒後果。

理性思維能帶來相反的結果。艾利斯認為理性思維對自我是有幫助的。理性思維的基礎是忍耐力和承受痛苦的能力，並且不會假設災難性的消極後果，它是植根於積極人類潛能的。這不是說對消極因素視而不見，只看好的、積極的事情——理性思維承認悲傷、內疚和受挫等情感的合理性。理性思維者也可能會丟工作；甚至丟工作完全是因為他自己的錯誤，但是他知道自己並不是毫無價值的。他可能會感到煩惱，但是他知道還有得到其他工作的可能。理性思維是和諧的，總是給樂觀和可能性留出空間；它帶來的是健康的情緒結果。

艾利斯的非理性思維的觀點是受到霍妮的「應該的暴政」觀點的

人和事都不會困擾我們。是我們自己困擾自己，因為我們相信它們會困擾我們。

——阿爾伯特・艾利斯

影響——認為事物應該與本來面目不同的一種成見。調停這些思想和現實的鬥爭不但痛苦而且永無止境。從另一個角度來說，理性思維的主旨是接納；有時事情的發生不如人所願，但卻不可避免，理性思維能夠維持心理平衡。

條件反應

我們習慣於自己對人和事的反應，以至於這些反應看起來是自動發生的；我們的反應變得與事件本身不可分割。然而，艾利斯的目的是教會人們認識到事件對情緒有影響，但不起直接決定作用。我們的情緒反應依賴於我們對事物的解釋，這是由理性或非理性思維所控制的。

從字面上看，理性情緒行為療法涉及的既有情緒反應（認知過程），也有行為。兩者之間的關係有兩種方向：有可能是通過改變你的行為來改變你的想法，也有可能是通過改變你的想法來改變你的行為。艾利斯認為改變一個人的思想的方法就是有能力認清和阻止非理性信念，並用理性思維挑戰它們。

挑戰信念

在理性情緒行為療法的治療過程中，人們會被要求思考對於自己和自己的人生地位是否有壓倒一切的信念，以及這些信念與非理性反應之間的關係。這個過程稱為「辯論」。例如，有些人認為「真正可以依靠的人只有我自己」或「我命中注定要孤獨終老」。在治療中，人們被鼓勵着去探尋自己的過去，尋找這些信念系統中的理性元素。有的人正經歷着人際關係的破裂，可能會產生他們會「孤獨終老」或「沒人愛」的錯覺。理性情緒行為

如果一個人在愛情中受挫，他可能會感到傷心和被拒絕。然而，感受到這些情緒和讓它們變成一種信念系統之間是有區別的。

阿爾伯特・艾利斯

阿爾伯特・艾利斯生於美國賓夕法尼亞州的匹茲堡。他的父親經常公出，母親又有雙重障礙，艾利斯時常要照顧三個年幼的弟妹。艾利斯開始做生意，後來又當作家，直到 1942 年他寫了一篇關於性的文章，並開始在哥倫比亞大學學習臨床心理學。起初，艾利斯受佛洛伊德、阿德勒和弗洛姆的影響從事精神分析。但是，他的理性治療脱離了精神分析理論，被認為偏向於認知行為療法。他是美國最有影響的心理學家之一。他寫了 70 多部書，並且直到 93 歲去世之前仍堅持寫作和教學。

主要作品

1957 年 《如何與神經症患者共同生活》
1961 年 《理性生活指南》
1962 年 《心理治療中的理智與情感》
1998 年 《理想的老年生活》

療法鼓勵人們接受喪失或孤獨的痛苦，並且理性地評估導致喪失的因素；但是不鼓勵認為事情發生過一兩次就意味着總會發生，這樣是不可能快樂的。

非理性思維的一個缺點就是固執己見，為甚麼呢？舉例來說，想着「我身上從來沒發生過好事」，就沒有絲毫動機去尋找發生好事情的機會。非理性思維者認為好事是不可能的，於是放棄尋找。同時，也會對發生的好事情視而不見。許多人會表達這樣的觀點：「不，我試過了，我知道好事情從來沒發生過」，以此為他們的信念系統辯解和強化。

非理性思維就是「非黑即白」；它阻止一個人認清事物的全部可能性。如果一種有缺陷的信念系統總是引導我們消極地解釋情境，那麼它就會阻止積極經驗的產生。雖然俗話說「眼見為實」，但事實是我們相信甚麼就會看到甚麼。

建構主義理論

理性情緒行為療法屬於建構主義理論範疇，雖然我們的喜好受到文化和環境的影響，但是我們能夠建構自己的信念和現實。作為一種治療法，它試圖揭露人們死板和絕對化的思維、情感和行動；幫助他們看清自己如何「作繭自縛」。它指出如何思考和選擇更健康的方式；如何內化和習慣新的、更有益的信念。這樣做之後，治療師就沒用了——一旦來訪者能夠在決策中更有自我意識，更謹慎地做出（不同的）選擇，就不再需要治療師了。

積極治療法

艾利斯的治療法挑戰了精神分析漫長的療程，開創了一種認知行為治療形式，這種治療取向盛行至今。他用積極直接的治療取代了長期消極的精神分析，他將工作和權力交到了來訪者手上——這是羅傑斯所預見的方法。艾利斯還強調光有理論是不夠的，「你必須行動，行動，再行動」，他說。理性情緒行為療法成為20世紀七八十年代最流行的治療法之一，極大地影響了貝克的工作，貝克稱艾利斯為一位「探索者、改革者、治療師、理論家和師長」。■

生命最好的時光就是那些你自己做決定……感到自己掌控自己命運的日子。

——阿爾伯特·艾利斯

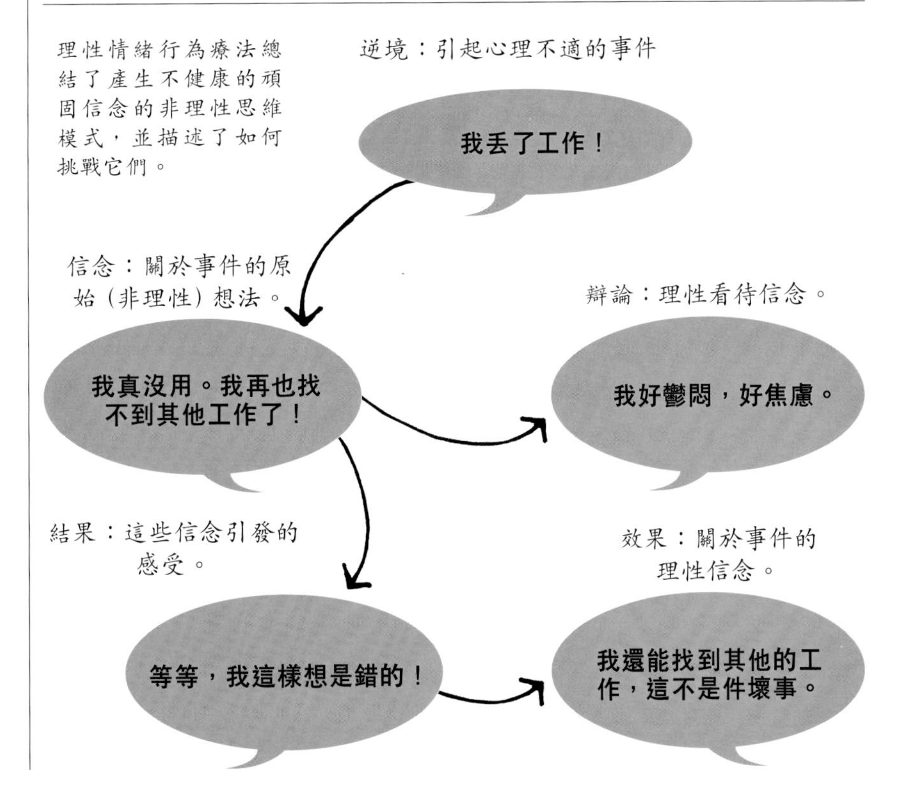

家庭是塑造人的「工廠」

弗吉尼亞・薩提亞（1916－1988 年）

背景介紹

聚焦

家庭治療

此前

1942 年 卡爾・羅傑斯出版《心理諮詢與治療》，強調心理健康治療中尊重和非批判態度的作用。

此後

1953 年 美國精神病學家哈利・斯塔克・沙利文出版《精神病學的人際理論》，認為人是環境的產物。

1965 年 阿根廷裔精神病學家薩爾瓦多・米紐秦將家庭治療法成功應用於費城兒童指導中心。

1980 年 意大利精神病學家帕拉佐利和她的同事們發表關於米蘭系統家庭治療的文章。

我們學會了以特定的方式對我們的家庭成員做出反應。

↓

這些反應塑造了我們所扮演的角色，特別是壓力情境下。

↓

這種角色可能會顛覆我們真實的自我並且伴隨我們直到成年。

↓

家庭是塑造人的「工廠」。

一個人在「原生家庭」（長大的家庭）中的角色在長大成人之後也能找到痕跡。美國心理學家弗吉尼亞・薩提亞（Virginia Satir）認識到原生家庭在塑造人格上的重要性，並考察了健康健全的家庭和不健全的家庭之間的差異。她尤其關注當家庭成員之間缺少健康的互動時人們為了補償改採用的角色。

健康的家庭生活在情感上應該是開放和互惠的，不吝惜表達相互之間的關心和愛。薩提亞比之前任何治療師都更強調同情、滋養的人際關係在發展健康心靈中的作用。

角色扮演

薩提亞認為，當家庭成員沒有能力開放地表達情緒和情感時，人格「角色」就會取代真實的自我。她提出家庭成員通常扮演五種角色，特別是在壓力情境下。它們分別是：永遠在挑錯和批評的家庭成

參見： 卡爾・羅傑斯 130~137 頁，利維・維高斯基 270 頁，布魯諾・貝特爾海姆 271 頁。

五種家庭角色

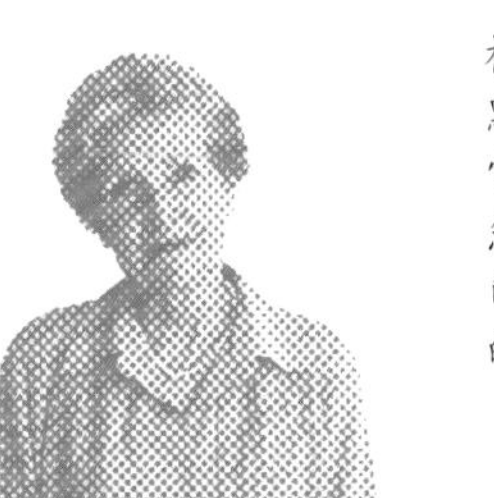
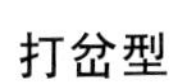

打岔型　電腦型　表裏一致型　指責型　討好型

根據薩提亞的觀點，家庭成員通常扮演着五種截然不同的人格角色，以掩蓋棘手的情緒問題。

員（「指責型」），無感情的理智者（「電腦型」），為了將注意力從情緒問題轉移走而搗亂的人（「打岔型」），總在道歉的討好者（「討好型」），以及開放、誠懇、直接的溝通者（「表裏一致型」）。

只有表裏一致型的人是健康和諧的，他們的內在情感和他們與其他家庭成員的交流相匹配。其他角色的採用者因為缺少自尊使他們害怕展示或分享他們的真實感受。討好型的人害怕被拒絕，責備型的人通過攻擊他人來隱藏自己一無是處的感覺，電腦型的人靠理智來拒絕承認他們的情感，打岔型的人——通常是家庭中年齡最小的成員——認為只有他們看起來可愛和無辜時才會被人愛。

這些被人們改採用的角色也能使家庭運轉，但是卻破壞了每個人做真實的自己的能力。薩提亞相信，為了摒棄這些錯誤的認同，無論孩子還是成人，我們都要將自我價值視為與生俱來的的權利。只有這樣才能向真實圓滿的存在前進。這個過程從恪守承諾開始，奔向直接、開放和真誠的交流。

基本的、積極的情緒交流需求是薩提亞的先鋒性工作的基礎。她相信愛與接納是對功能不全的家庭最重要的潛在治癒力。通過培養與來訪者之間親密、同情的關係，她鼓勵來訪者採用適當的溝通角色，並親自示範。■

因為知道如何治癒家庭，所以我知道如何治癒整個世界。

——弗吉尼亞・薩提亞

弗吉尼亞・薩提亞

弗吉尼亞・薩提亞出生在美國威斯康星州的一個農場，據説她在 6 歲的時候就下決心要成為「父母們的偵探」。一場大病讓她失聰了兩年的時間，這讓她對非言語交流的觀察更為敏鋭，對人類行為的洞察也尤為敏感。她的父親是個酒鬼，她能夠細緻地意識到童年時家庭成員之間的照顧、指責和取悦。

薩提亞取得了教師資格，但她的興趣是兒童的自尊問題，並以此方面的研究獲得了社會工作專業的碩士學位。她建立了美國第一家正式的家庭治療訓練中心，「薩提亞模式」至今仍對人格和組織心理學有着巨大的影響。

主要作品

1964 年 《聯合家庭治療》

1972 年 《家庭如何塑造人》

激發熱情，內向探索，脫離體制

蒂莫西・利里（1920－1996 年）

背景介紹

聚焦

實驗心理學

此前

19 世紀 90 年代 威廉・詹姆斯說，自我有四個層次：生物的、物質的、社會的和精神的。

1956 年 亞伯拉罕・馬斯洛強調「高峰體驗」在自我實現過程中的重要性。

此後

20 世紀 60 年代 英國精神病學家奧斯蒙德用「靈魂閃現」來形容服用致幻劑和迷幻藥產生的情緒效應。

1962 年 美國精神病學家和神學家沃爾特・潘科在「耶穌受難日實驗」中測試了迷幻劑是否能夠加深宗教體驗。

1972 年 美國心理學家羅伯特・奧恩斯坦在《意識心理學》中認為只有人類才能開啟無意識。

美國心理學家蒂莫西・利里（Timothy Leary）是 20 世紀 60 年代反文化運動的代表人物，他最響亮的口號就是「激發熱情，內向探索，脫離體制」。

然而，利里希望我們做這三件事的順序卻有所不同。他覺得社會受到了政治的污染，充斥着無聊乏味的社團，無法讓人找到真正所需的深層意義。他認為我們應該做的第一件事是「脫離體制」，也就是說我們應該擺脫人造的枷鎖，在思想和行動上依靠自己。不幸的是，「脫離體制」被誤解為教唆人們放棄努力，這從來不是他的本意。

其次，利里告訴我們要「激發熱情」，或者說深入我們的潛意識，並「找到回歸自己身體的路徑」。這不僅要求探索更深層的現實，而且要探索多層次的經驗和意識。哈佛大學教授利里認為藥物是做到這一點的方法之一，於是他開始做實驗研究致幻劑 LSD。

最後，為了「向內探索」，利里要求我們以新的視角回歸社會，尋找能夠反映我們的轉變的全新行為模式，並且教會其他人我們新發現的方法。■

利里對 20 世紀 60 年代的致幻劑運動起到了巨大的影響，他號召通過對無意識的探索，發現我們真正的情緒和需要，創造一個更好、更令人滿意的社會。

參見：威廉・詹姆斯 38~45 頁，亞伯拉罕・馬斯洛 138~139 頁。

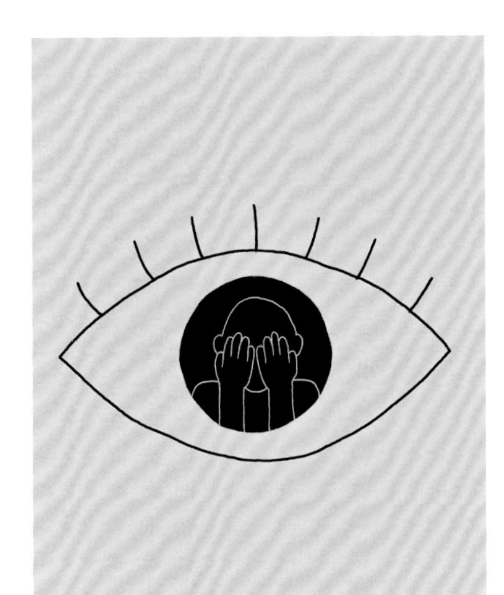

領悟可能會導致盲目

保羅・瓦茲拉威克（1921－2007年）

背景介紹

聚焦

短期治療

此前

19世紀80年代 心理動力學治療法出現了，它又稱為領悟療法，它關注一個人當前行為背後的無意識過程。

1938年 弗雷德里克・斯金納提出了「激進」行為主義，否認思維、知覺或其他任何不可見的情緒活動能夠觸發特定的行為。

此後

1958年 美國精神病學家里奧波德・貝拉克建立了短期治療診所，治療過程最多不超過五次面談。

1974年 美國心理治療師傑・哈利出版《不同尋常的治療法》，介紹了米爾頓・艾里克森的短期治療技術。

心理治療經常嚴重依賴於病人對自己、過去和行為進行深層的理解。這種做法的思想基礎是為了對抗情緒上的痛苦並改變行為，我們需要了解自身情緒模式根源何處。奧地利裔美國心理學家保羅・瓦茲拉威克（Paul Watzlawick）將這一過程稱為「領悟」。例如，一個人在愛人離世之後終日陷入悲傷之中，他突然認識到這種深深的被拋棄感是來自他小時候母親的不辭而別。但是，許多治療師都認為領悟並不是對抗情緒痛苦所必需的，並且一些人，如瓦茲拉威克，覺得這還可能使病人的狀況更加糟糕。

瓦茲拉威克的著名言論是，他無法想出一個人由於深刻理解自我而發生改變的例子。了解過去的事件有助於聚焦現在的問題這種觀念的基礎是線性的因果關係。瓦茲拉威克主張人類行為循環因果的觀點，認為人類傾向於重複相同的行動。

瓦茲拉威克提出，領悟甚至會導致盲目，不僅看不到真正的問題而且看不到潛在的解決辦法。他支持短期治療取向，這種取向為了快速取得效果而直擊特定的問題。但是他也感到，任何治療想要成功，都必須為病人提供一種支持性的人際關係。■

任何人都會感到快樂，但是讓自己感到不快樂是需要學習的。

——保羅・瓦茲拉威克

參見：B.F. 斯金納 78~85頁，伊麗莎白・洛夫特斯 202~207頁，米爾頓・艾里克森 336頁。

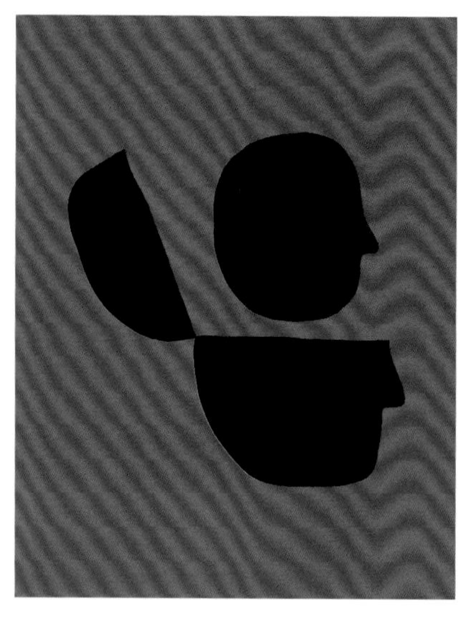

瘋狂不需要被全盤瓦解，它或許可以被突破

R.D. 萊恩（1927—1989 年）

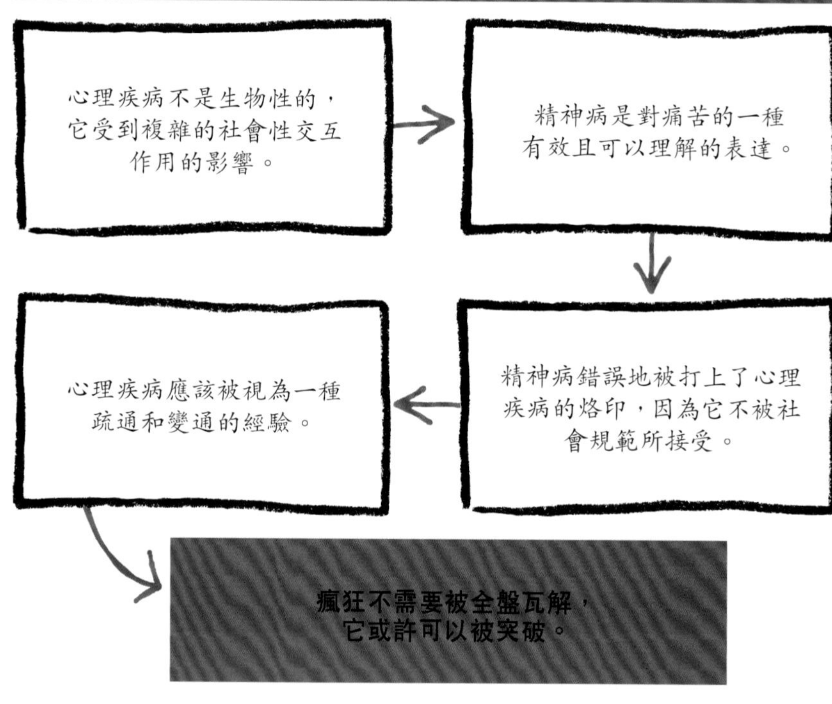

背景介紹

聚焦

反精神病學

此前

1908 年 瑞士精神病學家尤金·布魯勒用「精神分裂症」來形容心理功能的分裂。

1911 年 佛洛伊德提出，精神分裂症是純心理問題，雖然它不能由精神分析來治癒。

1943 年 法國哲學家讓-保羅·薩特提出了真實自我與虛假自我之間的區別。

1956 年 英國社會科學家格雷戈里·貝特森將所有可能的解決辦法都會導致消極結果時產生情緒困擾的情況稱為「進退兩難」。

此後

1978 年 CT 腦掃描技術揭示出慢性精神分裂症與非精神分裂症之間的生理差異。

19世紀末期，世人開始接受心理疾病只是在心靈痛苦的程度上與正常人不同的觀點。佛洛伊德提出，神經症和正常人沒甚麼不一樣，任何人都可能在極端的環境下向心理困擾低頭。在這種背景之下，萊恩（R.D.Laing）成為了新文化潮流的引領者。

生物與行為

和佛洛伊德一樣，萊恩向精神病學的基本價值觀提出了挑戰，他拒絕將心理疾病看作一種生物現象，並且強調社會、文化和家庭對

參見：埃米爾・克雷佩林 31 頁，西格蒙德・佛洛伊德 92~99 頁，
大衛・羅森漢 328~329 頁。

塑造人的重要影響。雖然他從來沒有否認心理疾病糟糕的現實，但是他的觀點與廣為接受的精神病的醫學基礎和慣例完全相反。

萊恩的工作引起了對精神病診斷有效性的質疑，因為診斷心理障礙的過程並不遵循傳統的醫學模式。醫生診斷生理疾病時利用的是檢查和測驗，而精神病診斷靠的卻是行為。根據萊恩的觀點，基於行為表現來診斷心理疾病還有一個內在的問題，那就是用生物性的藥物來治療。如果診斷是基於行為的，那麼治療理所應當是針對行為的。他還認為藥物阻礙了思考的能力，同時也干擾了真正恢復的自然過程。

莎士比亞的《李爾王》是一個典型的例子，一個男人因艱難的環境而瘋掉。在萊恩的眼中，李爾王的瘋癲是試圖回歸他本真、健康的狀態。

關於精神分裂症

萊恩的主要工作集中在理解和治療精神分裂症——一種嚴重的心理障礙，特徵是嚴重的心理功能紊亂，以及向普通人解釋它。他說，精神分裂症不是天生的，它是對難以生存的環境的可理解的反應。他借用了社會科學家貝特森的「進退兩難」理論，即一個人面臨着衝突的前景，並且每一種行動都會導致消極的結果，從而導致極度的心理不適。

疾病是一種突破

萊恩革命性地看待異常行為，並且視精神分裂症為痛苦的有效表達。他認為，精神病發作表達了對關注的渴望，這種宣洩性和變通性的經驗能夠產生重要的個人領悟。萊恩同意這種表達是難以理解的，但是他解釋說，那僅僅是因為他們被只有自己才能理解的個人符號包裹起來。萊恩的不吃藥心理治療法以專注和共情的心來傾聽和理解病人的符號系統。其中的理念是，人類原本是健康的，所謂的心理疾病只是為了回歸健康狀態。■

R.D. 萊恩

萊恩出生在蘇格蘭的格拉斯哥。在格拉斯哥大學學習醫學後，他成為英國軍隊的精神病醫師，並對治療心理障礙產生了興趣。隨後他在英國倫敦的泰維斯托克診所接受訓練。1965 年，萊恩和一羣同事創立了費城協會，並在倫敦的 Kingsley hall 開始了一個激進的精神病項目，在那裏，病人和治療師統統住在一起。

萊恩晚年的怪異行為和精神上的執着令他聲名掃地。因為他無法找到可以替代傳統藥物治療的行之有效的方法，所以他的觀點不被一般的精神病治療機構所接受。然而，他對反精神病運動的，特別是對家庭治療的，仍然有着長期且不可忽視的影響。1989 年，他因心臟病發作而去世。

主要作品

1960 年 《分裂的自我》
1961 年 《自我與他人》
1964 年 《理智、瘋狂與家庭》
1967 年 《體驗政治學》

我們的過去不決定我們的命運

伯里斯・西魯爾尼克（1937 年－ ）

背景介紹

聚焦

積極心理學

此前

20 世紀 20 年代 佛洛伊德說，早期創傷會給嬰兒的大腦帶來消極的影響，並且這種消極的影響可以超越任何遺傳的、社會的或心理的復原因素。

1955–1995 年 心理學家艾美・維爾納的縱向研究追蹤受創傷的兒童直至他們成年，發現三分之一的人有能力復原。

1988 年 約翰・鮑爾比號召研究復原力。

此後

2007 年 英國政府開始在學校推行英國復原力計劃。

2012 年 美國心理學會啟動了對心理復原力的研究項目。

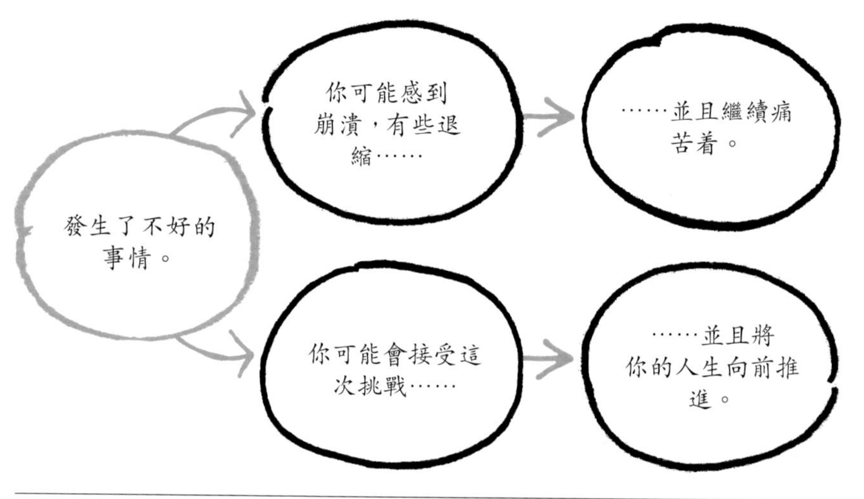

當災難發生時，有的人不堪一擊。他們無法啟動應對機制，陷入深深的抑鬱或消沉中，有時還會感到絕望並且一蹶不振。他們可能完全沉浸在災難和痛苦的夢魘、鏡頭的回放和焦慮感的包圍中。然而，有人的表現卻完全不同。

伯里斯・西魯爾尼克（Boris Cyrulnik）對這些反應因何不同而感興趣。為了找到為甚麼有的人如此深受影響，而有的人卻似乎能夠「迅速振作」，於是他投身於心理復原力的研究。

西魯爾尼克發現，復原力並不是一個人與生俱來的品質，但是卻可以通過自然的過程建立起來。他說：「單獨來講，兒童是沒有復原力的……復原力是一種交互作用，是一種關係。」我們通過發展人際關係來建立復原力。通過我們的言語和情感，我們一刻不停地在與他人和環境的互動中編織自己。我們

參見：西格蒙德・佛洛伊德 92~99 頁，約翰・鮑爾比 274~277 頁，夏洛特・比勒 336 頁，喬治・凱利 337 頁，傑羅姆・卡根 339 頁。

海嘯這樣的災難過後，心理學家親眼目睹了具有復原力的社區的形成，它的特徵是居民們下決心戰勝困境。

可能會覺得只要拆開一針，整個問題都會迎刃而解。事實上，「就算只有一針還連着，我們可能就要重新來過」。

積極情緒和幽默感是復原力的關鍵。西魯爾尼克的研究顯示，能夠更好地應對生活中的困難或災難的人也能夠在艱難中找到意義，將之視為有用的和有啟發的經驗，甚至找到大笑的理由。具有復原力的人總是能夠看到事物有可能轉向好的未來，即便現實是殘忍的。

迎接挑戰

過去人們似乎覺得復原力強的人可能更加冷血，但是西魯爾尼克相信，復原力強的人感受到的痛苦並不比其他人少；關鍵在於他們如何選擇去對待。痛苦可能會持續，甚至會貫穿一生，但是對這些人來說，這是他們決心面對的挑戰。挑戰是為了戰勝已經發生的事情，為了更加強大地闊步向前。如果兒童得到適當的支持，他們就有能力從創傷中完全恢復過來。西魯爾尼克表示，人類的腦是具有可塑性的，只要條件允許就能夠恢復。創傷兒童的大腦表現出腦室和皮質的萎縮，但是對於創傷後得到良好支持和關愛的兒童來說，MRI 掃描發現大腦在一年之內就能夠恢復正常。

西魯爾尼克強調，重要的是不要給遭受創傷的孩子貼上標籤，這樣會無意中給他們明顯無望的未來。創傷由兩個部分組成：傷害和傷害的表徵。通常，大多數兒童的創傷後傷害來自於成人對事件的羞辱性解釋。他說，貼標籤比經驗本身更具有傷害性和侮辱性。■

復原力是一個人面對可怕的難題時的成長能力。

——伯里斯・西魯爾尼克

伯里斯・西魯爾尼克

伯里斯・西魯爾尼克在第二次世界大戰即將爆發之前，降生在法國波爾多的一個基督教家庭。1944 年，維奇政權控制了由德國佔領的法國南部，他的家遭到了襲擊，他的父母被帶到了奧斯維辛集中營。在此之前，他的父母為了他的安全已經把他寄養到了別的地方，但是收留他的人卻為了小小的獎賞而出賣了他。在等待轉移到集中營的時候，他成功逃脱，並得到了一家農場的照料，在那工作到 10 歲。他在法國長大成人，身邊沒有任何親人。西魯爾尼克很大程度上靠着自學成才最終進入巴黎大學學習醫學。他意識到他想要重新評價自己的人生，於是他開始學習精神分析，隨後又學習了神經精神病學。他把他的職業生涯全部奉獻給了創傷兒童研究。

主要作品

1992 年 《意義的序曲》
2004 年 《鬼的低語》
2009 年 《復原力》

只有好人才會抑鬱

多蘿西・羅伊（1930 年－ ）

背景介紹

聚焦

個人建構理論

此前

20 世紀 40 年代 完形治療法問世，提出了知覺影響意義的觀點。

1955 年 喬治・凱利出版《個人建構心理學》，闡述了每個人對於世界和世界上的人都有一系列建構的理論。

1960 年 心理學家和統計學家漢密爾頓編制了漢密爾頓抑鬱量表（HAM-D），這是臨床上用來測量抑鬱的工具。

此後

1980 年 心理學家梅爾文・勒納出版《公正世界的信念：基本的幻覺》，解釋了為甚麼我們會錯誤地相信人們得到了他們應得的東西。

如果人們不再為生活中發生的事情而責備自己，那麼抑鬱的發生率就會急劇降低。這句話是多蘿西・羅伊（Dorothy Rowe）成功治療心理問題的基礎。一般情況下，我們從小就被教育世界是公平和理性的；如果我們好，那麼好事就會發生在我們身上。但是如果我們好事情就好，那麼反過來如果事情不好會説明我們怎樣呢？所謂「公平世界」即好人得到獎賞，壞人受到懲罰，我們對「公平世界」的信念使我們在壞事發生時一味責備自己。

當我們以某種方式遭遇不好的事情時，我們會問：「為甚麼這件事會發生在我身上？」人們回顧過去想看看他們做了甚麼事導致了當下的處境，即便是遭遇了自然災害仍是如此。當壞事情發生時，就會不理智地產生自責、內疚、無助和羞愧感，這些都可能導致抑鬱。

羅伊解釋説，我們創造和選擇自己的信念。一旦理解了這一點，我們就能拋棄公平世界的觀點，更加理性地思考消極的經驗。我們可能遭受過父母的打罵、被老闆炒魷魚甚至被捲進龍捲風，但這些事情的發生並非因為我們是掃帚星，也並非因為我們就應該被這樣對待。為了從這些打擊中恢復過來，我們需要停止把事情都攬到個人頭上，要將事情外化，要認識到有時候壞事情只是湊巧發生而已。■

要想將自然的悲傷轉化為抑鬱，你所要做的就是用降臨在你頭上的災難而使勁責備自己。

——多蘿西・羅伊

參見：弗里茲・皮爾斯 112~117 頁，卡爾・羅傑斯 130~137 頁，阿爾伯特・艾利斯 142~145 頁，梅爾文・勒納 242~243 頁，喬治・凱利 337 頁。

陷入沉默的父親們

蓋伊・科爾諾（1951－2017 年）

背景介紹

聚焦

男性心理學

此前

20 世紀初 佛洛伊德學派的分析師描述了依狄匹斯情結，即兒子與他們的父親有着天生的競爭關係。

20 世紀 50 年代 法國精神分析師拉岡認為兒子視父親為法律的體現。

此後

1991 年 美國作家羅伯特・勃萊在《鐵約翰：一本關於男人的書》中說，父親無法給予他們的兒子成為男人所需要的東西，他們需要喚醒內心的「野性」。

20 世紀 90 年代 美國作家道格拉斯・吉列和羅伯特・摩爾出版了五本書來探討榮格的原型和男性心理。

在法國裔加拿大精神分析師蓋伊・科爾諾（Guy Corneau）於 1991 年出版《缺席的父親，迷失的兒子》之前，心理學界很少關注男人之間的情感交流。科爾諾的書探究了不同代男人之間親密交流的困難。他記錄了他在和自己的父親進行情感交流時做過的嘗試：伸出手，尋求支持，但是得到的只有沉默。

父親和兒子之間的交流通常以沉默為特徵。當兒子渴望認可和表揚時，父親不情願給出兒子所渴望的東西。

拒絕讚賞

科爾諾認為在男人身上發生的事情都是類似的，他們通常都無法給自己的兒子其所渴望的表揚、愛或認可。根據科爾諾的觀點，當兒子體驗到這種沉默時，他可能更加努力，也可能退縮，但是沉默仍然不可磨滅地印刻在他的心靈之中。這種現象可能源於男性本我的競爭性互動；一個男人對他的兒子表示讚賞可能某種程度上是對自己權力的退讓。從兒子的角度來講，如果太容易得到表揚，沒有一絲猶豫，那麼父親就不再值得討好了。在大多數社會形態中，似乎都有一種信念，那就是男人不能既強大又開放。

科爾諾說這種行為對男人沒甚麼好處。他們拒絕了向兒子展現關愛的機會，並且兒子被迫在無愛中前行。■

參見：西格蒙德・佛洛伊德 92~99 頁，卡爾・榮格 102~107 頁，雅克・拉岡 122~123 頁。

COGNITIVE PSYCHOLOGY
THE CALCULATING BRAIN

認知心理學
計算機般的腦

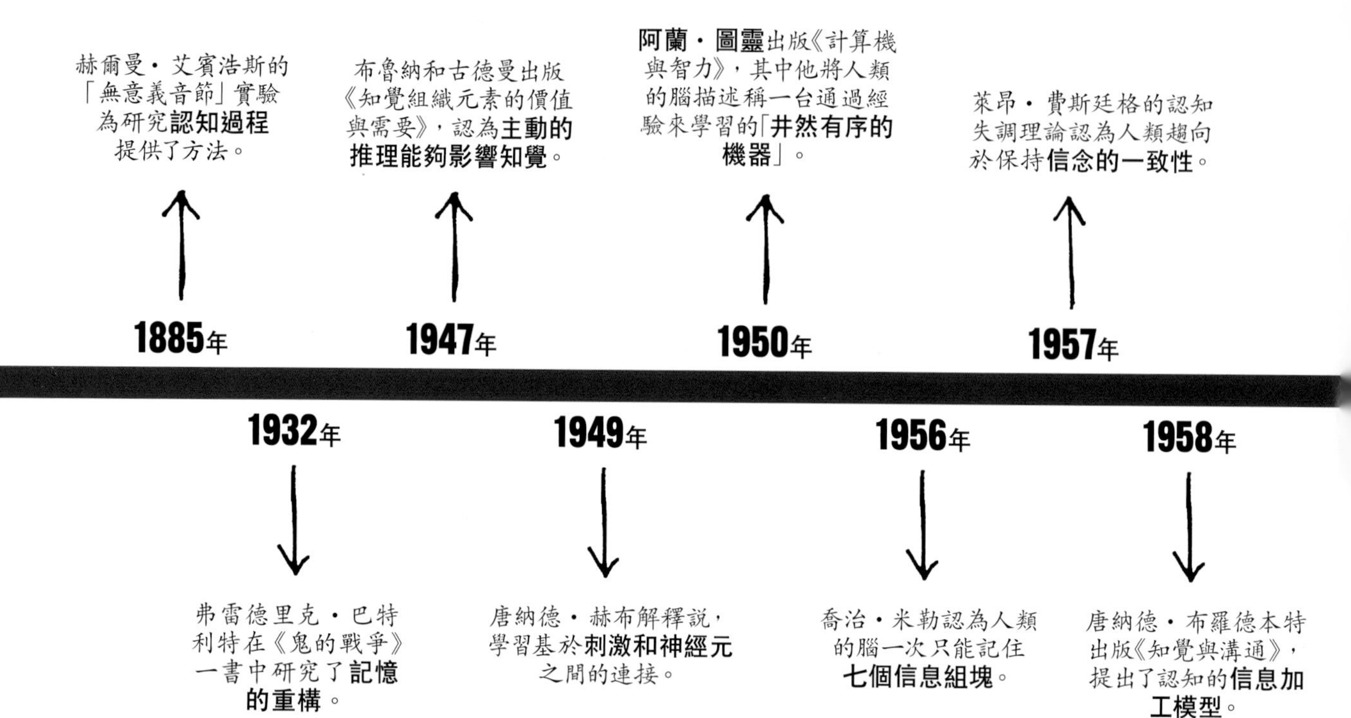

在《記憶的七宗罪》中，夏克特詳述了我們的記憶會發生錯誤的方式。20世紀上半葉，佔據統治地位的兩種心理學思潮是行為主義（關注於學習理論）和精神分析（關注於無意識和兒童早期發展）。前一個世紀的心理學家所關心的心理加工過程，如知覺、意識和記憶，大多被忽視了。

世事總有例外。英國心理學家巴特利特和俄國心理學家蔡加尼克在20世紀二三十年代都研究了記憶的過程，為此後認知心理學家的工作奠定了基礎。在德國，沃爾夫岡・科勒對問題解決和決策的研究可以算作完形心理學——德國一個關注知覺和知覺組織的思想學派——也可以算是認知心理學的先驅。

認知革命

最終打破平衡、使人們的研究興趣從行為轉移到心理加工過程的原因來自於心理學之外。通信和計算機技術的發展，以及第二次世界大戰期間崛起的新領域——人工智能引發的無限可能——帶來了認識人腦的新方法。心理加工過程，也稱為「認知加工」或「認知」，是行為主義不願也無法探查的，而現在心理學家有了研究的途徑。同時，神經科學的進步有助於更深層地理解腦和神經系統的功能。這使得心理學家們，如著名的赫布，能夠直接檢查心理加工過程，而不是僅僅通過觀察行為來推斷。

最早將信息加工類比於心理學的其中一人是巴特利特在劍橋大學的學生布羅德本特，他受到20世紀四五十年代計算機專家圖靈和通信專家科林・徹利的極大啟發。但是，重要的轉折發生在美國，在那裏行為主義因其局限性而廣受批判，於是20世紀50年代後期一場「認知革命」轟轟烈烈地爆發了。

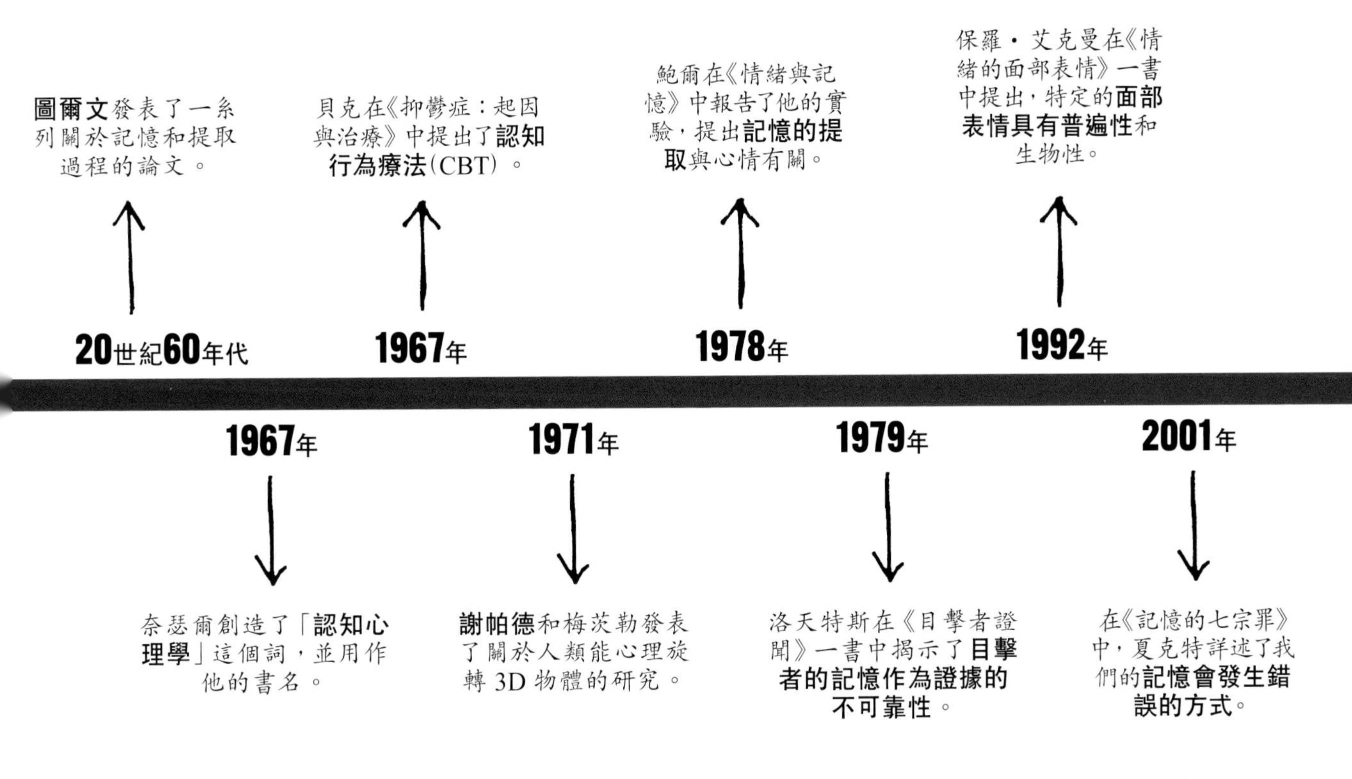

這場顛覆運動的先鋒是美國人喬治・米勒和布魯納，他們在 1960 年共同創建了哈佛大學認知研究中心。

新方向

米勒和布魯納的開創性工作促成了心理學研究取向的轉變。被行為主義者遺棄多年的領域，如記憶、知覺和情緒，都成了研究的核心。當布魯納將認知的概念融入現有的學習心理學和發展心理學理論時，米勒將信息加工模型應用於記憶，打開了人們的視野，使得記憶成為圖爾文、洛夫特斯、夏克特和鮑爾等認知心理學家的重要研究領域。完形心理學也重燃火焰：謝帕德重新檢驗了關於知覺的觀點，科勒在問題解決和決策方面的研究成為卡尼曼和特沃斯基的理論基石。另外，認知心理學家，如鮑爾和艾克曼，第一次科學地研究了情緒。

當然，並非只有行為主義理論遭到了顛覆，佛洛伊德的精神分析理論及其追隨者的日子也不好過。貝克發現認知心理學能夠提供更有效的治療方法，並且經得起客觀檢驗。認知療法備受推崇，隨後結合行為治療和冥想技術，很快成為一些障礙如抑鬱和焦慮的標準治療法，隨後掀起的積極心理學運動，提倡關注心理幸福感，而不僅僅是治療心理疾病。

21 世紀初，認知心理學仍然是這個學科的主流，並且對神經科學、教育學和經濟學都產生了不小的影響。它甚至還影響了天性和教養之爭；基於近年來在遺傳學和神經科學上的發現，進化心理學家如斯蒂文・平克提出，我們的思想和行動受制於我們的腦結構，它們和其他可遺傳的特徵一樣，服從於自然選擇的規律。■

直覺是一種動態的模式

沃爾夫岡・科勒（1887－1967 年）

背景介紹

聚焦

完形心理學

此前

1890 年 奧地利哲學家克里斯蒂安・馮・厄倫費爾在他的書《形狀的特質》中提出了完形的概念。

1912 年 韋特海默出版《運動知覺的實驗研究》，成為完形心理學的重要里程碑。

此後

20 世紀 20 年代 愛德華・托爾曼將完形與行為主義心理學結合在一起，形成了自己的目的行為主義（現稱認知行為主義）。

1935 年 德國完形心理學家卡爾・登克爾的《創造性思維心理學》介紹了關於問題解決和心理建構的實驗研究。

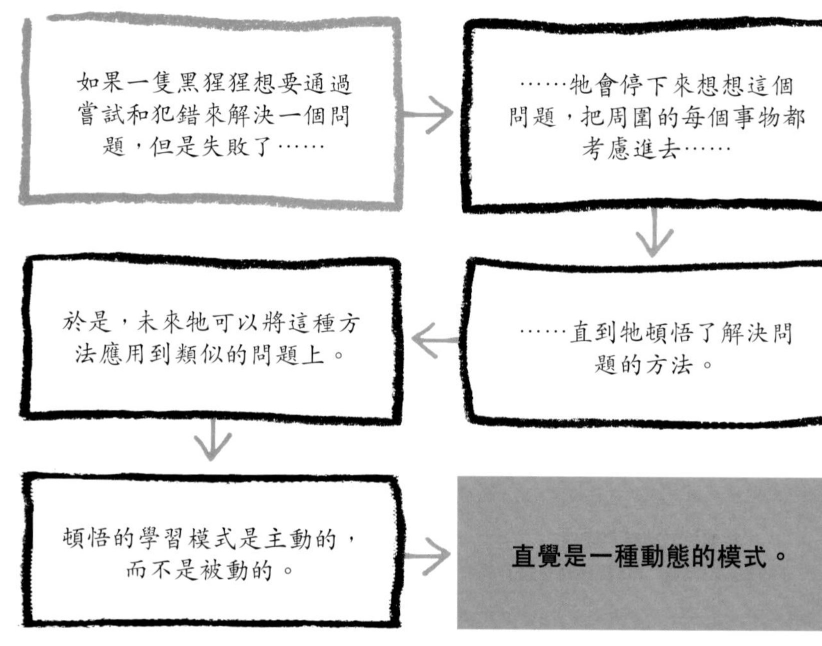

19世紀後期，一羣不同意當下流行思潮的德國心理學家發展出一種新的、科學的、整體性的取向，他們稱之為完形。沃爾夫岡・科勒（Wolfgang Köhler）、馬克斯・韋特海默和庫爾特・考夫卡共同掀起了這場新的運動，他們將完形解釋為「模式」，應用於他們的理論中時，即指「組織化的整體」。

完形心理學（不等同於完形治療，一種後期的發展）以知覺和學習這樣的概念為起點，認為認知應該從整體考慮，在研究時不需要調查各種組成部分。

科勒認為，心理學最大的分支行為主義太過簡單化了，並且忽視

參見：伊萬・巴甫洛夫 60~61 頁，愛德華・桑代克 62~65 頁，愛德華・托爾曼 72~73 頁，馬克斯・韋特海默 335 頁。

科勒研究的是猩猩如何解決問題。他發現在通過頓悟找到答案之前，它們確實能感知到若干可能的解決辦法。

了知覺的動態本質。巴甫洛夫和桑代克認為動物在簡單的刺激—反應制約作用下通過嘗試和犯錯來學習，但是科勒相信它們有頓悟的能力和智力。從 1913 年到 1920 年，他在擔任類人猿研究中心主任期間於特內里費島進行了測試，在研究中他讓黑猩猩應對各種各樣的問題解決任務。

頓悟學習

科勒觀察到的現象深化了他的信念，也證明了完形可以解釋問題解決和學習機制。當面對一個問題時，如得到很難夠到的食物，黑猩猩起初屢試屢敗，但是隨後也會停一停，並且顯然在做出下一次嘗試之前進行環境評估。這通常會涉及工具的使用，如用擺放在一旁的木棍或木箱來夠到食物。當接下來面對同樣的問題時，牠們立刻就能夠應用同樣的解決辦法。科勒得出結論，猩猩的行為表明，認知上的嘗試 – 錯誤過程是不符合實際的；牠們起初隨心所欲地去解決問題，並且只有在頓悟（「啊哈」的時刻）之後才能真正解出來。這與行為主義的觀點是相悖的，行為主義認為學習是對刺激的制約反應，並且通過獎勵來強化。猩猩通過理解問題來學習，而非通過獲得獎賞來學習。

這證明了科勒的行為動態模式以及知覺的組織性，證明了學習不是對獎賞的被動反應。頓悟學習模式（完形）—— 失敗、暫停、知覺、頓悟、嘗試 —— 是活躍而主動的；但是顯然沒有必要觀察猩猩每次的嘗試，因為不可能看到猩猩的知覺組織性。我們所謂的直覺，是對解決問題的自動化反應，受到頓悟學習過程的影響，其本身就是一種主動的、動態的模式。■

頓悟是指在考慮了環境中所有條件之後得出最終的解決方案。

——沃爾夫岡・科勒

沃爾夫岡・科勒

沃爾夫岡・科勒出生在愛沙尼亞，但是在他出生後家人很快搬回了原籍 —— 德國。他在柏林完成博士學位之前，在多所大學學習過。1909 年，他和考夫卡以及韋特海默一起在法蘭克福研究院做了關於知覺的實驗，奠定了完形心理學的基礎。

1913 年，科勒成為普魯士科學院特內里費島研究站的主任，他因第一次世界大戰而被困在那裏，直到 1920 年。回到柏林後，他擔任了心理學會主席，直到 1935 年，為了逃避納粹的迫害他移居美國。他在美國的多所大學教過書，1959 年還被選為美國心理學會主席。奈瑟爾稱讚他「不但是一個德高望重的人，而且是一個天才的創造性思維者」。

主要作品

1917 年 《猿的心理》
1929 年 《完形心理學》
1938 年 《在事實的世界裏價值的位置》

打斷任務極大程度上加深了對任務的記憶

布魯瑪・蔡加尼克（1901－1988 年）

背景介紹

聚焦

記憶研究

此前

1885 年 赫爾曼・艾賓浩斯出版他的代表作《記憶：對實驗心理學的一項貢獻》。

1890 年 威廉・詹姆斯在《心理學原理》中區分了初級（短時）記憶和次級（長時）記憶的不同。

此後

1956 年 喬治・米勒的《神奇數字 7±2》重新喚起了對記憶的研究興趣。

1966 年 傑羅姆・布魯納強調組織和分類在學習過程中的重要性。

1972 年 安道爾・圖爾文區分了情景記憶（特定的事件）和語義記憶（與事件或情境無關的現實信息）。

俄國心理學家布魯瑪・蔡加尼克（Bluma Zeigarnik）在柏林攻讀博士學位的時候，她的導師庫爾特・萊溫說他發現相比已經結賬的訂單內容，服務員更能夠記住沒有結賬的訂單內容。於是，蔡加尼克想要知道未完成的任務是否處於記憶的另一種狀態，因此能夠比已完成的任務記得更牢。她設計了一種實驗，在實驗中給參與者簡單的謎題或任務。其中有一半任務在進行中會被打斷。此後，當問及他們記住了多少時，很明顯他們記住了更多被打斷任務的細節，無論它們最終是否被完成。蔡加尼克推論這可能是因為沒完成的任務被記憶的方式不同，且更有效。

「蔡加尼克效應」最典型的例子是，相比已經結賬的訂單內容，服務員更能夠記住沒有結賬的訂單內容。

這個現象就是著名的「蔡加尼克效應」，它有着重要的啟示。蔡加尼克建議，學生（特別是兒童）在學習的過程中如果能夠經常休息一下，就能夠記住更多。但是她的觀點並沒有得到世人的關注，直到 20 世紀 50 年代，記憶才再度成為研究的熱點。從那時起，蔡加尼克的理論被認為是理解記憶的重要一步，並且在教育界、廣告界以及媒體領域得到了實際的應用。■

參見：赫爾曼・艾賓浩斯 48~49 頁，傑羅姆・布魯納 164~165 頁，喬治・米勒 168~173 頁，安道爾・圖爾文 186~191 頁，丹尼爾・夏克特 208~209 頁。

當嬰兒聽到腳步聲時，一個細胞集合就會被激活

唐納德・赫布（1904－1985 年）

背景介紹

聚焦

神經心理學

此前

1890 年 威廉・詹姆斯提出一種關於人腦神經網絡的理論。

1911 年 愛德華・桑代克的效果律表明刺激與反應之間的聯結能夠創造神經連接。

1917 年 沃爾夫岡・科勒對黑猩猩的研究表明頓悟學習比嘗試－錯誤學習效果保持得更好。

1929 年 卡爾・拉什里出版《腦機制與智力》。

此後

20 世紀 70 年代 喬治・米勒創造了「認知神經科學」這個詞。

20 世紀 80 年代 神經科學家開始利用成像技術定位腦功能。

20世紀 20 年代，許多心理學家為了尋求學習和記憶問題的答案求助於神經科學。這些人中的佼佼者卡爾・拉什里指出了研究神經連接如何起作用的方法，但是是他的學生加拿大心理學家唐納德・赫布（Donald Hebb）正式提出了解釋聯想學習發生機制的理論。

赫布認為，當神經細胞被同時並反覆多次激活時，它們之間就建立了聯繫；突觸或者說連接使它們之間的關係越來越緊密。重複的經驗在人腦中形成了「細胞集合」，或者說一羣相互聯繫的神經元——這種理論常被簡稱為「細胞們同時興奮，同時傳輸」。類似的，不同的細胞集合之間也可能相互聯繫，形成「相位序列」，這就是我們的「思維過程」。

赫布發現，這些相互聯繫的過程在童年階段的學習中尤為突出，新細胞集合和相位序列不斷形成。在《行為組織學》(1949) 一書中，他舉了一個嬰兒聽腳步聲的例子，腳步聲刺激了嬰兒大腦中大量的神經元；如果這種經驗一直重複，一個細胞集合就會形成。接着，「當嬰兒聽到腳步聲時，一個細胞集合就會興奮；這時，他看到一張臉，並感覺到有手在面前揮舞，於是又激活了其他的集合，所以『腳步聲集合』、『面孔集合』和『揮手集合』聯繫起來。從此以後，就算嬰兒只聽到腳步聲，這三個集合也會全部興奮起來」。然而，對成人來說，學習傾向於對激活的細胞集合和相位序列進行重新組合，而不是形成新的。

赫布的細胞集合理論是現代神經科學的基石，他對神經學習的解釋仍然為世人所接受，並稱之為赫布學習。■

參見：愛德華・桑代克 62~65 頁，卡爾・拉什里 76 頁，沃爾夫岡・科勒 160~161 頁，喬治・米勒 168~173 頁，丹尼爾・夏克特 208~209 頁。

知道是一個過程，不是一個結果

傑羅姆・布魯納（1915－2016 年）

背景介紹

聚焦

認知發展

此前

20 世紀 20 年代 利維・維高斯基提出了他的理論，認為認知發展是社會和文化共同作用的過程。

1952 年 讓・皮亞傑出版《兒童智力的起源》，闡述了他的發展理論。

此後

20 世紀 60 年代 基於布魯納理論的教學項目「人：一門學科」被美國、英國和澳洲的學校改採納。

1977 年 阿爾伯特・班杜拉出版《社會學習理論》，用行為與認知相結合的眼光看待發展。

我們通過主動的經驗來學習。

指導一個人不僅是告訴他怎麼做，而是鼓勵他參與。

我們運用推理來獲取知識，從信息中建構它們的意義。

這是信息加工的一種形式。

知道是一個過程，不是一個結果。

發展心理學領域在 20 世紀的大部分時間裏都由傑羅姆・皮亞傑（Jerome Bruner）統領，他闡釋了為了滿足探索世界的天然好奇心，兒童的思維發展和成熟是如何按階段發展的。維高斯基的理論被翻譯成英文出現在皮亞傑時代之後，他也認為兒童通過經驗來尋找意義，但是他將世界經驗的含義擴大到文化和社會經驗。他說，兒童主要通過與他人互動來學習。

此時正是 20 世紀 60 年代，「認知革命」如火如荼；心理加工過程越來越多地被比作大腦的「信息加工過程」。傑羅姆・布魯納是這一新取向的領軍人物，率先研究

參見：讓・皮亞傑 262~269 頁，利維・維高斯基 270 頁，阿爾伯特・班杜拉 286~291 頁。

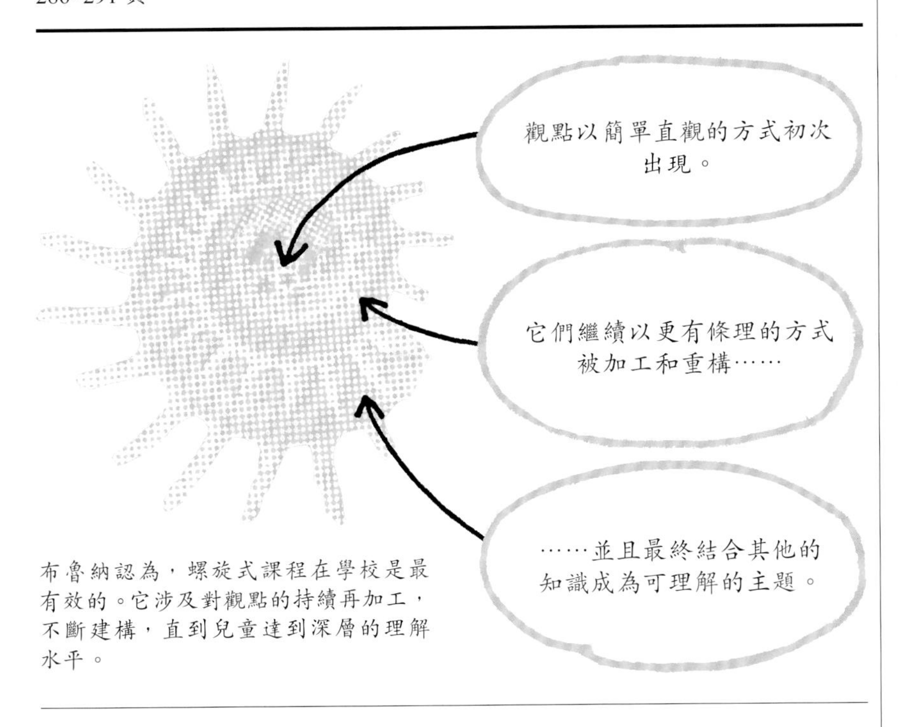

布魯納認為，螺旋式課程在學校是最有效的。它涉及對觀點的持續再加工，不斷建構，直到兒童達到深層的理解水平。

了我們的需要和動機如何影響知覺，他的結論是我們看到我們需要看到的。他感興趣於認知如何發展，因此開始研究兒童的認知加工。

心理加工器

布魯納開始將認知模型應用於皮亞傑和維高斯基的觀點，將研究的重點放在信息加工和意義建構的認知發展上，即我們獲得和存儲知識的方式。和皮亞傑一樣，他相信獲取知識是一個經驗性的過程；但是和維高斯基一樣，他將之看作一種社會功能，而非孤立的。他堅稱沒有任何幫助的學習是不可能發生的：某種形式的指導對兒童的發展至關重要，但是「指導一個人不等於將結果強灌入他的心靈之中，而是要教他參與到過程之中。」當我們獲得知識時，我們需要主動地參與和推理，而不是被動地吸收信息，因為我們要賦予知識以意義。根據認知心理學的觀點，推理即「加工信息」，所以知識的獲取應該被視為一個過程，而不是結果或最後的產物。在布魯納看來，在此過程中我們需要鼓勵和指引，這才是老師的角色。

在《教育的過程》(1960) 一書中，布魯納提出了兒童應該主動參與教育過程的觀點。這本書成為一個里程碑式的文本，改變了美國政府和學校教師的教育方針。■

傑羅姆・布魯納

傑羅姆・西摩・布魯納的父母從波蘭移民到美國紐約，他出生時雙目失明，但是 2 歲時接受了白內障手術後，他重見光明。他的父親在他 12 歲時死於癌症，悲傷過度的母親在他上學的日子裏頻繁搬家。他在北卡羅來納州杜克大學學習心理學，隨後又進入哈佛大學，並於 1941 年在那裏和奧爾波特和拉什里一起獲得了博士學位。

布魯納在第二次世界大戰期間服務於美國軍方，從事戰略研究，之後又回到哈佛，與里奧・波斯特曼和喬治・米勒成為同事。1960 年，他與米勒共同建立了哈佛大學的認知研究中心，並將其維持到 1972 年才關閉。此後，他來到牛津大學，任教十年後才回到美國。布魯納繼續教書直到九十多歲。

主要作品

1960 年 《教育的過程》
1966 年 《認知發展研究》
1990 年 《為意義而行動》

信念堅定的人很難被改變

萊昂・費斯廷格（1919－1989 年）

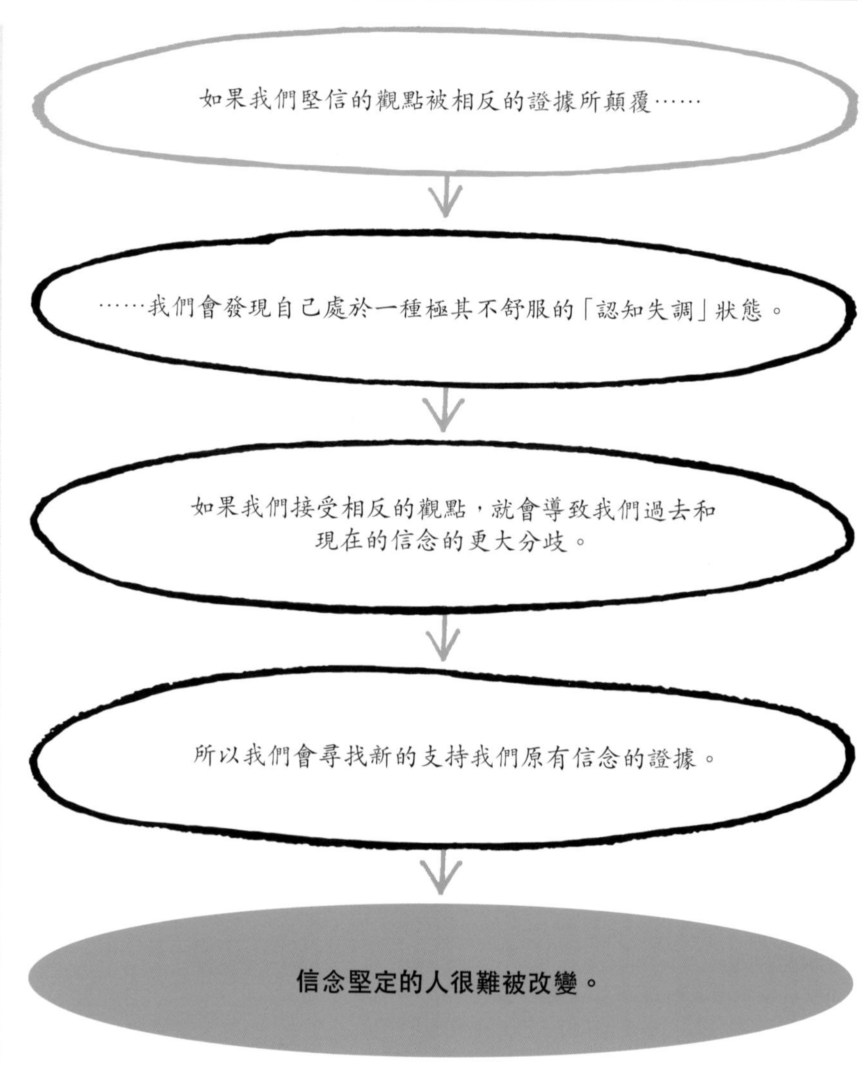

背景介紹

聚焦

學習理論

此前

1933 年 完形心理學家庫爾特・萊溫離開柏林實驗心理學院，移民美國。

此後

1963 年 斯坦利・米爾格蘭姆發表了他關於服從權威的實驗。

1971 年 齊巴度的史丹福監獄研究展示了人是怎樣順應於被設定的角色的。

1972 年 美國社會心理學家達利爾・貝姆提出了態度改變的自我覺知理論。

20 世紀 80 年代 埃利奧特・阿倫森支持費斯廷格的理論，並對成人儀式進行了實驗研究。

參見：庫爾特・萊溫 218~223 頁，所羅門・艾珠 224~227 頁，埃利奧特・阿倫森 244~245 頁，斯坦利・米爾格蘭姆 246~253 頁，菲利普・齊巴度 254~255 頁，斯坦利・沙克特 338 頁。

第二次世界大戰結束時，社會心理學成為一個重要的研究領域，美國的領軍者是勒溫，他於 1945 年在麻省理工學院創立了羣體動力學研究中心。

中心裏有一位職員是勒溫以前的學生，萊昂・費斯廷格（Leon Festinger）。他起初受到勒溫在完形心理學方面的研究所影響，隨後又對社會心理學產生了興趣。在研究過程中，費斯廷格觀察到人們一直在追求讓他們的世界變得有序，而有序的關鍵就是保持一致性。為了實現這個目標，他們發展出了習俗和習慣，如安排規律的用餐時間、每天上班的公交車上選擇喜愛的座位等。當這些習慣被打破時，人們就會感到萬般不適。他發現，習慣性的思維模式或信念也同樣如此。如果一個非常強硬的觀點遇到了相反的證據，就會產生令人不適的內在不一致感；費斯廷格稱之為「認知失調」。他推論出，克服這種不適感的唯一方法就是以某種方法令信念和證據保持一致。

不可動搖的信念

1954 年，費斯廷格閱讀當地一家報紙的報導時，看到了一個研究這種認知失調反應的機會。一個邪教組織聲稱從外星人那裏獲知 12 月 21 日世界將因一場巨大的洪水而毀滅，只有絕對虔誠的信徒才能登上飛碟逃脱。費斯廷格和他在明尼蘇達大學的幾個同事找到了這個團體中的人，在啟示中的末日來臨之前以及預言的事情沒有發生之後，採訪了他們。

費斯廷格、亨利・里肯和斯坦利・沙克特在《當預言破滅時》中，描述了教徒們的反應，這就是著名的橡樹園研究。我們也許會認為預言的失敗和隨之而來的認知失調可能會讓信徒們放棄他們的信念，但事實卻完全相反。隨着預言日的臨近，另一則信息傳來，由於信徒們的虔誠，世界保住了。於是，信徒們更加死心塌地。費斯廷格預料到了這種情況，他認為，接受相反的證據會引起過去信念與現實之間更大的失調感。如果原始信念中牽扯到很多東西（聲譽、工作、金錢），這種影響就會更加複雜。

費斯廷格得出結論，認知失調，或者説防止認知失調，讓一個信念堅定的人即使面對反駁也不可能改變自己的觀點；他對證據和理性的論證充耳不聞。正如費斯廷格所解釋的：「你提出對他的反對意見，他卻轉身離去。給他擺事實講道理，他卻質疑你證據的來源。」■

萊昂・費斯廷格

萊昂・費斯廷格出生在紐約的布魯克林，他的家人是從俄國移民而來的。1939 年，他畢業於紐約城市學院，隨後進入愛荷華大學學習，師從勒溫，1942 年拿到兒童心理學博士學位。在第二次世界大戰即將結束的日子裏，他一直為軍隊效力，1945 年，他重新追隨勒溫，來到了麻省理工羣體動力學研究中心。

在明尼蘇達大學擔任教授期間，他對預言世界末日的邪教進行了著名的橡樹園研究。1955 年，他轉到史丹福大學，繼續研究社會心理學，但是 20 世紀 60 年代他改為研究知覺。此後，他在紐約新社會研究學院又對歷史和考古學產生了興趣。他死於肺癌，享年 69 歲。

主要作品

1956 年 《當預言破滅時》
1957 年 《認知失調理論》
1983 年 《人類的遺產》

神奇的數字 7±2

喬治・米勒（1920－2012年）

背景介紹

聚焦
記憶研究

此前
1885 年 赫爾曼・艾賓浩斯出版他的代表作《記憶：對實驗心理學的一項貢獻》。

1890 年 威廉・詹姆斯在《心理學原理》中區分了初級（短時）記憶和次級（長時）記憶的不同。

1950 年 數學家阿蘭・圖靈的測試表明，計算機可以被看作會思考的機器。

此後
1972 年 安道爾・圖爾文區分了語義記憶和情景記憶。

2001 年 丹尼爾・夏克特在《記憶的七宗罪》中列出了我們記憶出錯的多種方式。

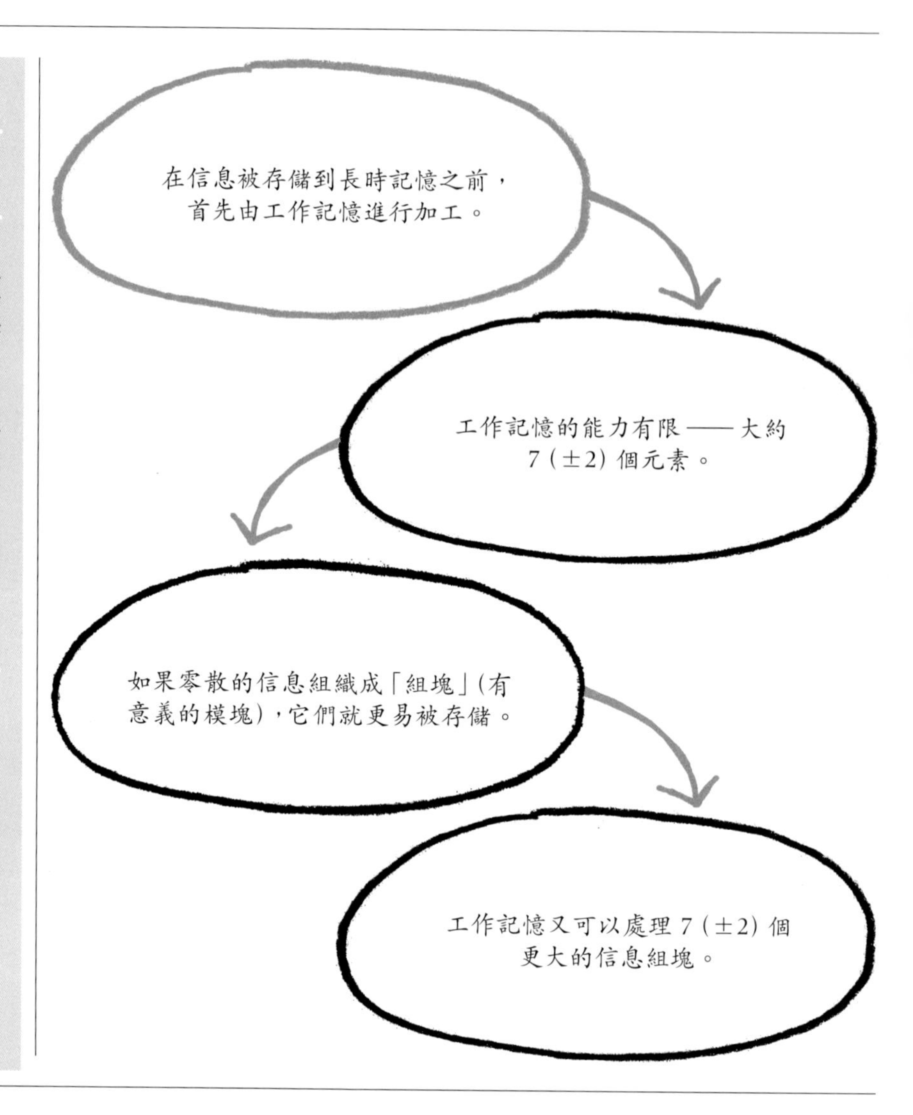

喬治・米勒（George Armitage Miller）曾經抱怨說：「我的問題是有一個整數一直在困擾着我。七年了，這個數字一直伴隨我左右。」這是他著名的文章《神奇的數字 7±2：關於我們加工信息的能力限制》開頭的一句話。他接着寫道：「表象之下似乎有某種模式在操控着。關於這個數字一定有甚麼不同尋常的事情，否則我就是得了被害妄想症。」

雖然米勒的文章以如此荒誕的文字開場，但是其中的內容卻是認真嚴肅的，這篇文章成為認知心理學和工作記憶研究的一個里程碑（在有限的時間內記憶和使用信息片段的能力）。

米勒的文章發表在 1956 年的《心理學評論》上，那時行為主義正在被新興的認知心理學所取代。這個令米勒心醉沉迷的新取向專注於對心理加工過程的研究，如記憶和注意。與此同時，計算機科學的進步帶來了人工智能，而數學家們，如阿蘭・圖靈，正在對計算機加工過程與人類的大腦進行比較，認知心理學家的做法恰好相反：他們將計算機看作可能解釋人腦工作原理的模型。心理加工過程被描述為信息加工過程。

參見：赫爾曼・艾賓浩斯 48~49 頁，布魯瑪・蔡加尼克 162 頁，唐納德・布羅德本特 178~185 頁，安道爾・圖爾文 186~191 頁，高爾頓・鮑爾 194~195 頁，丹尼爾・夏克特 208~209 頁，諾姆・喬姆斯基 294~297 頁，弗雷德里克・巴特利特 335 頁。

這個數字的持續存在給我造成的困擾遠大於一個隨機事件。

——喬治・米勒

米勒的興趣主要在心理語言學領域，因為他在第二次世界大戰期間的研究方向是言語知覺，並以此為基礎撰寫了他的博士論文。於是，他進一步對溝通產生了興趣，並開始接觸信息加工理論。他很大程度上受到通信領域的專家克勞德・香農的啟發，香農提出了將信息轉化為電信號的有效方法。香農的通信模型將信息用「比特」進行編碼，是所有的數字通信的基礎。米勒用類似的方式看待心理加工過程，並於 1951 年在他的著作《語言與溝通》中確立了現代心理語言學的基本規則。

七

米勒借用香農測量信息的方法和他的「信道容量」(一個系統能夠加工的信息量) 的觀點，將短時記憶看作一個信息處理器。從那時起，他開始被數字 7 所「糾纏」；「有時稍大一點，有時稍小一點，但是變化總不會太大。」

「神奇」數字的第一個例子來自關於絕對判斷廣度的實驗——我們能夠從不同刺激中分辨出一個數字的準確性。在米勒的論文所引用的一項實驗中，物理學家和聲學專家歐文・波拉克給參加實驗的被試呈現大量不同的音調，然後要求他們給每個音調分配一個數字。當有七個不同音調時，被試能夠輕鬆準確地完成任務，但是多於 7 個時，結果就變得很糟糕。

在考夫曼和羅德等人 1949 年所做的另一項實驗中，研究者在被試面前的大屏幕上閃現不同數量的彩色圓點。當少於 7 個圓點時，被試能夠準確數出它們；當多於 7 個圓點時，被試只能估計大概的數量。這表明注意廣度的極限在 7 左右，因此米勒想知道絕對判斷廣度和注意廣度是否擁有相同的基本加工過程。

這些實驗中的音調和圓點被米

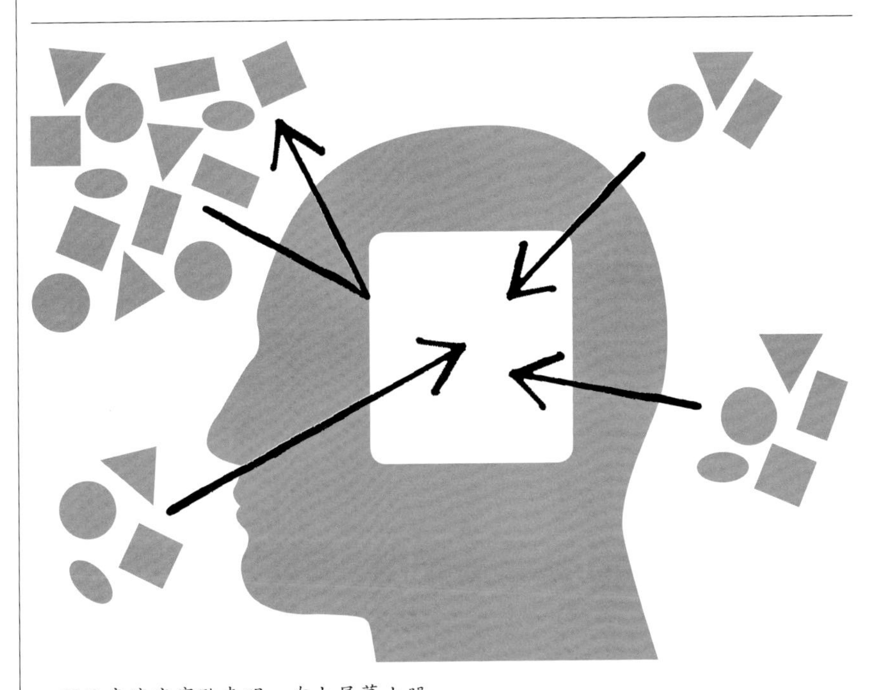

一項注意廣度實驗表明，在大屏幕上閃現隨機數目的圓點，呈現時間僅幾百毫秒，如果數量少於 7 個，那麼被試能夠在瞬間數出數量。

勒稱為「線性刺激」(目標之間只在一個方面有差異)；但令米勒感興趣的是我們能夠有效加工言語和語言信息的量，而詞語是「非線性刺激」。他看到波拉克之後的研究用富有六種變化的音調(如音高、時長、音量、位置等)替換了簡單的音調。令人驚訝的是，即便信息量明顯增加了，可結果仍顯示閾限在7±2的範圍內。不同的是隨着變量的增加，準確率有輕微的下降。米勒稱，我們能夠「同時對一些事物進行相對粗糙的判斷」。這或許可以解釋為甚麼我們能在不加工個體的聲音或容貌的條件下，識別和分辨出像口語和人臉這樣複雜的事物。

米勒將人腦看作一個通信系統：在達到個體的「信道容量」之前，當輸入的信息增加時，傳輸至大腦的信息量也在增加。隨後，米勒將信道容量的觀點提升一個台階，將其應用到了短時記憶模型中。威廉・詹姆斯率先提出短時記憶的概念，長期以來，它一直被看作是大腦的信息處理器，處於信息的感覺輸入和長時記憶之間。艾賓浩斯和馮特甚至認為短時記憶的容量限制在7個項目左右(又是7)。米勒相信他所謂的工作記憶擁有和絕對判斷以及注意廣度相同的容量。

比特和組塊

根據我們的信息加工能力，如果工作記憶的限制在7個元素左右，那麼就存在一個瓶頸限制着輸入長時記憶的量。但是米勒認為並非局限於數字7，神奇之處就在這裏。先前實驗中的非線性刺激可以看作是由大量「比特」組合而成的相關信息，只是作為單一的項目來處理而已。米勒相信，依照同樣的原則，工作記憶可以將信息的「比特」組織成「組塊」，以此克服限制絕對判斷廣度和短時記憶容量的瓶頸。然而，一個組塊並非一個任意的集合，而是經過編碼的有意義的單元。例如，一串21個字母可以表徵為21個信息比特，但是如果能夠把它們劃分成一組三字詞，就變成了7個組塊。組塊的創建有賴於我們在信息比特中尋找模式和關係的能力。對於其他語種的人來說，這7個詞可能就是毫無意義的，也無法成為7個組塊，而只能是21個比特。

米勒的理論得到了其他心理學家早期實驗的支持。1954年，

記憶的過程或許可以簡單地看作不斷創建組塊直到組塊的數量少到我們能夠全部記住為止。

——喬治・米勒

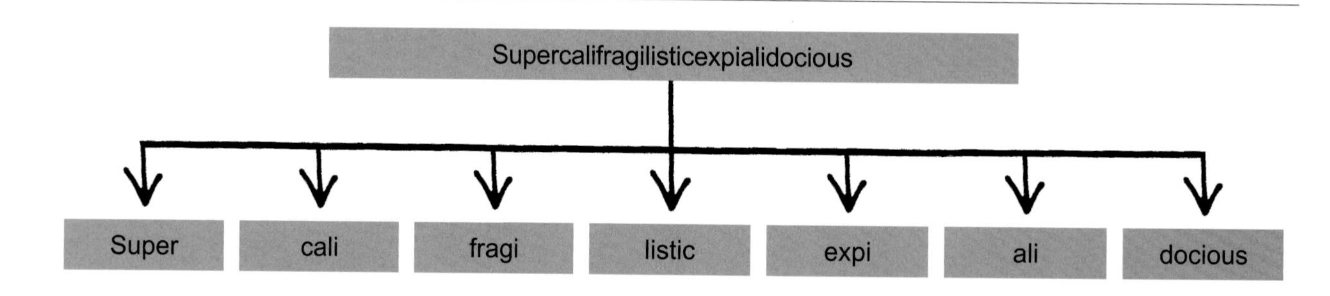

米勒的組塊理論是說，通過將一長串數字或字母劃分成可記憶的組塊，我們就可以增加工作記憶所能加工的信息量。

二進制編碼是將信息重新編碼成更為緊湊的小單元的一種方式（通過多重數學運算）。米勒認為我們的組塊過程與之類似。

西德尼·史密斯做了一些實驗，即記憶一系列二進制數字（對不熟悉二進制系統的人來說是毫無意義的1和0的組合）。史密斯將數列劃分成組塊，開始是兩個數字一組，之後是三個、四個、五個數字一組，再後來對它們重新編碼，即將二進制組塊翻譯成十進制的數字：01變成1，10變成2，等等。他發現，利用這樣的方法能夠記住和準確回憶出40個數字甚至更多，只要組塊的數量在工作記憶的範圍之內。

為了記住更多的信息，組塊和編碼顯然是大有幫助的，但這不僅僅是一種記憶術。米勒指出，這種編碼形式「是增加我們能夠處理的信息量的絕佳武器」，它有效拉伸了信息瓶頸。

記憶研究

米勒在後期的研究中漸漸遠離了記憶方向，但是他的理論推動其他人做更為細緻的研究。唐納德·布羅德本特認為工作記憶的真正本質可能要少於7，尼爾森·考恩隨後的實驗也支持這一觀點，考恩發現根據組塊的長度和複雜性以及被試的年齡，往往只有大約4個組塊。

米勒論文的結論並沒有像開頭那樣抬高這個數字的重要性。他說：「或許在這些7的背後有着更深層、更深刻的東西……我懷疑這只是一個驚人的巧合」。■

在我看來，人類的語言編碼是思維過程的命脈。

——喬治·米勒

喬治·米勒

喬治·米勒出生在美國的西弗吉尼亞州，1941年從阿拉巴馬大學畢業並獲得了言語病理學碩士學位，後進入哈佛大學在斯坦利·史密斯·史蒂文斯的心理聲學實驗室攻讀心理學博士，他的同學有布魯納和奧爾波特。第二次世界大戰爆發後，該實驗室被要求執行軍方的任務，如無線電干擾。

1951年，米勒離開哈佛大學，來到麻省理工，1955年又回到哈佛大學，與諾姆·喬姆斯基成為同事。1960年，他成為哈佛大學認知研究中心的創立者之一。之後，他在紐約洛克菲勒大學和普林斯頓大學擔任心理學教授。1991年，他獲得了美國國家科學獎。

主要作品

1951年 《語言與溝通》
1956年 《神奇的數字：7±2》
1960年 《行為的計劃與結構》（與尤金·格蘭特和卡爾·普雷萊姆合著）

表面之下還有很多我們看不到的事實

艾倫·貝克（1921 年－ ）

背景介紹

聚焦

認知療法

此前

19 世紀 90 年代 佛洛伊德提出精神分析取向的心理治療法。

20 世紀四五十年代 皮爾斯夫婦和古德曼發展出完形療法——一種認知心理治療法。

1955 年 艾利斯提出理性情緒行為療法（REBT），打破了心理治療以精神分析為主的傳統。

此後

1975 年 馬丁·沙利文在其著作《無助：抑鬱、發展和死亡》中提出了「習得無助」行為。

20 世紀 80 年代 貝克的理論觀點與沃爾普的行為主義療法融合後產生了新的認知行為療法。

20 世紀的心理學在確立了其獨立研究領域的地位後，出現了兩種主要思想流派：一種是在美國得到熱烈追捧的、源自巴甫洛夫實驗的行為主義，其掌控了實驗心理學領域；另一種則是佛洛伊德及其追隨者秉承的精神分析療法，其佔據了臨床心理學市場。這二者截然不同。行為主義者對早期心理學界內省的、哲學性的方法不屑一顧，更願意以更為科學的、基於實證的角度來看待來訪者。秉承精神分析療法的心理學工作者更多採用

參見：約瑟夫・沃爾普 86~87 頁，西格蒙德・佛洛伊德 92~99 頁，弗里茲・皮爾斯 112~117 頁，阿爾伯特・艾利斯 142~145 頁，馬丁・沙利文 200~201 頁，保羅・薩科夫斯基斯 212~213 頁。

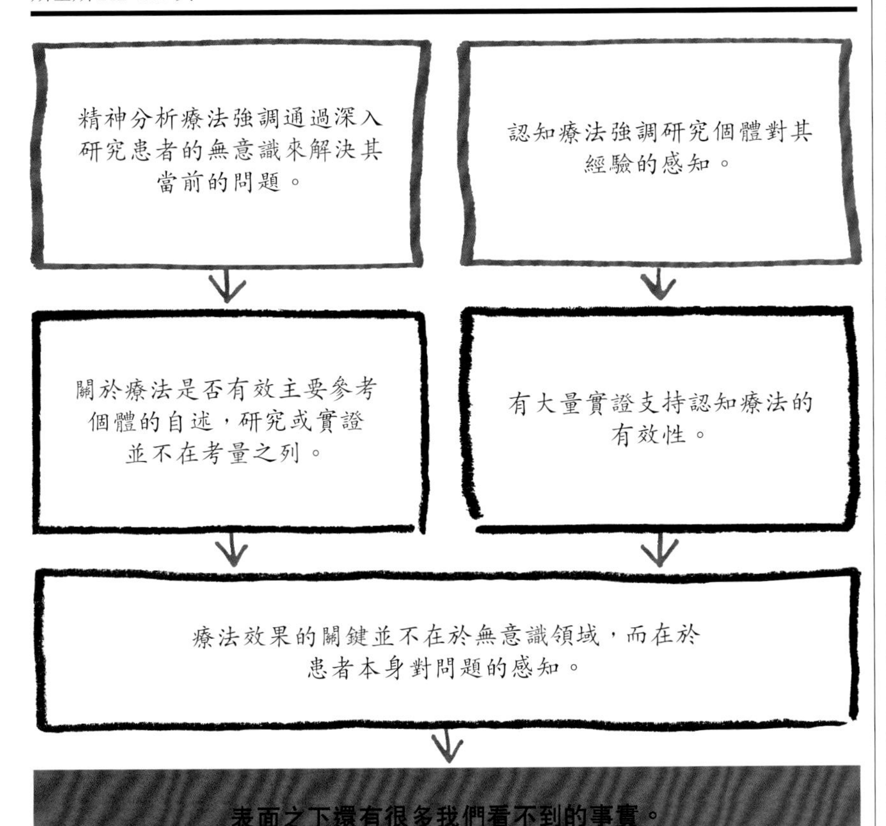

的是純理論的、內省的方法，而不是像行為主義者那樣通過證據、通過實證尋求解決之道。

認知革命

20 世紀中期，心理治療的兩大派別都遭到了批評。儘管在實驗領域中，行為主義療法逐漸被認知療法所取代，但在臨床方面，精神分析療法的地位依然無可動搖。雖然精神分析療法進化出了多種形態，但是精神分析、對無意識的探索依然是這些療法的根本觀點。那時，有些心理學家開始質疑這種療法的效果，貝克便是其中之一。

貝克於 1953 年取得精神病醫師資格，當時實驗心理學主要聚焦於對大腦機能的研究，這意味着「認知革命」的黎明即將到來。然而，在實際操作層面上，秉承認知療法的心理學工作者基本上採用的是和行為主義療法差不多的技術。如果硬要說區別的話，認知療法在實證方面更為嚴謹。貝克也不例外。他所接受的訓練和實踐過程都圍繞着精神分析療法，但他卻對精

艾倫・貝克

艾倫・貝克（Aaron Beck）出生於美國羅德島州的普羅維登斯，是俄羅斯的猶太移民的後裔。兒時他喜歡運動和戶外活動，8 歲時罹患了一場大病，之後他變得內向並開始勤奮讀書。那時，他還對所有醫學藥理的東西心生恐懼，為了克服這一點，他決定做一名醫生，最終他於 1946 年取得了耶魯大學的醫學博士學位。在 1953 年獲得了精神科醫生執業資格之後，貝克前往羅德島醫院工作。隨着精神分析療法在臨床界的衰落，他提出了認知療法，並成立了貝克認知療法研究院，這個研究院現在由他的女兒朱迪・貝克負責。

主要作品

1972 年 《抑鬱症：成因與治療》
1975 年 《情緒障礙與認知療法》
1980 年 《抑鬱症：臨床、實踐及理論》
1999 年 《憎恨的囚徒：憤怒、敵意以及暴力的認知基礎》

> **在我看來，精神分析是一種以信念為基礎的療法。**
>
> ——艾倫・貝克

神分析療法的有效性產生了懷疑。除了個別案例中看似被誇大的逸聞式報告外，他幾乎找不到任何有力的證據來證明這種療法的成功率。根據他的經驗，僅有一小部分患者通過精神分析療法獲得了顯著的改善，而治療師的普遍感受是，有些患者好轉了，有些卻惡化了，還有些人沒甚麼改變，這些人羣的數量很平均。

值得關注的是，很多精神分析人士對客觀的科學檢驗體系十分抗拒。與實驗心理學和藥理學相比，精神分析療法在很大程度上以信仰為基礎，諮詢師不同，諮詢效果就會不同。治療的效果很大程度上取決於諮詢師的個人魅力。

貝克認為，「精神分析的奧秘在於其壓倒性……這有點像福音運動」。許多精神分析派將他人對其理論的批判視為一種個人攻擊，貝克很快發現，任何對精神分析提出質疑的人都會招來精神分析人士的抨擊。有一次，他在申請加入美國精神分析協會時遭到拒絕，理由是他「要求進行科學研究，這表明他進行了錯誤的分析。」其他指出精神分析理論缺陷的人也有類似經歷，有些精神分析學派人士認為，這些人的「錯誤」是因為他們對自己的分析不足。這種循環論證的説法，再聯繫上提出這些説法的治療師的人格，都使得貝克對精神分析理論產生了進一步的懷疑。加之他作為一個從業心理學家的個人經驗，他決定對精神分析療法進行嚴格的檢驗，以找到改善的途徑。他進行了一系列的設計評估精神分析對抑鬱症（來訪者尋求心理治療的常見原因之一）的治療方法和效果。貝克發現，結果並不像人們預期的那樣——可以通過對來訪者無意識情緒和驅動力的處理而達到治療抑鬱症的效果，貝克的結論指向了一個完全不同的解釋。

改變認知

貝克的病人在描述其抑鬱症時，會敍述一些不知不覺進入意識中的有關他們自己、未來、社會的消極觀點。這被貝克稱為「自動化思維」的觀點使貝克相信，來訪者對其經歷的感知（他們的認知）不僅是抑鬱的一種症狀，還是尋找治療方法的關鍵所在。貝克得出這一觀點的時期（20 世紀 60 年代）正是實驗心理學蓬勃發展的時期，通過研究大腦加工過程的實驗心理學進一步幫助認知心理學確立了其統治地位。

當貝克將認知模型帶入治療過程中時，他發現，幫助來訪者感知並評估自己的知覺（是現實的還是扭曲的）是幫助其戰勝抑鬱症的第一步。這種方法顯然和傳統的精神分析方法（探討個體潛在的內驅力、情緒和壓抑等因素）大相逕庭。貝克的「認知療法」認為傳統精神分析的方法沒有必要，甚至會起到反作用。來訪者的認知應被重視，因為貝克認為「表面之下還有很多我們看不到的事實」，即抑鬱在知覺方面的體現（消極的「自動化思維」）可以為治療提供方向。如果來訪者能夠審視自己的「自動化思維」並將其與相同情景下的客觀而理性的思維加以比較，那麼他

一面扭曲的鏡子將會讓我們看到醜陋可怕的世界。抑鬱也會導致人們產生消極觀點，使人們感到更加無助。

通過修正錯誤的信念，我們可以降低自己的過度反應。

——艾倫・貝克

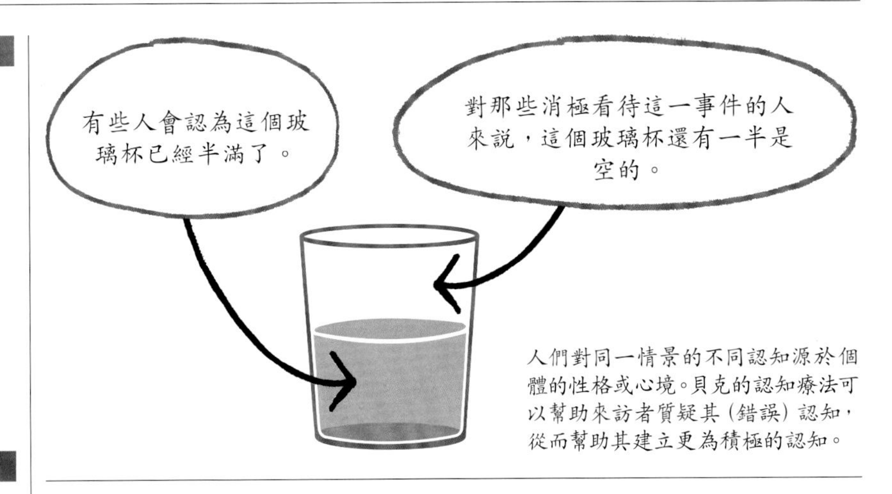

人們對同一情景的不同認知源於個體的性格或心境。貝克的認知療法可以幫助來訪者質疑其（錯誤）認知，從而幫助其建立更為積極的認知。

將會意識到自己的認知有多麼扭曲。例如，一個得到提拔的來訪者可能會表達這樣的消極想法：「我無法勝任新工作，我將會失敗」，這便是導致個體焦慮和不快的情景知覺。理性的觀點應該將提拔視為一種獎勵，甚至是一種挑戰。並非情景導致個體的抑鬱，而是個體對情景的知覺導致的抑鬱。認知療法將幫助來訪者認識到自己的認知偏差，並找到看待這一情景的更加符合實際的、更加開放的視角。

實驗證據

對貝克的大部分來訪者而言，認知療法都有積極的治療效果。此外，貝克還用科學的方法來支持自己的發現。他為來訪者設計了特殊的測量評估工具，這樣可以密切監控來訪者的進展。結果表明，和傳統的精神分析療法相比，認知療法讓病人感覺更好、好得更快。重要的是，他沒有和很多精神分析學者一樣成為一個類似「宗教權威的角色」，他盡力向世人證明，治療的關鍵在於療法，而非治療師。

貝克不是唯一，也不是第一個對傳統精神分析療法提出挑戰的人，但他選用認知模型的做法卻是一種革新。在對精神分析療法提出挑戰的過程中，他深受艾利斯（20世紀50年代中期理性情緒行為療法創始人）的影響，同時，他也受到了當時其他國家的行為主義學家的影響，如南非的沃爾普和阿諾德・拉扎勒斯。儘管採用的療法不同，但是這些療法和貝克的理論都有共同之處：遵循嚴格的科學方法論，同時否認無意識導致心理或情緒障礙的這一說法。

當認知療法確立其地位之後，它開始被越來越多地用於治療抑鬱症。後來，貝克發現認知療法還有其他的用途，比如治療人格障礙和精神分裂症。貝克對新思想（只要能證明其有效性）總是呈現開放態度，他還積極地將行為主義療法的要素納入到自己的治療方法中，同時還吸收了20世紀80年代許多心理治療師的方法。這才導致現在的認知療法呈現了百花齊放的現狀。

貝克對心理治療的影響不容忽視，他既為臨床心理學引入了認知療法，還堅持用科學的態度不斷進行檢驗，又將精神分析療法的弱點暴露在了陽光之下。他還設計出多個評估抑鬱症性質及其嚴重程度的量表，很多量表至今被廣泛使用，如貝克抑鬱自評問卷（BDI）、貝克絕望自評量表（BHS）、貝克自殺意念量表（BSS）和貝克焦慮量表（BAI）。■

不要盲目相信我，試着檢驗我。

——艾倫・貝克

我們每次只能聽到一個聲音

唐納德・布羅德本特（1926－1993 年）

背景介紹

聚焦

注意理論

此前

17 世紀 40 年代 笛卡兒指出，人是一種擁有思維和靈魂的機器。

20 世紀 40 年代 英國心理學家、應用心理學中心主席肯尼思・克雷克利用流程圖比較了人類和人工智能對信息的加工過程。

此後

1959 年 喬治・米勒的研究顯示，短期記憶最高可以儲存 7 個信息組塊。

1964 年 英國心理學家安妮・特雷斯曼認為，那些不重要的信息在過濾階段並沒有被消除，而是出現了衰減（就好像喇叭的音量被調小了一樣），所以這些信息是被意識所「屏蔽」了。

在第二次世界大戰之前，英國的心理學還遠遠落後於美國和歐洲其他國家。英國心理學工作者當時主要推崇的行為主義和心理治療理論已然過時了。當時英國為數不多的大學心理系採用的基本都是自然科學的研究方法，即強調實際操作而非理論假設。在這個前途渺茫的科研環境中，唐納德・布羅德本特（Donald Broadbent）依然成為早期最有影響力的認知心理學家之一。他在戰後離開了英國空軍，並在那時決定學習心理學。當時注重實際的研究方法令布羅德本特如魚得水，他可以很好地利用自己在戰時擔任飛行員和航空工程師的經歷。

實用心理學

布羅德本特 17 歲時加入了英國皇家空軍，還曾被送往美國接受訓練。這是他第一次接觸心理學，相關知識開始使他從另一個角度看待飛行員遇到的一些問題。他認為這些問題從心理學的角度來看可能有着其他的原因和答案，而不僅僅是簡單的機械問題。於是，在離開空軍之後，他前往劍橋大學學習心理學。

布羅德本特在劍橋的導師是巴特利特，巴特利特是純粹的科學家，也是英國第一位實驗心理學教授，二人志趣相投。巴特利特認為當研究者為實際問題尋找解決方法時，時常能夠得出最為重要的理論發現。布羅德本特十分贊同這一觀點，這也促使他自 1944 年應用心理中心（APU）建立後一直追隨着巴特利特。正是在這個時期，布羅德本特獲得了他最具開創性的研究成果。他放棄了當時心理學最盛行的行為主義方法，轉而關注自己在空軍就職時遇到的實際問題。例如，飛行員有時會弄混外形類似的控制裝置，比如一些飛機的滑輪

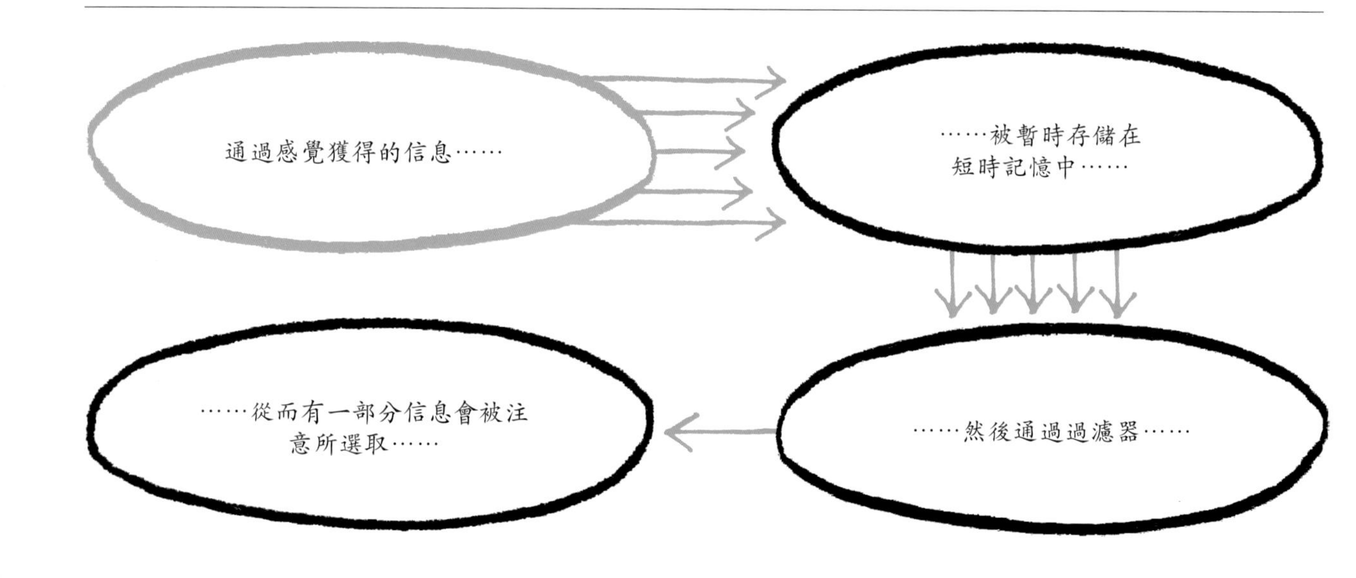

參見：勒內・笛卡兒 20~21 頁，喬治・米勒 168~173 頁，丹尼爾・夏克特 208~209 頁，弗雷德里克・巴特利特 335 頁。

第二次世界大戰時的飛機的操作板着實令人眼花繚亂，布羅德本特感興趣的是飛行員如何對這些操作鍵功能進行加工，同時他也希望改變這種操作板的設計，從而改善這種複雜的操作板系統。

升降桿和控制阻力板的操作桿外形十分接近，二者都在飛行員座位旁邊，時常導致飛行員的誤操作，進而引發事故。布羅德本特認為，如果在設計飛機時能夠將飛行員的能力和局限性加以考慮，那麼這種偶然事件就可以避免，而不是在飛行時讓人措手不及。

布羅德本特希望利用心理學更好地了解影響飛行員勝任力的因素。飛行員需要不斷接收新信息，然後對信息進行選擇，最終做出決定。布羅德本特發現，當面臨的信息過多時飛行員時常會出錯。布羅德本特的思想受到了當時計算機發展以及「人工智能」的影響。應用心理中心第一任主席肯尼思・克雷克為研究中心留下了對人類和人工智能的信息加工過程進行比較的重要手稿和流程圖，布羅德本特對此進行了認真的研究。

同時，像數學家圖靈這樣的密碼破譯者也已經開始將信息加工過程納入研究範疇中，戰後，他還將這些觀點應用到「思維機」理論中。將人類大腦的加工過程與機器進行比較是非常重要的類推法，但是真正將這種比較向前推進的人是布羅德本特，他認為人類的大腦就是一種信息加工機器。這一論點使認知心理學真正從行為主義中脱離出來，認知心理學研究的是大腦的加工過程，而非這種加工過程在行為上的反應。

為了了解人類的注意是如何工

唐納德・布羅德本特

唐納德・布羅德本特出生在英格蘭的伯明翰，但他自認為是威爾士人，因為父母離婚後，他的青少年時代是在威爾士度過的。17 歲那年，他贏得了久負盛譽的溫徹斯特公學的獎學金，隨後加入了英國皇家空軍，成為一名飛行員並開始研究航空工程學。

1947 年從皇家空軍退伍後，他來到劍橋追隨巴特利特學習心理學，不久後加入了新成立的應用心理中心，並於 1958 年當選主席。他有過兩次婚姻，是個靦腆而心胸寬廣的人，他深信他的研究是無可比擬的，並應該得到切實的應用。1974 年，他獲封英國二等勳位爵士，受聘於牛津的沃爾森學院，他一直留在那裏直至 1991 年退休。兩年後，他死於心臟病發作，享年 66 歲。

主要作品

1958 年 《知覺與溝通》
1971 年 《決策與壓力》
1993 年 《模擬人類智能》

作的，布羅德本特需要設計出能夠支持其論點的實驗。工程學背景意味着只有找到能夠支持理論的證據他才能滿意。同時，他還希望自己的研究能夠具備實踐價值，應用心理中心設立的本意也是如此。對布羅德本特而言，實際運用並不能只限於心理治療，而應該為整個社會服務。他時刻謹記自己的研究是公費資助的，其研究結果更應該具備社會價值。

我們的意識可以被視為一台可以同時接受多頻道信號的收音機。

——唐納德・布羅德本特

一次一個聲音

布羅德本特最重要的實驗是他對空中交通管制系統的實驗。地面控制人員時常要同時處理多重信息，他們需要通過無線電設備和耳機接收來自不同飛機起落的信息，並且要在接收信息後迅速做出決定，布羅德本特注意到他們一次只能有效地處理一個信息。他所感興趣的是大腦如何在不同信息源中選擇最為重要的那個。他認為大腦一定存在某種機制使得它可以對信息進行加工並做出這樣的選擇。

布羅德本特設計的實驗，就是著名的雙耳分聽實驗，它聚焦於選擇性注意的早期，即大腦從眾多感官信息中過濾無關信息的過程。在了解空中交通管制系統之後，他選擇讓被試從耳機中接收聽覺信息的實驗方法。他設計的實驗讓被試同時接收兩種不同的聽覺信息（左耳一種、右耳一種）之後測試被試對這些信息的記憶效果。

和布羅德本特預期的一樣，被試無法同時加工來自兩個通道（雙耳）的信息。他預測的「我們一次只能聽到一種聲音」得到了證實，但之後的問題是，被試如何選擇要關注的信息，又如何捨棄剩餘的信息呢？

回想自己早期作為工程師時接受的訓練，他提出了一種機械模型來解釋大腦在這個過程中可能進行的加工。他認為，當我們接收多個通道的信息時，如果大腦無法持續加工這些信息，那麼這些信息將遇到「瓶頸」，這時必然存在某種「過濾器」幫助大腦只接受一個通道的信息。他解釋這一觀點的方法非常形象：有一個 Y 形通道，上方的兩個通道同時傳輸過來兩個乒乓球，在通道匯合處，有個蓋板阻止其中一個乒乓球的前進，這使得另外一個乒乓球可以順着通道繼續前進。

但是還有一個問題：這個過濾器在信息輸入的哪個階段起作用？對早期雙耳分聽任務進行變化後，布羅德本特又設計了一系列的實驗，最終他確信所有感官信息將以某種方式被完整地存儲下來，他稱

空中交通管制員需要同時處理大量的信息。通過在聽覺實驗中再現這一問題，布羅德本特描述了人類注意的過程。

之為短時記憶。正是在這個階段，過濾器開始發揮作用。他對「信息是在何時被如何選擇」的描述便是後來眾所周知的「布羅德本特過濾器模型」。他為實驗心理學領域帶來了一種全新的研究方法，不僅因為他將理論與實踐結合在一起，還因為他的新觀點：將大腦視為一種信息加工器。

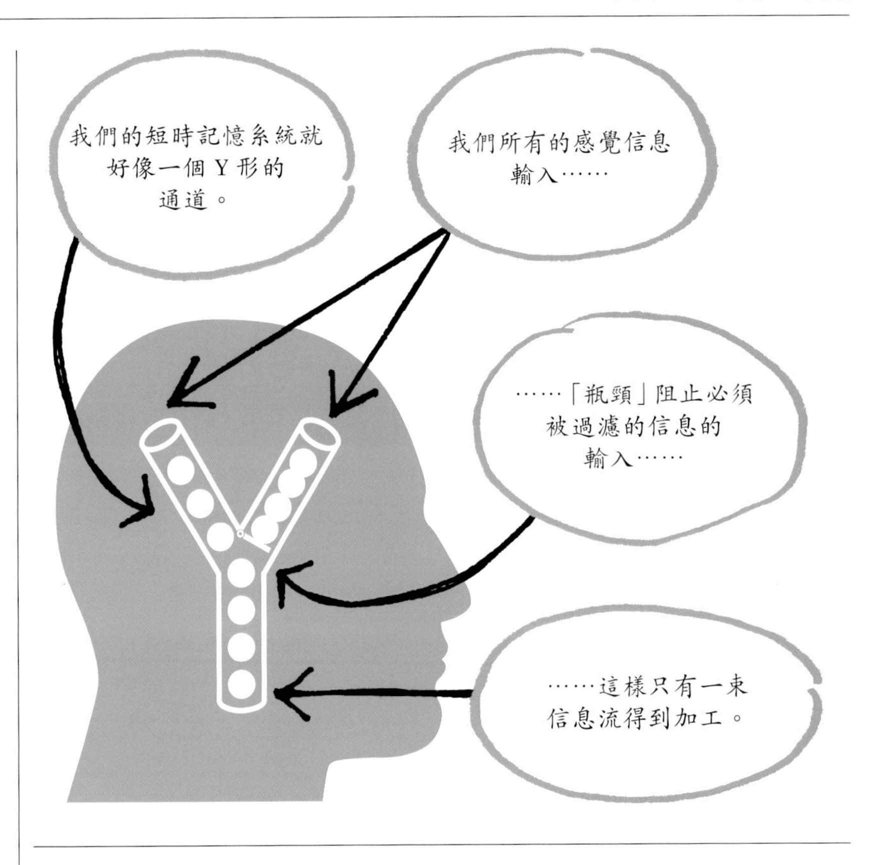

雞尾酒會現象

布羅德本特並不是唯一關注人類選擇性注意問題的研究者。英國的科學家科林・徹利是20世紀50年代關注這一問題的另一學者。徹利主要研究的是人際交往領域而非心理學，他提出了「雞尾酒會現象」：在一個人聲嘈雜的聚會上，在多種交談的聲音中，我們選擇注意哪些聲音，又忽略哪些？我們又是如何確保自己的注意力關注在談話「A」上，而不被「B」、「C」所擾？

大腦會在不考慮其正確與否的情況下只選擇兩種聲音的其中一個做出反應，而另外一個則會被忽略。

——唐納德・布羅德本特

為了回答這些問題，布羅德本特將注意力放在了其模型中的過濾器的性質上。過濾器如何過濾信息？又如何讓不被過濾的信息通過？經過一系列精確的實驗，他發現過濾器的選擇依據並非信息的內容（如交談的內容），而是信息的物理特徵，如聲音的音量或清晰度。這就意味着儘管信息被暫時存儲在短時記憶中，但只有經過過濾器過濾後，它的意義才可能被大腦加工並被人們理解。這一發現對於空中交通管制系統十分重要，比如控制員可能會對無關的或者不準確的信息進行加工，而不是根據其意義和重要性進行處理。布羅德本特和徹利一起進行了很多雙耳分聽實驗來檢驗過濾器的加工過程。他們發現人的預期也會影響信息的過濾過程。在其中一個實驗中，他們要求被試同時在左右耳收聽不同的數字序列。有的被試會被告知他們之後需要先回答哪隻耳朵（信息通道）聽到的數字，有的被試則不會收到任何提示。實驗結果顯示，當人們知道自己要先回答出哪個耳朵聽到的信息時，他們就會把注意力放在這只耳朵上，而另外一隻耳朵聽到的信息往往難以被提取出來。在所有的被試中，被試被要求記住的信息或是被試自主選擇先記住的信息往往會比之後的信息得到更為準確的加工，人們認為這是因為那些被忽略的信息在得到提取之前就已經在短時記憶中消失了。1957 年，布羅德本特寫下了這樣的文字：「我們一次只能聽到一個聲音，而我們最先聽到的一定是我們記得最牢的。」

模型的修正

1958 年，布羅德本特將自己的研究結果寫成《知覺與溝通》一書，這本書很好地總結了他對注意、理解以及記憶的研究結果。這本書的出版時機非常重要，因為當時的美國開始出現了對行為主義理論的質疑，這本書恰好順應了當時的潮流，並成為新認知心理學發展的里程碑。因此，布羅德本特被同行認為是英國的第一位心理學大師（即使這一觀點可能並未得到大眾的認可），他在同年被任命為應用心理中心的負責人，接替了巴特利特的工作。

然而，布羅德本特並沒有停留於此，他以負責人的身份繼續對注意進行研究，並擴大了研究範疇，不斷完善自己的理論模型。他以過濾器模型為出發點，重新回到了對雞尾酒會現象的研究上，他將注意力放在了徹利提到的有關大腦選擇信息的性質的問題上。當談話涉及對個體具有特殊意義的信息（比如這個人的姓名）時，個體的注意力就會被拉到這個談話上，而個體之前所關注的信息將被忽略。

在應用心理中心進行的雙耳分聽實驗證實了徹利的發現：個體對信息的選擇不僅基於信息的物理性質，還會受到信息的意義、該信息得到的反饋、個體之前的經歷以及個體當時的預期等因素的影響。例如，警報聲很容易從眾多聲音中脫穎而出被個體捕捉到。這意味着信息在被注意選擇之前就已經被加工了。

布羅德本特意識到他的過濾器理論需要進行修正，但是這一點不但沒有令他感到氣餒，反而讓他興

雞尾酒會上的人們可能會把注意力放在某段談話上，但是如果其他交談中涉及對某個個體而言的重要信息時，個體就會感知到（注意力也會轉向）新的談話內容。

對心理學理論的檢驗和道德審視都應放到具體的實際運用的範疇中。

——唐納德・布羅德本特

布羅德本特認為應用心理學可以提高複雜的工業過程的效率，他一直致力於從事真正有用的研究。

奮不已。作為一名科學家，他感覺所有的科學理論可能只能盛行一時，儘管當前的證據可能支持某個理論，但是當新的證據出現時，這個理論就會受到質疑。這也正是科學進步的必然。

應用心理中心的工作主要圍繞着布羅德本特對注意的研究展開，這為拓寬研究的實踐領域創造了條件。布羅德本特通過不懈的努力以確保自己的研究具備實踐價值，他驗證了環境中噪聲、溫度以及壓力因素對個體注意力的影響，他還在研究中對其理論觀點進行不斷驗證和完善。在研究過程中，他獲得了政府的資助，也得到了眾多企業的尊重，他的理論在實際中的運用使很多企業受益。這也引發了該領域的更多相關的研究，如不同個體之間的注意力差異等，而他的注意實驗中的問題促使他的理論被不斷修正而趨於完善。1971 年，他出版了第二部著作《決策與壓力》，這本書從細節上充實了過濾器理論，並和前一本書一樣成為認知心理學領域的經典教材之一。

認知取向

布羅德本特的書並沒有被大眾完全接受，卻在科學家中久負盛名。隨着計算機技術的興起，他越來越熱衷於人腦和電子機械的比較。他提出的人腦對信息加工的不同階段（信息的獲取、存儲、提取及使用）的模型和當時人工智能的研究相一致。布羅德本特為人機交互領域作出了貢獻，這對認知科學的發展起到了重大的作用。他的研究還確立了應用心理學的地位，同時也拓展了應用心理學在實踐中的作用。作為認知心理學的關鍵人物，他對注意的研究為新的研究領域的開拓奠定了基礎，而這個領域至今都在為研究人員提供豐富的理論和方向。■

他的研究將目光放在社會及相關問題上，而非僅滿足於故步自封在象牙塔中。

——費格斯・克雷克
阿蘭・巴德利

時光之水
可以倒流

安道爾·圖爾文（1927 年－ ）

背景介紹

聚焦

記憶研究

此前

1878 年 艾賓浩斯進行了歷史上第一個針對人類記憶的科學研究。

1927 年 布魯瑪·蔡加尼克描述了這樣一個現象：打斷任務極大程度上加深了對任務的記憶。

20 世紀 60 年代 傑羅姆·布魯納指出了在學習過程中組織和編碼的重要性。

此後

1979 年 伊麗莎白·洛夫特斯在其著作《目擊者證詞》中探討了有關記憶扭曲的問題。

1981 年 約翰·鮑爾比將記憶中的事件和情緒聯繫到了一起。

2001 年 丹尼爾·夏克特出版了《記憶的七宗罪：大腦是如何記憶和遺忘的》。

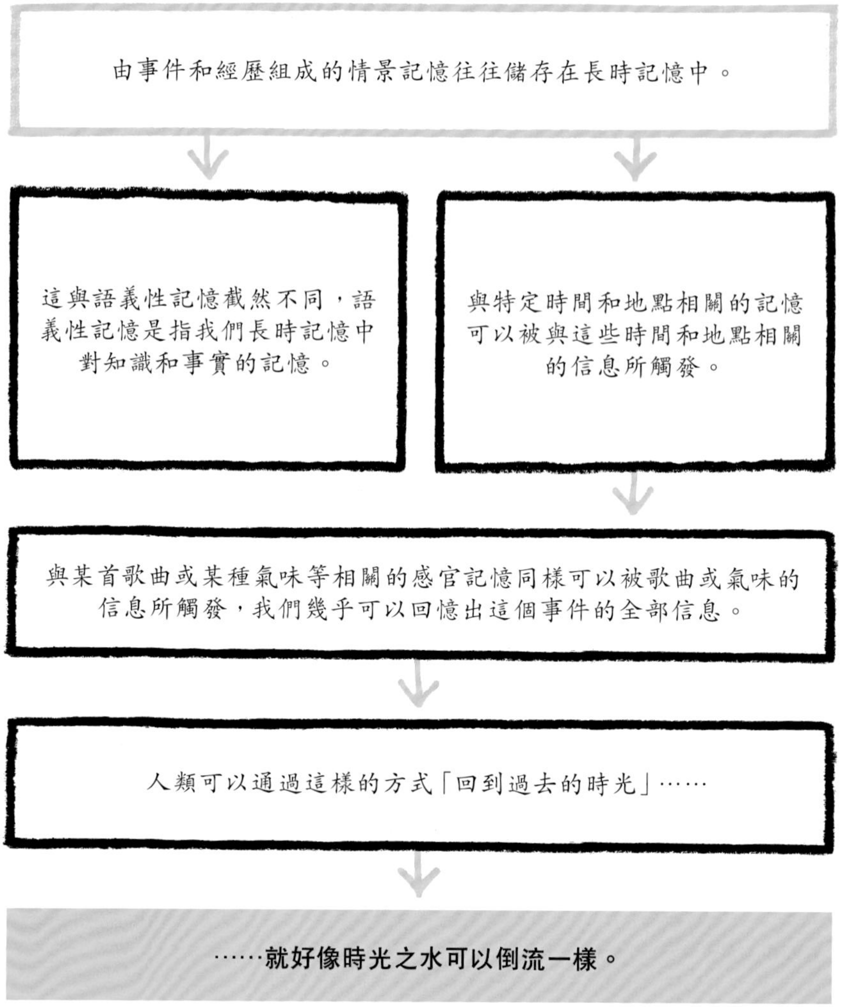

由事件和經歷組成的情景記憶往往儲存在長時記憶中。

這與語義性記憶截然不同，語義性記憶是指我們長時記憶中對知識和事實的記憶。

與特定時間和地點相關的記憶可以被與這些時間和地點相關的信息所觸發。

與某首歌曲或某種氣味等相關的感官記憶同樣可以被歌曲或氣味的信息所觸發，我們幾乎可以回憶出這個事件的全部信息。

人類可以通過這樣的方式「回到過去的時光」……

……就好像時光之水可以倒流一樣。

記憶是 19 世紀心理學家的最早研究的領域之一，因為它和意識緊密相連，這種聯結也為哲學和心理學之間搭建了橋樑。艾賓浩斯十分重視利用科學的方法研究記憶與學習之間的關係，但是之後的心理學工作者將注意力轉向了學習行為，聚焦於「條件作用」。20 世紀二三十年代，除了一些零散的研究外，蔡加尼克和巴特利特的研究相對比較著名，在第二次世界大戰之後、認知革命出現之前，記憶這個主題幾乎已經被人們所遺忘。認知革命之後，認知心理學家開始探索大腦對信息的處理，最終形成了信息存儲的模型：信息的存儲被視為一個過程，信息從短時記憶或工作記憶轉化為長時記憶的過程。

在安道爾·圖爾文（Endel Tulving）1957 年獲得博士學位之時，記憶又一次成為了研究的核心。由於缺乏設備，圖爾文不得已放棄了自己對視覺的研究，轉而將注意力放在了記憶上。由於資金不足，他的研究受到了限制，實驗材料也局限在筆、紙和索引卡上。

自由回憶法

圖爾文採用了一種非傳統的研究方式從被試身上獲得信息，這也導致他遭受了同行的批評，也使他的研究結論的發表難上加難。然而自行其是的個性依然使他做出了很多創新性研究。20 世紀 70 年代早期曾出現過以整班學生為被試的實驗模型，這一模型為圖爾文後來的

參見：赫爾曼・艾賓浩斯 48~49 頁，布魯瑪・蔡加尼克 162 頁，喬治・米勒 168~173 頁，高爾頓・鮑爾 194~195 頁，伊麗莎白・洛夫特斯 202~207 頁，丹尼爾・夏克特 208~209 頁，羅傑・布朗 237 頁，弗雷德里克・巴特利特 335 頁。

實驗提供了基礎。他向一個班的學生念一張寫有 20 個日常單詞的清單，之後要求學生們根據自己的回憶儘可能多地默寫出這些單詞，順序不限。和他的預期一致，大部分學生都能回憶出一半以上的單詞。之後，他會以學生沒有回憶出來的單詞為線索對學生進行發問，例如「單詞中是否有一個關於顏色的詞語？」，這時學生往往能夠回憶出這個單詞。

圖爾文利用「自由回憶」的方法設計了一系列的實驗，結果他發現，人們會將不同詞語按照其意義類別進行分組；這種分組的過程完成得越好，回憶的效果也就越好。如果給被試提供的某個詞的線索和被試對其進行「分組」的線索（如動物）一致，那麼被試也能夠回憶出這個詞。圖爾文從而得出結論：儘管被試能夠回憶出清單上的所有單詞，但是那些經過個體分組的單詞更容易被回憶出來，尤其當給予被試適當的線索時更是如此。

記憶的類型

之前的心理學家更多關注的是信息的存儲過程及信息存儲失敗的過程，而圖爾文則對兩個不同的過程（信息的存儲和提取）進行了區分，他還向大家展示了二者之間的聯繫。經過研究，圖爾文驚訝地發現，記憶似乎存在不同類型。之前人們已經發現了長時記憶和短時記憶之間的區別，但是圖爾文認為長時記憶也有不同的類型。他發現那些以知識（事實和數據）為基礎的記憶和以經驗（事件和對話）為基礎的記憶之間存有差異。他提出將長時記憶區分為兩種類型，一種是以事實性資料為主的語義記憶，另一種是以儲存個人經歷為主的情景記憶。

圖爾文的實驗顯示，例如單詞清單這樣的語義信息，可以幫助個體更為有效地進行回憶，在情景記憶中也存在類似的情況，不過語義記憶是將信息進行有意義的分類之後進行存儲，情景記憶則是將信息與其發生的特定的時間和環境聯繫到一起再進行存儲。例如，在某個生日晚會上有兩個人進行了一場特

在圖爾文的自由回憶實驗中，他要求被試回憶出一張隨機列有不同單詞的清單，而當給予被試關於某詞彙的分類線索時，這個「被遺忘」的單詞往往又能被個體回憶出來。這些單詞還是被存儲到了記憶中，只不過暫時難以提取出來罷了。

> 回憶是大腦的時光旅行。
>
> ——安道爾・圖爾文

像婚禮這樣的情緒高喚起事件將會觸發個體的情景記憶。而這些存儲的方式可以確保個體像「時光旅行」那樣重新體驗這一事件。

殊的談話，那麼對談話內容的記憶將會和這個場景的信息混合在一起儲存到記憶中。比如，「城市」這個分類信息可以幫助我們根據這個線索提取出「北京」這個語義記憶，而「40 歲生日」能幫助我們依據這個信息提取出自己在生日宴會上所說的話。這種記憶與它發生的時間和環境的聯繫越緊密，我們就越容易通過時間和環境的線索將這個記憶提取出來。「閃光燈記憶」這種對重大事件（如「911 恐怖襲擊」事件）的記憶就是一個極端的例子。

圖爾文將情景記憶描述為「大腦的時光旅行」，也就是說這種記憶是一種對過去的故地重遊。他在後來的研究中指出，情景記憶是個體對某個特別的時光的記憶。這種記憶不僅可以幫助我們回憶發生過些甚麼，同時也可以幫助我們了解可能會發生甚麼。這種獨特的能力使得我們能夠思考自己的生活，擔憂未來並做出規劃統籌。也正是這種能力使得人類能夠「充分利用自己對時空上的持續性的感知」，幫助我們將自然世界轉化為眾多文明。通過這一能力，「時光之水才得以倒流」。

信息的編碼

圖爾文認識到，無論是情景記憶還是語義記憶，對信息的組織都是有效回憶的關鍵所在，大腦對信息的組織使得特定的事件或事實與特定的項目聯繫到一起，就好像不同羣組的鴿子被分到不同的鴿巢一樣。而對特定信息的回憶如果能夠指向特定的「鴿巢」—— 大腦了解要找到特定信息，應該「往哪裏

安道爾・圖爾文

安道爾・圖爾文出生於愛沙尼亞，他的父親是一名法官。兒時他一直在私立學校讀書，儘管他是一名模範生，但是其實和學科知識相比，他更喜愛運動。在 1944 年，他和兄弟逃往德國並在那裏完成了學業，他們一直沒能和雙親碰面，直到九年後史太林去世。

第二次世界大戰之後，圖爾文作為一名翻譯為美國軍方服務，在 1949 年移民至加拿大之前，他還有過短暫的醫學院的求學經歷。1953 年，他在多倫多大學的心理學系畢業，並於 1954 年拿到了碩士學位。之後，他去哈佛就讀並在那裏拿到了博士學位，他的博士學位論文便是關於視知覺的。1956 年，圖爾文回到了多倫多大學，他在那裏一直執教至今。

主要作品

1972 年 《記憶的組織》
1983 年 《情景記憶的要素》
1999 年 《記憶、意識和大腦》

去」，大腦就會不斷縮小搜索的範疇，回憶的難度將大大降低。

圖爾文認為這意味着大腦對每個進入長時記憶的信息都會進行編碼，從而確保可以通過一個較為常見的提取線索定位到某個特定的記憶。這種可以促進個體情景記憶的線索往往是感官線索，一種特定的聲音（比如一個音樂片段）或一種氣味都可以觸發相關的完整記憶。

圖爾文有關「編碼特異性原則」的理論特別適用於情景記憶。大腦對過去某個特定事件的記憶是根據其發生的時間、和當時發生的其他事件一起進行編碼的。圖爾文發現，提取某個特定情景記憶的最有效線索是和這個記憶同時被編碼的、與這個記憶重疊最多的內容。對於提取情景記憶而言，這種提取的線索十分重要，但是卻並不充分，因為即使這個記憶存儲在長時記憶中，有時線索和記憶之間的關係也沒有密切到達到可以令個體能夠回憶出來的程度。

我們所知道的記憶行為與內在神經結構的關係並不明了。這才是真正的科學。

——安道爾・圖爾文

圖爾文認為，不同類型的記憶存在着根本上的區別，因為不同的記憶在表現和功能上有着巨大的差異。

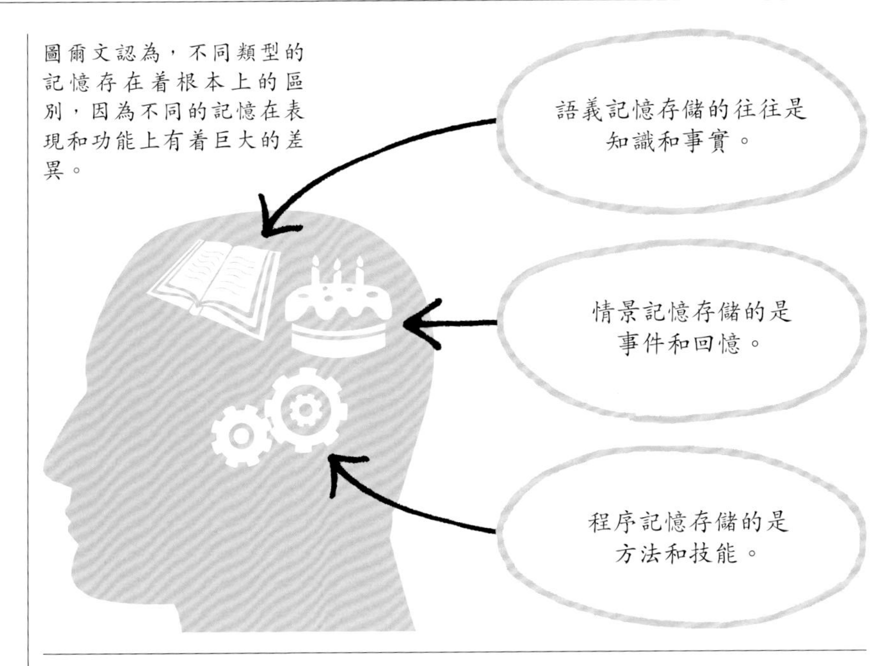

和之前的記憶理論不同，圖爾文的編碼原則區分了「可以被提取的記憶」和「容易被提取的記憶」之間的差別。當個體無法回憶出某個信息片段時，並不意味着這個記憶「被遺忘了」或是在長時記憶中消失了；這個記憶其實依然存儲在大腦中，依然可以被提取出來，關鍵在於提取途徑上。

記憶的大腦掃描

圖爾文對於記憶的存儲和提取的研究為心理學研究開拓了一個全新的領域。20 世紀 70 年代，他出版了一系列關於其研究結論的書籍，他的結論得到了很多認知心理學家的支持，這些認知心理學家利用剛剛興起的腦成像技術在神經科學領域為他的理論尋找到了證據。在神經科學領域的科學家的幫助下，圖爾文尋找到了大腦進行編碼和提取的不同區域，他發現，情景記憶與大腦的內側顳葉、尤其是海馬存在很密切的關係。

他改採用的非傳統的、非學術性的方法使他得出了極具創新性的見解，從而也為其他心理學工作者提供了靈感，這其中就包括了他的一些學生，如丹尼爾・夏克特。圖爾文對記憶的存儲和提取功能的關注為人們找到了一條理解記憶的新思路，但或許對語義記憶和情景記憶的區分才是他最具突破性的貢獻。後來的心理學工作者不斷為豐富這個模型而繼續努力，比如程序記憶（如何做事情的記憶）、外顯記憶（在意識範疇內的記憶）以及內隱記憶（我們沒有意識到、但是卻會對我們造成持續影響的記憶）。這些概念至今依然在認知心理學家的研究範圍之內。■

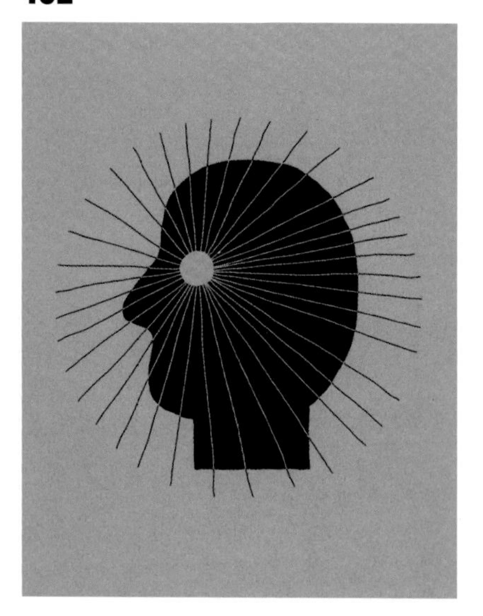

知覺是受外部信息引導的一種想像

羅傑·謝帕德（1929 年－ ）

背景介紹

聚焦

知覺

此前

1637 年 笛卡兒在《方法論》中指出，儘管我們的感覺會欺騙人，但是我們是天生能夠思考的個體。

20 世紀 20 年代 完形理論學派開始對視覺進行研究，他們發現人們傾向於將事物的不同組成部分視為一個統一的整體。

1958 年 唐納德·布羅德本特在《知覺與溝通》一書中明確提出了對知覺的認知心理學研究方法。

此後

1986 年 美國的實驗心理學家米舍爾·庫伯維出版了《心理學視角與文藝復興藝術》。

大腦如何利用外部世界的信息？這是哲學家和心理學家關注的重要問題。我們究竟如何利用自己感官獲得的信息？20 世紀 70 年代早期，認知與數學心理學家羅傑·謝帕德（Roger Shepard）提出了有關大腦如何處理「感官信息」的全新理論。

謝帕德認為，我們的大腦不僅加工感官信息，還會根據這些信息進行推論，依據是我們能構造出內在的物質世界的模型，其中物體將會以三維形式呈現。為了證明這一點，他設計了一個實驗，要求被試判斷看到的一對方格體（每個方格體旋轉到不同角度）是否相同。結果表明，我們會執行謝帕德所謂的「心理旋轉」：我們能夠在意識中將方格體旋轉以進行比較。

謝帕德使用了一系列視覺（和聽覺）的錯覺證明了我們的大腦在解釋感官信息的過程中，會同時利用外部世界的信息及我們的想像進行加工。謝帕德認為「知覺是受外部信息引導的一種想像」，他將夢和幻覺描述為一種「內部模擬的知覺」。謝帕德的研究為識別大腦隱性的加工過程和信息的呈現過程提供了一種革命性的方法。他在視覺、聽覺、想像和表徵等方面的貢獻影響了一代又一代的心理學工作者。■

錯覺會令觀察者感到困惑。這說明我們不只是在感知世界，同時我們還在嘗試讓感知到的信息與自己的內部理解相一致。

參見：勒內·笛卡兒 20~21 頁，沃爾夫岡·科勒 160~161 頁，傑羅姆·布魯納 164~165 頁，唐納德·布羅德本特 178~185 頁，馬克斯·韋特海默 335 頁。

我們一直在不停地尋找事物間的因果關係

丹尼爾・卡尼曼（1934 年－ ）

背景介紹

聚焦

預期理論

此前

1738 年 瑞士數學家丹尼爾・伯努利（生於荷蘭）提出了預期效應假設，用以解釋人們在面對風險情境時的決策偏好問題。

1917 年 沃爾夫岡・科勒出版《人猿的智力》，書中闡述了他對黑猩猩的問題解決過程的研究。

20 世紀 40 年代 愛德華・托爾曼有關動物行為的研究為動機以及決定過程的研究打開了新的領域。

此後

1980 年 美國經濟學家理查德・塞勒出版了第一篇關於行為經濟學的論文《消費者選擇的實證理論》。

一直以來，對風險的感知以及相關的決策方式的研究都被認為是概率或統計問題，而非心理學問題。然而，強調大腦加工過程的認知心理學把知覺及判斷的概念引入問題解決的研究領域中，並得出很多令人驚訝的結論。以色列裔美國經濟學家丹尼爾・卡尼曼（Daniel Kahneman）以及阿莫斯・特沃斯基重新探討了人們在面臨不確定因素的情況下進行決策的過程，他們將其發現發表在《在不確定基礎上的判斷：直觀推斷和偏見》（1974）中。他們發現，大家的普遍認知（在做決定的過程中人們更多考慮概率和統計因素）在實際生活中卻站不住腳。相反，人們在決定的過程中會更多地憑藉自己的經驗——個體經歷或是小樣本事件。因為人們總是會依據大腦的直覺做決定（而不是去計算可能的概率），因此人們的判斷常會出錯。

在發現輪盤多次均停留在紅色之後，大部分人都會錯誤地相信下一次更可能是黑色。

——丹尼尔・卡尼曼
阿莫斯・特沃斯基

卡尼曼和特沃斯基發現人們這種基於經驗解決問題的過程存在普遍的問題：我們傾向於高估小概率事件（比如空難）的可能性，卻低估高概率事件（比如醉酒駕車出車禍）的可能性。

這些發現為卡尼曼和特沃斯基的結論奠定了基礎，他們在 1979 年提出了自己的假設，開創了行為經濟學這一新的心理學領域。■

參見：愛德華・托爾曼 72~73 頁，沃爾夫岡・科勒 160~161 頁。

事件和情緒是一起被儲存進記憶的

高爾頓·鮑爾（1932 年－ ）

背景介紹

聚焦

記憶研究

此前

1927 年 布魯瑪·蔡加尼克提出「蔡氏效應」，即打斷任務極大程度上加深了人們對任務的記憶。

1956 年 喬治·米勒的著作《神奇的數字 7±2》為短時記憶提供了一種新的認知模型。

1972 年 圖爾文區分出了兩種記憶：語義記憶和情景記憶。

此後

1977 年 羅傑·布朗創造了「閃光燈記憶」一詞，以描述高情緒喚起事件與個體記憶的關係。

2001 年 丹尼爾·夏克特出版了《記憶的七宗罪》，對人們記憶失敗的可能性進行了分類。

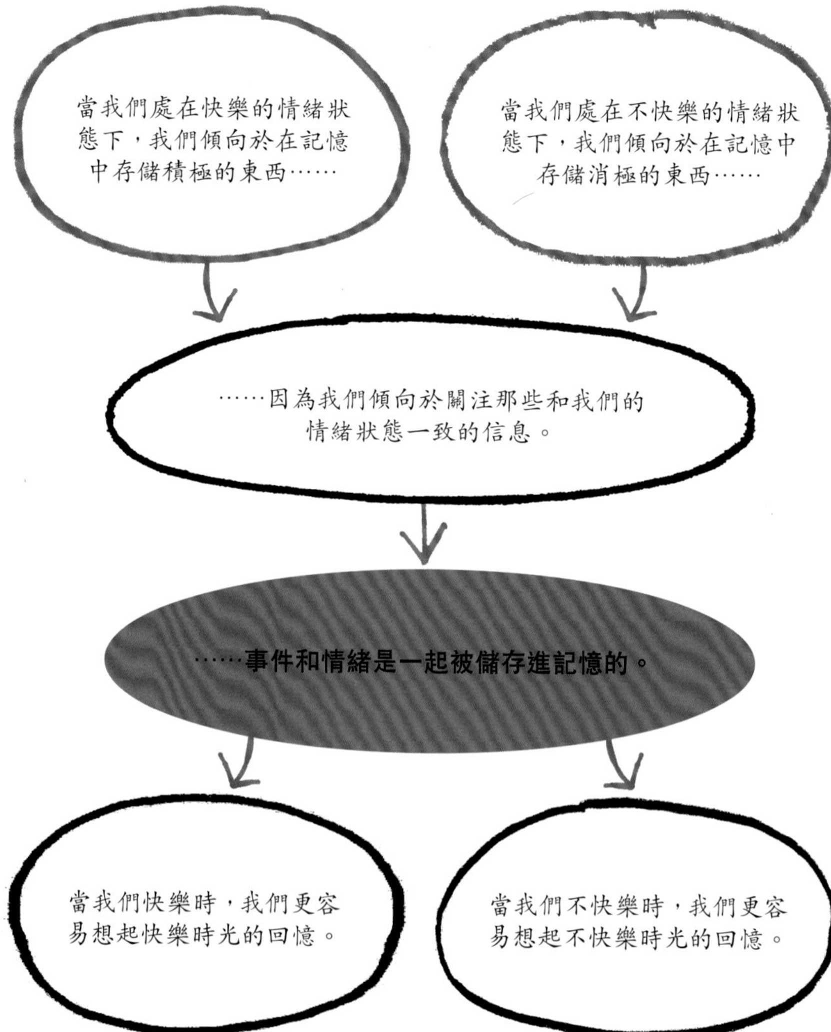

參見：布魯瑪・蔡加尼克 162 頁，喬治・米勒 168~173 頁，安道爾・圖爾文 186~191 頁，保羅・艾克曼 196~197 頁，丹尼爾・夏克特 208~209 頁，羅傑・布朗 237 頁。

20 世紀 50 年代，記憶研究熱潮再次席捲而來。對於短時記憶和長時記憶，人們提出了更加豐富的模型，以解釋人們如何選擇、組織、存儲及提取信息。同時，關於記憶內容是如何被遺忘或是扭曲的問題也得到了人們的關注。

記憶和情緒

到了 20 世紀 70 年代，學習理論和記憶理論研究的焦點逐漸轉移到為甚麼某些記憶會更加準確的問題上。高爾頓・鮑爾（Gordon Bower）當時是該領域的領軍人物之一，他發現情緒會對人們的記憶造成影響。鮑爾進行了一系列的研究，觀察不同情緒狀態下的人們對同一單詞清單的學習效果和之後的回憶效果，還觀察了這些被試在情緒狀態改變後的回憶效果，他提出了「基於情緒的提取效應」：一個人在不快樂狀態下學習的內容，在之後他不快樂時的回憶效果會更好。鮑爾得出結論：我們會將自己的情緒狀態和週遭發生的一切聯繫起來，我們的情緒和這些信息將一起被存儲進記憶中。如果我們回憶時的情緒狀態和我們在學習該信息時的情緒狀態一致，我們的回憶效果將更好。

鮑爾還發現，情緒在大腦存儲信息的過程中也有作用。當我們快樂時，我們會存儲積極的事情；當我們傷心時，我們更容易關注和記住消極的事情。例如，同樣閱讀一個悲傷的故事，不快樂狀態下的人和快樂狀態下的人相比，前者對細節的記憶效果更好。他稱之為「情緒一致性處理」，他認為情景記憶不僅是對詞語或事實的記憶，還有對事件的記憶——和情緒的聯繫更為緊密。事件和情緒是一起被儲存進記憶的，我們記得最牢的是那些與自己情緒狀態相一致的事件，無論是在事件發生時還是後來回憶時。這些發現促使鮑爾進行了更深入的研究，他要求被試觀看自己和他人互動的錄影帶並觀察他們的情緒反應。結果發現，被試的記憶以及對過去行為的判斷會因為被試觀看錄影帶時的情緒而有所變化。這個研究使鮑爾關於記憶和情緒的理論得到了進一步完善，同時，促使研究者開始探討情緒在我們生活中所扮演的角色問題。■

鮑爾認為，快樂時，我們更容易回憶出田園詩般的快樂假日。而不快的記憶此時更可能被遺忘，或是等着在我們不快樂時出現。

高爾頓・鮑爾

高爾頓・鮑爾在美國的俄亥俄州長大。在高中時，他迷戀棒球和爵士樂，對學習的興趣並不高，直到他被老師引薦參加了佛洛伊德的研究。之後，他前往凱斯西儲大學學習心理學並在那裏畢業，之後他到耶魯大學深造，進行有關學習理論的研究，並於 1959 年拿到博士學位。自耶魯畢業之後，鮑爾前往加利福尼亞的史丹福大學。史丹福大學心理系當時蜚聲國際，他在那裏執教直到 2005 年退休。在那裏，他為認知科學領域的發展做出了貢獻，2005 年，鮑爾因他在數學和認知心理學領域的貢獻獲得了美國國家科學獎章。

主要作品

1966 年、1975 年 《學習理論》（與歐內斯特・希爾加德合著）
1981 年 《情緒和記憶》
1991 年 《學習與動機心理學》（27 卷）

處在快樂狀態下的人們對快樂事件的學習效果更好，憤怒狀態下的人們對容易激發憤怒的事件的學習效果更好。

——高爾頓・鮑爾

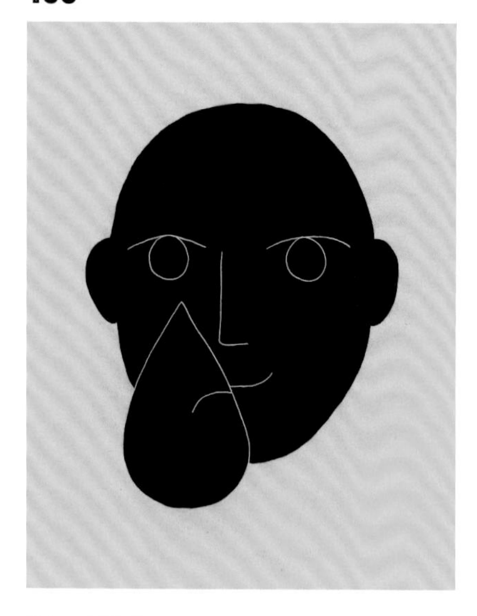

情緒是一列脫軌的火車

保羅・艾克曼（1934 年－ ）

背景介紹

聚焦

情緒心理學

此前

20 世紀 60 年代 美國人類學家瑪格麗特・米德對與世隔絕的部落進行研究後發現，人們的面部表情具有文化特異性。

20 世紀 60 年代 美國心理學家希爾文・湯姆金斯（艾克曼的導師）提出了「情緒的情感理論」，與佛洛伊德的性、恐懼以及生本能等基本內驅力的概念有着很大的差別。

20 世紀 70 年代 高爾頓・鮑爾探討並解釋了情緒和記憶之間的關係。

此後

21 世紀 保羅・艾克曼有關面部表情和欺騙的研究開始被納入公共交通系統的保安體系中。

在心理治療剛剛興起時，情緒尤其是情緒障礙是治療師時常遇到的問題，但是情緒和情緒障礙更多被視為需要得到治療的症狀，而不是被作為獨立的問題來研究。保羅・艾克曼（Paul Ekman）第一個認識到，情緒應該和思維過程、內驅力以及行為一樣獲得人們更多的關注，之後他開始研究人類的非言語行為以及面部表情。

當艾克曼在 20 世紀 70 年代開始自己的研究時，人們的普遍假設是，我們通過社會交往學習如何表達自己的情緒，而這種表達會因不同的文化背景而有所不同。艾克曼遊歷了世界的很多地方，他首先拍攝了「發達國家」（如日本和巴西）人們的照片，之後他又拍攝了很多連電視和收音機都沒有的偏遠地區（如巴布亞新幾內亞的叢林）的人們。他發現部落裏的人們能夠和發達國家的人們一樣理解面部表情的

情緒能夠並且常常會在我們知覺到它們之前就已經出現了。

情緒可以戰勝一些我們最基本的內驅力（厭惡能夠壓倒飢餓感）。

因此我們很難控制自己的情緒。

情緒的能量巨大，難以把控，就好像脫軌的火車。

參見：威廉・詹姆斯 38~45 頁，西格蒙德・佛洛伊德 92~99 頁，高爾頓・鮑爾 194~195 頁，尼科・弗萊吉達 324~325 頁，夏洛特・比勒 336 頁，雷內・迪阿特凱內 338 頁，斯坦利・沙克特 338 頁。

六種基本情緒

憤怒

厭惡

恐懼

快樂

悲傷

驚訝

含義，這也就意味着面部表情是人類進化過程的普遍產物。

基本情緒

艾克曼提出了人類的六種基本情緒：憤怒、厭惡、恐懼、快樂、悲傷和驚訝，因為這些情緒普遍存在，所以艾克曼認為這些情緒對心理結構一定有着非常重要的作用。他指出面部表情和這些情緒之間的聯繫是不自覺的——我們會對那些引發這些情緒反應的源頭做出自動反應，而且在做出這些反應的時候，我們的意識通常還沒來得及反映出它們生成的原因。艾克曼推論，面部表情能夠反映出我們的內在情緒狀態，而且，這些不自覺的情緒反應的能量遠比之前心理學家認為的要強大得多。

在《情緒的解析》一書中，艾克曼指出，情緒的能量遠高於佛洛伊德理論中的性、飢餓甚至生本能等驅動力的能量。例如，尷尬或恐懼可以壓制性驅力，這往往導致人們的性生活因為尷尬或恐懼而出現問題。極度的不快樂往往可以壓制人的生本能。情緒的這種如「脫軌火車」般的能量使艾克曼相信，進一步了解情緒能夠幫助我們找到解決部分心理障礙的方法。我們可能無法控制自己的情緒，但是我們可以改變引發我們情緒的事件，我們也可以改變情緒所引發的行為。

除了情緒方面的研究，艾克曼還開創性地研究了人們的欺騙行為以及人們怎樣隱藏自己的感受。他鑑別出一些小的「洩密」信號，並稱其為「微表情」——個體在有意或無意隱瞞時能夠被看穿的漏洞。這個研究對於反恐事業起到了巨大的作用。■

保羅・艾克曼

保羅・艾克曼出生在美國新澤西州的紐瓦克，他在那裏度過了童年時光。第二次世界大戰爆發後，他的家人搬到華盛頓州、俄勒岡州，最後到達了南加州。15 歲時，艾克曼就進入了芝加哥大學，在那裏他對佛洛伊德及心理治療產生了濃厚的興趣，之後他在阿德菲大學繼續深造並取得了臨床心理學的博士學位。在美軍短暫工作一段時間後，他前往舊金山的加利福尼亞大學，在那裏他開始了有關面部表情和非言語行為的研究。他首先關注人們如何在面部表情上隱藏自己的情緒，之後又更加深入地探索了情緒心理學中尚未被研究者開發的領域。他於 1972 年被任命為舊金山加州大學的心理學教授，直至 2004 年退休。

主要作品

1985 年 《說謊》
2003 年 《情緒的解析》
2008 年 《情緒知覺》

入迷讓人進入另一種現實

米哈里・齊克森米哈里（1934 年－ ）

背景介紹

聚焦

積極心理學

此前

1943 年 亞伯拉罕・馬斯洛的《人類動機理論》為人本主義心理學奠定了基礎。

1951 年 卡爾・羅傑斯出版了《來訪者為中心療法》，提出了人本主義心理療法。

20 世紀 60 年代 艾倫・貝克提出了替代精神分析療法的認知療法。

20 世紀 90 年代 馬丁・沙利文將研究的焦點從習得性無助以及抑鬱症轉向了積極心理學。

此後

1997 年 齊克森米哈里和威廉・達蒙、霍華德・加德納共同致力於研究優質工作項目，並在之後出版了《優質工作：當卓越和道德遭遇》，並於 2002 年發表了《優質工作：領導、心流以及創造意義》。

在認知革命發生時，臨床心理學領域又崛起了一個新的運動，該運動不再只從障礙的角度去看待來訪者，而是從更為人本主義的視角將來訪者視為一個整體。如弗洛姆、馬斯洛以及羅傑斯等心理學家開始不再只關注如何減輕抑鬱給個體帶來的痛苦，而是轉而探討哪些要素能夠讓個體過上幸福快樂的生活。基於這樣的觀點，「積極心理學」運動開始逐漸崛起，該運動更為關注如何幫助個體尋找幸福快樂的途徑。

新心理學潮流的核心概念便是

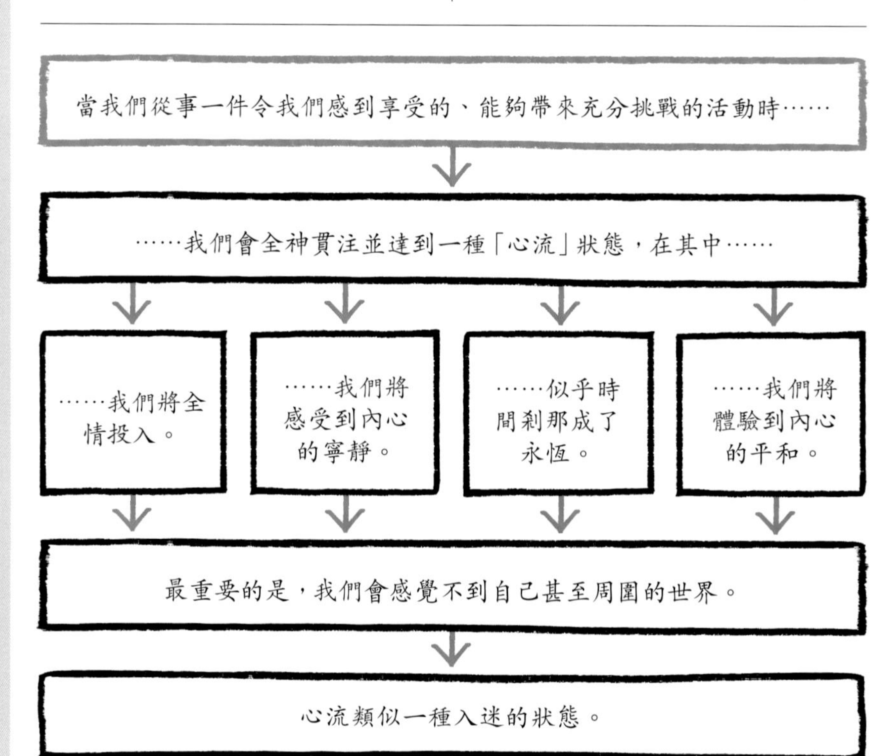

參見：埃里克・弗洛姆 124~129 頁，卡爾・羅傑斯 130~137 頁，亞伯拉罕・馬斯洛 138~139 頁，艾倫・貝克 174~177 頁，馬丁・沙利文 200~201 頁，喬・卡巴金 210 頁。

一個好的爵士樂家在演奏時會進入一種幾乎恍惚的狀態。個體將會被心流的這種入迷狀態所吞沒，他將會全身心投入到演奏和音樂當中。

心流，心流由米哈里・齊克森米哈里（Mihály Csíkszentmihályi）於 20 世紀 70 年代提出。他在 1990 年出版的著作《心流：心理的最佳體驗》中對這個概念進行了充分的闡釋。這一觀點來源於他和很多認為生活（無論是工作還是休閒愛好）頗有意義的人的面談。這其中不僅包含藝術家這樣的創新型專業人士，還包含了各行各業的人，如外科醫生和企業領導，還有那些在運動或遊戲方面得到快樂和滿足的人。

齊克森米哈里發現，這些人在描述自己完全投入喜愛並擅長的活動時都出現了一種類似的感覺，說自己體會到了一種忘我感，身在其中，所有的一切都是那麼自然而然 —— 心流狀態。他說，這種狀態始於「我們的注意力聚焦在那個清晰的目標上」。之後，我們會專心致志、全神貫注、樂在其中。我們知道必須做甚麼，也能夠通過即時的反饋知道我們做得如何。音樂家知道自己演奏出的樂曲就應該是這樣，網球運動員知道網球會達到預期的落點。

入迷的狀態

那些經歷心流狀態的人描述自己在當時產生了永恆、平和以及寧靜之感，齊克森米哈里將這種狀態形容為入迷狀態（一種「忘我」的狀態）。享受心流關鍵在於出離日常生活的現實，脫離日常生活中的煩惱憂慮。齊克森米哈里覺得心流是個體能享受快樂的關鍵和充實生活的核心。

如何達到心流狀態呢？齊克森米哈里研究了那些能夠經常進入這種狀態的人們，他發現當一件工作的挑戰性與個體的能力相符時，也就是說該任務要在個體的能力範疇之內，需要個體全身心投入其中，同時還要對個體的能力加以提升時，個體將更容易進入心流狀態。只有在個體的能力和任務的難度達到一個適合的平衡狀態時，心流狀態才會出現。如果任務超出個體的能力，只能引發焦慮；如果任務過於簡單，將會導致個體產生厭煩或無聊的感覺。

齊克森米哈里有關心流的概唸得到了其他積極心理學派人士的認可，並且成為樂觀主義理論的組成部分。齊克森米哈里將心流視為各種活動的重要元素，並且認為心流是讓一件工作變得富有意義的關鍵。■

米哈里・齊克森米哈里

米哈里・齊克森米哈里出生在南斯拉夫的阜姆港（今克羅地亞的里耶卡），那時他的父親被任命為匈牙利的外交官。1948 年，他和家人一起流亡到羅馬。青少年時，齊克森米哈里參加了由榮格在瑞士召集的一個研討會，由此激發了他學習心理學的興趣。在獎學金的幫助下，他前往美國的芝加哥大學求學並於 1959 年畢業，於 1965 年獲得了博士學位。在讀書時，他與作家伊莎貝拉・色楞格締結下姻緣，並在 1968 年成為美國公民。在 1969 年至 2000 年間，齊克森米哈里留在了芝加哥大學，研究其心流理論同時承擔相應的教學工作。之後，他被任命為加利福尼亞克萊蒙研究生大學心理系的教授及負責人。

主要作品

1975 年　《超越無聊和焦慮》
1990 年　《心流：心理的最佳體驗》
1994 年　《自我的進化》
1996 年　《創造力》

幸福的人都是高度社會化的

馬丁・沙利文（1942 年－ ）

背景介紹

聚焦

積極心理學

此前

20 世紀 50 年代 卡爾・羅傑斯提出了有關「以來訪者為中心」的概念和實踐療法。

1954 年 亞伯拉罕・馬斯洛第一次在其著作《動機與人格》使用了「積極心理學」這個詞語。

此後

1990 年 齊克森米哈里根據自己對幸福與從事有意義的、吸引人的活動之間關係的研究，出版了《心流：心理的最佳體驗》。

1994 年 喬・卡巴金的著作《當下，繁花盛開》提出了人們用以應對壓力、焦慮、痛苦以及疾病的正念冥想。

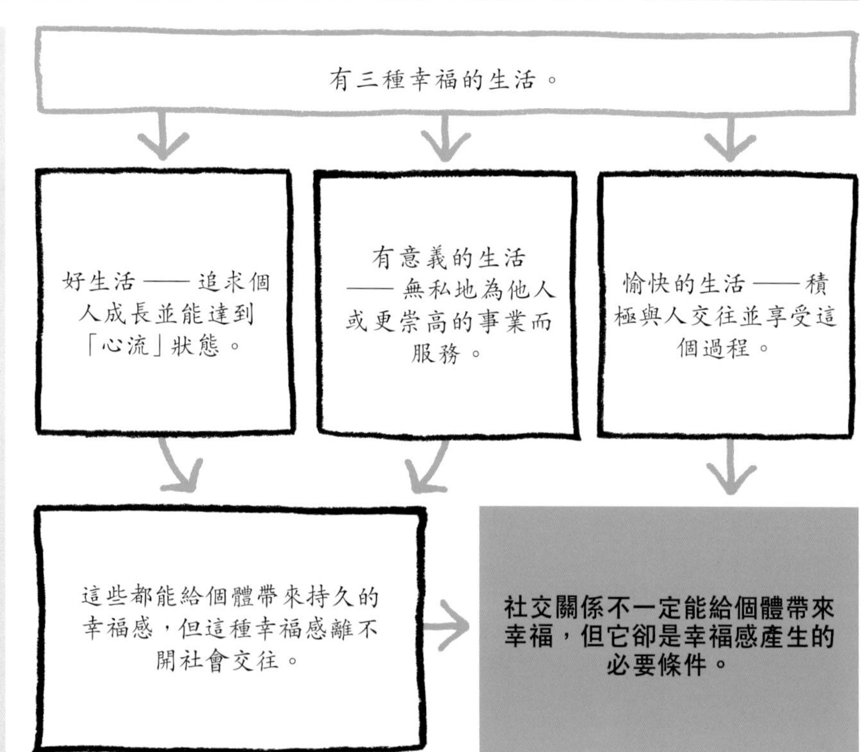

第二次世界大戰之後，實驗心理學主要關注的是大腦的認知過程，此時臨床心理學依然在繼續研究如何處理抑鬱和焦慮等問題。新的認知療法仍然把焦點集中在如何緩解人們的痛苦上，而不關注如何激發、創造幸福的生活。

20 世紀 90 年代，馬丁・沙利文（Martin Seligman）有關「習得性無助」的理論（個體因抑鬱等問題而陷入悲觀的漩渦中）引發了諸多成功療法的出現。他認為，心理學為人們提供了很多很好的東西，但他相信心理學能提供的遠不止這

參見：埃里克·弗洛姆 124~129 頁，卡爾·羅傑斯 130~137 頁，亞伯拉罕·馬斯洛 138~139 頁，艾倫·貝克 174~177 頁，米哈里·齊克森米哈里 198~199 頁，喬·卡巴金 210 頁。

良好的社會關係同食物和溫度一樣，對人類的情緒至關重要，這一點全世界都通用。

——馬丁·沙利文

些。他認為心理治療應該「在關注個體弱點的同時關注個體的優勢，在嘗試對個體的生活進行修復的過程中也應該關注如何為生活賦予更好的意義」。基於其哲學背景，他將「積極心理學」的目標與亞里士多德所謂尋求「因理性而積極生活所帶來的幸福」聯繫到一起。和這位哲學大師一樣，沙利文認為關鍵不在於緩解或除去那些令我們不開心的事物，而是要積極促進能夠讓我們幸福快樂的事物的出現——當然首先要發現這些快樂是甚麼。

「幸福」的生活

沙利文注意到那些快樂而充實的人們往往擁有一定的社交圈，他們也十分享受他人的陪伴。這些人似乎正在過着「愉快的生活」——他所定義的三種幸福生活的一種，另外兩種分別是「好生活」和「有意義的生活」。「愉快的生活」或盡力追尋愉快的生活往往會給個體帶來快樂，但是沙利文發現這種快樂一般持續的時間並不長久。享有「好生活」的人或是在人際關係、工作以及娛樂中都十分成功的人，往往會擁有更為深入、持久的快樂。類似的，「有意義的生活」，或無私為他人或更為崇高的事業而服務的生活，也能給個體帶來滿足感和自我實現感。

沙利文還發現「好生活」和「有意義的生活」中往往包含一個關鍵因素，即他的同事齊克森米哈里所謂的「心流」或高度的精神投入。而「愉快的生活」中顯然不包含這一因素，但沙利文還發現那些「極其幸福的人們」同樣也是高度社會化的人們。因此他認為，「享受社交、享受他人的陪伴可能無法令個體產生智力或情緒上的滿足感，卻是能讓個體擁有真正幸福的關鍵。」「好生活」和「有意義的生活」可以給我們帶來幸福，「愉快的生活」一樣可以提高幸福感。■

享受社交、享受他人的陪伴可能無法令個體產生智力或情緒上的滿足感，但是塞利格曼發現，這卻是讓個體擁有真正幸福的關鍵。

馬丁·沙利文

馬丁·沙利文出生在紐約的奧爾巴尼，他於 1964 年在普林斯頓大學獲得了哲學學位。之後他便把注意力轉向心理學，並於 1967 年在賓夕法尼亞大學獲得了博士學位。在之後的三年中，他一直在康奈爾大學執教，並於 1970 年重回賓夕法尼亞大學。1976 年被聘為教授之後，塞利格曼便留在了賓夕法尼亞大學執教。

沙利文在 20 世紀 70 年代對抑鬱症的研究提出了有關「習得性無助」理論，並提出了應對（與習得性無助相關的）廣泛性悲觀狀態的方法。但是關於女兒的一件事讓他看到了自己內在的消極傾向，他相信如果自己能將注意力轉向自己積極的優勢而不是消極的弱點，那麼他將感到充實和快樂。作為現代積極心理學創始人之一，塞利格曼推動了賓夕法尼亞大學積極心理學中心的創建。

主要作品

1975 年 《無助》
1991 年 《活出樂觀的自己》
2002 年 《真實的幸福》

我們一心相信的東西並不一定是真實的

伊麗莎白・洛夫特斯（1944 年－ ）

背景介紹

聚焦

記憶研究

此前

1896 年 佛洛伊德提出了被壓抑的記憶。

1932 年 弗雷德里克・巴特利特在《記憶》一書中指出，人的記憶受到主觀的加工、遺漏和扭曲。

1947 年 高爾頓・奧爾波特和里奧・波斯特曼設計了系列實驗，證實人們會在無意識地情況下發生不同類型的誤報。

此後

1988 年 埃倫・巴斯和勞拉・戴維斯為性虐待受害者出版了自助書籍《治療的勇氣》，該書對 20 世紀 90 年代的記憶恢復治療產生了巨大的影響。

2001 年 在著作《記憶的七宗罪》中，丹尼爾・夏克特描述了我們的記憶可能出現的七種錯誤。

19世紀末，佛洛伊德稱，人的大腦有一種防禦機制，可以利用「壓抑」這種無意識機制來阻擋那些會令個體痛苦、無法接納的衝動和想法，並將它們埋藏到知覺的深處。佛洛伊德後來修正了這一觀點，改為慾望和情緒的壓抑理論。然而，他的觀點，即人們對創傷性事件的記憶會被個體無意識地壓抑和存儲，得到了很多心理學家的支持。

21 世紀興起了各類心理療法，它們都將注意力放在了被壓抑的記憶上，而提取被壓抑的記憶的可能性又與精神分析有着千絲萬縷的聯繫，以至於好萊塢都開始探索這一主題。第二次世界大戰後，行為主義開始逐漸衰退，而認知革命則為大腦記憶過程中的信息加工提出了新的模型，記憶成為實驗心理學家感興趣的又一主題。在伊麗莎白・洛夫特斯（Elizabeth Loftus）開始對長時記憶進行研究之前，長時記憶這個主題已經流行多年了。20 世紀 80 年代，有不少著名的兒童受虐案登上了法庭並引起了公眾的注意，有關記憶的壓抑和恢復問題也就成了熱門話題。

人類的記憶功能並不像錄像機、攝像機那麼精確。

——伊麗莎白・洛夫特斯

受暗示影響的記憶

在研究過程中，洛夫特斯開始懷疑有關恢復被壓抑的記憶的觀點。之前巴特利特、奧爾波特和里奧・波斯特曼的研究已經證實，即使在大腦正常工作的狀態下，我們可能也無法成功地提取之前儲存的記憶，洛夫特斯認為我們自然也無

伊麗莎白・洛夫特斯

伊麗莎白・洛夫特斯 1944 年出生於美國洛杉磯。她本想成為一名高中數學教師，並在加利福尼亞大學獲得了自己的第一個學位。然而，當在加利福尼亞大學洛杉磯分校就讀時，她開始學習心理學並於 1970 年在史丹福大學獲得了博士學位。在史丹福大學，她開始對長時記憶產生了興趣，並在那裏遇到並嫁給了她的心理系同學傑弗里・洛夫特斯，但之後他們還是離婚了。在之後的 29 年中，她一直在西雅圖的華盛頓大學教書並成為了心理學教授和法學副教授。2002 年，她被授予加利福尼亞大學特聘教授的稱號，並在「21 世紀最重要心理學家排行榜」上成為排名最靠前的女性。

主要作品

1979 年 《目擊者證詞》

1991 年 《辯方證人》(與凱薩琳・柯茜合著)

1994 年 《當心！你的記憶會犯罪》(與凱薩琳・柯茜合著)

參見：西格蒙德·佛洛伊德 92~99 頁，布魯瑪·蔡加尼克 162 頁，喬治·米勒 168~173 頁，安道爾·圖爾文 186~191 頁，高爾頓·鮑爾 194~195 頁，丹尼爾·夏克特 208~209 頁，羅傑·布朗 237 頁，弗雷德里克·巴特利特 335 頁。

法成功提取被我們壓抑的、創傷性的記憶——我們更可能用情緒的色彩去渲染自己的這些記憶。

20 世紀 70 年代早期，洛夫特斯開始研究不可靠的記憶，她設計了一系列簡單的實驗來測試目擊者證詞的準確性。她先給一班人播放一段交通事故短片，然後詢問他們看到了甚麼。洛夫特斯發現提問的措辭會對人們的回答產生重大的影響。例如，當要求被試估計影片中汽車的速度時，答案五花八門，而被試的回答往往取決於提問者描述撞車時的詞語，比如「相撞」、「衝撞」或者「撞碎」等。之後，被試還會被詢問事故發生後現場是否有碎玻璃，被試的回答依然會受到前面問汽車速度時提問者描述的詞語的影響。在之後不同版本的實驗中，他們給予被試有關事故細節的虛假信息（比如現場的路標方向等），而這一樣會對很多被試的回憶結果造成影響。

對司法領域的影響

在洛夫特斯看來，記憶會被事後他人對事件提出的問題或暗示所扭曲。錯誤信息可以將回憶植入目擊者的大腦中。她在 1979 年出版的《目擊者證詞》一書很好地描述了她的實驗，她非常清楚這種「誤報效應」的影響，不僅因為這會危及已有的記憶模型的地位，同時還

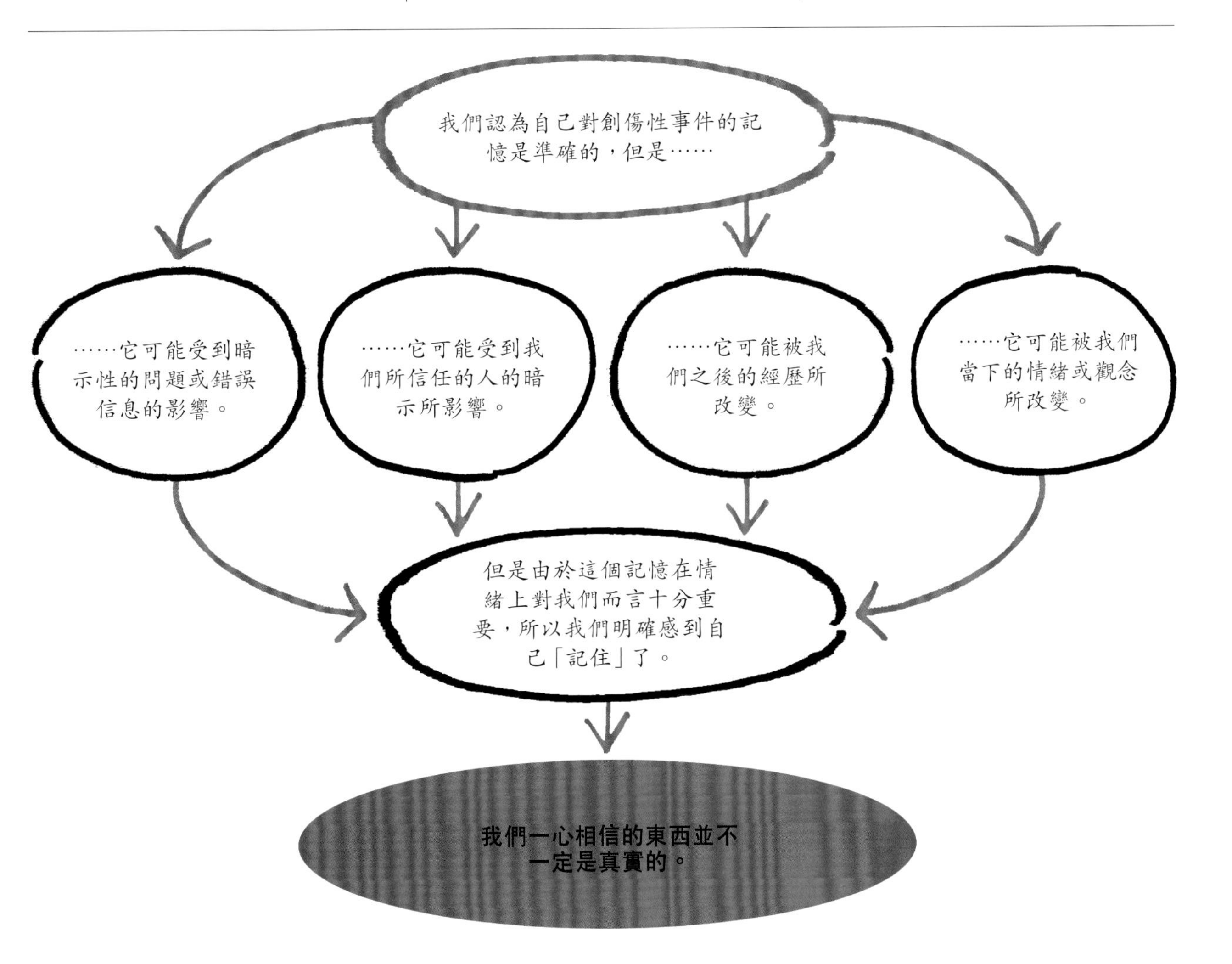

在 1974 年的實驗中，洛夫特斯給一班人看了一段交通事故短片，然後再分別使用「相撞」、「衝撞」或者「撞碎」的詞語來形容車輛事故，她要求這班人試估計影片中的車速，她選擇的詞語影響了被試的判斷。

會對司法過程造成影響。她明白這將引發巨大的爭議，於是她在書中提到：「目擊證人辯詞的不可靠性會成為刑事司法和民事訴訟部門面臨的最為嚴重的問題之一。」

虛假記憶綜合症

洛夫特斯很快投入有關審判心理學的研究中，在 20 世紀 80 年代接二連三出現的虐童案中，她成了鑑定證人。她發現關於某事件的記憶不僅可以被事件發生後暗示性的問題及錯誤的細節信息所扭曲，甚至可能是完全錯誤的。在她參與的眾多案件中，喬治·富蘭克林的個案完美地闡釋了「虛假記憶綜合症」。1990 年，富蘭克林被女兒指認曾謀殺一名兒童——女兒的好友。在這起所謂謀殺案發生的二十年後，目擊證人的證詞對於罪名的審判起到了關鍵的作用。但洛夫特斯發現富蘭克林女兒的證詞存在諸多前後矛盾的地方，而且很多證據都顯示她的記憶存在錯誤或不可靠之處，但是陪審團依然判富蘭克林罪名成立。

1995 年，富蘭克林沉冤得雪，因為法院最終沒能讓最關鍵的證據起作用，即女兒在催眠中回憶出的內容。洛夫特斯認為富蘭克林女兒對自己父親實施謀殺的記憶深信不疑，但是記憶本身卻是錯誤的。洛夫特斯認為富蘭克林女兒之所以會產生這樣的虛假記憶是因為她曾經目睹父親做過其他殘忍的事情，而她的所謂謀殺的記憶是「其中一個殘忍的場景與另一個記憶重疊」導致的結果。洛夫特斯在法庭上進行了成功的辯論，她指出在催眠過程中存在很多被暗示的蛛絲馬跡，激發了女兒可怕的記憶，最終憤怒和悲傷創造出了一個完全錯誤的「被壓抑的記憶」。

保羅·英格拉姆的個案同樣證實了對個體灌輸錯誤記憶的可能（洛夫特斯並沒有參與其中）。英格拉姆於 1988 年因涉嫌性侵犯自己的女兒而被逮捕，英格拉姆起初否認指控，但是在經過幾個月的審訊後他供認出自己曾犯下一系列的諸如強姦甚至謀殺的罪行。參與本案的心理學家理查德·奧夫世易對此表示懷疑，於是他向英格拉姆暗示讓他招供出了另外一起性犯罪——一起虛假的犯罪，但是英格拉姆不僅供認不諱，而且之後居然還「回憶」出了犯罪的細節，因此證明了他的清白。

商場走失

然而，有關向個體灌輸錯誤記憶的證據還是顯得力度不足，還不足以形成定論；洛夫特斯的觀點後來遭受到了激烈的抨擊。於是她決定蒐集更強有力的證據，因此她設計了一個旨在植入錯誤記憶的實驗，即 1995 年的「商場走失」實驗。

洛夫特斯給被試呈現了他們兒時的四個故事，其中有些情節是個體顯然記得的，而其他一些則是通過其家庭成員的補充捏造的。事實上，這四個故事只有三個是真實的，另外一個曾在商場裏走失的回憶則是實驗者設計出來的虛假記憶。這個編造的記憶中含有諸多從被試親戚那裏蒐集來的細節，比如商場特徵的描述等。在第一週，她首先給被試呈現這四個「記憶」，在兩週之後，她再次約見被試並要求被試對這四個「記憶」的印象進行打分。在這兩次會談中，有 25% 的被試聲稱自己對在商場走失的回憶有印象。在實驗之後，洛夫特斯向被試說明了整個實驗並告訴被試他們接觸的這四個回憶中有一個是錯誤的，然後她要求被試指出捏造的那個。在 24 名被試中，有 19 個被試指出商場走失的回憶是錯誤的，但是依然有 5 個被試已經完全相信自己曾經歷過商場走失這樣的「創傷程度不高的事件」。

洛夫特斯向我們說明了錯誤的記憶如何從日常的、真實的情景中衍生而出。出於倫理的原因，洛夫特斯無法檢測被試對於虛假的但極富創傷性的事件（比如兒時遭受虐待）的堅信程度和「回憶」的生動程度，但是她認為事實跟她的假設相差不會太大。就好像越是令人覺得痛苦的夢境就越容易被我們記住，也越容易與現實混淆一樣，因此她認為「我們一心相信的東西並不一定是真實的」。

然而，1986 年心理學家約翰・尤里和朱迪絲・柯特薛爾研究了個體在創傷性情景後的記憶效果，結果與洛夫特斯的預期有所不同。他們發現那些目擊槍殺現場的人們對事件的記憶十分準確，即使在六個月之後，即使研究者嘗試用誤導性的問題也無法對其記憶進行干擾。

對心理治療的質疑

洛夫特斯指出自己的觀點並不是否認虐待的發生，她也無法證明是否存在被壓抑的記憶，她只是強調這種恢復的記憶並不可靠，她還堅持說，法庭如果要判決必須找到除了記憶外的其他證據。她還質疑人們在嘗試恢復記憶時使用的不同方法（比如精神分析改採用的催眠、夢的解析以及退行等）的效果。因此，人們越來越相信「治療過程中的暗示會植入錯誤記憶」。20 世紀 90 年代，美國有不少患者聲稱自己是這種「虛假記憶綜合症」的受害者並因此向自己的治療師提出訴訟。顯然，這種關於壓抑記憶的觀點對一些心理治療師造成了不利的影響和衝擊，因此研究記憶的心理學家對此褒貶不一。司法界對此的反應也不一致，但是在 20 世紀 90 年代虐童案件的熱潮消退後，很多司法機構都吸納了洛夫特斯對於目擊證人證詞可靠性的理論，並形成了具有針對性的方針和原則。

今天，洛夫特斯被認為是錯誤記憶方面的權威。她的理論已經成為主流心理學的一個分支，並引發了針對記憶的不可靠性的諸多研究，詳見丹尼爾・夏克特的著作《記憶的七宗罪》。■

洛夫特斯發現，在陪審團裁決的時候，不管目擊證人的證詞是否可靠，無論其他證據怎樣，陪審員都更傾向於取信證詞。

你敢保證你說的是真實的？全部都是真實的？還是說只是你認為它們是真實的？

——伊麗莎白・洛夫特斯

實驗和現實生活一樣，人們有可能會相信根本從未發生過的事情。

——伊麗莎白・洛夫特斯

記憶的七宗罪

丹尼爾・夏克特（1952 年－ ）

背景介紹

聚焦

記憶研究

此前

1885 年 赫爾曼・艾賓浩斯提出了記憶的「遺忘曲線」。

1932 年 弗雷德里克・巴特利特在其著作《記憶》中列出了記憶出現錯誤的七種可能。

1956 年 喬治・米勒出版了他的研究論文《神奇的數字 7±2》。

1972 年 安道爾・圖爾文區分出了兩種記憶：語義記憶和情景記憶。

此後

1995 年 伊麗莎白・洛夫特斯在《錯誤記憶的形成》一書中探討了追溯性記憶的問題。

2005 年 美國心理學家蘇珊・克蘭西研究了眾多人對於「外星人綁架」的記憶。

丹尼爾・夏克特認為遺忘是人類記憶的重要功能，因為它可以確保我們的記憶有效工作。我們的有些經歷和學習到的信息可能需要被記住，但還有一些無關的信息也會被我們記住並會佔據記憶的重要存儲空間，這些記憶應該被清除。因此，認知心理學時常用鍵盤上的「delete」鍵類比人類的遺忘。

然而，有時這個選擇的過程卻會出現問題。被我們認為有用並被存儲以備將來所用的信息從記憶中消失；相反，那些無用的、我們不想要的、本應該被清除的信息卻被保留下來。存儲並不是記憶系統中唯一存在潛在問題的環節。提取的過程也一樣，提取時也常常會出現信息混淆，導致記憶出現扭曲。

夏克特列舉了七種記憶可能出現的問題：健忘、無心、阻斷、錯認、暗示、偏見、持久。他借用了《七宗罪》和米勒的《神奇的數字7±2》的說法，將它們定義為「記憶的七宗罪」。其中，前三宗罪被夏克特稱為「不作為之罪」，即遺忘；後四宗罪被稱為「作為之罪」，即記得。每種罪都會導致回憶出現不同類型的錯誤。

第一宗罪健忘是指記憶隨時間退化，尤其是情景記憶（對時間的記憶）。我們對近期發生的事情的記憶效果要好於久遠的事情；每次回憶事件時（提取記憶），大腦就會對事件進行再加工，從而每次就會對記憶產生些微小的影響。

無心有很多例子，就好像你忘

我們並不需要將所有經歷都事無鉅細地記錄下來的記憶，因為那樣我們會被繁冗的無關信息壓垮。

——丹尼爾・夏克特

參見：赫爾曼・艾賓浩斯 48~49 頁，布魯瑪・蔡加尼克 162 頁，喬治・米勒 168~173 頁，安道爾・圖爾文 186~191 頁，高爾頓・鮑爾 194~195 頁，伊麗莎白・洛夫特斯 202~207 頁，弗雷德里克・巴特利特 335 頁。

了約會地點或是忘記把鑰匙放在哪裏。這不是回憶出現了錯誤而是儲存過程中出現了問題。有時我們並未對當下所做的事情給予足夠關注(就好比放下鑰匙)，於是大腦便將這件事作為無關信息處理了，沒有為後來再次提取做好準備。與此相反的是記憶的另一宗罪「阻斷」，指的是被存儲的記憶無法被提取，這時常是因為另一個記憶阻礙了這個記憶的提取。例如舌尖現象，我們時常覺得某個詞就在嘴邊，我們能夠清晰地感覺到，卻沒有辦法把它說出口。

作為之罪

作為之罪要更為複雜，卻也十分常見。例如錯認，我們回憶出的信息沒有問題，但是我們回憶出的信息源卻是錯的。錯認的效果和暗示很接近，暗示指的是回憶受到了回憶方式的影響，例如個體的回憶會受到誘導性的問題影響。偏見之罪同樣是指回憶的扭曲，也就是說個體回憶信息時的觀點和感受會影響個體的回憶。

最後是持久之罪，這指的是記憶效果過於優良導致的問題。也就是大腦所存儲的令人煩擾和苦惱的信息會不時干擾個體，且會在記憶中持久地保存下來。有時沒甚麼影響，有時則會引發巨大的問題。然而，夏克特堅持認為這宗罪並不是缺點，只是我們為記憶系統大部分情況下的良好運轉而付出的代價。■

記憶的七宗罪

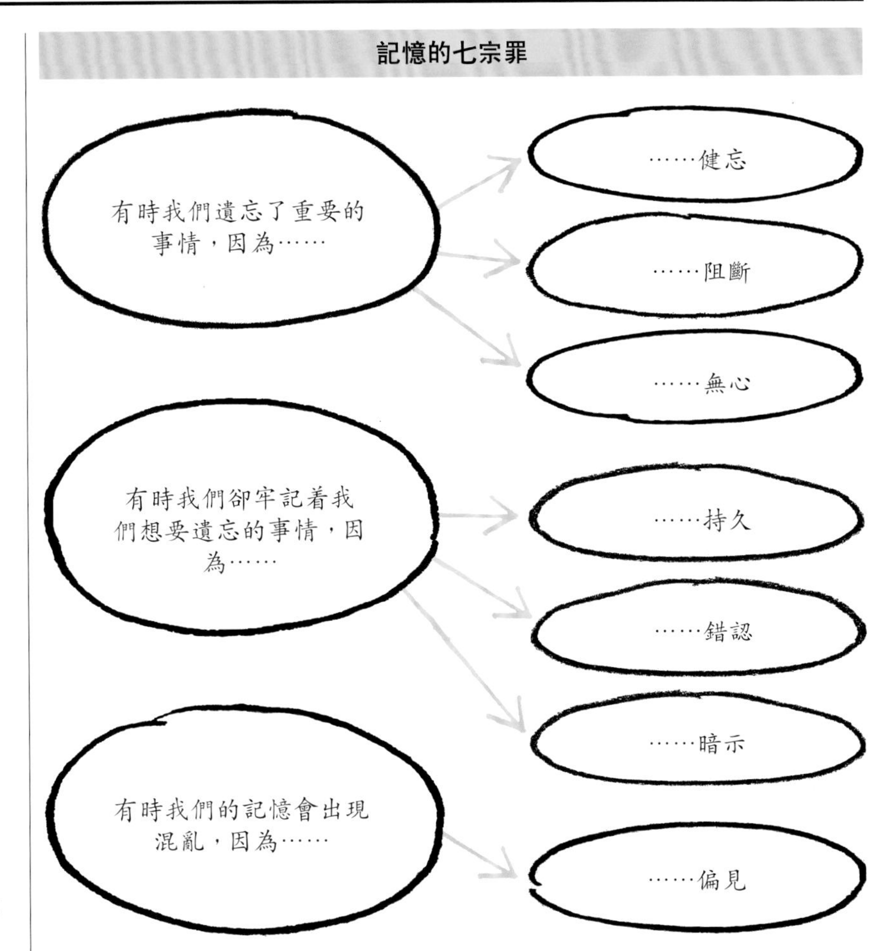

丹尼爾・夏克特

丹尼爾・夏克特（Daniel Schacter）於 1952 年出生在紐約。高中的課程激發了他學習心理學的興趣，於是他高中畢業後便前往北卡羅來納大學學習心理學。畢業後的兩年，他在達拉謨退伍軍人醫院研究知覺和記憶，他主要負責觀察和測試存在功能性記憶障礙的患者。然後他在加拿大的多倫多大學開始了研究生階段的學習，當時負責指導他的是圖爾文 —— 因提出語義記憶和情景記憶而被推上風口浪尖的人物。

1981 年，夏克特和圖靈、莫里斯・莫斯科維奇以及在多倫多建立了研究記憶障礙的研究所。十年後，他成為哈佛大學的心理學教授，並在那裏建立了夏克特記憶實驗室。

主要作品

1982 年 《英格拉姆背後的陌生人》
1996 年 《記憶探秘》
2001 年 《記憶的七宗罪》

個體並非只是其想法的集合那麼簡單

喬・卡巴金(1944 年－)

背景介紹

聚焦

正念療法

此前

公元前 500 年 喬達摩悉達多(即佛)指出人需要進行八正道的正念過程來擺脫痛苦。

20 世紀 60 年代 越南的佛教僧侶一行禪師將正念冥想法推廣到美國。

此後

20 世紀 90 年代 正念認知療法(MBCT)被津戴爾・塞戈爾、馬克・威廉姆斯和約翰・特斯代爾等人用來治療抑鬱,而其基礎便是卡巴金的正念減壓療法(MBSR)。

1993 年 辯證行為療法對那些因過於混亂而無法達到心境的必要狀態的人採用了無冥想的正念技術。

第二次世界大戰後,美國和歐洲興起了研究東方哲學的熱潮,使得冥想等觀念進入了歐美的主流文化。正念療法在醫學方面的價值吸引了美國生物學和心理學家喬・卡巴金(Jon Kabat-Zinn)的興趣,他提出了正念減壓療法(MBSR),即將冥想納入認知心理學的架構之中。

在佛教冥想促進下,正念應用於實踐距今已有 2000 多年的歷史了,但正念對心理和生理健康方面的作用並未得到臨床上的證實,這一狀況直到 20 世紀 90 年代早期才有所改變。

正念技術的實踐

卡巴金方法的核心便是「正念」。在這種形式的冥想中,客體需要獨立地、去中心化地、不帶判斷地審視自己的想法和心理過程(同時也包含身體或生理過程);「停留在自己內心,看看意識在發生怎樣的變化,不去追求也不去拒絕,只讓一切順其自然。」

在正念冥想中,要學着平靜地體察自己的想法,不去嘗試認同它們,要學着將它們視為有獨立生命的個體。例如,我們對失敗的想法應被簡單地看作一個意識層面的事件,而不應通往「我是一個失敗者」的結論。通過實踐,我們會把意識和身體視為一個整體。卡巴金指出,每個人都不僅是一副軀體,也不僅是頭腦中諸多想法的集合。■

參見:約瑟夫・沃爾普 86~87 頁,弗里茲・皮爾斯 112~117 頁,埃里克・弗洛姆 124~129 頁,艾倫・貝克 174~177 頁,尼爾・米勒 337 頁,約翰・特斯代爾 339 頁。

人們擔心生物學會揭穿我們神聖的外衣

斯蒂文・平克（1954 年－ ）

背景介紹

聚焦

進化心理學

此前

1859 年 生物學家達爾文指出，情緒、知覺以及認知都是人類進化適應的結果。

20 世紀 60 年代 諾姆・喬姆斯基指出語言是人類的天賦。

1969 年 約翰・鮑爾比指出，新生兒對母親的依戀源自基因遺傳。

1976 年 英國生物學家理查德・道金斯在其著作《自私的基因》中指出個體經過與他人的長期互動後發展出自己的行為傾向。

此後

2000 年 在《求偶思維》一書中，美國進化心理學家傑弗里・米勒指出人類的智力是性選擇的結果。

我們的行為多少是先天，多少是後天環境塑造的？相關爭論可以追溯到幾千年前。一些認知心理學家聲稱，我們的心理特徵不僅來自遺傳，我們的生理特徵也是自然選擇的結果。他們指出，人的意識是大腦的產物，而大腦則是基因塑造的。

這種新的進化心理學的觀點遭到了強烈的抨擊，但是加拿大心理學家斯蒂文・平克（Steven Pinker）卻是其堅定的擁護者。他指出，我們之所以不願接納此觀點是因為我們存在四個方面的擔心。第一個擔心是不平等：如果心靈是一張「白板」，那麼當我們出生時，其實都是平等的。但是如果我們的心靈特質來源於遺傳，那麼有些人就會有天生的優勢；第二個擔心是：如果某些缺陷是與生俱來的，那麼這些缺陷自然不易改變，那麼幫助弱勢羣體的社會改革就注定是徒勞一場；第三個擔心是：如果我們的行為由基因決定，我們可以推卸責任，將我們的不端行為歸咎為基因組成。平克指出最後的一點也是最基本的一點，那就是我們擔心如果我們接受進化心理學，那就意味着我們「美好的感情」（觀念、動機和情緒）將被簡化為進化的結果，那時生物學將會揭穿我們神聖的外衣。■

所謂的白板理論……並不能解釋種族主義、性別歧視及其他階級偏見的產生。

——斯蒂文・平克

參見：弗朗西斯・高爾頓 28~29 頁，康拉德・洛倫茨 77 頁，約翰・鮑爾比 274~277 頁，諾姆・喬姆斯基 294~297 頁。

強迫性的行為儀式是個體試圖控制闖入性思維的嘗試

保羅・薩科夫斯基斯（1956 年－ ）

背景介紹

聚焦

認知行為療法

此前

20 世紀 50 年代 約瑟夫・沃爾普將行為主義中系統脫敏這樣的技術應用到臨床心理學中。

1952 年 行為主義及人格理論學家漢斯・艾森克提出精神分析療法對個體沒有好處的說法引發了巨大的爭議。

1955 年 阿爾伯特・艾利斯提出了可以替代傳統精神分析療法的理性情緒行為療法（REBT）。

20 世紀 60 年代 貝克對精神分析療法的有效性提出了質疑，之後他投身到認知療法的研究中。

此後

21 世紀 認知行為療法成為治療焦慮、驚恐發作等障礙的標準療法。

20世紀下半葉，臨床心理學領域出現了巨大的變化。很多心理學家開始懷疑精神分析的科學性。到了 20 世紀 60 年代，精神分析療法被行為主義療法和貝克提出的認知療法所取代。在 20 世紀 80 年代，不同類型的認知行為療法均得到了發展，其中的先鋒人物便是英國的保羅・薩科夫斯基斯（Paul Salkovskis）。他發現認知行為療法（CBT）對於治療強迫症（OCD）尤其有效；無論是從壓抑的記憶還是從創傷性事件來追尋其成因，精神分析都沒能為強迫症找到合理的解釋。薩科夫斯基斯利用認知心理療法解釋了其中問題所在，並提出了認知行為療法。

不停洗手這樣的強迫性行為可能是個體為控制侵入性想法的一種嘗試。莎士比亞的作品《麥克白夫人》中的麥克白夫人就是為了擺脫內疚而不斷洗手。

強迫性思維

薩科夫斯基斯指出，強迫症的基礎在於我們總會不時產生令人討厭的侵入性思維，比如有可怕的事情要發生或是我們會受傷、遭遇不幸等。大部分情況下，我們可以擺脫這些思維繼續生活，但有時卻難以擺脫。在極端的情況下，這些思維會變得難以抗拒並帶來威脅感和緊迫感。那些容易出現這種強迫性思維的人往往難以對這些思維進行理性評估，他們不僅會高估其傷害值，也會低估自己對這些思維的控制能力。例如，個體擔心會患上某種惡性疾病，那麼這就可能會導致個體強迫性地洗手或打掃房間等行

參見：約瑟夫·沃爾普 86~87 頁，弗里茲·皮爾斯 112~117 頁，阿爾伯特·艾利斯 142~145 頁，艾倫·貝克 174~177 頁。

每個人都會有一些令人討厭的侵入性想法。

↓

但是有些人卻無力擺脫它們，這些想法最終將變得具有強迫性，令個體難堪重負。

↓

人們往往會過高估計這些想法帶來的威脅。

人們會覺得有責任處理這些強迫性行為可能帶來的傷害。

↓

因此他們最終會覺得自己不得不做些甚麼來阻止這些傷害和危險，並控制這些想法。

↓

強迫性的行為儀式是個體試圖控制侵入性思維的嘗試。

為。即使個體採取的行動和他預估的危險不成比例，他還是會覺得自己有責任做些甚麼。這種強迫性的行為最終可能會導致固定的行為儀式——個體會為控制自己感知到的威脅而不斷地重複某個行為。

認知行為療法結合了認知療法和行為療法的技術，旨在同時在症狀和成因上對強迫症進行控制。開始時，治療師會利用認知療法幫助患者認識到自己的強迫性思維，幫助患者正確評估他所認為的威脅，最關鍵的是要幫助患者意識到自己有多大的責任去實施預防性的行為。這種療法可以緩解個體的焦慮。此外，如系統脫敏（逐步讓個體暴露在其預知的威脅下）等行為療法可以幫助患者控制自己的強迫性行為。薩科夫斯基斯使用認知行為療法成功地治療了焦慮、驚恐發作以及恐懼症等問題。■

保羅·薩科夫斯基斯

保羅·薩科夫斯基斯於 1979 年畢業於倫敦的精神病學研究所，1985 年他前往牛津大學執教並開始研究恐懼症。他感興趣的是如何將認知理論應用到治療實踐中，因此他開始了高級研究員的生涯，不久後成為認知心理學教授。在牛津大學，他的工作重心轉移到利用認知行為療法治療強迫症上。2000 年，他被任命為精神病學研究所的臨床心理學和應用科學教授以及創傷和焦慮症研究中心主任。2010 年後，薩科夫斯基斯的工作地點轉到了英國的巴斯大學，他在那裏建立了認知行為研究所和治療中心。

主要作品

1998 年 《恐懼症》
1999 年 《強迫症的解讀與治療》
2000 年 《導致傷害和允許傷害》（與安·沃合著）

SOCIAL PSYCHOLOGY
BEING IN A WORLD OF OTHERS

社會心理學
與他人共處
一個世界

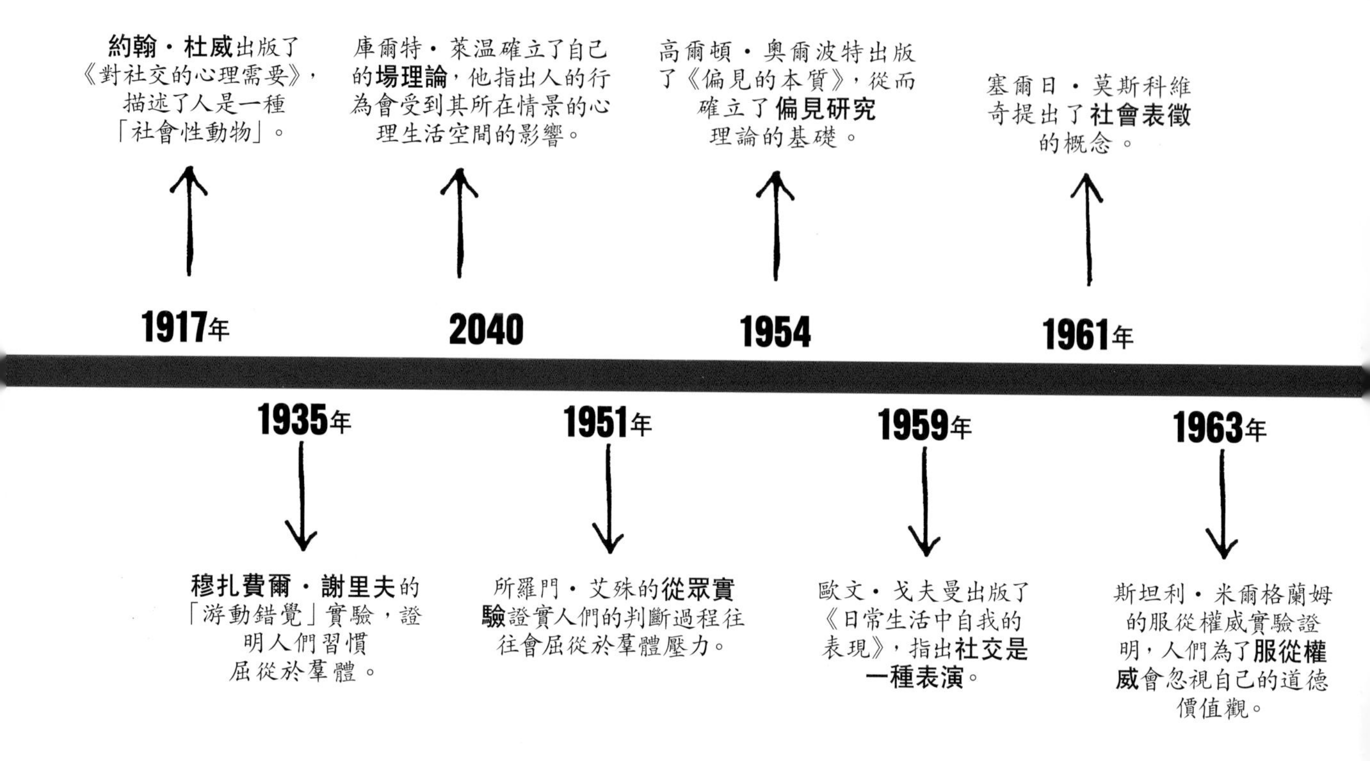

隨着心理學成為一門獨立的學科，其範圍由最初僅限於研究大腦及其運作擴大到了研究行為。在 20 世紀前半葉的大部分時期，心理學的研究重點主要集中在個體對環境的反應、個體的意識和行為上，但是一些心理學家越來越清楚地意識到「環境」中他人的重要性。

社會心理學出現於 20 世紀 30 年代，當時的心理學家開始探索羣體和社會中個體之間的互動。他們研究了社會組織以及個體間彼此影響的方式。這些社會心理學家還研究了羣體內、不同羣體間成員的關係狀況。這為心理學引入了新的研究主題，比如羣體動力學、態度、偏見、社會衝突、從眾、服從和社會變遷等。

社會環境

首先以系統觀點研究社會羣體心理的心理學家有德裔美國人庫爾特・萊溫，他被認為是「社會心理學之父」。勒溫以全新的角度審視了當時的主流學派 —— 行為主義療法，他研究了個體與其所在環境的交互作用對個體行為結果的影響，他還對環境的性質進行了探討。他對小羣體的研究為之後羣體動力學以及羣體和其成員改變的機制研究奠定了基礎。

第二次世界大戰後，行為主義的地位產生了動搖，而萊溫對於社會環境效應的觀點得到了新時期心理學家的熱捧。「歸因」，即我們如何看待和解釋別人的行為，成為了專門的研究領域，所羅門・艾殊等人有關從眾及文化規範的理論也是從那時的研究發展而來的。歐文・戈夫曼的著名理論：我們會為了讓自己符合希望留給他人的印象而做出特定行為，也源自當時這種強調社會交互作用的新風潮。

20 世紀 60 年代的研究開始將焦點轉向了行為的陰暗面；勒納研究了為甚麼有時受害者會因所受的

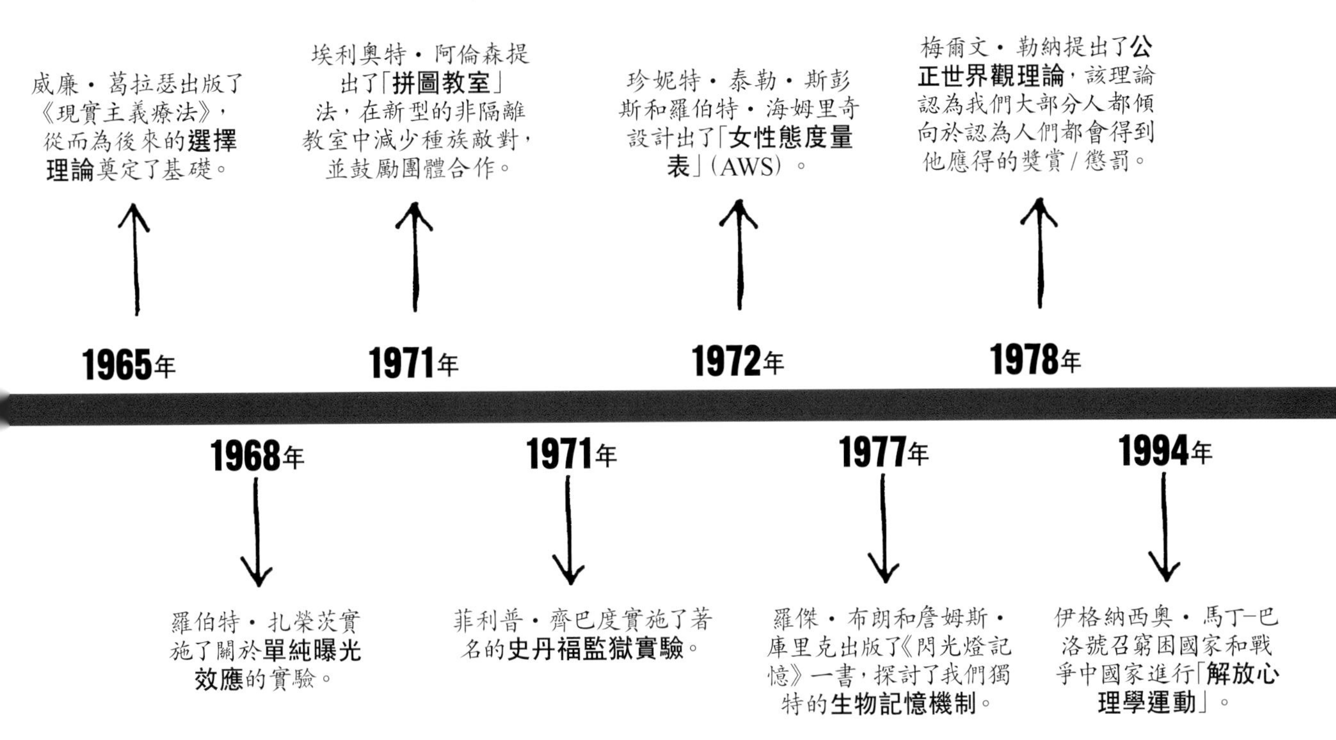

折磨而被他人責備；埃利奧特·阿倫森指出，有些異常行為可能是環境導致的，而不一定單純源於個體的精神錯亂。當時，第二次世界大戰的殘酷給很多人造成了心理陰影，菲利普·齊巴度和米爾格蘭姆的實驗説明了人們對服從和順從的需要如何影響着我們的行為，這引發了更多的爭議。

應用心理學

認知心理學的出現對社會心理學產生了新的影響。羅傑·布朗和羅伯特·扎榮茨對記憶和情緒等的研究凸顯了認知加工的作用，而這些研究結果開始被廣泛運用到大眾傳媒和廣告（這是現代社會不可或缺的組成部分）上。大眾傳媒和廣告也對社會結構產生了影響，在一定程度上促成了以塞爾日·莫斯科維奇為代表的社會建構主義學家的出現。

社會心理學已迅速深入眾多不同領域中，它對心理學的其他領域也產生了巨大的影響，比如威廉·葛拉瑟的現實主義療法對心理治療領域的影響作用。它的影響還波及其他學科，包括社會學、人類學，甚至還有政治和經濟學。20 世紀 60 年代的民權運動和女權主義都對當時的現狀提出了挑戰，偏見、文化規範和信仰等方面的問題逐漸浮出水面，社會心理學家也為改變當時的現狀做出了積極努力。珍妮特·泰勒等社會心理學家做了一系列的研究探索以改變對女性的態度，還有一些人則利用萊溫的社會轉型過程理論致力於組織結構的改變等。社會心理學家所開創的理論和模型現在已經被商業、工業和各種社會組織採納，最近還被用作對遭受壓迫的社會進行政治變革，其中最為著名的便是由馬丁—巴洛發起的「解放心理學」運動。■

要想徹底了解一個系統，你必須試着改變它

庫爾特・萊溫（1890－1947 年）

背景介紹

聚焦
場理論

此前
20 世紀早期 佛洛伊德與其他心理學家曾就「人類的行為是否是過去經歷的結果」這一話題展開爭論。

1910 年 沃爾夫岡・科勒及其他完形學派的心理學家認為，我們必須以整體的角度來理解人，不僅包括個體的不同組成部分，也包含個體與其環境的交互作用。

此後
1958 年 在《計劃性變革的動力學原理》中，羅納德・利比特、珍妮・沃森和布魯斯・韋斯特利提出了七階段的改變理論，不過該理論強調的是變革推動者的改變，而非變革本身。

行為主義學者認為環境是影響行為的唯一因素。但是在 20 世紀 20 年代，庫爾特・萊溫 (Kurt Lewin) 卻指出，行為受到個體和環境雙重因素的影響。他的革命性觀點促進了羣體動力學的出現，這些研究對現代社會有着無法估量的價值。

萊溫在對人類行為進行研究之後提出了場理論，他探討了影響特定情境的各種力量和因素。萊溫的「場」指的是某個特定的時間點上個體的心理環境或是個體所處的人際環境。他指出，在任何一個場中都會存在兩種相反的力：一種是助力，可以幫助人們達成自己的目標；一種是阻力，會阻礙個體實現目標。

萊溫的改變模型

場理論為萊溫的改變模型奠定了基礎，該改變模型為個體或組織的改變提供了非常重要的方向。該模型指出，為了成功地實施變革，個人或組織領導必須將不同的影響因素（個體的思想和環境中的其他因素）考慮其中。

在解釋其模型時，萊溫強調環境的整體性，這其中包含個體以及環境中所有相關的細節因素，如果我們只關注某個方面的信息，那麼我們對環境的感知必然會出現偏差。為了改變一個環境，你不僅要對其有深入、全盤的理解，還需要在改變的過程中不斷深化這種理解，所以說「要想徹底了解一個系統，你必須試着改變它」。

如果一個個體可以意識到自己的命運和其所在集體的命運息息相關時，他將會更願意承擔為集體謀福利的責任。

——庫爾特・萊溫

為了促使行為發生改變，我們需要將個體及其所處環境的特點都考慮其中。

當改變發生時，系統的特點和價值等更多關鍵的信息都將浮出水面。

因此，改變本身就可以為我們提供了解某個系統的關鍵信息。

要想徹底了解一個系統，你必須試着改變它。

參見：西格蒙德・佛洛伊德 92~99 頁，沃爾夫岡・科勒 160~161 頁，萊昂・費斯廷格 166~167 頁，馬克斯・韋特海默 335 頁，埃爾頓・梅奧 335 頁。

如果要對一個組織進行成功的改變，那麼需要對這個組織中的人以及環境進行針對性的診斷，同時還要對他們彼此之間的相互影響有深刻的了解。

萊溫的模型描述了個人或組織轉變的三個階段。第一階段（他稱之為「解凍」）指的是意識到改變的必然性，逐漸消除舊的想法和做法，從而為改變做好準備；改變發生在第二階段，舊的思維模式或系統崩潰，這個階段往往會帶來混亂和痛苦；第三個階段也是最後的「再凍結」階段，在這個階段，新的思維模式將被固化下來，而新的框架將給成員帶來舒適和穩定感。這是個困難的過程，因為其中包括忘卻和學習，包括思維、感受、觀點以及知覺的重建過程，這無疑是個艱難且痛苦的過程。

我們都需要彼此。這種相互依賴是對個體以及組織機能提出的最大挑戰。

——庫爾特・萊溫

解凍信念

解凍階段可能是這一過程中最複雜的階段，因為人們天生就不願意改變自己固有的思維模式和常規。這個過程需要進行精心的準備，很多組織之所以努力進行變革卻以失敗告終，是因為其成員沒有做好充分準備，反而更加抗拒改變；即使新系統形成，其成員也不願積極促進新系統的運作。這些準備可能包括：告訴成員改變可以給他們的未來帶來甚麼；與成員就改變進行積極有效的溝通；促使成員感受到改變的緊迫性和必然性；為成員提供支持；讓他們有機會能積極參與到改變的過程中。

從個體的角度出發，人們可能在這個階段出現抵制情緒，因為他們不願意離開「舒適區」，他們不願意接受學習新技能的挑戰，也不願意接受新的思想信念。如果能夠幫助個體意識到這種改變的必然性、正確性，意識到這種改變可以帶來更好的結果；如果能夠給予個體足夠的支持，使之產生心理上的安全感，那麼這種阻抗就能夠被克服。

在第二次世界大戰期間，萊溫通過系列實驗説服了一些美國的家庭主婦將動物內臟作為食物。他在實驗中證實，在解凍階段為個體營造安全的心理環境（並讓個體積極投入改變的過程中）可以為個體帶來積極的影響。一直以來，動物內臟在美國一直被認為是低收入家庭的食物，但美國政府希望確保在食物短缺時期，那些有營養的食物（特別是動物的腎臟、肝臟、心臟這些高蛋白食物）不會被浪費。美國農業部希望勒溫幫忙説服家庭主婦讓這些動物內臟進入她們的家庭食譜。在和一些家庭主婦進行面談之後，萊溫意識到其中既有支持力量，又有阻礙力量。改變

主動狀態下的學習遠比被動狀態下的學習更為有效。

——庫爾特・萊溫

家庭主婦的觀點的支持力量或誘因是：動物器官具有很高的營養價值。阻礙力量或障礙是：家庭主婦們認為動物內臟不適合自己的家庭，或者她們認為動物內臟味道不怎麼樣。

萊溫設計實驗對兩組家庭主婦進行比較，以探索觸發改變的最佳方式。第一組家庭主婦被反覆告知，吃內臟對身體有益；第二組的家庭主婦參加了一個小型的團體，探討如果和她們一樣的家庭主婦能夠接受如肝臟、腎臟、心臟這樣的動物內臟作為食物，那麼食物短缺問題將得到怎樣的緩解。第二組中，大約三分之一的家庭主婦接受了以動物內臟為主要食物的晚餐。勒溫認為如果提高人們對改變的捲入水平，那麼他們的行為和態度改變的可能性也將得以提高。後來，第一組改採用的反覆勸說法被證實無效，但是在第二組，勒溫創建了一個安全的環境，家庭主婦可以在這個環境中安然地表達自己的擔心和意見。通過探討自己的想法以及食物短缺的現實問題，家庭主婦們改變了「動物內臟不能食用」的觀點，並且產生了新的觀點：購買、食用動物內臟是可以接受的。

發生改變

在萊溫的第二階段（改變階段），人們往往需要面對適應新系統這個麻煩而艱巨的任務。他們必須放棄自己熟悉的日常生活，重新學習和掌握新技能（這本身就可能引發不確定感和對失敗的恐懼）。在一個組織中，新系統往往由其領導階層進行界定，這時常涉及技術、結構、過程或文化等多個方面。在這個階段，為員工提供足夠的支持、確保消除改變道路上的障礙是十分重要的。

對於個人改變而言，他人給予的信念系統是無用的，個體必須自己發現並接納新觀念。當舊觀念已經被證明是錯的或無效的時，我們本身就傾向於用新的觀念取代舊的，以填補解凍舊信念後留下的空虛感。為了完成這個過程，我們往往會綜合運用多種方法：依靠我們的本能直覺、學習榜樣、尋找可用的信息。我們這樣做的目的在於讓自己獲得充分的信息以解決問題。當我們達成這樣的認識之後，我們就已經接納、確立起了一種新的思維模式。

在對家庭主婦的實驗中，萊溫為家庭主婦提供了一些新的信息，他告訴家庭主婦動物內臟的美味以及營養價值（由此替代家庭主婦們原有的觀點：動物內臟是動物身上的劣等肉），並且讓她們意識到戰爭時期的食物短缺問題，因此讓家人食用動物內臟絕對沒有任何不好意思的（由此替代家庭主婦們在戰爭開始前的觀點：如果食用動物內臟就等於淪落成了社會的底層人物）。

再凍結階段

在組織變革發生之後，這種變化必須被納入該組織的文化中（凍結），以便讓這種改變被長期貫徹執行。在改變過程中形成的新的思維過程、實踐以及行為必須被固化成為組織的慣例和常規。組織可以通過宣揚改變給團體帶來的好處、提升個體對改變的積極感受（比如可以獎勵那些學習新技能的員工）來讓改變的地位更加穩固。例如，20世紀90年代，美國大陸航空公司曾被迫申請破產。為了能夠維持業績，航空公司的管理層實施了巨大的變革：他們將集團的焦點從削減成本轉到推出迎合高端用

提高人們的內在動力，如告知上網可以和遍佈全球的親友聯繫，而且這種聯繫不僅迅速而且免費，那麼他們學習新技能、拋棄舊技能的過程將更加輕鬆。

第二次世界大戰期間，家庭主婦改變了很多她們之前秉持的觀點，從吃甚麼穿甚麼到自己是否有能力去做「男人們做的事兒」。

戶的高質量產品上。他們決定大陸航空公司如果能夠攀上美國國家交通部航空公司排行榜的前五名，那麼就對那些貫徹實施新策略的員工給予 65 美金的獎勵。他們使用萊溫的改變模型來對航空公司進行了變革，從而使美國大陸航空公司從最糟糕的公司一躍成為年度最佳航空公司。

對於個體而言，再凍結階段意味着新的觀點或行為將會被個體通過嘗試錯誤過程加以檢驗，而檢驗的結果無非兩個：一是改變得到了強化，二是個體要對新的改變進行再一次嘗試。例如，當家庭主婦們連續一週使用動物內臟作為家庭成員的晚餐後，家庭主婦將會通過觀察家人是否喜歡這樣的晚餐，或是家庭成員在吃了這樣的晚餐後健康水平是否有所下降，家人是否因為晚餐的改變而有微詞等方式來檢驗動物內臟作為晚餐的可行性。

如果這些答案的結果令人滿意，那麼這個家庭主婦將會繼續將動物內臟帶上家庭餐桌。然而，如果她的孩子在吃了這樣的晚餐後健康水平似乎有所下降，或是其他主婦批評她對食材的選擇，那麼她就有可能放棄使用動物內臟，而去尋找其他食材。這樣，她就將開始又一輪的解凍、改變、再凍結的過程。

萊溫在社會學領域所做的先驅性實驗使他成為公認的社會心理學創始人。他是第一個研究羣體動力學的心理學家，也是第一個以系統方法探索組織發展過程的心理學家。他嚴謹地將社會學理論運用到了社會變革的實踐之中，他的成果對實驗心理學和社會心理學領域都產生了廣泛的影響。■

對於一個好的理論而言，再也沒有比實踐效果更能說明其價值的了。

——庫爾特・萊溫

庫爾特・萊溫

德裔美籍心理學家庫爾特・萊溫 1890 年在波蘭的摩克爾諾（後劃歸普魯士）出生，他出生於一個中產階級的猶太家庭。1905 年，他隨家人搬遷到了柏林，先是在德國弗萊堡大學學習醫學，之後又前往慕尼黑大學學習生物學。第一次世界大戰期間，他曾前往德軍服役，受傷之後又回到了柏林攻讀博士學位。在 1921 年到 1933 年期間，他在柏林的心理學院供職，由於受到驅逐猶太人運動的影響，他不得不前往美國尋求庇護。之後他便在美國的康奈爾大學工作，然後又到愛荷華州大學擔任教授。1944 年，他成為麻省理工學院羣體動力學研究中心的負責人，但是僅僅三年之後，他便因為突發心臟病溘然長逝。

主要作品

1935 年　《人格的動力學理論》
1948 年　《社會衝突的解決》
1951 年　《社會學中的場理論》

從眾的力量有多大

所羅門・艾殊（1907—1996 年）

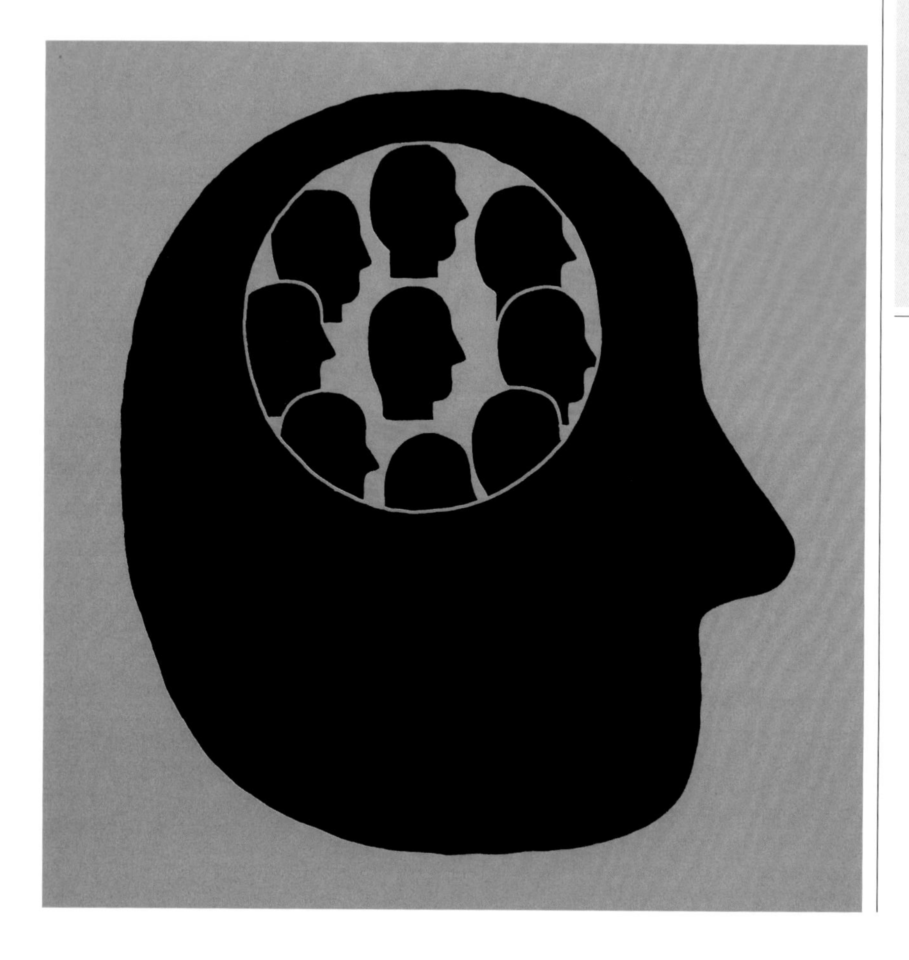

背景介紹

聚焦
從眾

此前

19 世紀 80 年代 法國醫生希波呂忒・伯恩海姆利用催眠方法證實了「易受暗示性」的存在。

1935 年 穆扎費爾・謝里夫的從眾實驗促使艾殊發展出了艾殊從眾範式。

此後

1963 年 斯坦利・米爾格蘭姆的服從實驗表明，個體會服從權威人物，甚至當權威觀點與自己原本的道德觀相悖時，個體也不會有道德衝突感。

1976 年 塞爾日・莫斯科維奇指出，若能堅持，少數派也能造成巨大的影響。

1979 年 丹麥心理學家克納・拉森指出，從眾行為會受到個體所在的文化氛圍的影響。

社會心理學家所羅門・艾殊（Solomon Asch）的實驗對每個人都是獨立自主的個體的想法提出了挑戰，他的實驗證實我們都有從眾傾向，即當人們面對自己的觀點與多數人的觀點相悖時，無論之前多麼承諾自己會説實話，他還是可能因從眾轉而支持他人的觀點。艾殊在其 1955 年的論文《社會壓力與個體觀點》中詳細描述了自己的發現，他在其中探討了塑造個體信念、判斷和行為的社會影響。艾殊希望能夠了解羣體壓力對個體決策過程的影響，以及個體周圍的社會力量對個體態度的影響程度。

參見：塞爾日・莫斯科維奇 238~239 頁，斯坦利・米爾格蘭姆 246~253 頁，菲利普・齊巴度 254~255 頁，馬克斯・韋特海默 335 頁，穆扎費爾・謝里夫 337 頁。

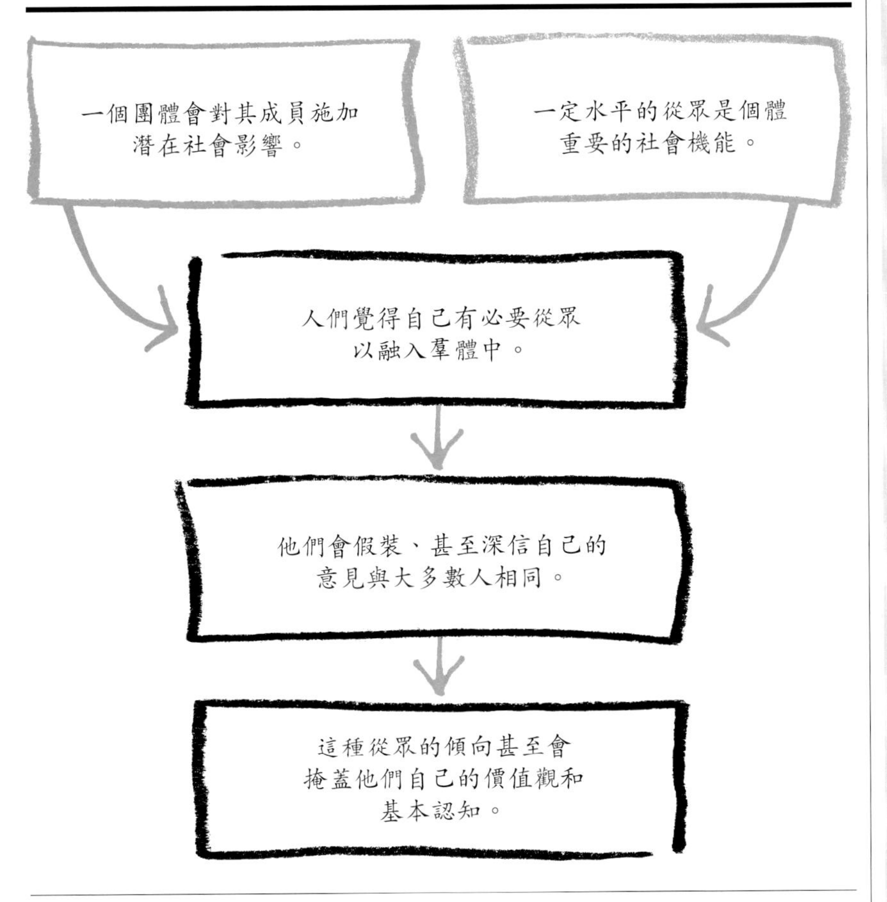

土耳其心理學家穆扎費爾・謝里夫在 1935 年實施了一系列實驗嘗試回答這些問題，他採用了「游動錯覺」的視錯覺實驗，他要求被試判斷一個光點的運動量，該光點出現在一個全黑的背景上，沒有任何參照點，雖然它實際上是靜止的，但看上去像是在運動。他告訴被試光點會運動，然後要求被試判斷這個光點的位移。處於羣體中的被試的判斷結果往往會與羣體的結果趨於一致，這說明在情況不明的條件下，個體會將他人的判斷結果作為自己的參考。儘管謝里夫認為自己證實了從眾現象的存在，但是艾殊卻聲稱這個實驗無法得出任何結論（因為該任務沒有正確或錯誤的答案）。艾殊認為，只有在答案明確的任務中，個體認可羣體一致給出的錯誤答案，這樣才能說明從眾效應的存在。於是，他設計出了著名的艾殊從眾範式的簡單知覺實驗。

艾殊從眾範式

艾殊從眾範式實驗的被試為 123 名男性，每名被試都會被安排到一個由 5~7 名「假被試」（即知

所羅門・艾殊

所羅門・艾殊是社會心理學領域的先驅人物。他 1907 年出生在華沙（當時是沙皇帝國領土）的一個猶太家庭中。13 歲那年，他移居到美國並開始研究心理學。1932 年他在哥倫比亞大學獲得了博士學位，在那裏他深受韋特海默的影響。

1947 年，他成為斯沃斯莫爾大學的教授，在那裏，他與科勒成了工作上的密友。他是哈佛大學和麻省理工學院的客座教授，他在前往賓夕法尼亞大學之前還曾在哈佛大學指導米爾格蘭姆獲得博士學位。

艾殊一生獲得了眾多嘉獎和榮譽，其中包括美國心理學會頒發的傑出科學貢獻獎。在 88 歲那年逝世。

主要作品

1951 年 《羣體壓力對個體判斷的影響》
1952 年 《社會心理學》
1955 年 《社會壓力和個體觀點》
1956 年 《有關獨立和從眾的研究》

道實驗真實目的卻裝作是普通被試的人）組成的小團體中。接着主試會給被試看一張印有一條線段的卡片和另一張有三條長短不一的線段（線段 A、B 和 C）的卡片，之後要求被試回答線段 A、B 和 C 哪一條與第一張卡片上的線段等長。艾殊總是讓被試在最後一個或者倒數第二個回答。在 18 輪測試中，假的被試會在前六輪給出正確答案，但是之後的 12 輪均會給出同一個錯誤答案。這樣做的目的在於檢驗被試是否會給出正確答案，或者說檢驗被試是否會在假被試給出同樣的（但是錯誤的）答案時讓自己的回答與假被試一致。開始時，艾殊以為只有少部分被試會從眾答出錯誤答案。畢竟，這個實驗任務十分簡單，而且答案也是顯而易見的；在針對飛行員進行的類似的線段判斷研究中，在沒有任何迫使被試做出錯誤答案的壓力情境下，所有被試在 720 輪測試中只出現了三次錯誤。但實際的研究結果卻令人大跌眼鏡。當周圍的人一致性地給出錯誤的答案時，被試給出的答案中大約有 32% 是錯誤的；有 75% 的被試至少給出過一次錯誤答案。在後來的假被試給出的 12 次錯誤答案中，有一位被試 11 次都給出了和假被試一樣的答案。因為該實驗任務簡單而明確，因此這些數據充分說明了被試的高從眾率。然而，沒有任何一個被試完全跟隨了假被試的 12 個錯誤答案，並且在 50 個被試中，有 13 名被試（26%）從未給出從眾性的錯誤答案。

在艾殊的從眾範式實驗中，主試者會給被試進行號稱「視覺感知的心理實驗」。被試需要判斷一張卡片上的三條線段哪一條和另外一張卡片上的線段長度一樣。每個問題稱之為一個「測試」，每個被試需要接受 18 個測試。

所有屈從於他人的被試都會低估自己給出錯誤答案的比率。

——所羅門・艾殊

實驗結果顯示，被試本身的判斷具有前後一致性。那些開始時沒有隨波逐流而給出自己獨立的、正確答案的被試，即使後來再進行多次測試，他也不會盲目聽從大多數人的答案；而那些開始時就從眾的人，之後似乎也很難打破這一模式。

解釋

為了能更深入地理解自己的實驗結果，艾殊和被試進行了面談，以期能夠找到被試給出錯誤答案的原因。有些被試說他們希望能夠按照（自己推測的）實驗者的意圖做出反應，從而避免給實驗結果造成影響。還有一些被試則認為自己可能因為眼睛疲勞或是因為坐在了容易產生錯覺的位置。還有一些被試拒絕承認他知道自己給出的是錯誤答案。最終，有一些承認自己給出了錯誤答案，他們補充說自己這樣做只是為了不會顯得愚蠢或是與眾不同：他們希望自己能夠融入小團體中。艾殊還和那些一直給出正確且與眾不同的答案的被試進行了面談，他發現這些被試知道他人的答案與自己不同，但他們能夠讓自己給出自認為正確的答案，並能夠從給出這種與眾不同的答案的焦慮感中恢復過來。

艾殊改變了實驗變量，他希望了解不同人數的羣體對個體從眾行為的影響。他發現，當只有一名假被試時，被試基本不會受其影響；兩名假被試則會產生些許影響；但是三名或是更多的假被試則會使個體產生穩定的從眾傾向。假被試給出的一致答案是更強有力的變量，即使只有一個假被試給出了除錯誤答案的另一答案，真被試也會給出獨立（且正確）的答案。這一發現表明，在團體中，哪怕是非常少數的人給出不同意見，也能產生巨大的影響。此外，艾殊還發現如果他允許被試私下給出答案（把答案寫在一張紙上交給主試者），那麼從眾行為的數量將會顯著降低，即使假被試依然大聲地給出同一個錯誤答案，被試的反應也不會受到影響。

20世紀50年代，美國參議員約瑟夫·麥卡錫發起了一場迫害運動，當時造成了大規模的恐慌，並且因此導致人們在政治和社會方面的高服從性。

文化規範

一些心理學家認為艾殊的實驗結果反映出20世紀50年代麥卡錫主義盛行時的文化氛圍。那時，如果有人的觀點與主流文化相悖，那麼他將被視為反美分子而被監禁。之後的研究發現了其他影響從眾的因素，如20世紀70年代早期（當時美國盛行自由、進步的思想）的一項研究發現人們的從眾率並不高。然而，20世紀70年代後期的一項研究則反映出了較高的從眾率。

不同文化下的從眾率也有所不同。研究人員發現，在崇尚個人主義文化、強調個人選擇和個人成就的美國、英國和其他西歐國家，研究就得出了較低的從眾率；而在崇尚集體主義、強調個體對團體的歸屬感的日本、斐濟和非洲國家，研究就得出了較高的從眾率。

心理學家批評艾殊的實驗方法，他們認為艾殊的實驗反映的是「精簡版」的羣體行為，這種方法無法體現不同羣體成員之間的互動；另外，艾殊的實驗將焦點更多地放在羣體中的個人身上，卻忽視了羣體的動力學因素。還有一些人懷疑艾殊誇大了大多數人對少數人的影響。特別是塞爾日·莫斯科維奇，他不認可艾殊的分析和解釋，他認為積極的少數派也能夠對大多數人造成影響，並因此帶來改變。莫斯科維奇進行了自己的研究，以證實「若能堅持，少數人也能造成巨大的影響」這一觀點。

食人族的成員都將吃人肉看作正確且平常的事情。

——所羅門·艾殊

儘管艾殊承認，在社交生活中我們有時需要與他人保持一致，但是他同時強調，只有當每個個體奉獻自己獨立的觀點和經驗時，這種一致性才會收穫最高價值。共識不應出自恐懼或從眾；事實上，他發現當涉及社會價值觀和教育質量等問題時，高智商的人們也會有很高的從眾傾向。

艾殊的結論反映出社會對於個體信念和行為的影響力（也是一種危險）。如果一個羣體形成了某種常規，那麼社會壓力將會確保其成員因從眾而默認、遵守這種常規。在艾殊實驗的啟發下，米爾格蘭姆做了有關服從的實驗，他發現在從眾的壓力下，正常人也會變得十分殘忍。

然而，在艾殊實驗中的大多數被試（即使是那些從眾的被試）都表明自己十分認可獨立意志的價值和重要性，這讓艾殊仍然對人性充滿樂觀的期待。■

生活就是一個戲劇化的表演過程

歐文・戈夫曼（1922－1982 年）

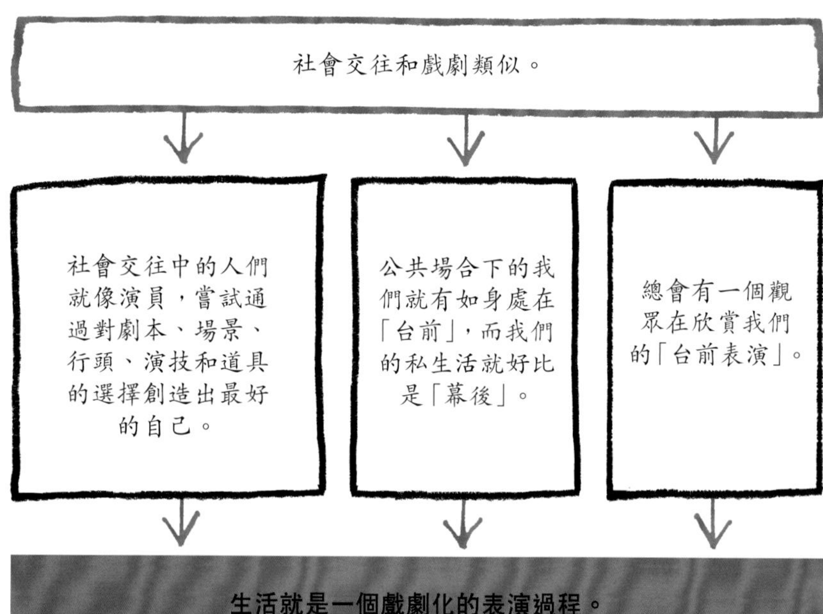

背景介紹

聚焦

印象管理

此前

1890 年 威廉・詹姆斯首次將個體區分為私人化的主體自我和公眾化的客體自我。

1902 年 美國社會學家查爾斯・庫利提出了「鏡中我」理論，指出個體對自己的認識是其他人對自己看法的反映。

此後

1990 年 美國心理學家馬克・利瑞和羅賓・科瓦斯基提出了個體通過印象管理提高心理健康水平的三種方式：歸屬感、自我提升和自我理解。

1995 年 心理學家薩拉・漢普森指出，我們的行為取決於我們跟怎樣的人在一起，不同的人將給我們的人格帶來不同的影響。

歐文・戈夫曼（Erving Goffman）提出印象管理的理論，該理論描述了人創建、維護和提高其社會身份的過程。戈夫曼指出，社會交往的一個重要方面就是我們嘗試（有意或無意）操縱和控制我們留給他人的印象。當我們與別人交流時，我們會呈現出一個公共狀態下的自我形象。在某些情況下，我們可能會試圖做點甚麼影響某個特定的人（如面試官）對自己的印象；而有時，我們可能只是努力保持良好的自我形象。

1959 年，在其著作《日常生活中自我的表現》中，戈夫曼將印象管理和戲劇進行類比，他認為我們

參見：威廉・詹姆斯 38~45 頁，威廉・葛拉瑟 240~241 頁，斯坦利・米爾格蘭姆 246~253 頁，大衛・麥克萊蘭 322~323 頁，沃爾特・米舍爾 326~327 頁。

在現實生活中的表現類似於戲劇演員在舞台上的表演。對於每一段社會交往而言，個體既是對自我的真實表達，同時又是為了對「觀眾」施加特定的影響。

事實上，戈夫曼認為人格是個體在日常生活中不同角色相疊加的結果，也就是說個體真實的自我不是個體內在的、隱私的部分，而是一種個體在公開場合表達自己的戲劇效果。戈夫曼認為：「生活就是一個戲劇化的表演過程。」如果要給他人創造一個良好的印象，就需要個體選擇合適的劇本、場景、行頭、演技和道具，同時，個體還需要具備和他人一致的認識：在台前（公開場合）應有怎樣的表現，在幕後（私人領域）又應有怎樣的表現。

演技

戈夫曼認為，在現實生活中，每個人都有能力選擇自己的舞台、道具和服飾。社交領域的演員和舞台上的演員的主要目標是一致的：都是通過與其他演員的互動來維持與他人的一致性。要實現這一點，情景中的每個人都需要對「場景的定義」以及不同互動 / 表演的特點、預期、不足等有統一的認識；此外，他們還需要給彼此傳遞恰當的反饋信號，從而讓自己融入社交場景中。

為了有恰當的表現，人們對該情境中自己的身份、社會背景以及他人對自己行為的預期都必須與他人保持一致。例如，參加精英晚會的名流都心照不宣地認為自己就屬於「精英晚會的名流」；他們每個人都將接納自己在這一情境下的角色，並且也鼓勵他人（其他演員、觀察者或觀眾羣體）接納自己對角色的定義。然而，如果個體發現該情境似乎並非名流晚會，比如，晚會的食物只有比薩，或者出席晚會還有一些並非名流的人物，那麼人們就會假裝一切如常，然後表現出適合該晚會的狀態從而避免尷尬。

據說戈夫曼十分樂於挑戰餐館、閱覽室、電影院購票隊伍等場景中人們對這些規則的認知極限。■

賓館的工作人員與他人在公共場合互動時，他們就相當於在「台前」。當他們不當值時，他們就回到了「幕後」，他們的行為會有所改變，變得不那麼規範、正式。

歐文・戈夫曼

歐文・戈夫曼是加拿大社會學家和作家，他出生在加拿大的艾伯塔省。他的祖先是烏克蘭的猶太人，後移居到加拿大。戈夫曼在多倫多大學獲得了社會學和人類學的學士學位，之後在芝加哥大學獲得了社會學的碩士和博士學位。1962 年，他成為加利福尼亞大學的教授。截至 1969 年，他已經發表了七部著作。1964 年，他的第一任妻子自殺身亡，戈夫曼在他 1969 年的論文《精神錯亂》中描述了自己當時的經歷。1981 年，他再婚。1982 年他成為了美國社會學會主席（儘管別人認為他有點特立獨行）。幾個月之後，他便因為胃癌離開了人世。

主要作品

1959 年 《日常生活中自我的表現》
1961 年 《瘋人院》
1971 年 《公共場合下的人際關係》
1974 年 《框架分析》

你越常看到一樣東西，就會越喜歡它

羅伯特・扎榮茨（1923－2008 年）

背景介紹

聚焦
熟悉度

此前
1876 年 德國實驗心理學家古斯塔夫・費希納指出，人們對藝術作品的熟悉度越高，被喚起的積極情緒也會更多，但是「過度飽和」則會引發個體的反感。

1910 年 愛德華・鐵欽納提出單純曝光效應，他將其描述為「個體在面對熟悉事物時產生的『溫暖感』」。

此後
1971 年 心理學家發現和熟悉的線條圖及圖案相比，成年人和兒童更喜歡不熟悉的線條圖及圖案。

1989 年 羅伯特・伯恩斯坦發現當不熟悉的刺激短暫呈現時，屢見最強。

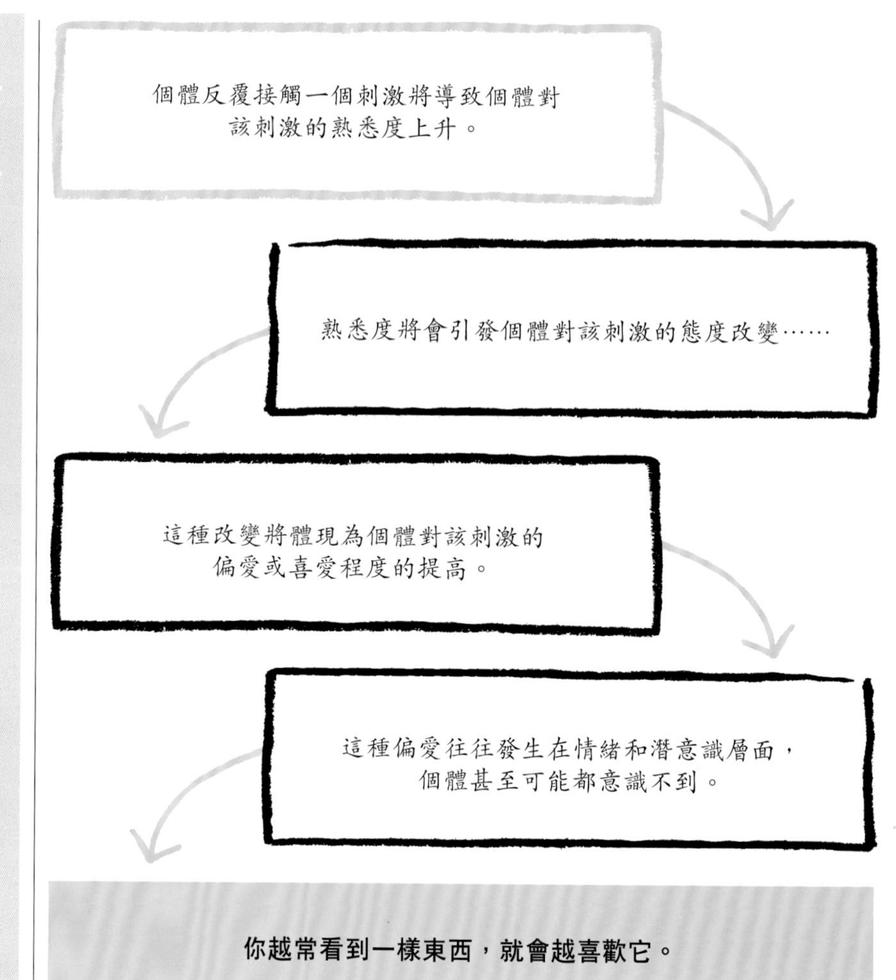

直到 20 世紀中葉，社會科學家還將個體行為歸於環境因素的結果。然而，波蘭心理學家羅伯特・扎榮茨（Robert Zaionc）認為，要更加深入了解個體的行為，就需要將個體意識的功能考慮其中。扎榮茨研究的重點在於探索感受和思維之間的關係，即情緒與認知之間的交互作用，他的大部分精力都用在了探索不同因素對個體行為的影響效果上。為此，他在 1968 年進行了開創性的實驗，並因此提出了所謂的「屢見效應」，這可以説是他對社會心理學做出的最著名的貢獻。

熟悉性實驗

扎榮茨指出，屢見簡單地説就是讓某個刺激進入個體的知覺中（無論是在意識層面還是潛意識層面）。之前，心理學家鐵欽納曾記錄過屢見效應，在 1910 年，他將屢見效應描述為「個體在面對熟悉事物時產生的『溫暖感』」。然而鐵欽納的假設在當時並不被人們所接納，這一觀點也就逐漸被埋沒了。扎榮茨對這一效應的興趣源於一篇新聞，這篇新聞描述了 1967 年俄勒岡州的一個奇妙的實驗。該文章説有個神秘的學生在上課的兩個月中一直將自己的書包放在一個黑色的袋子中，教授認識這個學生，但是班級裏的其他學生卻不認識他。教授隨後觀察了其他學生對這個奇怪的學生的反應。開始時，其他學生對這名奇怪的學生懷有敵意，但是隨着時間的推移，他們的態度開始

參見：萊昂·費斯廷格 166~167 頁，愛德華·鐵欽納 334 頁，斯坦利·沙克特 338 頁。

扎榮茨 1968 年的實驗證實了屢見效應的存在，他在實驗中給予被試不同符號的卡片，每張卡片出現的頻率是不固定的；如果被試看到一個符號的次數越多，那麼被試就會更多地表達出對該符號的喜愛。

軟化，後來開始對他表示友好，甚至開始保護他。該教授指出其他學生的態度逐漸「從懷有敵意轉化成為好奇，最終變成友好」。

扎榮茨於 1968 年在《人格與社會心理學》雜誌上發表了他開創性的論文《屢見效應對態度的影響》。他在論文中描述了自己的一系列實驗，其中，主試會給被試呈現隨機的圖像，如幾何形狀、中國字、繪畫和人的面部照片等，這些圖像呈現的速度非常快，以至於被試根本無法分辨哪個圖片被重複呈現過。之後主試會詢問被試更喜歡哪個圖片，被試會選擇那些他們看到次數最多的圖片，儘管被試自己可能並不知道這個圖片是呈現次數最多的。扎榮茨發現熟悉度似乎會帶來態度上的改變，個體會對那個熟悉的刺激表達出喜愛之情或是某種其他的偏好。而這種態度的改變會隨着刺激物曝光次數的增加而增強：某樣東西在你面前出現的次數越多，你越會喜愛它。簡單地説就是「你越常看到一樣東西，就會越喜歡它」。

扎榮茨實驗結論得出後，又有一些研究人員研究了屢見效應，他們發現即使只使用聲音刺激，這一效應依然存在。1974 年，社會心理學家賴傑基使用雞蛋作為測試對象，他在這些雞蛋孵化之前，對不同組的雞蛋施加不同頻率的聲音刺激，在雞蛋孵化之後，他又會對兩組孵化出來的小雞再次施加這些聲音刺激。這些小雞無一例外地都喜好自己出生前聽到的聲音。

偏好是非理性的

扎榮茨的發現表明，這種對熟悉物的偏愛只是由於個體之前曾接觸過該物體，而這種喜好並不受個體的信仰或態度的影響。即使這種接觸只發生在個體的潛意識層面時（被試完全不知道自己面對着某個刺激）也依然如此。這一發現促使扎榮茨認為「喜好不需要任何的推理過程」，這就意味着我們的偏好並不是理性判斷的結果，這與我們大多數人的觀點完全相反。

扎榮茨在他 1980 年的論文《感覺和思維》中指出，感覺和思維其實是彼此獨立的。在個體面對某個刺激時會產生複雜的反應，在這個過程中個體的感覺先於思維，但是事實上，感覺還是對個體的觀點和決定最有影響力的因素。這篇論文引發了廣泛的爭論，並且還間接將情緒研究重新推上了西方心理學研究的前沿地位，部分原因是該理論對研究人類的決策過程有着重要的意義。它意味着引導我們決策過程的並不是邏輯或推理，這和我們之前的觀點大相逕庭；事實上，在從

新穎時常與不確定和衝突聯繫在一起，而這種不確定和衝突容易引發消極的結果。

——羅伯特·扎榮茨

廣告業時常會利用屢見原理。

——羅伯特・扎榮茨

品牌的反覆曝光時常會激發人們對該品牌的喜好。即使這種曝光過程並未涉及任何實質信息，也不需要個體對其做出任何決策過程，影響依然成立。

認知層面對我們的選擇進行考量之前，我們已經基於情緒和本能快速做出了決策——我們的判斷過程跨越了信息加工這個環節。如果這個觀點屬實，那麼這就意味着我們的邏輯推理只是為了證實、解釋我們已經做出的決定而已，邏輯推理過程並不是我們做決策時的第一步驟。

扎榮茨總結道：「我們的情感似乎總是伴隨着想法一起出現，但實際我們的認知根本無法脱離感覺而存在」。我們無法在沒有感覺的情況下進行思考；就像扎榮茨所説的，我們不可能只看到一座房子，而是會看到一座「漂亮的房子」或是「糟糕的房子」。我們的每一個知覺中都摻雜着情緒和感受的影響。而這種情緒對認知的影響還體現在記憶上，扎榮茨指出，就像巴特利特在《記憶》一書中提到的：「當要求被試對某物進行記憶時，通常情況下，個體腦海中首先浮現的是對該物體的感受。」

我們稱之為「感受」的體驗時常與我們全部的認知感受相伴產生。

——羅伯特・扎榮茨

人際吸引

屢見效應的作用逐漸被延伸到實驗室之外，並拓展到了人際吸引的領域，比如「接近效應」——我們總會傾向於和我們經常見到的人成為朋友或戀人。對此現象有一種進化論方面的解釋：當動物第一次面對其他陌生動物時，它的第一反應是恐懼和攻擊，但是在重複接觸該動物後（在此期間動物將會意識到自己預期的威脅並沒有發生），它的消極行為反應將明顯降低。扎榮茨進一步在人類被試中檢驗了這一點，他發現當人們在想像一羣陌生人時會產生非常消極的觀點，會對這羣人的特點進行消極歸因，而實際上這一歸因毫無證據，因為這些人對個體而言是陌生人。然而，當面對的是形狀或符號時，反覆接觸這些刺激反而會增加個體的信任感和好感。

另外一種對於「鄰近效應」的解釋則納入了更多人際吸引方面的因素，比如熟悉度、觀點的一致性、身體上的吸引力以及好感的交互等。人與人之間頻繁的交往不僅會增加彼此的熟悉度，還會提高對彼此相似性的認知，因此會讓交往中的雙方對彼此產生積極的感受並最終相互吸引。

單純曝光效應和廣告

廣告是屢見效應發揮重要作用的又一領域，儘管屢見效應的作用還不十分明顯。研究結果表明，某個品牌或公司名稱在人羣中的不斷曝光會大大提高其產品的銷售額，但是這種假設顯然有些過於簡單化了，因為這個假設並沒有考慮重複曝光可能引發的其他效果。

有一項研究使用了橫幅廣告測試這種廣告的頻繁出現對大學生的影響。在研究中，被試將從電腦屏幕上閱讀一篇文章，而有關某品牌的橫幅廣告會一直閃現在屏幕上端。結果表明，那些屏幕上頻繁閃現品牌的被試和那些屏幕上不怎麼頻繁閃現甚至根本沒有該品牌的被試相比，前者對該品牌的喜愛度更高。然而，另一項研究發現，對品牌的熟悉度也可能導致愛恨交織的態度。這可能是由於人們對自己熟悉的品牌會有好的聯想，也會有壞的聯想，而該品牌的頻繁出現可能會同時引發這兩種聯想，因此讓被試難以評定自己的喜好。因此，「為提升熟悉度而重複做廣告是否會增加銷售額」這一觀點依然沒有定論。

熟悉的面孔

扎榮茨發現曝光不僅會影響人們的感受，甚至還能讓一個人的外表隨時間而產生變化。扎榮茨和同事們進行了一項研究，他們想要知道配偶在一起生活 25 年後，彼此的面孔是否會越來越相似。他們比較了一些配偶在新婚第一年的合影和一起生活 25 年後的合影，結果發現在長時間生活在一起之後，夫妻的確會越來越相像。在排除了其他可能的解釋後，他們認為這一現象產生的最可能的原因便是移情。在共同生活中，夫妻雙方將對對方產生移情作用，因為人類的情緒和其面部表情聯繫在一起，因此在移情的過程中，夫妻可能會模仿對方的面部表情，因此會導致夫妻雙方隨時間出現相似的臉部皺紋。

扎榮茨因他社會行為的研究而聞名，他的研究引導了當代社會心理學的發展。他利用自己對思維和感受的研究進一步探索了諸如種族歧視、種族滅絕、恐怖主義等問題，他希望能夠利用自己的研究來阻止戰爭，並幫助人們從苦難中解脫出來。■

夫妻長久生活之後會通過模仿對方的面部表情來達到移情的目的，而這會使得夫妻雙方產生類似的面部線條，因而夫妻會越來越相像。

羅伯特·扎榮茨

羅伯特·扎榮茨出生在波蘭羅茲。他 16 歲時納粹入侵波蘭，於是他和家人逃到華沙。兩週後，他們居住的地方遭到轟炸，他父母不幸去世。扎榮茨在醫院治療了六個月，之後被納粹士兵送到德國的勞改營。他與其他兩個囚犯試圖逃走，但是走了 320 公里（200 英里）再次被抓住並遭到監禁。他最後一次越獄成功逃到了英國。第二次世界大戰後，扎榮茨搬到了美國，在密歇根大學他獲得心理學博士學位並成為了一名傑出的心理學家。之後他一直留在那裏工作，直到 1994 年退休。退休時，他被聘任為史丹福大學的名譽教授。扎榮茨在 85 歲時死於胰腺癌。

主要作品

1968 年 《單純曝光效應對態度的影響》
1975 年 《出生順序與智力發展》
1980 年 《感覺和思維》

誰喜歡女強人？

珍妮特・泰勒・斯彭斯（1923－2015 年）

背景介紹

聚焦

性別研究

此前

1961 年 阿爾伯特・班杜拉提出了社會學習理論，即男孩和女孩之所以存在行為上的差異是因為人們對待男孩和女孩的方式不同。

1970 年 羅伯特・海姆里奇和埃利奧特・阿倫森發表了他們的研究結果，即男性對有能力的男性評價要高於能力不足的男性。

此後

1992 年 美國心理學家愛麗絲・伊格雷發現如果某個女性擔任的是傳統男性角色的領導地位，那麼人們更加傾向於對其進行消極評價。

2003 年 西蒙・巴倫科恩指出女性的大腦天生具備移情的能力，而男性的大腦則天生擅長進行系統理解。

在20 世紀 70 年代婦女解放運動之前，珍妮特・泰勒・斯彭斯（Janet Taylor Spence）的研究主要集中在焦慮問題上。然而，在她了解了她的兩個同事的研究，即男性的能力以及其受歡迎程度的研究之後，她開始將研究的焦點轉向了性別問題。她發現同事的研究並沒有將女性納入其中，於是她決定以女性為被試進行類似的研究。這就有了她在 1972 年發表的論文《誰喜歡女強人？》。

斯彭斯和海姆里奇一起探討了男性和女性是否對能力較強的女性更有好感的問題。兩位心理學家猜測，只有那些秉承男女平等的個體才會更喜歡能力較強的女性。為了檢驗他們的假設，他們設計了《女性態度量表》來了解被試對女性的權利和角色等的看法，問卷涉及教育、婚姻、職業生涯、習慣、社交、智能以及經濟自由等相關問題。結果出乎意料，和研究者的預期完全相反，被試不但喜歡更有能力的女性，甚至對那些在傳統男性擅長領域表現出色的女性給出了最高的評價。

這一里程碑式的研究為性別研究成為社會心理學領域的獨立分支起到了重要的影響作用。■

即使是保守的被試……對那些在傳統男性領域獨佔鰲頭的女性也會給予最高的評分。

——珍妮特・泰勒・斯彭斯

參見：西格蒙德・佛洛伊德 92~99 頁，蓋伊・科爾諾 155 頁，埃莉諾・麥科比 284~285 頁，阿爾伯特・班杜拉 286~287 頁，西蒙・巴倫科恩 298~299 頁。

閃光燈記憶會被高情緒喚醒的事件所激發

羅傑・布朗（1925－1997 年）

背景介紹

聚焦

記憶研究

此前

1890 年 威廉・詹姆斯區分出了兩種記憶：短時記憶（初級記憶）和長時記憶（次級記憶）。

1932 年 弗雷德里克・巴特利特的研究結果顯示，人們的回憶不僅是對記憶的提取，也是對過去發生的事件積極重構的過程。

此後

1982 年 美國心理學家烏瑞克・奈瑟爾指出閃光燈記憶並沒有獨特的生理機制；而且由於個體事後會將事件在大腦中進行多次「排演」，因此該記憶有失真的可能。

1987 年 美國心理學家戴維・魯賓在《自傳式記憶》一書中指出，我們會對自己經歷中里程碑式的事件記憶深刻。

20世紀 70 年代後期，哈佛大學教授羅傑・布朗（Roger Brown）與他人合作撰寫了一篇名為《閃光燈記憶》的論文，該研究成為記憶現象領域的一個經典研究。布朗和他的同事詹姆斯・庫里克創造了「閃光燈記憶」這一術語，用以描述一種特別的自傳式記憶，即個體由於周圍環境中發生的重大事件而產生的非常生動的記憶，這些記憶的細節豐富並且保持時間很長。

文中指出，具有文化色彩的重大事件或是對個體而言的重要事件，比如甘迺迪和馬丁・路德・金遇刺，會激發個體特殊的記憶機制（「即時印刻」機制），並會在記憶裏創建一個永久性記錄，從而保留我們第一次聽到該事件時的環境信息以及該事件的細節信息。這和照相機閃光燈的效果類似，當我們聽到令自己震驚的消息時，我們會將當時的情況「拍下來」，包括聽到事件的時間、我們當時和誰在一起、正在做甚麼等，比如當我們聽說「9・11」事件時的情景。布朗和庫里克提出，這些記憶生動、準確並且經久不衰。然而，像奈瑟爾這樣的研究者則不認同所謂的特殊機制理論，他們認為個體記憶的經久不衰是由於個體事後會對事件在大腦中進行多次回顧或「排演」（無論是個體層面還是社會層面，都會有讓個體多次回顧的可能），因此該記憶會不停得到強化而無法消逝。■

1963 年甘迺迪遇刺事件舉世震驚，並且也是美國文化中的重要事件。布朗解釋說這種類型的事件會促使「閃光燈記憶」的形成。

參見：威廉・詹姆斯 38~45 頁，傑羅姆・布魯納 164~165 頁，安道爾・圖爾文 186~191 頁，弗雷德里克・巴特利特 335 頁，烏瑞克・奈瑟爾 339 頁。

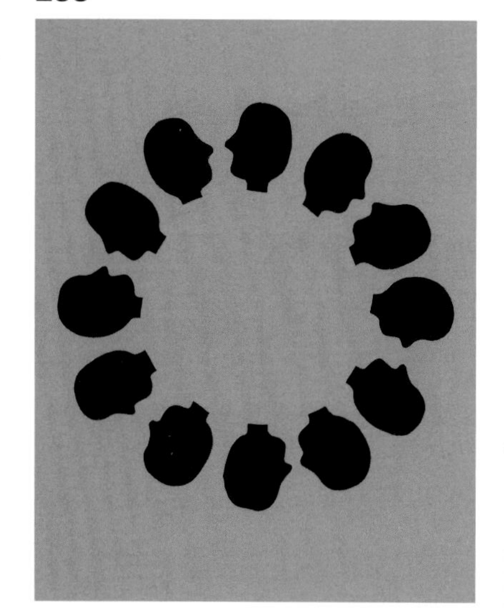

不是為了獲得知識，而是為了成為知情人

塞爾日・莫斯科維奇（1925—2014 年）

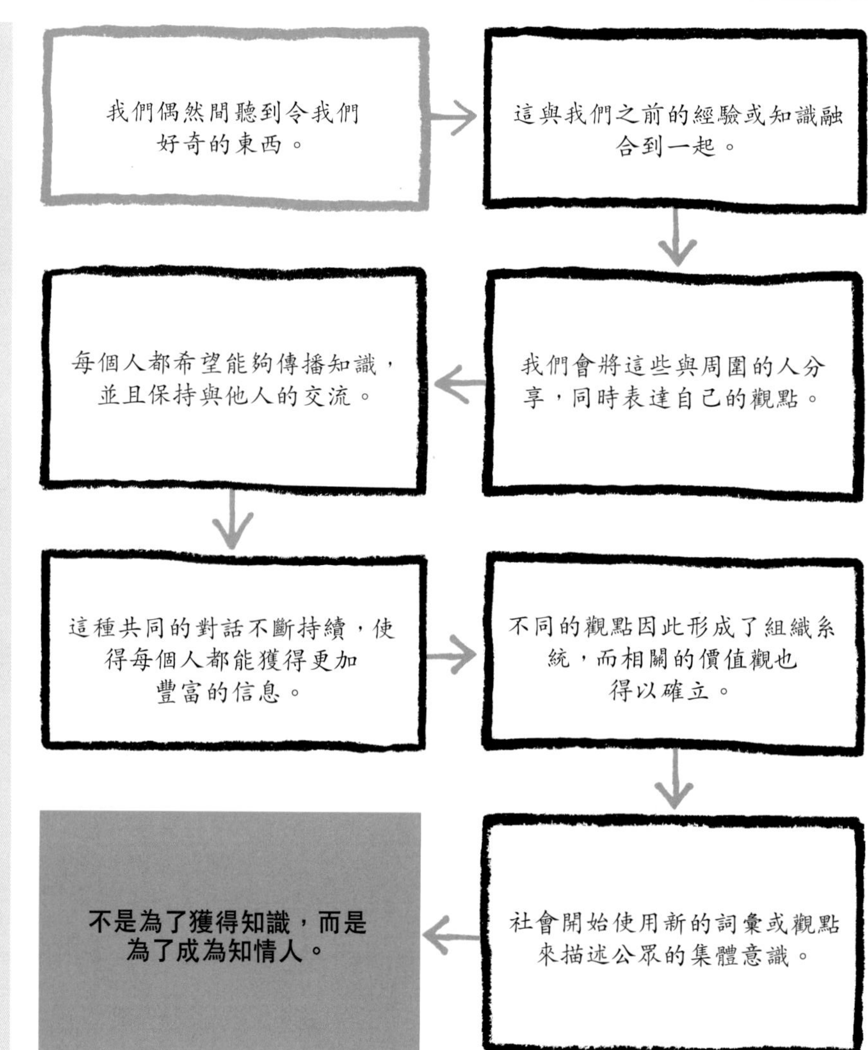

背景介紹

聚焦

社會建構理論

此前

1807 年　德國哲學家黑格爾指出我們的觀念和價值觀是時代思潮或是時代精神的產物，是在調和相反的觀念中不斷變化的。

1927 年　德國物理學家維爾納・海森堡提出了「不確定原理」，即觀察者自身的特點會對觀察的結果造成影響。

1973 年　美國心理學家肯尼斯・格根撰寫了《作為歷史的社會心理學》一書，標誌着社會建構主義的出現。

此後

1978 年　利維・維高斯基在其「最近發展區」理論中強調學習者所處社會文化歷史背景在其認知過程中的重要作用。

參見：約翰・赫爾巴特 24~25 頁，庫爾特・萊溫 218~223 頁，所羅門・艾殊 224~227 頁，利維・維高斯基 270 頁。

20世紀60年代後期，被稱之為社會建構主義者的一些社會心理學家認為，心理學研究逐漸忽視了對一般人的研究。令人擔憂的是，個體被錯誤地認為只會被動感知社會卻不會主動建構社會。為了消除這些令人擔憂的認識，社會心理學家莫斯科維奇進行了一系列研究以了解人們吸收信息、理解世界的方式，這些研究後來成為該領域的經典研究。

1961年，塞爾日・莫斯科維奇（Serge Moscovici）在法國出版的《精神分析》一書中提出，所有人的想法和理解都是「社會表徵」的結果。而所謂社會表徵便是人們日常交流過程中所共享的諸多概念、觀點和解釋。這些可以幫助我們在社會和物質世界中找到自己的定位，並且可以為我們提供在羣體中進行信息交流的途徑。實際上，這些就是經由大眾傳播媒體、科學、種族以及社會羣體間的相互作用形成的集體意識，也是羣體共享版的現實世界。

為了檢驗他的理論，莫斯科維奇開始研究第二次世界大戰以來法國社會對精神分析概念的接納和吸收過程。他研究了大眾市場的相關出版物並進行了一系列的面談，他希望借此尋找到集體意識領域相關信息的流動情況。他發現，隨着精神分析理論的流行，在高雅文化領域和大眾市場領域都有這方面的線索：人們用非常大眾的方式思考、探討精神分析當中的複雜概念。從整體上看，公眾使用的依然是簡化了的精神分析理論。

塑造常識

莫斯科維奇指出，將複雜的概念轉換為簡單的、可被理解的語言並沒有甚麼問題，因為目標不是為了獲得知識，而是為了成為知情人，是為了成為集體中主動參與的一員。這一過程讓陌生人彼此熟悉，並且為科學轉化為常識鋪平道路。這樣，社會表徵就為不同羣體的人提供了了解世界的框架。此外，它們還會影響人們對待他人的方式。任何時候，只要存在某個關於社會問題的爭議（比如是否立法允許同性戀者收養兒童），社會表徵的作用和重要性就會凸顯出來。

莫斯科維奇堅持認為社會表徵才是真正的知識形式，知識並不是將高水平信息稀釋後的產物。事實上，他特別指出人們日常的觀點（不是那些抽象的科學概念）十分重要，因為「分享的表徵內容可以創建出一個共享版的『現實』，成為一種被廣泛接受的常識。」■

塞爾日・莫斯科維奇

塞爾日・莫斯科維奇出生在羅馬尼亞布勒伊拉的一個猶太人家庭，他在布加勒斯特求學，但最終因反猶太法被驅逐出境。他從1941年的那場無數猶太人被謀殺和折磨的災難中倖存下來，之後便和父親不停輾轉於各個國家。在第二次世界大戰期間他學習了法語，並和別人一起創辦了藝術雜誌*Da*，但該雜誌因未能通過審查而被停刊。1947年，他離開了羅馬尼亞，再次流離失所，直到一年後才在法國定居。1949年，他獲得了心理學學位，之後又在丹尼爾・拉加什的指導下依靠難民補助獲得了博士學位。1965年他和別人一起創建了歐洲社會心理學實驗室，並且成為美國和歐洲各大學備受尊敬的心理學教授。

主要作品

1961年 《精神分析》
1976年 《社會影響與社會變革》
1981年 《大眾的時代》

我們本質上都是社會人

威廉・葛拉瑟（1925－2013 年）

背景介紹

聚焦

選擇理論

此前

公元前 350 年 希臘哲學家亞里士多德提出人是由三種慾望所驅動的：感官慾望、憤怒和理性慾望，而理性慾望是個體追求真正善好之物的驅動力。

1943 年 克拉克・赫爾指出所有人類行為都源於原始驅動力，這些原始驅力是飢、渴、性以及迴避痛苦。

1973 年 美國科學家威廉・帕爾斯提出了知覺控制理論，該理論認為行為是我們對知覺進行控制的結果，而我們控制知覺的目的是為了讓其與我們內在固有的基準相符。

此後

2000 年 美國精神病醫生皮特・布利金出版了《挽救我們的孩子》，書中他抨擊了使用精神類藥物「治療」問題兒童的做法。

威廉・葛拉瑟（William Glasser）公然批評傳統的精神病學治療方法以及藥物治療法，他指出，大多數人的精神和心理問題實際上都處於正常的範疇，並且可以通過行為的改變而得以改善。他注重通過選擇、責任以及改變來幫助個體獲得幸福和自我實現感。

1965 年，他提出了現實療法，一種注重問題解決的認知行為方法，他鼓勵來訪者關注自己當下的需要，然後評估自己選擇的行為可以實現目標還是會離目標越來越遠。

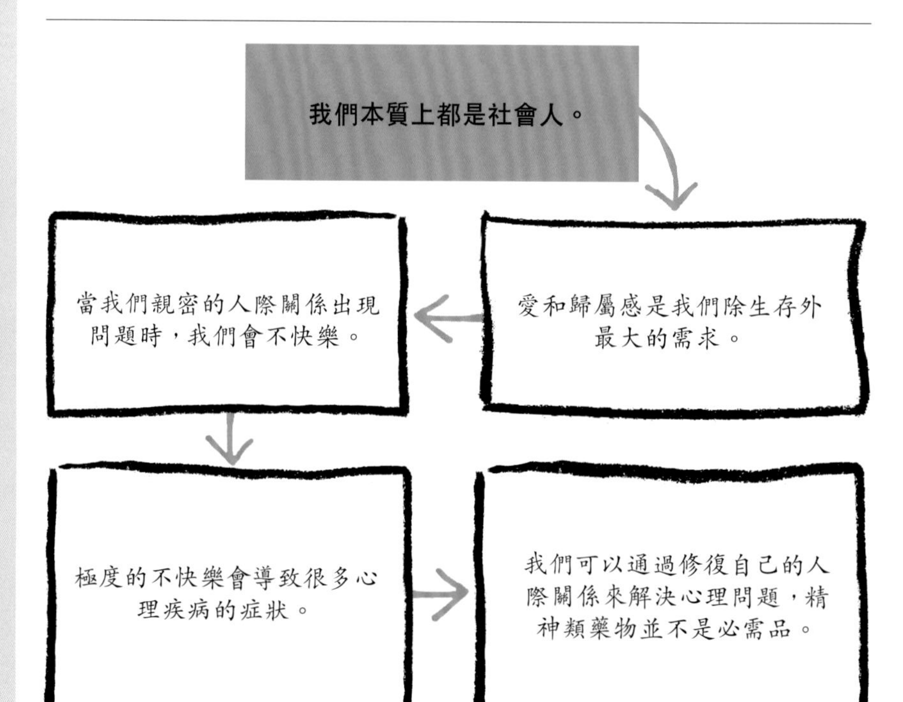

參見：埃米爾・克雷佩林 31 頁，西格蒙德・佛洛伊德 92~99 頁，
大衛・羅森漢 328~329 頁，克拉克・赫爾 335 頁。

基於幾十年利用現實療法進行治療的經歷，葛拉瑟發現自己的實踐基於一個重要觀點：人們能夠主動找到為實現目標需要採取的行為，這促使他發展出了選擇理論。這一理論認為，我們每個人都會主動採取行動趨利避害，我們都想要做出能讓自己感覺更好的思考和行為。他指出，在努力的過程中遭遇的快樂和痛苦來自人們五方面的基本需求：生存、愛和歸屬感、權力、自由和幸福。任何能滿足這些需求的行為都會令人愉快，而任何無法滿足需求的行為都會引發痛苦。最後他解釋說，只有通過人際關係才能實現這些目標和需要。當我們在為生存而掙扎時，他人的幫助會讓我們感覺良好；為了實現愛和歸屬感的需要，我們至少需要一段良好的人際關係；為了滿足我們的權力慾望，我們需要別人的傾聽；為了實現自由的需求，我們需要在他人的控制中找尋自由感；而

與我們親密的人發生衝突會導致不和與怨恨，而這會引發一系列的心理問題；這些問題實際上是我們人際關係出現問題的正常結果。

獨自一人和有他人陪伴相比，顯然他人的陪伴更容易讓我們感到幸福。由於這些原因，他指出「我們本質上都是社會人」。

葛拉瑟強調持續的心理問題通常是人際關係（而不是大腦出現了所謂的生化異常）出現了問題，如果我們修復自己的人際關係，而不依賴精神藥物，這些痛苦一樣可以被緩解。他還強調了人類對權力的基本需要，即我們試圖通過控制他人來滿足自己。事實上，我們唯一可以控制的是自己的思考和行為方式，我們無法控制別人。他指出，為控制他人而做的嘗試只能表明對他人缺乏尊重，這也是導致我們不幸福的原因。選擇理論是一種自我控制的辦法，它可以幫助我們消除控制別人的願望，並在人際關係中找尋到幸福。■

改善人際關係就是改善我們的心理健康水平。

——威廉・葛拉瑟

威廉・葛拉瑟

威廉・葛拉瑟於 1925 年出生在美國俄亥俄州的克利夫蘭。他最初在克利夫蘭醫學院接受的是化學工程師的訓練，之後他在洛杉磯參加了精神病學方面的培訓。他在 1957 年開始執業實踐。通過參與帕爾斯對知覺控制理論的研究，他進入了控制理論的研究領域。1967 年，葛拉瑟建立了美國加州現實療法研究所（後更名為威廉・葛拉瑟研究所），該研究所培訓學生學習選擇理論。他的理論在超過 28 個國家和地區得到了認可和傳播，他撰寫了關於如何進行精神治療、心理諮詢和提升學業的系列書籍。他獲得過諸多獎項，包括「心理諮詢傳奇獎」，並被美國精神病學協會授予「治療大師」的稱號。

主要作品

1965 年　《現實主義療法》
1969 年　《沒有失敗的學校》
1998 年　《選擇理論》
2003 年　《警告：精神治療會對你的心理健康有害》

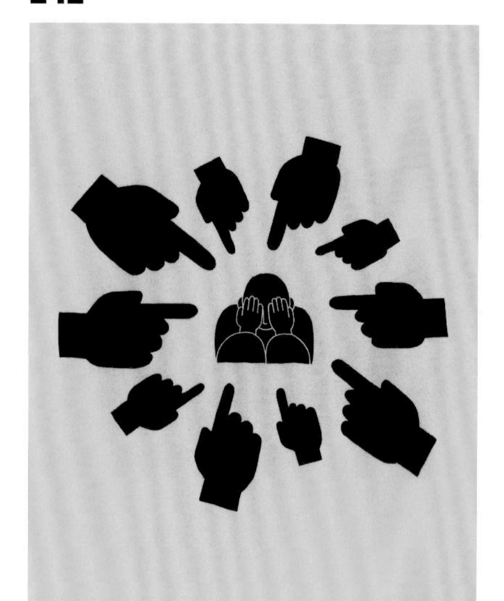

我們堅信人都會得到應得的獎賞或懲罰

梅爾文・勒納（1929 年－ ）

背景介紹

聚焦

歸因理論

此前

1958 年 澳洲心理學家弗里茨・海德研究了人們的歸因過程，即人們如何判斷影響情境的因素。

1965 年 美國心理學家愛德華・瓊斯和基思・戴維斯指出，歸因的目標在於發現行為和意圖如何映射人們的本質。

此後

1971 年 美國社會學家威廉・瑞安提出了「責備受害者」的說法，揭露了種族歧視和社會偏見現象。

1975 年 美國心理學家基克・魯賓和利蒂希婭・佩普勞發現，那些堅信「世界公平」的人們往往會更加獨裁、更加虔誠、更願意遵守現存的社會和政治制度。

人們都願意相信自己生活在一個安全、穩定、有序的世界。

……在這個世界裏，「壞事」只會發生在「壞人」身上，「好事」只會發生在「好人」身上。

人們的假設是「每個人都會獲得他應得的獎賞或懲罰」，因此，每個人都應該接受自己的「命運」。

人們之所以會將受害者的遭遇歸咎為他們的壞運氣，是為了不讓自己覺得無助。

當人們認為自己可以控制生活時會心生愉快。我們需要讓自己相信，我們生活在一個公平的世界裏，善有善報，惡有惡報，這樣，我們就可以相信大多數生活事件是可被預測、被影響並最終被控制的。這種「公平世界假說」是一種相信「人都會得到應得的獎賞或懲罰」的思維。但是，在梅爾文・勒納（Melvin Lerner）看來，這是一個危險的誤會，這種傾向會過度強調一個人的性格特質，卻忽視了瞬息萬變的情境因素。如果一個人遭受痛苦或被懲罰，我們就會更願意相信那個人一定做了甚麼壞事才讓他獲得這樣的待遇。公平世界假說似乎給那些難以解釋的事件一個令人安慰的合理化解釋，讓世界看起來不再那麼混亂或無序。這也讓人們相信，只要是「好人」，「好」事就

參見：多蘿西・羅伊 154 頁，伊麗莎白・洛夫特斯 202~207 頁。

如果你相信人應該為自己的不幸負責，那麼無家可歸等社會問題就不會令你覺得不舒服，你可能會對此漠不關心。

會發生在他身上，從而賦予個體一種虛假的安全感。

勒納在《公正世界的信念》一書中指出，我們要求孩子乖巧，並向他們承諾只要他們壓抑自己的衝動和慾望，將來就會收穫回報。這一點屬實的前提是我們必須生活在一個公正的世界，而這些孩子長大後自然會對此深信不疑。

責備受害者現象

勒納在 1965 年的研究中發現，如果學生被告知一位同學中了彩票，那麼為了讓這件事更合常理，學生們會堅信這個中彩票的同學平時比其他人更努力。公正世界信念能夠幫助人們「改變」事實的真相。當我們面對遭受虐待的受害者時，這種觀點會十分危險。例如，在強姦案件中，人們時常會說女性受害者似乎是自找的（因為她穿了短裙或搔首弄姿），這就會減輕犯罪者的責任，並將責任推到受害者身上。通過責備受害者，非當事人就可以借此保護自己的安全不受威脅——只要我不那樣，就不會遇到這種事情。

勒納還強調，公正世界信念並不總是會造成責備受害者的現象。受害者的外在（是否清純）、吸引力、身份地位以及受害者和個體之間的相似程度都會影響個體對受害者「是否該為自己的不幸埋單」的判斷。

勒納的假設成了研究社會公正的重要基礎。「公正世界的觀點對生活的影響到底怎樣」的話題引發了爭論。這種觀點能否幫助人們對抗困難？它也有可能引發錯誤認知——錯誤行為（即使是無意或是非常微小的錯誤）可能會引發災難性的後果。澳洲心理學家多蘿西・羅伊指出，這種觀點可能會增強人們罹患抑鬱症的可能。■

人們需要相信自己生活在一個公正的世界。

——梅爾文・勒納

梅爾文・勒納

梅爾文・勒納是心理學領域研究社會公正問題的先驅人物，他曾在紐約大學學習社會心理學並於 1957 年獲得博士學位。然後，他前往史丹福大學攻讀博士後，他的研究主要集中在臨床心理學領域。1970—1994 年，勒納在加拿大滑鐵盧大學教授社會心理學。他還任教於美國和歐洲的多所大學，包括美國加州大學、華盛頓大學，荷蘭的烏得勒支大學和萊頓大學。勒納還是社會學雜誌《社會公正研究》的編輯，他於 2008 年獲得由國際司法研究學會頒發的終身成就獎。現在他是佛羅里達州大西洋大學的訪問學者。

主要作品

1980 年　《公正世界的信念：一個絕對錯誤的認識》

1981 年　《社會行為中的公正動機：順應時代的稀缺性和變化》

1996 年　《關於社會公正的當代觀點》

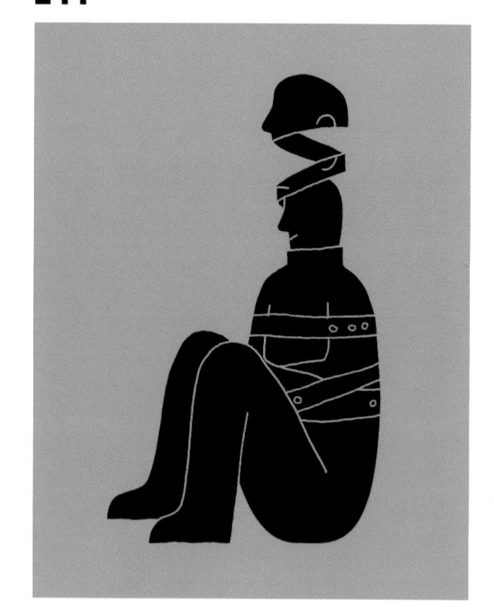

那些做瘋狂事情的人並不一定是瘋子

埃利奧特・阿倫森（1932 年－ ）

背景介紹

聚焦

社會心理學

此前

1956 年 社會心理學家利昂・費斯廷格提出認知失調理論，該理論認為不一致的信念會導致個體產生不適的緊張心理。

1968 年 發生了越南的美萊村大屠殺事件，美軍為了降低因屠殺平民而導致的認知失調，於是對平民進行「抹黑」。

此後

1978 年 阿倫森設計了「拼圖教室」的學習方法，以促進彼此獨立的小團體的學習效果，並借此減少學校中的偏見和暴力問題。

20 世紀 80 年代 心理學家認為，不同質的實驗無法反映人們態度的真實變化，但是人們在「通過自己的行為提高社會對自己的接納度」上是共通的。

在埃利奧特・阿倫森（Elliot Aronson）1972 年的著作《社會性動物》中，他提出了「阿倫森第一定律」：做出瘋狂舉動的人並不一定是瘋子。「瘋狂的事情」指的是暴力行為、虐待或極端的偏見，這些極端行為似乎反映了個體的心理失衡狀態。阿倫森認為，做出這些行為的人中肯定有精神病患者，但是心理健康的人也有可能做出看似瘋狂的極端行為來。因此，在診斷一個人是否罹患精神疾病之前，

在某些情況下，瘋狂的人會做出瘋狂的事情。

↓

如果我們沒有察覺到促發其行為的社會環境……

↓

……我們就會傾向於認為他們這樣做是因為性格上存在缺陷，或者他們本就是瘋子。

↓

我們必須記住，那些做出瘋狂舉動的人並不一定是瘋子。

參見：萊昂・費斯廷格 166~167 頁，所羅門・艾特 224~227 頁，梅爾文・勒納 242~243 頁，斯坦利・米爾格蘭姆 246~253 頁，菲利普・齊巴度 254~255 頁。

社會心理學家需要盡力理解個體在做出這些行為時面對的壓力及社會環境。

認知失調

為了說明其觀點，阿倫森列舉了 1970 年發生在美國俄亥俄州肯特州立大學發生的慘案。當時，俄亥俄州國民警衛隊的成員開槍殺害了 4 名手無寸鐵的學生，並造成 9 人受傷。傷亡的人中有的是抗議美國入侵柬埔寨的示威者，但大部分只是路人。雖然槍擊事件的原因仍不清楚，但這無疑是一場不必要的悲劇。然而在此之後，美國俄亥俄州教師（以及國民警衛隊成員）卻聲稱，這些學生都「該死」，據說被殺害的女孩們有的是未婚先孕、有的感染了梅毒，還有的下流不堪。阿倫森認為這些假傳聞並不是源於病態的思維，而是人們為了緩解內心的壓力和衝突找到的解決辦法。

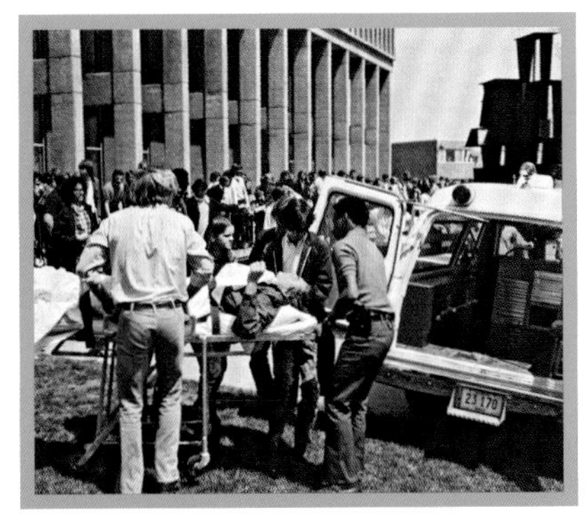

肯特大學慘案中有 4 名學生被國民自衛隊殺害，情感衝突的鎮民們為了減少認知失調，做出了詆毀受害者的舉動。

有些情境性因素會令很多「正常」的成年人做出令人作嘔的舉動。

——埃利奧特・阿倫森

這些人感受到的衝突便是「認知失調」，當多個信念中有兩個或多個出現不一致時產生的不適感。為了減少這種不一致，人們將改變自己的態度、信念和行為，哪怕是否認自己的殘忍行為或是為自己的行為尋找藉口。阿倫森指出，這就是肯特大學慘案發生後謠言產生的原因。鎮上的居民願意相信國民衛隊本性的善良，這意味着他們就需要相信這起慘案的受害者該死。認為被害者的骯髒和淫亂的想法可以安撫人們，因為這樣大家就可以緩解「國民衛隊殺死了無辜的學生」這一想法造成的情感衝突。

阿倫森聲稱，任何人在類似的情況下都可能會這樣做。理解了人們為甚麼會拒絕承認或合理化其殘酷行為，我們就可以在更廣泛的社會背景下調節或預防此類事件（比如戰爭和社會偏見）發生。■

埃利奧特・阿倫森

大蕭條時期，埃利奧特・阿倫森在馬薩諸塞州的波士頓長大。他獲得了布蘭代斯大學的獎學金，於是他在那裏學習並獲得學士學位；之後，他又分別在衛斯理大學和史丹福大學獲得了碩士和博士學位。之後，他曾在好幾所大學擔任教授，其中包括哈佛大學和史丹福大學。

在阿倫森的整個職業生涯中，他一直試圖用研究成果改善人類的生存條件、減少偏見。由於他的成就，他獲得了威廉・詹姆斯獎和高爾頓・阿氏獎，他還被《普通心理學評論》列入 20 世紀 100 位最有影響力的心理學家之一。他是唯一贏得美國心理學會所有三個獎項（寫作、教學和研究）的人。

主要作品

1972年 《社會性動物》
1978年 《拼圖教室》
2007年 《錯誤已經鑄成（不是我的錯）》

人們會做別人要求他們做的事

斯坦利・米爾格蘭姆（1933－1984 年）

背景介紹

聚焦
服從

此前

1939－1945 年　在第二次世界大戰期間，德國納粹殺害了大約 600 萬猶太人。

1950 年　所羅門・艾殊在研究中發現，個體在社會壓力下會選擇服從大多數人的觀點。

1961 年　納粹戰犯阿道夫・艾希曼受審，他聲稱自己只是「奉命行事」。

此後

1971 年　菲利普・齊巴度進行了著名的監獄實驗。結果表明，在某些情況下，本來很善良的人也會做出邪惡的行為。

1989 年　美國心理學家赫伯特・凱爾曼和漢密爾頓指出，當團體成員認可團體的合法地位後將會服從團體的權威指令。

社會心理學家斯坦利・米爾格蘭姆（Stanley Milgrams）1963 年出版的《服從行為研究》極大改變了我們對服從行為的理解。他的實驗結果表明，在收到權威指令後，大多數人可能實施對他人造成嚴重傷害的行為。這也引發了人們對心理學實驗倫理界限問題的質疑。

米爾格蘭姆對德國納粹戰犯阿道夫・艾希曼的審判過程產生了極大的興趣。當時人們的普遍觀點認為，20 世紀的德國人的內心與正常人有着本質區別；20 世紀 50 年代，西奧多・阿多諾等心理學家認為，德國人有特殊的人格特點，這些特點使他們特別容易犯下殘忍的罪行（如大屠殺）。但是阿道夫・艾希曼在審判中聲稱自己只是「奉命行事」，因此米爾格蘭姆決定進行一項研究，即在命令面前，普通人是否會失去自己的是非觀？他的研究對權威和服從這一主題進行了深入的探討和解釋，該實驗目前仍然是歷史上最有爭議的心理學實驗。

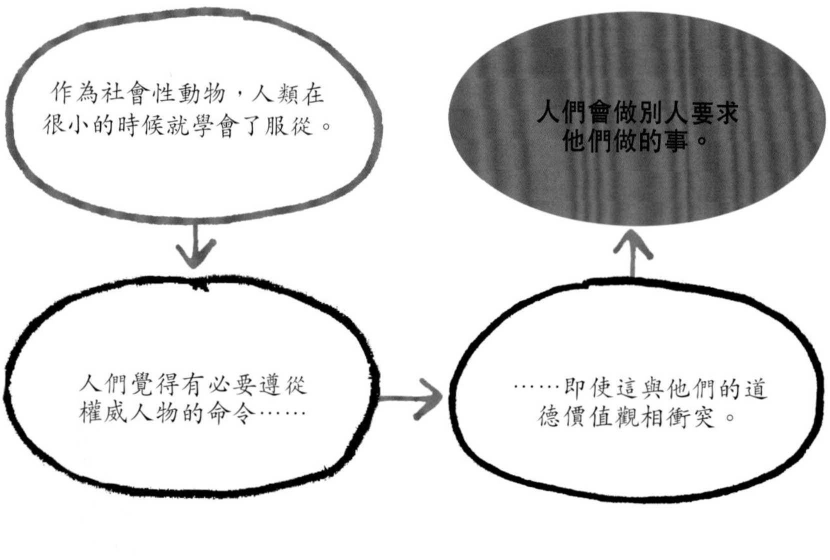

作為社會性動物，人類在很小的時候就學會了服從。

人們覺得有必要遵從權威人物的命令……

……即使這與他們的道德價值觀相衝突。

人們會做別人要求他們做的事。

團體的力量

米爾格蘭姆認為，第二次世界大戰期間，強迫服從（而不是德國人的天性）才是讓納粹做出殘酷行為的原因。他認為，行為是情境的直接結果，我們任何人在相同的情境下都可能做出同樣的行為。20 世紀 50 年代末，米爾格蘭姆和艾殊一起合作研究人類的服從行為，他們看到：人們會服從團體的決定，即使他們知道這個決定是錯誤的。實驗表明，人們會說出、做出與自己真實感受相衝突的話和行為。那人們的道德判斷是否也會受到團體或個人的影響？

米爾格蘭姆的實驗

米爾格蘭姆進行了系列實驗以測試在權威的命令下，正常、善良的人是否會做出違背自己道德觀的行為。具體實驗設計是：由權威人物給被試下命令，讓他利用儀器對另一個人實施電擊。米爾格蘭姆想了解普通人是否會服從這一命令。1961 年，米爾格蘭姆在耶魯大學的實驗室進行了這個實驗，當時他是那裏的心理學教授。被試都是通過報紙招募的，被試來自各行各業，包括教師、郵政工人、工程師、工人和銷售人員，共計 40 人。每個參與實驗的人都將獲得 4.5 美元的報酬，並且報酬在被試剛抵達實驗室時就會支付。被試同時還會被告知無論實驗過程中發生了甚麼，該報酬都屬於他們。

在實驗室中，米爾格蘭姆製造了一個假的（但看起來十分恐怖且可以亂真的）電擊器。該電擊器上

參見：所羅門・艾殊 224~227 頁，塞爾日・莫斯科維奇 238~239 頁，菲利普・齊巴度 254~255 頁，沃爾特・米舍爾 326~327 頁。

這個服從實驗是最為著名也最受爭議的實驗。

——理查德・格羅斯

有 30 檔相差 15 伏特的開關，代表不同級別的電壓強度，在強度標尺上分別標註着「小幅電擊」、「極限強度電擊」、「危險：極強電擊」，最後一檔標記為簡單的「XXX」。

實驗者，即「科學家」由一位生物老師扮演，他在實驗中的姓名是傑克・威廉姆斯。為了讓這位老師給被試留下權威印象，他自始至終都穿着灰色的實驗室技術人員的外套，並且在每個實驗中都保持着嚴厲無情的風範。

被試被告知該研究旨在探討懲罰對學習的影響，實驗中的兩名志願者一名將成為學習者，而另一名則會成為老師。事實上，每個實驗中的一名「志願者」並不是被試，而是實驗助手，他的名字叫華萊士，是一位招人喜歡的會計師，他在實驗中扮演受電擊者。華萊士先生和真正的被試在實驗開始前會從一頂帽子裏進行抽籤以確定自己在實驗中的角色（學習者還是老師）。但這個抽籤過程實際是研究者操縱好的，每次華萊士先生都會抽到「學習者」的紙簽。被試將全程看到「學習者」（華萊士先生）受電擊的情況，華萊士先生被捆綁在一張「電椅」中，他的兩個手腕上則被連上電極。被試被告知，該電極的開關和操作台位於隔壁房間。被試會聽到「科學家」告訴「學習者」（華萊士先生）說：「雖然電擊非常痛苦，但是不會對你造成永久性損害」。為了讓情境看起來更真實，科學家之後會給被試連上電擊器，並給予 45 伏特的電擊，這實際上

華萊士先生被像模像樣地捆綁起來，假裝自己只是個無辜的志願者。他的尖叫並沒有阻止 65% 的被試給予他最高級別的電擊（儘管是假的）。

斯坦利・米爾格蘭姆

斯坦利・米爾格蘭姆 1933 年出生在紐約的一個猶太家庭。他的父母均是匈牙利人，在布朗克斯經營一家麵包店。他和齊巴度曾一起在詹姆斯・門羅高中就讀。

米爾格蘭姆成績優秀，而且是同學裏的領袖人物。開始時，米爾格蘭姆對政治學感興趣，但他之後轉而接受高爾頓・奧爾波特的指導學習心理學，並於 1960 年獲得哈佛大學心理學博士學位。與艾殊在哈佛共同研究服從行為之後，他成為耶魯大學的助理教授，在那裏他進行了服從實驗。1961 年，他與亞歷山德拉・麥金結婚，婚後育有兩個孩子。1963 年，他想回哈佛任職，但因他的實驗爭議較大而被拒絕。於是他前往紐約的城市大學並在那裏任教，他於 51 歲時逝世。

主要作品

1963 年 《服從行為研究》
1967 年 《小世界問題》
1974 年 《實驗的視角：服從權威》

米爾格蘭姆的電擊實驗得到了令人完全意想不到的結果。由 40 名精神病學家組成的團隊預測認為，只有不到 5% 的被試將會對假被試釋放高達 300 伏的電擊；但事實上，每一個被試實施的電擊都等於或超過了 300 伏。

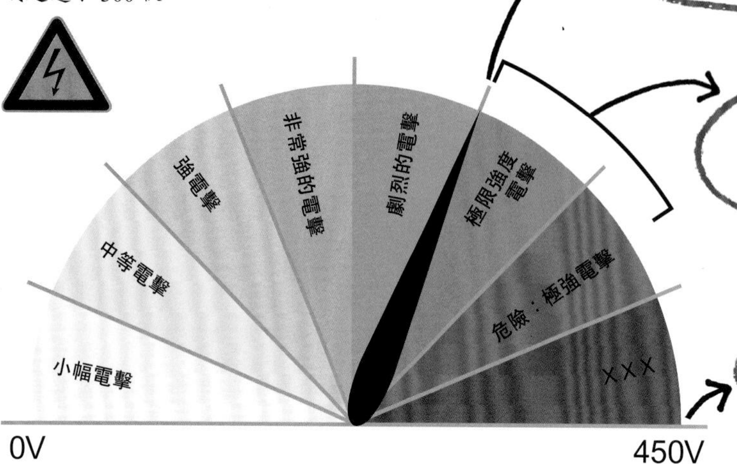

100% 的被試都對假被試實施了 300 伏以上（含 300 伏）的電擊；假被試會從 300 伏開始表現出明顯的痛苦並發出叫聲。

35% 的被試對假被試實施了 300~375 伏的電擊，但是他們拒絕繼續（再次提高電擊強度）對假被試實施懲罰。

65% 的被試一直將電擊強度提升到了終點，即 450 伏，並且會在 450 伏的時候按照要求多次對假被試實施電擊。

是實驗中的電擊器唯一能夠產生的電擊強度。

這時，被試會被安排走進裝有電擊器的房間，並按照主試的要求承擔「老師」的角色。他需要按照要求大聲朗讀一張列有詞組的清單（如「憂鬱的女孩」、「晴朗的天」），以便讓學習者即假被試記憶。之後，被試要朗讀清單上的每個詞組的前一個詞；學習者的任務是回憶出配對的另一個詞。如果學習者的答案是正確的，那麼提問繼續進行；如果答案是錯誤的，那被試就要告訴學習者正確的答案，並宣佈他即將受到的電擊等級，之後通過開關對被試實施電擊。每當被試出錯時，主試就要求被試實施高出上次懲罰 15 伏的電擊（即被試要不斷上調電擊水平）。

實施電擊

作為實驗的一部分，學習者（華萊士先生）大約每四個回答中會故意答錯一個，以確保被試被要求實施電擊。在實驗過程中，當電壓達到 300 伏時，華萊士先生就會表現激烈，並大喊：「我不回答任何問題！讓我離開這裏！你不能把我困在這裏！讓我出去！」隨着電擊水平繼續提高，華萊士先生會更瘋狂地叫喊，最終不再發出任何聲音；最後，華萊士先生將不再回答被試提出的問題，而以可怕的沉默「對抗」。當華萊士先生不回答問題時，主試要求被試按照學習者回答錯誤的辦法進行處理——提高電擊水平。如果被試表達不願意繼續實驗，那麼主試會採取不斷遞進的辦法讓被試繼續實驗：先口頭上鼓勵被試，然後要求他繼續實驗，最後告訴被試除了繼續實驗別無選擇。如果當主試告訴被試除了繼續實驗別無選擇時，被試依然拒絕繼續實驗，那麼整個實驗就宣告結束。在實驗開始前，米爾格蘭姆就實驗可能的結果——被試會對學習者實施多高水平的電擊——採訪了很多人，包括普通市民、心理學家和精神病學家。大多數人認

出於對規則的麻木，我們可以看到善良的人如何因屈從權威的要求而實施了殘酷無情的行為。

——斯坦利·米爾格蘭姆

為被試最高會停留在能夠引發疼痛的電擊水平；而精神病學家預測，真正實施到最高水平電擊的被試至多不會超過千分之一。令人驚訝的是，米爾格蘭姆的實驗發現，40 個被試對假被試實施的最高電擊全都大於或等於 300 伏。只有 5 人在 300 伏之後拒絕繼續進行實驗；有 65%的被試按照「科學家」的指示一直將電擊強度提升到了終點——450 伏。

而被試在實施懲罰的過程中表現出了明顯的不適：極度的痛苦、緊張和焦慮。他們會結巴、顫抖、大汗淋漓、呻吟、神經質般地笑，有 3 名被試甚至出現了所有這些症狀。實驗過程中，每個被試都會中途停下來並對實驗提出質疑，一些人甚至表示願意退還開始時支付給他們的報酬。實驗結束後，主試對被試進行採訪，發現大多數參與者都相信這個「學習實驗」是真實的。

實驗結束後，主試向所有被試清楚地解釋了整個實驗，使被試明白到底發生了甚麼。之後主試還會對被試進行一系列的問卷測試，以確保被試沒有受到情緒方面的傷害。被試還會與學習者（華萊士先生）再見面，從而讓被試看到學習者其實並沒有受到任何電擊。

不得不服從

米爾格蘭姆指出，實驗中的眾多因素都可能導致人們的高服從性，如該實驗在耶魯大學這樣高知名度的大學進行。此外，被試認為這個實驗的目標是要促進學習過程，並且主試曾確保這種電擊雖然痛苦但不會有危險。而被試也可能因為自己是志願參加實驗、又拿了主試的報酬而覺得自己有服從的義務。為了檢驗這些解釋的合理性，米爾格蘭姆又對不同的因素進行了控制，重新進行了系列研究。但是結果發現，改變實驗的背景對實驗結果並沒有造成太大的影響。

米爾格蘭姆希望檢驗在極端情況下，個體服從權威人物的傾向性是否是引發個體行為的決定因素。顯然在服從「科學家」指令的過程中，被試因做出的行為違背自己的道德觀而出現了明顯的消極反應（無論是身體還是心理），但是服從的壓力過大，使得他們不得不放棄拒絕的權利。

在米爾格蘭姆看來，這種服從意識來源於我們的成長歷程：從小

那些從事正常工作、沒有任何反社會問題或敵意的一般人，也可能在某個可怕的破壞性過程中變成暴力行為的執行者。

——斯坦利・米爾格蘭姆

被教導要成為社會化的人，小時候家長和教師讓我們要聽話、服從命令，尤其要服從權威人物的規則和要求。米爾格蘭姆說：「服從既是人們社會生活結構中的重要因素，又是個體遇到問題時可選的行為策略……它與個體其他許多重要機能聯繫在一起。」但是同樣的，

20 世紀 60 年代，耶魯大學一直是人們心中的高水平學府，其權威性可能會對米爾格蘭姆實驗中的被試造成影響。

在第二次世界大戰期間死亡集中營裏慘絕人寰的殺人規則也「只有當大部分人服從時才可能得以推行和實施」。米爾格蘭姆的實驗向我們清晰地展示了：正常、無害的人在受到情境壓力下也能做出殘忍的行為。

在描述其研究結果時，米爾格蘭姆還引用了從眾的理論：當一個人既沒有能力也沒有知識幫助自己做決定時，他就會聽從團體的決定。從眾會讓個體的行為反應受到限制，甚至出現扭曲，有時從眾似乎還會導致責任擴散的問題，這也是米爾格蘭姆用以解釋第二次世界大戰期間納粹暴行的關鍵。米爾格蘭姆還認為，一個人的良心和外部權威之間的衝突會產生巨大的內部壓力，就好像實驗中的被試們所經歷的極度痛苦。

倫理問題

米爾格蘭姆的研究引發了眾人對倫理問題的爭議。在其研究結果第一次出版時，有關倫理問題的爭議甚至讓美國心理學會撤銷了米爾格蘭姆的會員資格。然而，一年之後米爾格蘭姆的會員資格便得以恢復，而 1974 年米爾格蘭姆出版的《服從權威》一書則獲得了年度社會心理學獎。

對米爾格蘭姆的研究最大的批評在於，無論是實驗的目的還是電擊是否存在，實驗中的被試顯然遭到了雙重欺騙，米爾格蘭姆辯解說，不使用欺騙手段他就無法製造逼真的效果，並且在實驗之後他向所有被試都明確說明了實驗的具體內容。他認為，儘管實驗使被試不得不做出之前無法想像的行為並會令被試感到不適，但是該實驗也給被試留下了寶貴的財富——提高了個體的自我認識。

然而，很多心理學家仍然感到不安，該實驗最終也成了心理學實驗倫理標準發展過程中的關鍵點。這個實驗促使人們制定了心理學實驗倫理的重要標準——心理學實驗應該避免故意欺騙被試，避免讓被試遭受情緒上的折磨。

跨文化的一致性

對米爾格蘭姆研究的另一個批評是，他採用的是過於特殊的樣本：美國男性，而這一樣本的特點並不能代表一般人羣。即便如此，米爾格蘭姆也得出結論：服從並不是 20 世紀時德國人的特質，而是一種更具普遍性的人類特質。之後很多在不同文化下實施的類似實驗證實，儘管所處文化不同，但該實驗結果的確具有非常高的一致性，只是在國家之間存在細微的差別。例

納粹在第二次世界大戰期間的暴行被歸為普遍存在的「權威人格」問題，這使得米爾格蘭姆的觀點遭受到了廣泛的質疑。

服從權威並不是德國文化的專屬特點，而是人類的普遍特點。

——斯坦利・米爾格蘭姆

在戰爭時期，士兵不會去質疑轟炸一個小村莊是好還是不好。

——米爾格蘭姆

越戰中的美國士兵報告説，他們的行為是逐漸失控的，就好比電擊器一樣，等發現自己開始殺害平民時，他們才意識到自己做出了怎樣的行為。

如，在北美和歐洲的大部分地區，類似實驗的結果和米爾格蘭姆的實驗結果類似，選擇服從的被試比例很高。然而，在亞洲的相關研究中，被試的服從比例更高（尤其是東亞和伊斯蘭國家）。而非洲、拉丁美洲以及加拿大的因紐特人在實驗中的服從比例則要低得多。

虛擬折磨

2006 年，心理學家梅爾・斯萊特實施了系列實驗，他希望探討當被試知道實驗情境並不真實時，會出現怎樣的不同結果。他對米爾格蘭姆的實驗進行了改變，他使用計算機模擬學習者和電擊過程，所以實施電擊的被試知道學習者是計算機生成的。他實施了兩次實驗：第一次實驗中，被試看不到計算機生成的學習者，被試和計算機生成的學習者只能通過打字進行交流；而第二次實驗中，被試可以在屏幕上看到計算機生成的學習者。那些通過文本與學習者交流的被試基本上對實施電擊沒有甚麼猶豫，但是當被試看到計算機生成的學習者時，他們的反應和米爾格蘭姆的實驗結果相差不大。

社會需要服從

社會的意義在於讓每個人都願意放棄部分個人自主性，參照具有更高社會地位和權威人士的決定，從而在更高、更廣闊的視野背景下做出個人決定。即使是最民主的社會也需要公共認可的權威來實施對個人的管理，從而追求集體利益的最大化。為了實現社會機能，其中的民眾必須同意遵守其規則。當然，這一規則必須合理合法，歷史上個別人利用特權説服別人做出危害行為的例子可是數不勝數。

米爾格蘭姆指出，與其説行為的實施要看行為主體「是甚麼樣的人」，還不如説應該考慮「這個人處在怎樣的情境中」導致他做出這樣的行為。他還指出，與其用個體的人格特點來解釋其罪行，不如把目光放到這個人當時所處的環境或情境中。

米爾格蘭姆的開創性研究在當時受到了嚴厲的批評，不僅因為他的研究讓我們看到令人絕望的、不寒而慄的人性另一面，而且因為我們更願意相信納粹和一般人之間存在着絕對的不同，我們不願相信他的研究結論揭示的結果：在某些情境下，我們也會做出（和納粹一樣的）匪夷所思的暴行。米爾格蘭姆向我們展示了權力、服從權威的傾向會導致的可怕後果，他既為所謂的惡棍們洗脱了罪名，又把所有人列入了可能的惡棍行列中。■

當好人被推上惡魔的位置時，會發生甚麼？

菲利普・齊巴度（1933 年－ ）

背景介紹

聚焦

服從

此前

1935 年 穆扎費爾・謝里夫在游動錯覺實驗中再現了羣體怎樣迅速發展出其社會規範。

20 世紀 40 年代 庫爾特・萊溫研究了當情境發生改變時，人們的行為會出現怎樣的變化。

1963 年 斯坦利・米爾格蘭姆進行了有關服從的研究，該研究證實人們有服從權威的傾向，哪怕是被權威要求做出殘忍的行為。

此後

2002 年 英國心理學家史蒂文・理查和亞歷克斯・哈斯拉姆進一步拓展了齊巴度的研究，他們拋開了人類消極的羣體行為，轉而將焦點放在探討人類積極的羣體行為上。

2004 年 齊巴度在法庭上為前阿布格萊布監獄看守進行辯護，他指出環境是導致看守做出殘忍行為的原因。

斯坦利・米爾格蘭姆的服從研究得出了令人震驚的發現：人們會服從於權威，即使這種服從需要違背自己的道德觀念。菲利普・齊巴度（Philip Zimbardo）希望了解如果給予人們不受約束的特權，那人們會做出怎樣的行為，他們會使用（或濫用）被賦予的權力嗎？1971 年，他進行了著名的史丹福監獄實驗，他選擇了 24 個中產階級的美國大學生作為被試，經過測試，這些被試均心智正常。

通過擲硬幣的方式，學生被隨機分配到「看守組」或「囚犯組」。之後不久的一個週日早晨，這些囚犯在他們家中被「逮捕」，之後

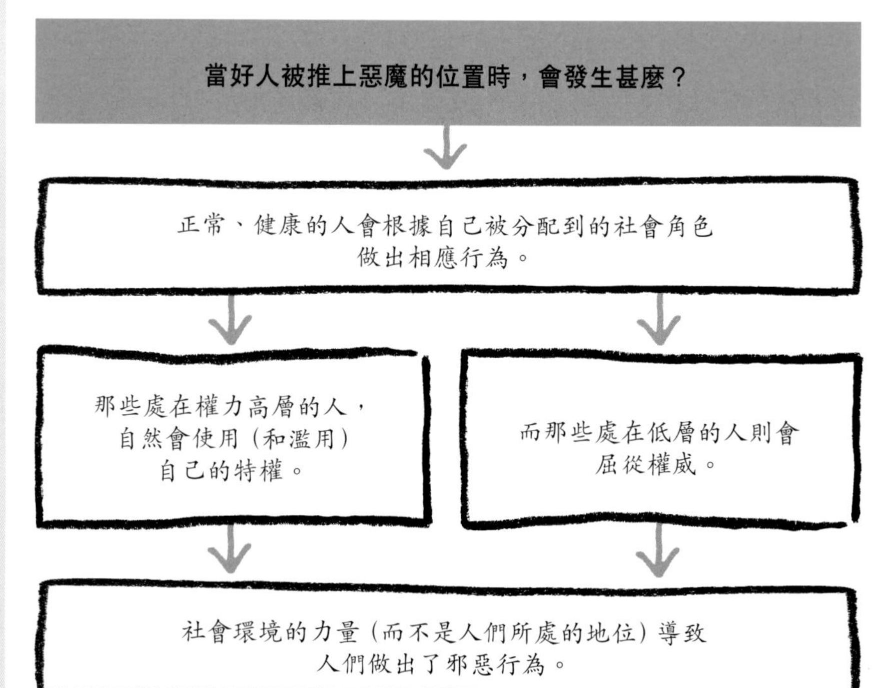

參見：約翰·華生 66~71 頁，郭任遠 75 頁，庫爾特·萊溫 218~223，埃利奧特·阿倫森 244~245 頁，斯坦利·米爾格蘭姆 246~253 頁，穆扎費爾·謝里夫 337 頁。

「囚徒」對「看守」進行反抗，但是看守的策略則更富攻擊性。看守們把囚犯分成不同小組，給予一些小組獎勵，另一些則給予懲罰。

暫被「羈押」在真正的警察局，然後被轉移到史丹福大學心理系的地下室中（已被改造成一個模擬監獄）。

監獄環境

為了製造真實的心理體驗，囚犯在抵達監獄後會被脱去外衣、搜身、除蝨，然後得到特定的囚犯制服和牀上用品。為了提高囚犯的匿名感和人權被剝奪感，每個囚犯在監獄裏只允許用給定的身份號碼稱呼彼此。每個囚犯腳上還會被栓上鎖鏈，以提醒他們是失去自由者。

看守們則穿着軍服，戴着墨鏡（以確保不會和囚犯發生眼神接觸），他們攜帶着鑰匙、哨子、手銬和警棍，每天 24 小時值班，並擁有對囚犯的絕對控制權。只要為了維持秩序，只要認為合適，他們就可以採取任何辦法確保對監獄的控制。令研究人員震驚的是，沒多久被試就陷入危機之中，使得該實驗不得不於六天後提前結束。每個看守都成了獨裁者和暴力者。囚犯被剝奪了食品、牀上用品，他們戴着鎖鏈、被扣上兜帽，還不得不用手去清潔馬桶。由於百無聊賴，看守們開始把囚犯當作玩具，讓他們進行有辱人格的遊戲。僅僅 36 個小時後，第一名「囚犯」不得不被釋放，因為他已經出現了嚴重的抑鬱、憤怒的情緒，並開始控制不住地大哭。當其他囚犯也表現出極度痛苦的症狀時，齊巴度發現實驗已變得危險，於是提前結束了實驗。

齊巴度的實驗表明，即使善良的人也可能被誘導做出惡行，因為他將自己融入鼓勵惡行的羣體中，並接納了該羣體的意識形態以及每個人的角色和任務。此外，他的實驗結果還帶來了更多的啟示，就像齊巴度所解釋的那樣：「無論在正確還是錯誤的情境壓力下，我們每個人都可能重複任何人做出的任何可怕的事情。」■

我們的研究……揭示：社會的、制度的力量能夠讓好人做出惡行。

——菲利普·齊巴度

菲利普·齊巴度

菲利普·齊巴度於 1933 年出生在紐約，他與米爾格蘭姆是布朗克斯·詹姆斯門羅高中的同班同學。高中畢業後他前往紐約的布魯克林學院學習並獲得了文學學士學位，之後，他前往耶魯大學就讀並獲得了博士學位。在 1968 年前往史丹福大學擔任心理學教授之前，他曾在多所大學任教。

2000 年，齊巴度稱自己十分贊同喬治·米勒的説法：是時候讓心理學走進大眾了。之後，他的職業生涯也逐漸體現了這一想法。20 世紀 80 年代，他製作了一部廣受歡迎的電視系列節目「探索心理學」。2000 年，美國心理學基金會向他頒發了普通心理學終身貢獻獎。兩年後，他當選為美國心理學會主席。

主要作品

1972 年 《史丹福監獄實驗》
2007 年 《路西法效應》
2008 年 《時間心理學》
2010 年 《心理學與生活》

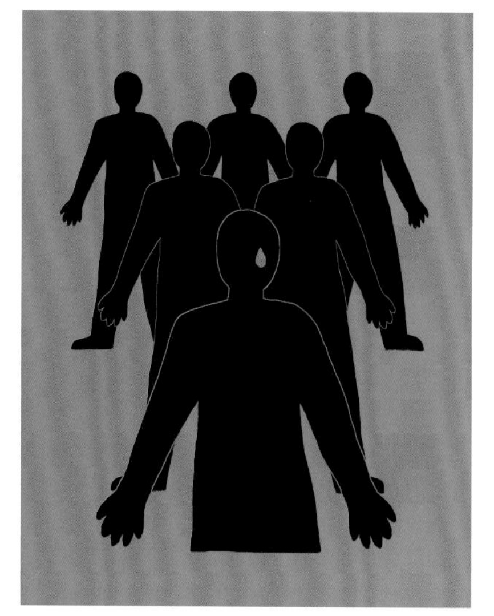

個體創傷應從個體與社會之間關係的角度去理解

伊格納西奧・馬丁–巴洛（1942–1989 年）

背景介紹

聚焦

解放心理學

此前

1965 年 在美國馬薩諸塞州召開的斯萬普斯科特會議上，與會者提出了有關社區心理學（一門研究個人和社區之間關係的新興學科）的話題。

20 世紀 70 年代 在英國、北美，尤其是拉丁美洲湧現了有關社會條件與情緒、行為等多方面聯繫的大量研究，社會心理學迎來了其發展的轉捩點。

此後

1988 年 拉丁美洲心理健康及人權研究所成立。

1997 年 美國心理學家艾薩克・普里勒坦斯基和丹尼斯・福克斯聯合出版了《批判心理學》，強調傳統心理學會助長不公正和社會壓迫的問題。

伊格納西奧・馬丁–巴洛（Ignacio Martin-Baro）在目睹了 20 世紀 80 年代薩爾瓦多存在的社會不公和暴力現象後提出「個體創傷應從個體與社會之間關係的角度去理解」。他不認為心理學應該具有公正、普遍的特性，相反，他認為要研究人就必須研究這個人所處的歷史背景和社會條件。他認為雖然一些心理健康問題可能是個體對正常環境做出的非正常反應，但是那些受壓迫、受剝削的羣體的問題

因為主流心理學的目標是公正性和普遍性，因此它無法探討特定情景和環境對心理健康的塑造和影響作用。

↓

但是，要了解、治療心理障礙，心理學家就應該了解來訪者 / 患者所處的社會和政治環境。

↓

個體創傷應從個體與社會之間關係的角度去理解。

參見：利維・維高斯基 270 頁，傑羅姆・卡根 339 頁。

則是他們對非正常環境做出的正常的、可理解的反應。馬丁–巴洛認為心理學家需要更深入地了解艱難的生活處境會對人的心理健康造成怎樣的影響；並且，心理學家還應該研究如何改變社會的這種壓迫和剝削的現狀。20 世紀 80 年代中期，他開創了解放心理學，致力於改善那些被壓迫的、處在社會邊緣的人民的生活。

解放心理學家認為傳統心理學存在許多不足。傳統心理學無法為改變社會問題提供切實可行的解決方案；傳統心理學的諸多原則都建立在發達國家的人造環境基礎上，因此不可能成為普遍規律；傳統心理學時常忽視希望、勇氣和承諾這樣的人類道德品質；傳統心理學的主要目標是提高人們的快樂感受，而不是考慮如何喚醒和推動人們的正義感以及對自由的渴望。

製造創傷的社會

馬丁–巴洛的作品《為解放心理學而作》在他逝世後的 1994 年出版，其中涉及很多巴洛對相關問題的思考。它闡述了心理學作為戰爭工具和政治操縱工具的運用、宗教在心理戰中的作用，以及創傷和暴力對心理健康造成的影響。

馬丁–巴洛還研究了那些因依賴型經濟和嚴重不平等而出現極度貧窮和社會排斥問題的地區。他研究了薩爾瓦多的內戰和壓迫對人們心理的影響，他研究了阿根廷和智利的獨裁統治，研究了貧窮的波多黎各、委內瑞拉、巴西和哥斯達黎加。每個國家都有不同的環境，對當地人的影響也有很大不同。他的結論是，不同背景下人們的心理健康問題都反映了該地域的歷史、社會和政治環境，如果要研究其中的個體，那麼就需要將這些因素都考慮其中。

我們面臨的挑戰是如何在新的社會體系中構造新的個體。

——伊格納西奧・馬丁–巴洛

馬丁–巴洛研究的焦點主要在中美洲，但是他的觀點卻可以應用到任何日常生活被社會和政治動盪所干擾的地域中。

其人性化和充滿激情的觀點為「心理問題」和「對抗不公」建立了重要聯結，他為心理學找到了更加積極的應用方向。■

伊格納西奧・馬丁–巴洛

伊格納西奧・馬丁–巴洛出生在西班牙的巴利亞多利德。1959 年，他加入了耶穌會，並被送往南美洲學習。他曾在厄瓜多爾基多的天主教大學和哥倫比亞波哥大的哈韋里亞納大學進行學習。1966 年，他被送往薩爾瓦多（後成為耶穌會神父）。他在聖薩爾瓦多的中美洲大學繼續他的學業，並於 1975 年獲得心理學的執業執照。後來，他獲得了芝加哥大學的社會心理學博士學位，然後他回到中美洲大學，並成為心理學系主任。馬丁–巴洛公然批評薩爾瓦多的統治者，並於 1986 年創立了民意大學研究所。由於對政府政治腐敗和不公正問題的揭露，他和其他五人被軍隊暗殺。

主要作品

1983 年 《意識形態和行為》
1989 年 《系統、團體和權力》
1994 年 《為解放心理學而作》

DEVELOPMENTAL PSYCHOLOGY FROM INFANT TO ADULT

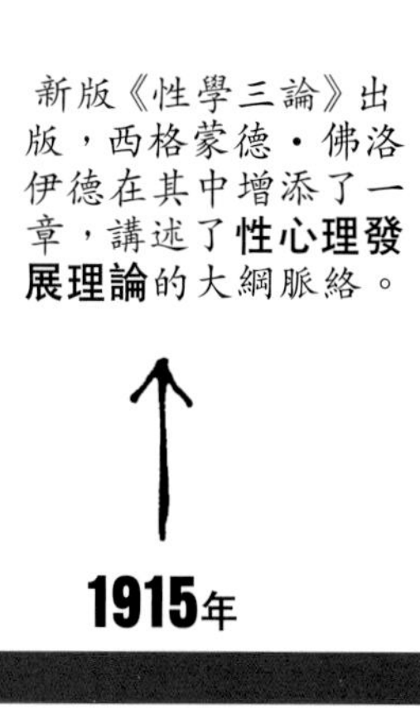

1915年

新版《性學三論》出版，西格蒙德・佛洛伊德在其中增添了一章，講述了**性心理發展理論**的大綱脈絡。

20世紀20年代

在**兒童心理發展**的精神分析領域中出現了安娜・佛洛伊德的保守派和梅蘭妮・克萊因的激進派。

20世紀30年代

利維・維高斯基關於學習的社會文化理論強調了**社會在個體的學習和發展過程中的重要性**。

1936年

讓・皮亞傑提出了認知發展理論，該理論界定了個體童年的認**知發展階段**。

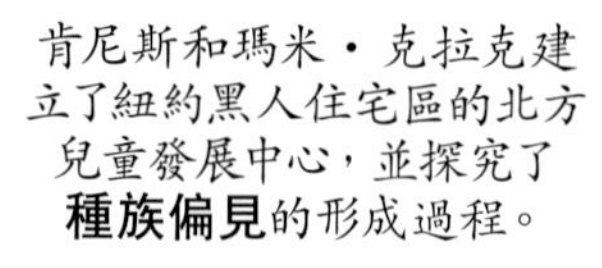

1946年

肯尼斯和瑪米・克拉克建立了紐約黑人住宅區的北方兒童發展中心，並探究了**種族偏見**的形成過程。

1950年

艾瑞克・埃里克森出版了《兒童與社會》，其中描述了兒童**社會心理發展**的八個階段。

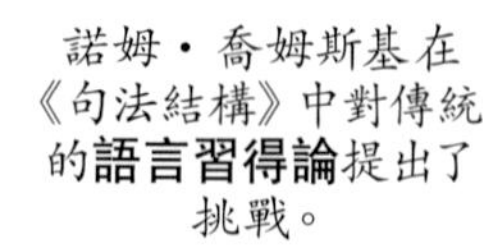

1957年

諾姆・喬姆斯基在《句法結構》中對傳統的**語言習得論**提出了挑戰。

1958–1960年

約翰・鮑爾比發表了一系列論文，對依戀的精神分析理論和行為主義理論進行了駁斥。

在20世紀早期，關於從童年到成年的心理發展有兩種主要的理論：佛洛伊德的精神分析理論主要闡述的是兒童的性心理發展；行為主義理論主要闡釋了人類的學習過程。然而，關於發展本身的研究（人一生中在心理、情感和感知方面的變化）卻一直是空白。直到20世紀30年代，皮亞傑推翻了傳統的認知，他認為兒童不是一個「微小的成人」，兒童的發展並不是簡單地隨着身體的成熟而不斷獲得知識的過程，兒童的發展會經過一系列根本的心理變化。皮亞傑提出了一些基本問題：我們獲取知識的過程到底是循序漸進的還是存在着不同的階段？我們的某些能力是天生的還是後天學習的結果？他的認知發展理論認為，兒童發展到成年會經歷幾個階段。在每個階段，兒童不是簡單地接受外部知識，而是通過內部與外部的不斷協調統合而建立起知識體系。皮亞傑的觀點為發展心理學確立了新的領域，並且催生了現代的學校課程體系。

之後，其他發展理論開始如雨後春筍般出現。雖然維高斯基基本上認可皮亞傑的研究結論，但他認為兒童在不同的學習階段依然需要成人的指導，他還強調兒童發展過程中社會文化環境的重要性。埃里克森對皮亞傑的理論進行了補充，最終形成了包含青少年期的心理發展八階段論。科爾伯格則在其研究中提出了兒童道德發展的六階段理論。

隨着第二次世界大戰後「認知革命」的崛起，心理學家班杜拉等人再次將目光轉向了兒童發展的問題，這次心理學家關注的是信息加工的認知模型。班杜拉在其理論中將皮亞傑的階段論和維高斯基的社會建構理論結合到一起。認知心理學則為學習理論（尤其是語言的學習過程）引入了新的觀點，而喬姆

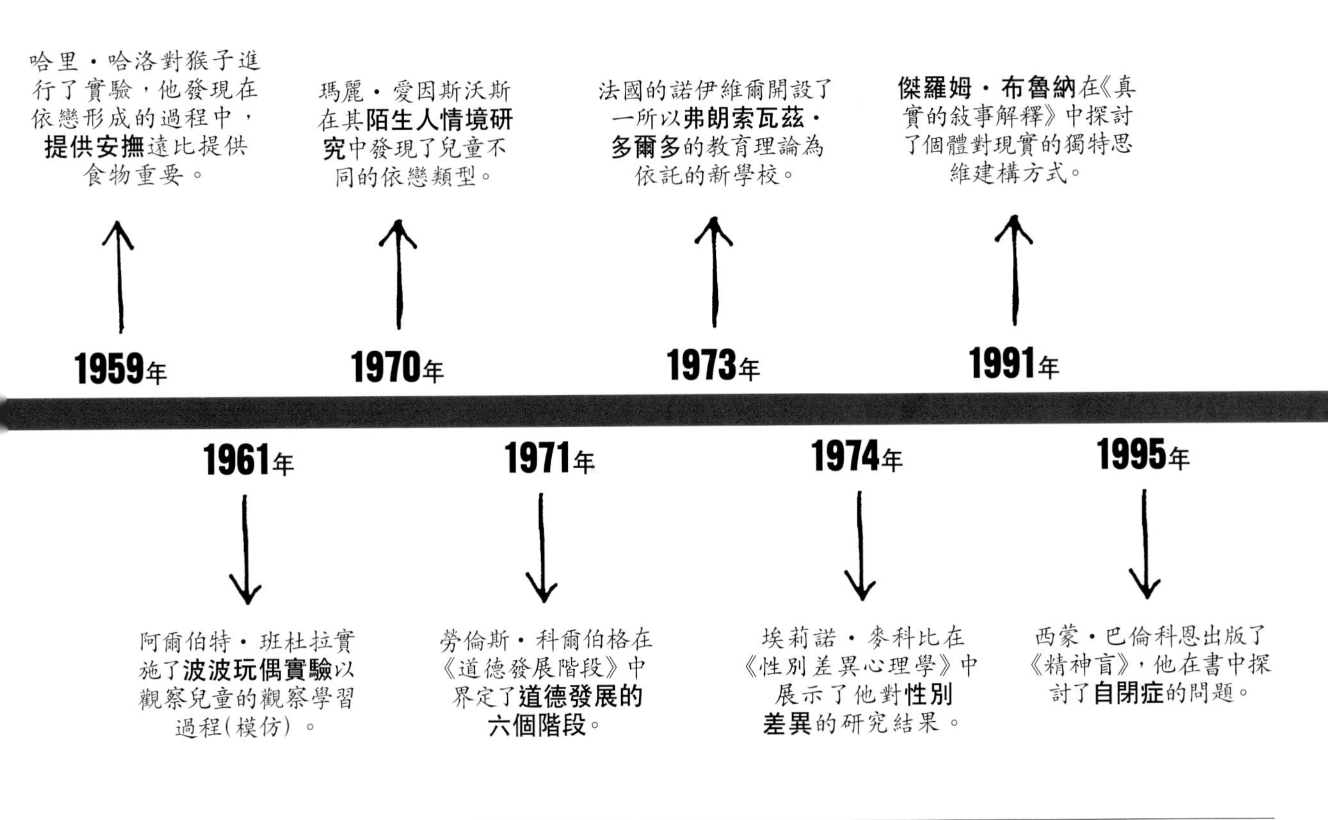

斯基的「個體天生具有語言學習能力」的觀點再次引發了關於「先天還是後天」的熱烈爭論。

隨着發展心理學對學習過程的不斷關注，英國精神分析學家和精神病醫師鮑爾比的實驗則引發了人們對另一領域的關注。他對第二次世界大戰期間與家人失散的兒童的研究為依戀理論的形成奠定了基礎。依戀理論描述了我們如何建立和維持與親友之間的關係，還特別強調了嬰兒與照顧者之間依戀關係的重要性；鮑爾比認為，依戀是個體為維持生存所具備的自然本能。在美國，心理學家哈洛的實驗證實了依戀理論的基本觀點。他的實驗展示了親子分離對嬰幼兒造成的影響，並證實，要確保嬰幼兒良好的認知發展和社會發展，成人的照顧和陪伴不可或缺。

後來，安斯沃斯的研究進一步證實了這些觀點，安斯沃斯還加入了有關「安全基地」的觀點——嬰幼兒可以在「安全基地」的基礎上對世界進行探索。布魯諾·貝特爾海姆則在依戀理論基礎上提出了更富爭議性的兒童發展理論，他對集體農場撫養長大的兒童的研究結果對傳統家庭的重要性提出了挑戰。20 世紀 60 年代，民權運動和女權主義的崛起對社會心理學和發展心理學產生了重要影響。我們的偏見是如何產生的？是在甚麼階段獲得的？這些問題引起了非裔美國人克拉剋夫婦的興趣，他們在紐約的哈萊姆進行了有關兒童發展的研究；麥科比則就不同性別之間發展的差異進行了研究，這是第一個有關性別差異的研究。

發展心理學目前正在就自閉症及學習困難的成因和解決辦法進行探索。並且，隨着老齡化問題的加劇，心理學也正在尋找辦法以幫助我們更好地面對老年生活。■

教育應該培養有能力做新事情的人

讓・皮亞傑（1896－1980 年）

背景介紹

聚焦

發生認識論

此前

1693 年 英國哲學家約翰・洛克的著作《教育漫話》提出了兒童的意識是一塊白板的說法。

18 世紀 80 年代 德國哲學家康德提出了圖式的概念，並指出個體的道德發展是經由個體與同伴的互動逐漸形成的，與權威人物並無關係。

此後

1907 年 意大利教育家蒙特梭利博士建立了第一所蒙特梭利學校，該學校尊重兒童的天性發展，鼓勵兒童自主發展。

20 世紀七八十年代 很多西方教育體系都採納了以兒童為中心的學習方法。

年輕時，讓・皮亞傑 (Jean Piaget) 是一名傑出的生物學家，後來他對認識論產生了濃厚的興趣。正是因為這些經歷，皮亞傑提出了發生認識論，該理論關注兒童成長過程中智力的改變。皮亞傑對於不同年齡段兒童的智力水平差異（量化的認知改變）沒有興趣，他關心的是兒童發展過程中其心智能力的自然發展。定量研究可以對數值進行比較，但是皮亞傑希望能夠了解兒童學習在類型、經驗和特點方面的不同，這就需要進行「質」的研究。皮亞傑拋棄了流行的行為主義研究模式（將兒童發展完全歸因於環境變量），皮亞傑決定研究兒童天生的，或者說先天的能力，即引導兒童不斷向前發展的能力。

皮亞傑認為，兒童是主動且獨立的學習者。在不斷發展的過程中，他們會用感覺與周圍的世界進行交流。他還認為，在兒童自主發展的過程中，我們需要對其進行培養和引導，這一點極其重要。我們需要讓兒童進行自由的實驗和探索，允許他們以自己的方式進行嘗試錯誤學習。因此，好老師的任務應該是為兒童不同階段的發展提供支持，不斷激發他們的創造力和想像力，因為「教育的目標應該是培養有能力做新事情的人」。

學習是主動的過程

貫穿皮亞傑智力發展理論的一個核心觀點是：學習是個體主動進行的過程。他指出，從幼年到童年，兒童的學習源自他們對感覺、探索、移動和控制的自然願望。出於這個原因，皮亞傑對眾多的標準化測試提出了質疑，在這些標準化測試中，兒童不得不接受格式化的測試，即通過所謂的「正確答案」來對兒童的智力進行量化。20 世紀 20 年代初，皮

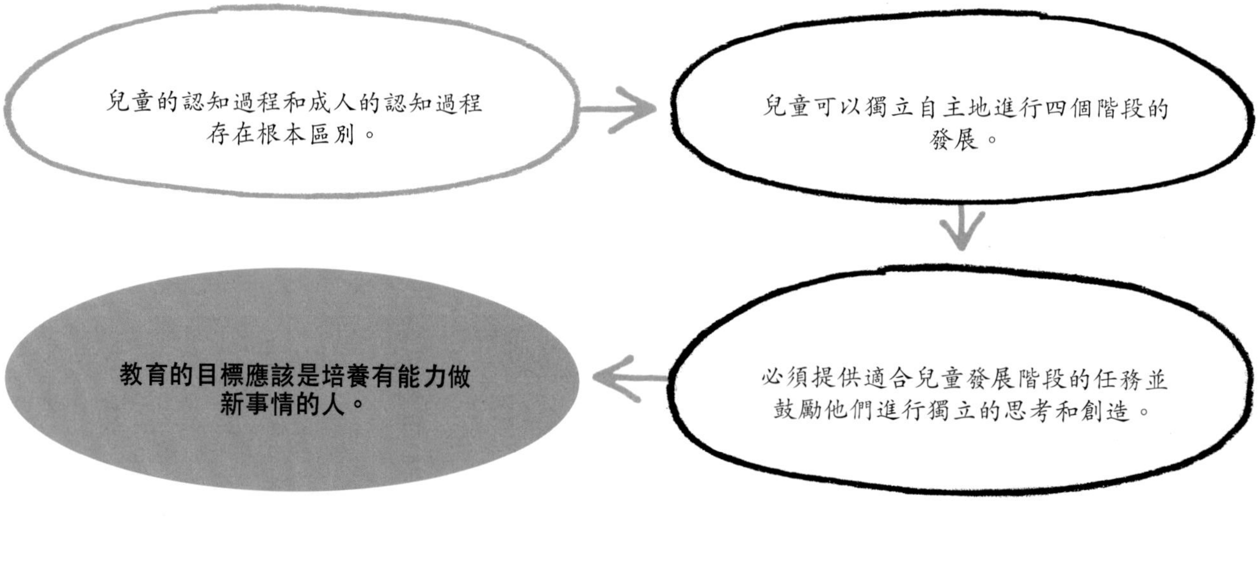

兒童的認知過程和成人的認知過程存在根本區別。

兒童可以獨立自主地進行四個階段的發展。

必須提供適合兒童發展階段的任務並鼓勵他們進行獨立的思考和創造。

教育的目標應該是培養有能力做新事情的人。

參見：阿爾弗雷德・比奈 50~53 頁，傑羅姆・布魯納 164~165 頁，利維・維高斯基 270 頁，艾瑞克・埃里克森 272~273 頁，弗朗索瓦茲・多爾多 279 頁，勞倫斯・科爾伯格 292~293 頁，傑羅姆・卡根 339 頁。

亞傑曾從事標準化比奈量表的工作，之後皮亞傑不再關心兒童得出正確答案的能力，他關心的是兒童眼中的答案到底是怎樣的。結果顯示，兒童對於「世界是如何運作」的假設和成年人有着很大的不同，這使得皮亞傑認定兒童在思維上不僅和成人有所不同，而且不同年齡階段的兒童也有着不同的思維方式。

逐步進化的思維

自 17 世紀以來，兒童是「微小的成人」這一觀點一直佔據着統治地位。當時的經驗主義哲學家認為兒童大腦的工作原理和成人的完全相同，只是聯想能力不如成人完善。而另一些秉承先天論的心理學思想家則認為，有些概念（有關時間、空間以及數量的觀念）是先天的，所以嬰幼兒天生就具備運用它們的能力。皮亞傑認為兒童的心智（從嬰幼兒到青少年階段）和成人有着根本的區別，這一觀點顯然具有激進色彩且極富爭議。

皮亞傑認為理解兒童智力的形成和進化過程極其重要，因為這是我們唯一可以完全理解人類知識的方式。他運用心理治療的面談技巧要求兒童解釋自己答案的形成過程，而這也成為他的一個重要研究工具。皮亞傑並沒有預先準備好確定的問題清單，他會依據兒童的回答靈活地確定下一個問題。皮亞傑認為兒童的思路可以幫助他更好地了解兒童潛在的理解過程。他反對利用量化工具對兒童智力進行測量。他的觀點使兒童認知發展理論出現了突破性進展。

對大部分人而言，教育意味着引導兒童逐漸成為社會中典型的成人。

——讓・皮亞傑

兒童並不是知識體系尚不完善的袖珍版的成人。相反，他們看待世界的方式以及他們與世界相互作用的方式都和成人存在根本區別。

智力的發展

皮亞傑最初認為，社會因素（如與家庭成員或同伴之間的交往和語言）會影響兒童的智力發展。然而，隨着研究的進行，他意識到對兒童而言，語言並不如他們的行為重要。在剛出生的幾天，嬰兒的身體活動十分有限，主要是哭泣和吃奶，但是他們依然學會了新的行為動作，比如用手抓住玩具。因此，皮亞傑得出結論：行為（而不是社會交往）才是這個階段思維的主要來源。

這一發現成為其理論的重要組成部分——每個兒童都會經歷認知發展的不同階段，這些階段在質量和等級程度上各有不同。兒童只有真正完成了前一個階段才可能進入下一個階段。經過觀察和研究，皮亞傑認為所有兒童都會經歷相同順序的不同階段，不僅不會倒退，而且不會跳過某個階段。這不是個一蹴而就的過程，雖然兒童一般會在差不多的年齡經歷同一階段，但是每個兒童的發展速度並不相同。

皮亞傑界定了智力發展的四個階段，此外，他還界定了在每個發展階段兒童所使用的圖式。圖式在頭腦中的表現是一系列的觀點、知

發展的四個階段

1. 感知運動階段，兒童利用觸覺和其他感覺感知世界。

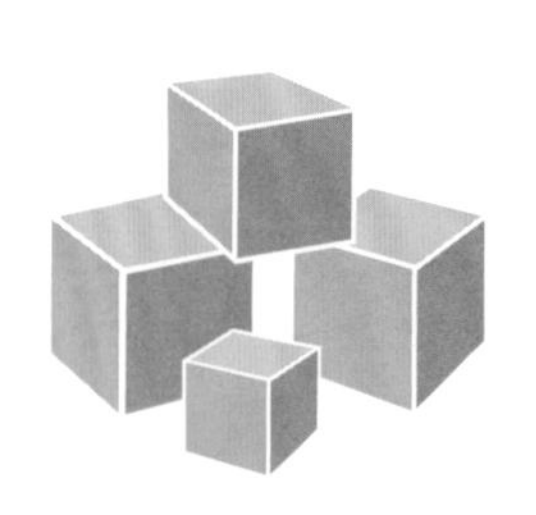

2. 在前運算階段，兒童開始運用邏輯對事物進行排列。

3. 在具體運算階段，兒童意識到數量有着不同的形式。

4. 在形式運算階段，兒童已經發展出了文字推理和假設思維的能力。

覺和行為，圖式幫助我們組織已有的經驗，並幫助我們為獲取新的知識做好準備。嬰幼兒期的圖式十分簡單，比如哪些是「我可以吃的東西」。然而，隨着兒童的成長，圖式會變得越來越複雜，比如理解甚麼能夠構成「廚房」、「最好的朋友」或「民主政府」。在皮亞傑看來，智力行為就是圖式的不斷增加。

知識……是日趨完善的轉換系統。

——讓・皮亞傑

四個發展階段

皮亞傑理論中的第一個階段是感知運動階段，這一階段一般是指兒童從出生到兩歲左右。在這個階段，嬰幼兒會通過自己的感覺（感知）和身體動作（運動）來了解世界。這個階段的兒童都是以自我為中心的，他們只能從自己的角度看待周圍的世界。在這個階段的初期，兒童的行為並不包含理解和意圖，只是一種反射作用；之後，他們開始擴展自己的行為，並開始將行為與物體相整合；例如，他們可以想像出眼前沒有的物品並找到隱藏起來的物品。他們開始進行試驗，有目的地使用物品，並會在行動之前思考問題。這些發展標誌着第一階段的完成。

隨着兒童發展出自我覺知能力，他們開始學會利用自己的表象思維，他們開始發展並使用內部想像、符號和語言。這些組成了第二個階段——前運算階段，在這個階段開始時，兒童感興趣的是物體的外在特點。他們開始展現出一系列技能，如按照一定邏輯順序（比如重量）排列物品，或者通過兩個物品的共同特點對物品（比如積木）進行比較，但是每次他們只能關注物品的一個特點（要麼是大小，要麼是顏色）。在兩歲到四歲，兒童只能按照絕對關係進行思考（比如大和最大）；而從四歲到七歲，他們則可以按照相對關係進行思考（比如更大或更重）。兒童此時的邏輯思維能力依然十分有限，並且此時兒童依然無法擺脫自我中心性，他們無法從別人的角度去看待事情。

第三個階段是具體運算階段，在這一階段，兒童能夠進行邏輯推理，但是這種推理僅限於實際的（具體的）物體。兒童此時開始理解交流中的觀點，他們開始意識到無論物體的形態如何改變，物體本身不會改變。他們會認識到，如果你把一個矮胖瓶子中的液體倒入高瘦瓶子，裏面的液體重量並不會因瓶子的高度而發生改變。他們還會認識到物品可以按照不同的特點進行不同的分類——玻璃珠是綠色的，也可以是透明的，也可以是大個兒的。兒童的自我中心性在這個階段有所降低，他們開始在其觀點中納入更多的相對性。

在第四階段（具體運算階段），兒童開始控制自己的想法（而不只是簡單地操作實物）並且能夠基於語言進行單純的推理。他們不再需要依賴具體的物體，並且可以進行論證。他們開始依據假設進行推理，這種新的技能（想像、討論抽象的觀點）表明他們已經越來越脱離自我中心性。

達到平衡

除了四階段理論外，皮亞傑還提出了認知發展過程中的幾個核心概念：同化、順應以及平衡。同化指的是我們將新的信息納入已有的圖式中。順應指的是在同化的過程中，我們對已有的知識或技能進行改變。我們稱那些能夠同化大部分或全部新信息的兒童達到了平衡的狀態。然而，如果已有的圖式不足以應對新的情境，那麼兒童就會進入認知失衡的狀態，那麼他就需要進一步發展其圖式以順應必要的信息。本質上來看，這其實是一個適應的過程，也是學習的最基本的形式之一。

對教育的衝擊

20 世紀七八十年代，皮亞傑的研究激發了歐美教育體系的變革，促使教學理論和實踐更多地開始採用以兒童為中心的方法。教育者們不再嘗試教兒童按照成人的方式進行思考和行動，教育者鼓勵兒童採用獨特的、個性化的方式進行思考。皮亞傑認為教育應該鼓勵人們去創造、創新和改革，應該阻止讓兒童以犧牲想像力和創新精神為代價來順從或遵守既成的準則規範。如果學習的自然過程（從嬰幼兒時期開始）是個性化的、主動的探索過程，那麼教育也應該成為引導兒童智力發展的體系。

以兒童為中心的教育的另一個非常重要的方面是「準備性」的概念，它指的是根據兒童的發展狀態為兒童的學習設立界限。教師必須關注並尊重兒童處理新信息的能力，這一觀點也是皮亞傑對教育領域的重要貢獻之一（特別是在數學和科學方面）。教師給予兒童的任務應該能夠反映並儘可能準確地適合兒童的認知發展水

智力就是你在不知道該做甚麼的時候所使用的東西。

——讓·皮亞傑

皮亞傑聲稱，教育者不應該固守某種思考或行為的固定模式，而應該促進兒童的自然學習過程。

蒙特梭利學校積極地運用了皮亞傑的觀點。在蒙特梭利學校，教育者鼓勵學生通過動手操作以及和同伴討論等途徑建立自己的學習過程。

平及能力。皮亞傑認為，兒童的學習是一個主動的過程，不是被動觀察的過程，教師必須以此為出發點實施教育行為。在教室中，學生之間的互動才是最重要的，這種互動可以確保知識能夠傳播給他人。因此，如果我們允許兒童彼此積極討論（而不是被動地聽課），他們將更有可能鞏固和加深他們現有的知識。

道德教育

皮亞傑認為，和智力發展一樣，兒童也存在固有的道德發展階段，這種發展大多數情況下都是個體自主完成的。真正的道德發展基於兒童自己對世界的觀察，而不是成人講授的結果。皮亞傑認為同伴互動對兒童的道德發展至關重要。同伴（而不是父母或其他權威人物）才是兒童道德成長的關鍵，同伴羣體是個體理解互惠、平等、正義等概念的源頭。因此，皮亞傑積極鼓勵教室中的學生互動，這是個體學習過程中必不可少的組成部分。

因此，在皮亞傑的以兒童為中心的課堂中，教師的角色是顧問和推動者，而不是一般意義上的指導者。教師需要仔細評估每個學生的認知發展水平，然後為每個學生設置能激發其內在動機的任務。有趣的是，為了幫助學生進入下一個發展階段，教師還必須讓兒童進入認知失衡狀態，從而為其提供真正的學習機會。教師應該把焦點放在學習的過程上，而不是關注最終的結果或成果；教師應該鼓勵學生問問題、做實驗、自我探索，即便這可能讓學生犯更多的錯。最重要的

兒童只有自己創造，才能獲得真知。

——讓・皮亞傑

讓・皮亞傑

讓・皮亞傑出生在瑞士的納沙泰爾，從小他就對自然界有着無限的好奇，十一歲的時候撰寫了第一篇科學論文。他在納沙泰爾大學學習自然科學，並在 22 歲的時候獲得了博士學位。之後他的興趣開始轉向精神分析，他在法國發展出了自己的理論——發生認識論。

1921 年，他成為日內瓦的盧梭研究所的負責人。他與太太結婚後育有三個孩子，而孩子們則成了皮亞傑驗證其認知發展理論觀點的被試。1955 年，他創立了發生認識論國際中心，他一直擔任該中心的負責人，直到 1980 年去世。他獲得過多個國際獎項和榮譽。

主要作品

1932 年 《兒童的道德判斷》
1947 年 《智力心理學》
1952 年 《兒童智力的起源》
1962 年 《兒童心理學》

是，教師必須為學生創造能夠彼此學習的合作空間。

他們必須為學生創設協同學習的空間，讓學生互相學習。

對皮亞傑的批評

儘管皮亞傑在發展心理學、教育學、道德、進化學、哲學甚至人工智能領域都具有很高的知名度和廣泛的影響力，但是他的觀點並沒有被廣為接受，甚至還得到了諸多批評。和其他影響廣泛的理論一樣，多年的探索和研究也暴露出了其理論的問題和缺陷。舉例來說，皮亞傑關於自我中心的觀點就遭到了質疑。1979年美國心理學家蘇珊·吉爾曼的研究表明，為了讓被矇住眼睛的人了解其看不到的東西，四歲的兒童已經能夠從對方的角度出發調整自己的描述和解釋。並且當面對比自己年幼的孩子時，兒童在交流過程中會採取更為簡單的語言。這些與皮亞傑的描述的「處在自我中心階段的兒童無法意識到他人的需要」的觀點存在衝突。

皮亞傑提出的「對物質世界的理解以及知識體系的建立都是兒童獨立自主完成的」也遭到了批評，因為這種觀點忽視了他人對兒童認知發展的重要作用。心理學先驅人物維高斯基的研究證實，知識以及思維本質上都是社會互動的結果，他反對皮亞傑「兒童並不是社會整體的組成部分」這一假設。維高斯基認為人類的發展基於三個水平：社會、人際交往以及個體本身，而他主要關注的是前兩個水平。他的「最近發展區」理論（兒童需要成人或年長兒童的幫助來完成某些任務）便是對皮亞傑理論的某種反駁。

皮亞傑的理論中被確定具有普遍意義的便是其發展階段的觀點。儘管他沒有絕對説服力的證據支持自己當時的假設，但是近年來的多個涉及感知運動階段的跨文化研究（其中就包括皮埃爾·達森 1994 年的研究）都發現，皮亞傑的亞階段理論具有普遍性，只不過環境和文化因素的影響會使不同文化下的個體進入 / 完成某一階段的步調有所不同。

皮亞傑的工作無疑為兒童發展和人類認知發展的新研究領域鋪平了道路。他為 20 世紀和 21 世紀的大量研究提供了新的理論背景，並從根本上改變了西方社會的教育形態。■

達森發現，生活在澳洲偏遠地區的 8 至 14 歲兒童的發展遵循皮亞傑的發展階段論。

深層結構，基本的認知加工過程，是具有普遍性的。

——皮埃爾·達森

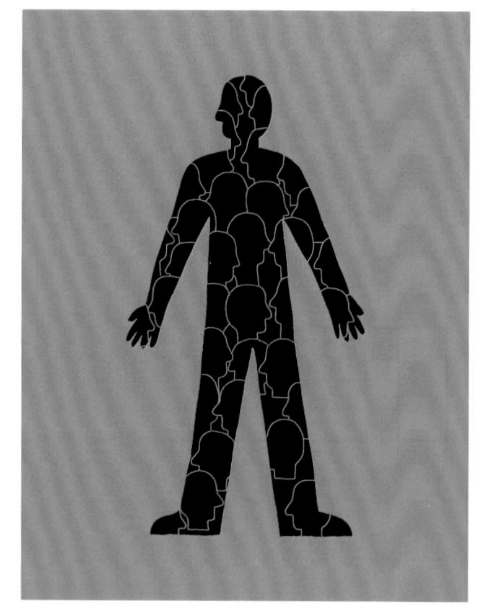

我們通過與他人的互動成為今天的自己

利維・維高斯基（1896−1934 年）

背景介紹

聚焦

社會建構主義

此前

19 世紀 60 年代 弗朗西斯・高爾頓的觀點引發了激烈的爭論，大家就天性（與生俱來的能力）和教養（養育）哪個是影響個體人格的最關鍵因素這一問題爭論不休。

此後

1952 年 讓・皮亞傑認為，個體吸收、處理信息的能力主要是在兒童天生的能力與其環境交互過程中發展起來的。

1966 年 傑羅姆・布魯納提出「任何學科的知識都可以以特定形式教給處於任何發展時期的任何兒童。」

1990 年 美國教育心理學家羅伯特・斯萊文設計出了小組成績分工法以促進學生的合作學習，降低了學生的競爭意識。

對於俄國心理學家利維・維高斯基（Lev Vygotskg）而言，兒童推理、理解以及記憶的技能都源於兒童與父母、教師和同伴的交互體驗。維高斯基認為人類發展發生在三個層面——文化、人際交往和個人層面。他關注的主要是前兩者，他認為我們大部分的成長經驗都是社會交往的結果，因此他提出「我們通過與他人的互動成為今天的自己。」維高斯基認為，兒童通過與他們的照顧者的互動吸收前人的智慧、價值觀以及知識技術，之後，他們會使用這些「工具」學習如何有效地管理自己的世界。但是只有通過社會交往過程，兒童才能夠實踐並內化這些工具。即使是個人層面的推理和思考能力，也源自我們發展過程中的一系列社會活動，而這種社會互動又會促進我們內在認知能力的發展。

所有高級的心理機能都是外部社會關係在個體內部內化的結果。

——維高斯基

維高斯基的理論對教與學的方法都產生了影響。他認為，教師應發揮指導作用，不斷對學生進行引導和鼓勵，從而提高學生的注意廣度、專注度以及學習技能，從而幫助學生提高能力。這一觀點對教育造成了深遠的影響，特別是 20 世紀後期，這一觀點使人們開始將教育由以兒童為中心轉到了以課程為中心上來，並且還推動了協作學習的進一步發展和運用。■

參見：弗朗西斯・高爾頓 28~29 頁，傑羅姆・布魯納 164~165 頁，讓・皮亞傑 262~269 頁。

不是由特定父母養大的兒童

布魯諾・貝特爾海姆（1903－1990 年）

背景介紹

聚焦

養育系統

此前

1945 年 美國精神分析學家勒內・施皮茨報告說，將兒童交由慈善機構進行撫養將會導致災難性的後果。

1951 年 約翰・鮑爾比認為嬰幼兒需要與母親保持親密且持續的關係。

1958 年 美國人類學家米爾福德・斯皮羅撰寫了《以色列集體農場中的兒童》一書，他在書中指出，西方養育子女主要是讓母親承擔主要照顧者的角色，這在所有文化中都是養育孩子的最佳辦法。

此後

1973 年 美國精神病學家查爾斯・約翰斯頓和羅伯特・德舍認為，公共育兒系統帶來的很多好處是核心家庭無法提供的。

當發現養育中心的專業護工可以很好地照料情感失調的兒童後，布魯諾・貝特爾海姆（Bruno Bettelheim）開始對人們普遍認為的「對兒童最好的撫養需要親密的親子關係」這一假設提出了質疑。他認為類似以色列集體農場那樣的公共育兒系統擁有值得西方社會學習的優點。

1954 年，貝特爾海姆在以色列集體農場進行了為期數週的調研。在以色列集體農場，兒童都被安置在遠離家庭的特殊住宅中。貝特爾海姆在 1967 年的著作《孩子們的夢想》中指出：「在以色列集體農場，兒童並不是由特定父母養大的」，儘管他發現這會導致兒童沒有太多的一對一式的親密關係，但是這也促使兒童與更多同伴建立了友誼，並且促使兒童更積極地投入社交生活中。

成功的成人

在研究之前，貝特爾海姆認為以色列集體農場培育出來的成人不會有很高的成就，也不會對社會產生文化影響。但是後來他發現，以色列集體農場培育出來的往往是成功人士。事實上，20 世紀 90 年代，一位新聞工作者對貝特爾海姆當時調研的兒童進行了追訪，結果發現，這些兒童中的大部分都成為了成功的專業人士。

斯皮羅發現，以色列集體農場中的兒童彼此之間會建立強大的情感紐帶，但是他們和成人卻不這樣親近。這種與同伴親近的能力也許可以解釋為甚麼他們成年後往往會在職業方面獲得成功。

貝特爾海姆認為，以色列集體農場的公共養育機制非常成功。他希望借此發現進一步促進美國的育兒體系的發展。■

參見：弗吉尼亞・薩提亞 146~147 頁，約翰・鮑爾比 274~277 頁。

任何事物的發展都可以按圖索驥

艾瑞克・埃里克森（1902—1994 年）

背景介紹

聚焦

社會心理發展

此前

1905 年 西格蒙德・佛洛伊德提出了性心理發展理論，該理論認為兒童需要歷經五個階段達到性成熟。

20 世紀 30 年代 讓・皮亞傑提出了認知發展階段理論。

此後

20 世紀 80 年代 在埃里克森的理論基礎上，美國心理學家詹姆斯・瑪西亞探索了青少年的自我同一性的形成過程。

1996 年 美國作家蓋爾・希利在其最暢銷著作《新中年主張》中指出成年人的青春期會延續到他們的中年，幾乎將埃里克森理論中的青春期階段推遲了十年。

艾瑞克・埃里克森（Erik Enkson）從後成原理的角度來理解人類的發展，也就是說每個有機體從出生開始便帶着某種目的，並通過達成目的來實現自我發展。用埃里克森的話說就是「任何事物的發展都可以按圖索驥，而事物的不同組成部分也會據此不斷發展」。他提出，人格發展會歷經八個階段。在埃里克森看來，這種成長是遺傳和環境不斷交互影響的結果。

八個階段

第一階段是嬰兒出生的第一年，這個階段個體經歷「信任與不信任」的衝突。如果嬰兒的需要無法得到持續的滿足，那麼嬰兒將會產生不信任感，這種不信任感會在他未來的人際關係中再次出現。第二階段是從一歲半到兩歲，這個階段的個體經歷「自主與羞恥和懷疑」的衝突。兒童開始學着探索，同時他還需要學着處理因小的失敗或家長的懲罰而導致的羞恥和懷疑感。當個體學會平衡成功與失敗時，他將會發展出健康的意志力。第三階段從三歲到六歲，這個階段的個體要經歷「主動與內疚」的衝突，兒童在學習遊戲行為的同時也開始做出主動的、有目的的行為。在與其他人交流時，他們發現自己的行為也會反過來對他人造成影響。在這個階段，對兒童實施嚴厲的懲罰會導致強烈的愧疚感。

六歲到十二歲，兒童開始接受教育並學習一定的社交技能。第四階段便是「勤奮對自卑」的衝突。這個階段兒童會產生勤奮感，但對努力的過分強調可能會導致兒童錯誤地將其自我價值和努力等同起來。這個階段之後，便是青春期即第五階段「自我同一性和角色混亂」的衝突。在這個階段，通過思考自己的過去、現在和將來，我們

對於生存而言，希望是個體最早出現的也是最不可或缺的德行。

——艾瑞克・埃里克森

參見：斯坦利・霍爾 46~47 頁，西格蒙德・佛洛伊德 92~99 頁，庫爾特・萊溫 218~223 頁，讓・皮亞傑 262~269 頁，勞倫斯・科爾伯格 292~293 頁。

人格從出生到死亡必然經歷八個不同的發展階段。

通過成功解決每個階段遇到的衝突，我們將發展成為心理健康的人。

如果不能解決每個階段的衝突，就會出現心理上的問題（如缺乏信任感或強烈的內疚感），這些問題將伴隨我們終身。

埃里克森指出，在老年生活中，我們將發展出與前幾個階段的衝突處理效果成正比的整體性和整合感。

將得到「我是誰」的答案——自我同一性。如果能戰勝自我同一性混亂的問題，那麼我們在這個階段就將產生統一的自我認同感，但同時也可能產生埃里克森所謂的「自我認同危機」問題。

個體在十八到三十歲要經歷第六個階段，即「親密對孤獨的衝突」，在這個階段，我們會體驗愛情，並和他人建立親密關係。第七個階段是個體在三十五歲到六十歲會經歷的「生育對自我專注」的衝突，在這個階段，我們為下一代而努力，或者通過社交、文化等為社會做出貢獻。

最後一個是「自我調整與絕望期」的衝突階段，這一階段大約從個體的六十歲開始。在這一階段，個體開始反思自己的生活，可能因為對自己的過去感到滿意而過着平靜的老年生活，也可能對自己的老化和面臨的死亡感到絕望。如果個體能成功地解決衝突，他將獲得超脫。■

任何事物的發展都可以按圖索驥，而事物的不同組成部分也會據此不斷發展。

艾瑞克・埃里克森

艾瑞克・埃里克森出生於德國法蘭克福，是母親因婚外情而生下的孩子。他跟了母親丈夫的姓，他並不知道親生父親是誰，母親在他3歲的時候又再婚了。毫無疑問，埃里克森一直在努力解決自己的身份認同問題。家人鼓勵他學醫，但是他最終選擇了藝術，在青年時期，他是一名輾轉於意大利各地的「流浪藝人」。之後，他遇到了嚴重的自我認同危機，他前往維也納並在一所奉行佛洛伊德理論的學校從事藝術教師一職。在完全接納了這一切之後，他開始跟隨安娜・佛洛伊德接受有關精神分析的培訓。1933年，他與瓊・瑟森完婚並於之後移居美國波士頓。在那裏，他成為當地第一位兒童精神分析學家。之後，他又任教於哈佛大學、耶魯大學和伯克利大學。在1933年移民至美國後，他自行決定將自己的姓改為「埃里克森」。

主要作品

1950年　《兒童與社會》
1964年　《頓悟與責任》
1968年　《同一性：青春期與危機》

早期的情感聯結是人性的組成部分

約翰・鮑爾比（1907—1990 年）

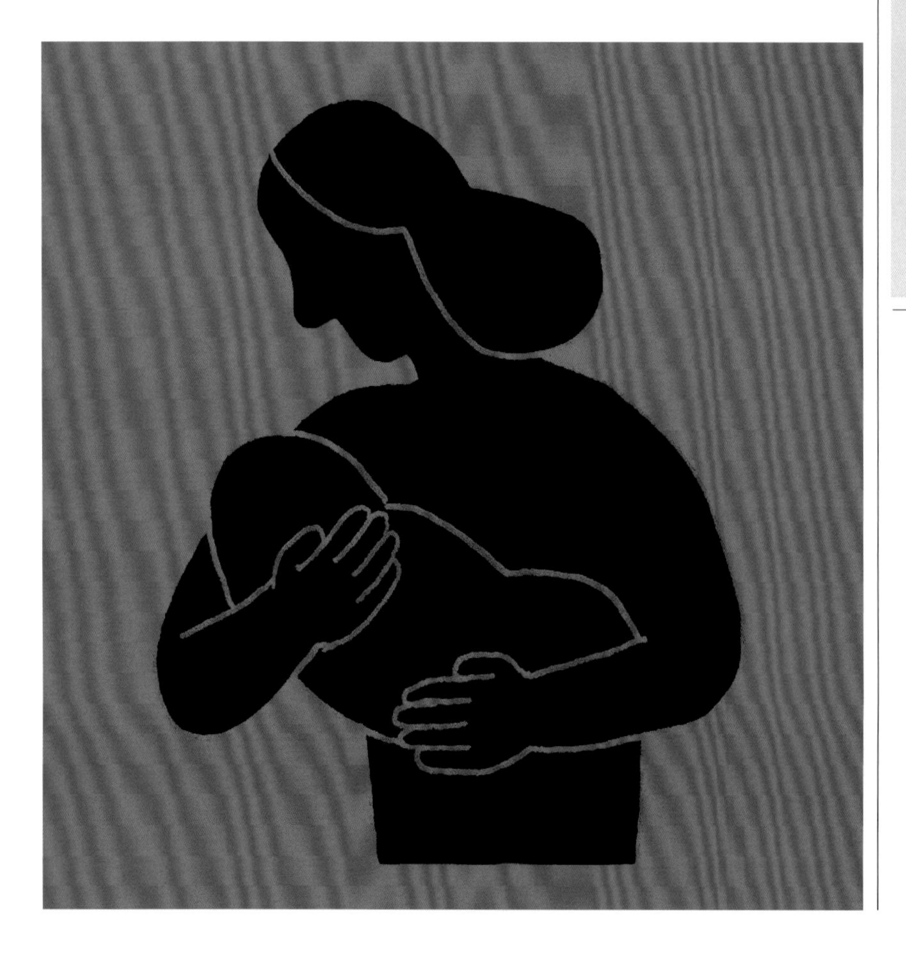

背景介紹

聚焦

依戀理論

此前

1926 年　西格蒙德・佛洛伊德提出了精神分析理論中「有企圖的愛」的觀點，指出嬰幼兒會對照料者產生依戀是因為照料者能夠滿足他們的生理需要。

1935 年　康拉德・洛倫茨研究發現，動物會對出生後第一眼看到的移動物體產生強烈的情感聯結。

此後

1959 年　哈里・哈洛研究發現，那些小時候與母親分離的恆河猴會出現社交和情緒方面的問題。

1978 年　邁克爾・路特的研究發現，兒童可以對不同的對象（比如父親、兄弟姊妹、夥伴甚至其他無生命物體）產生強烈的依戀情感。

20世紀 50 年代，精神分析理論中「有企圖的愛」的觀點是對兒童依戀的最為普遍的解釋。這一觀點認為，兒童會對那些滿足自己生理需要（例如提供食品）的人形成情感聯結。同時，動物學家洛倫茨對動物的研究發現，動物會對自己第一眼看到的移動物體（一般是自己的母親）產生情感聯結。

在這種背景下，約翰・鮑爾比（John Bowlby）對兒童早期的依戀行為提出了更具進化論色彩的觀點。他認為，新生兒出生後是完全無助

參見：康拉德・洛倫茨 77 頁，西格蒙德・佛洛伊德 92~99 頁，梅蘭妮・克萊因 108~109 頁，安娜・佛洛伊德 111 頁，庫爾特・萊溫 218~223 頁，利維・維高斯基 270 頁，布魯諾・貝特爾海姆 271 頁，哈里・哈洛 278 頁，瑪麗・愛因斯沃斯 280~281 頁，邁克爾・路特 339 頁。

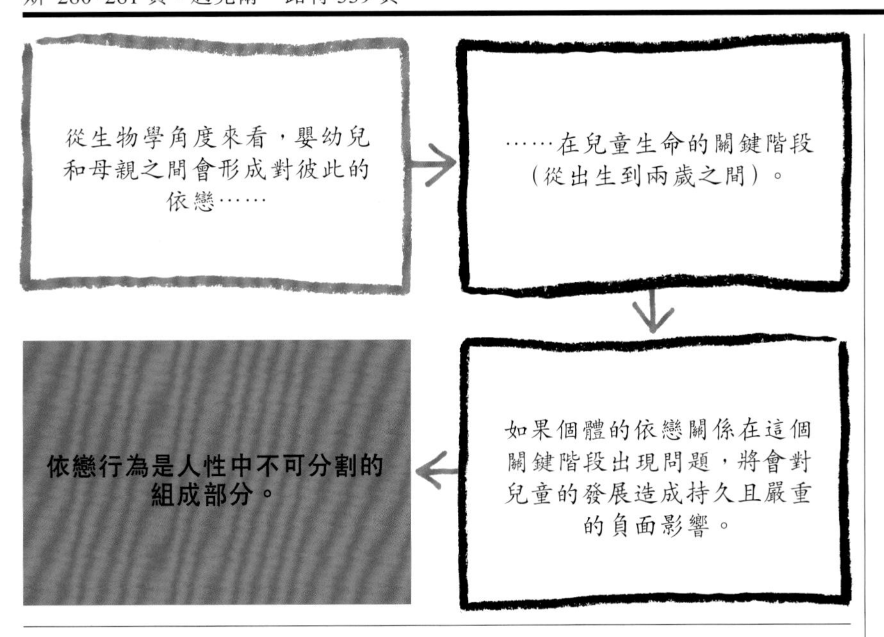

的，因此基因決定了他們要形成與母親的依戀以確保自己生存下去。他認為，基因也決定了母親要與孩子形成情感的聯結，母親會覺得自己需要與孩子保持親密的關係。任何會導致母子分離、威脅到母子依戀關係的行為都會促發不安和恐懼感。

只有母親

鮑爾比的理論中最有爭議的一點是嬰兒的依戀行為總是指向女性，沒有男性。這個女性人物可能不是嬰兒的生母，但也是以母親的角色出現的人物。鮑爾比將這種嬰兒與女性形成依戀關係的傾向稱為「單戀性」。他強調，儘管嬰兒可能會與多個人物建立依戀關係，但是他對母親角色的依戀和他一生中與其他人形成的依戀關係存在着很大的不同，他對母親角色的依戀更為強烈。嬰兒和他的母親都將採取能夠確保彼此依戀關係的行為。例如，嬰兒會通過吸吮、擁抱、凝視、微笑和哭泣等行為塑造和控制照顧者的行為；而照顧者對嬰兒的需要則會關心備至且有求必應。在這個階段，這兩種行為系統（依戀和照料）可以影響雙方並使雙方建立可以維持終身的情感聯結。

鮑爾比認為，這種情感聯結對兒童的發展極其重要，如果在嬰兒出生後的幾年間該聯結未能建立或是出現問題，那麼嬰兒之後的發展過程將會不可避免地受到消極的影響。他還認為，母親和嬰兒建立安全的依戀關係存在一定的關鍵期：應該在嬰兒出生後的第一年，或者至少在嬰兒兩歲前。鮑爾比認為三歲之後母親的撫養行為將對建立依戀毫無意義，並且嬰兒必然會因三歲前的母愛剝奪而受到一系列消極影響。

母愛剝奪

1950 年，鮑爾比受世界衛生組織委託研究那些因第二次世界大戰而失去母親或是無家可歸的兒童。他還被要求調查托兒所和其他大型機構（如孤兒院）對嬰兒成長的影響。1951 年，鮑爾比將他的研究結論寫入了他的報告《母親照料與心理健康》中，他發現如果在早期被長時間剝奪母愛，那麼兒童在之後的生活中將會出現一定程度的智力、社交或情緒方面的問題。

五年後，鮑爾比開始了第二項研究。這次他研究的是曾在結核病療養院（無法提供替代性的母愛）、療養期為五個月到兩年、當時年齡小於四歲的兒童。在鮑爾比進行

在嬰兒期，母愛對個體心理健康的重要性與維生素、蛋白質對兒童身體健康的重要性一樣。

——約翰・鮑爾比

鮑爾比預測，那些被迫與母親分離的兒童將會出現長期的依戀問題，之後的研究也證實了他的觀點。

研究時，這些孩子都處在七到十三歲，這些孩子和被傳統方式養育的孩子相比，前者的遊戲行為更為粗暴，缺乏主動性，更易過度興奮，並且缺乏競爭能力。

在一些極端的個案中，鮑爾比發現母愛剝奪甚至可能導致兒童出現「冷酷無情的精神病態」，很難真正地關心他人，也無法形成有意義的人際關係。很多出現這一問題的兒童會有違法犯罪和反社會行為，並且因為無法體驗到內疚而缺乏對錯誤的懊悔感。鮑爾比在 1944 年對少年竊賊的研究中發現，很多這樣的少年犯在五歲之前都曾有過和母親分離超過六個月的經歷，並且，其中有十四個孩子出現了「冷酷無情的精神病態」問題。

鮑爾比認為，之所以說安全的依戀如此重要，是因為依戀可以幫助兒童建立內在的工作模型，兒童需要利用這一模型去了解自己、他人和世界。即使成年之後，這種內在的工作模型同樣會引導個體在一段人際關係中的思維、感受和預期。由於最初的依戀關係是之後個體其他人際關係的原型，因此最初的依戀關係的質量將決定兒童是否會相信別人，是否認可自己的價值，是否對社會充滿信心。這些工作模型一旦形成就很難改變，它們將會決定個體的行為，並會決定個體與自己的孩子之間會形成怎樣的情感聯結。

從出生到死亡，依戀一直是人類的重要特性。

——約翰・鮑爾比

父親的角色

鮑爾比的依戀理論飽受批評的一點就是，他過度誇大了母親和孩子之間關係的重要性，並忽視了父親的作用。在鮑爾比看來，父親對於嬰兒而言並沒有直接作用，如果有，也是間接作用或是情緒上的微弱影響。鮑爾比的觀點在進化論方面的基礎在於：女性從天性上就善於養育，她們的母性本能會指引她們進行兒童的養育，而男性從天性上則更適合做供給者的角色。

然而，英國心理學家魯道夫・謝弗（曾在倫敦的塔維斯托克診所就職，並且當時在鮑爾比手下工作）發現，父親對子女養育的參與程度在不同文化中有着很大的不同。越來越多的父親成為照料孩子的主力，這表明，「養育孩子的主要角色到底是父親還是母親」這個問題將更多地受到社會習俗的影響，而不是源於生物方面的定論。

鮑爾比的觀點意味着男人無法成為良好的撫養者，但是謝弗和美國心理學家羅斯・帕克的研究表明，男性同樣能夠給孩子提供溫暖而細心的照料。他們還發現，孩子的發展並不受養育者的性別影響，而是取決於兒童與其養育者形成的情感聯結的質量和強度。謝弗和心理學家佩吉・埃默森的進一步研究

對男性履行父親角色的直接觀察表明，他們可以和女性一樣賦予兒童溫暖而貼心的照顧。

——魯道夫・謝弗

發現，除了父母，嬰幼兒還會和很多人形成依戀關係，而這些多重依戀關係無一例外都會對兒童發展起到關鍵的作用。

之後的這些研究結果對於職業女性尤其重要，因為鮑爾比的理論認為女性一旦成為母親就不應該外出工作，她們應該留在孩子身邊，履行必要的、主要照顧者的職責。在鮑爾比理論提出的幾十年後，一代又一代的勞動婦女因自己未能做全職母親而內疚，但是之後的眾多研究都對鮑爾比的理論觀點提出了質疑。例如，20 世紀 70 年代，心理學家托馬斯・維斯奈和羅納德・加利莫爾的研究顯示，在諸多文化中，只有一小部分的母親扮演着兒童的唯一照顧者的角色，而大部分情況下都是由一個團體（包括親戚和朋友）來承擔撫養兒童的責任。謝弗還指出，有證據表明，那些在工作上得到幸福感的媽媽和那些因全職在家而感到失意的媽媽相比，前者養育出來的孩子發展得更好。

開創性成果

儘管引發了許多批評，儘管幾經修改，鮑爾比的研究仍然是研究人類依戀行為的最全面和最有影響力的理論，他的觀點還促使哈洛和瑪麗・愛因斯沃斯進行了突破性實驗。心理學家使用鮑爾比的基本假設進行了更加深入的研究，並探討出了一系列兒童的依戀類型；而且，心理學家進一步發展了成人的依戀理論，即探討個體與父母之間的依戀關係如何影響個體之後與愛人、配偶之間的情感聯結。

鮑爾比指出，托兒所並不適宜照顧嬰幼兒，因為母愛剝奪會引發青少年犯罪，這一點的確造成了令很多身為母親的職業女性感到兩難的局面。

鮑爾比的理論對兒童撫養領域帶來了諸多的積極影響，比如提升慈善機構對兒童的養育質量等。■

約翰・鮑爾比

約翰・鮑爾比出生在倫敦的一個中產階級家庭，他有五個兄弟姐妹，他排行第四。他先由保姆撫養，在七歲的時候被送到寄宿學校。這些經歷使他特別關注兒童的依戀問題。他在劍橋大學三一學院學習心理學，之後他開始從事教導頑劣孩子的工作。後來，他獲得了醫學學位和精神分析師的執業資格。在第二次世界大戰期間，鮑爾比曾在英國皇家陸軍醫療部隊服役，並於 1938 年結婚，婚後育有四個孩子。戰爭結束後，他擔任塔維斯托克診所的負責人直到退休。1950 年，他應世界衛生組織的要求進行了一次大規模的研究。他在蘇格蘭斯凱島上自家的避暑公寓去世，享年 83 歲。

主要作品

1951 年 《母親照料與心理健康》（世界衛生組織報告）
1959 年 《分離焦慮》
1969 年、1973 年、1980 年 《依戀及依戀缺失》三卷

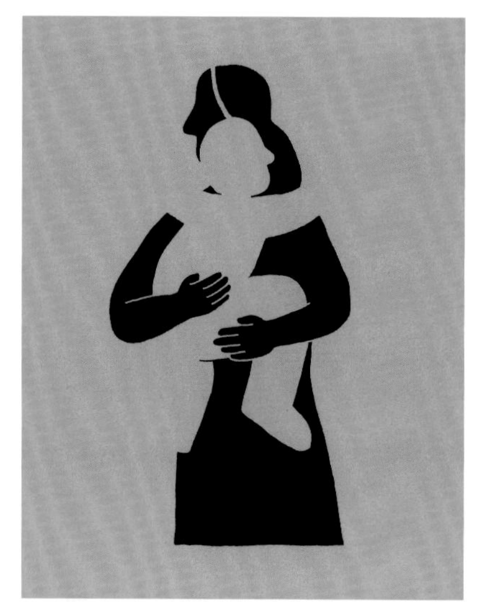

接觸所帶來的安慰感極其重要

哈里・哈洛（1905－1981 年）

背景介紹

聚焦

依戀理論

此前

1926 年　西格蒙德・佛洛伊德「有企圖的愛」理論指出，嬰兒之所以會對照料者親近是因為照料者可以提供食物。

1935 年　康拉德・洛倫茨指出，動物會對出生後第一眼看到的移動物體（通常是母親）形成強烈的情感聯結。

1951 年　約翰・鮑爾比指出，人類的母子之間天生就會形成獨特的、強有力的情感聯結。

此後

1964 年　英國心理學家魯道夫・謝弗和佩吉・埃默森指出嬰兒也會對非照料者形成依戀。

1978 年　邁克爾・路特指出兒童會對不同的依戀對象（甚至是無生命物體）產生不同的依戀關係。

許多心理學家認為，嬰兒之所以會對其照料者產生依戀，只是因為照料者可以滿足他們對食物的需要。鮑爾比則對這種「有企圖的愛」理論提出了質疑，但真正利用實驗來推翻這一觀點的則是哈里・哈洛（Harry Harlow）。

哈洛把小猴子與其母親分離，然後將小猴子和兩個「代理媽媽」共同放在籠子裏，一個由鐵絲組成，胸前掛了一個奶瓶；另一個由柔軟的絨布組成，但是沒有奶瓶。如果「有企圖的愛」理論成立，那麼小猴子應該和有奶瓶的鐵絲媽媽待在一起。但事實上，小猴子大部分時間都和絨布媽媽在一起。當籠子裏出現令牠畏懼的物體時，牠會把絨布媽媽當作自己的安全基地，緊緊攀附在絨布媽媽身上。在之後的實驗中，哈洛給絨布媽媽也掛上了奶瓶，結果發現，小猴子對絨布媽媽的依戀感變得更加強烈。因此，哈洛認為撫養孩子最為關鍵的是讓孩子能夠與母親有肌膚接觸。哈洛的研究極其重要，因為心理學家和醫生曾警告家長不要溺愛孩子，不要在孩子哭泣時擁抱安撫他們。但是哈洛的實驗結果如此毋庸置疑，使得西方世界的養育觀出現了根本性的改變。■

哈洛實驗中的小猴子對那個柔軟的、由絨布所覆蓋的「代理媽媽」產生了強烈的依戀，即使這個「代理媽媽」無法給牠們提供食物。

參見：康拉德・洛倫茨 77 頁，西格蒙德・佛洛伊德 92~99 頁，亞伯拉罕・馬斯洛 138~139 頁，約翰・鮑爾比 274~277 頁，瑪麗・愛因斯沃斯 280~281 頁，邁克爾・路特 339 頁。

我們在讓孩子為我們完全不了解的未來做準備

弗朗索瓦茲・多爾多（1908－1988 年）

背景介紹

聚焦

精神分析

此前

1924 年 西格蒙德・佛洛伊德提出了兒童面臨的「閹割焦慮」理論，多爾多認為「閹割焦點」是塑造身體的潛意識形象的要素。

1969 年 拉岡提出了「它樣存在」，這一觀點後來在多爾多關注個體差異的理論中佔據了重要位置。

此後

1973 年 法國的拉納維爾迪博斯克建立起了以多爾多理論為指導思想的學校，該學校強調尊重兒童的利益，強調讓兒童從事非強制性的各種活動。

1978 年 基於多爾多觀點的第一所日間托兒所「綠色家園」在巴黎開業，其宗旨在於幫助父母和兒童盡力減少因分離引發的負面影響。

基於自己艱辛的兒時經歷，法國醫生和精神分析學家弗朗索瓦茲・多爾多（Francoise Dolto）決定幫助兒童發現並釋放其慾望，她認為這種釋放可以預防神經症的出現。她認為兒童表現出來的某些疾病從現實的角度來看只是因為兒童沒能與其父母或照料者建立良好的聯繫。通過觀察她發現，成年人似乎無法理解兒童，儘管每個成人都曾是兒童。

獨特的觀點

多爾多認為每個孩子都有獨特的觀點，而這正是傳統教育試圖扼殺的內容。她對那些試圖通過讓兒童順從或模仿來控制兒童的道德體系和教育系統嗤之以鼻。此外，對於那些幫助兒童為未來做準備的各種方法，她也完全不以為然，因為兒童的未來到底怎樣我們完全不可知。她指出，兒童和教授兒童知識的成年人是不同的，簡單地説是因為兒童所擁有的經歷是成年人在相同年紀時沒有經歷過的。

在多爾多看來，教育的目標是讓每一個孩子都有探索其內心喜好的自由。她認為成年人應該扮演角色榜樣，應該示範某個方法，而不是將方法直接傳授給孩子。教育者應該教會孩子如何更好地進行自我引導。■

對於成年人而言，改變已經太遲了，我們應該致力於去為兒童做些甚麼。

——弗朗索瓦茲・多爾多

參見：西格蒙德・佛洛伊德 92~99 頁，阿爾弗雷德・阿德勒 100~101 頁，雅克・拉岡 122~123 頁，丹尼爾・拉加什 336 頁。

敏感的母親能夠創造安全的依戀

瑪麗・愛因斯沃斯（1913－1999 年）

背景介紹

聚焦

依戀理論

此前

20 世紀 50 年代 約翰・鮑爾比強調母親與孩子之間的情感聯結的重要性。

1959 年 哈里・哈洛的研究表明，幼小的恆河猴把自己的依戀對象作為自己探索周圍環境的「安全基地」。

此後

20 世紀 80 年代 美國心理學家布萊恩・沃恩的研究表明，個體的依戀對象可能會根據家庭環境的變化而發生改變。

1990 年 美國心理學家瑪麗・梅恩提出了兒童的第四種依戀類型 ——「混亂型」依戀 —— 以描述那種對環境和依戀對象都有所畏懼的兒童。

20世紀 50 年代初，瑪麗・愛因斯沃斯與依戀理論專家鮑爾比密切合作，共同探討母親和嬰幼兒之間的關係。1969 年，安斯沃斯進行了眾所周知的「陌生人情境」實驗，探討了幼兒在不同壓力水平下如何平衡依戀和探索環境的需要之間的關係。每次實驗中，安斯沃斯都把母親和她一歲的孩子安置在一個房間裏，房間裏擺放了很多供兒童玩耍的玩具，然後觀察在陌生人進入房間前後兒童的反應。這些

當嬰幼兒與母親分離時，其行為將反映出三種依戀類型中的某一種特點。

如果他沒有因母親的離去表現出任何不適，且陌生人可以安撫他的情緒，那麼他對母親就屬於焦慮–迴避型的依戀。

如果他因母親的離去表現出高度的緊張，但在母親回來後又拒絕和母親互動，那麼他對母親便屬於焦慮–抵抗型的依戀。

如果他因母親的離去而緊張，而在母親回來後以母親為安全基地而進行探索，那麼這就屬於安全型的母子依戀。

參見：西格蒙德·佛洛伊德 92~99 頁，約翰·鮑爾比 274~277 頁，哈里·哈洛 278 頁，傑羅姆·卡根 339 頁，邁克爾·路特 339 頁。

在依戀對象難以接近的環境中，依戀行為將會被高度激活。

——瑪麗·愛因斯沃斯

「情境」包括當母親離開房間時，兒童和陌生人獨處的情境，以及母親回到房間後的情境。

安斯沃斯發現，母親離開房間後兒童的反應並不是了解親子之間情感聯結的最為關鍵的信息，母親回到房間後兒童的反應才是關鍵。她認為，兒童在母親回到房間後的反應體現了三種不同類型的依戀。

依戀類型

安斯沃斯的實驗中，大約 70% 的兒童屬於「安全型依戀」。這些兒童將母親視為「探索周圍環境的安全基地」。當母親離開時，兒童表現出不適，但是只要母親在需要的時候陪伴在自己身邊，那麼即使陌生人在場，兒童依然能愉快地遊戲。

有些兒童對母親表現得很冷漠，母親的離去也沒有給兒童帶來過大的影響。安斯沃斯將這種親子依戀歸為「焦慮－迴避型」。這些兒童可以很容易被母親或陌生人安撫，大約 15% 的兒童屬於這一類型。

還有 15% 的兒童屬於「焦慮－抵抗型」依戀，這些兒童對陌生人表現得十分警惕，即使母親在自己身邊也是如此。他們在母親離開後表現出高度的焦慮，但是在母親回來後又會憤怒且拒絕與母親交流。安斯沃斯認為，母親的敏感程度很大程度上會決定兒童的依戀類型。她認為，敏感的母親能夠理解孩子的需要並會給予適宜的反饋，從而幫助孩子建立安全型的依戀。

在非西方文化中，母親總是會時刻與兒童在一起。這樣的模式會對這種社會中不同依戀類型的比例造成影響。

批評

對安斯沃斯理論的批評主要集中在以下兩點：第一，依戀類型並不是一成不變的；第二，兒童的依戀並不總是恰好完全符合某一個類型。人們還注意到，不同文化也會導致不同的結果。20 世紀 90 年代日本的一項研究發現，實驗中的兒童有很大一部分屬於「焦慮－抵抗型」依戀，這可能是因為和美國相比，日本的兒童很少有與母親分離的經歷。然而，陌生人情境依然是依戀研究領域最為重要的研究之一，今天，該實驗模型依然被廣泛運用。■

瑪麗·愛因斯沃斯

瑪麗·愛因斯沃斯出生在美國俄亥俄州的格倫代爾，她在五歲時和家人移居加拿大。1939 年，她在多倫多大學獲得了心理學博士學位，1942 年加入加拿大女子陸軍部隊前，她在多倫多大學有過短暫的執教經歷。第二次世界大戰結束後，她回到多倫多大學，並在 1950 年結婚。之後，她和丈夫移居倫敦，在那裏她曾與鮑爾比在塔維斯托克診所共事。

1954 年，安斯沃斯夫妻倆搬到了烏干達，她的丈夫在那裏獲得了一份工作，而她也有機會研究部落裏的親子關係。她於 1956 年返回美國繼續她的學術生涯，最終在 1975 年成為弗吉尼亞大學教授。

主要作品

1967 年 《烏干達的嬰幼兒》
1971 年 《嬰幼兒的服從行為與母親的教養方式》
1978 年 《依戀類型》

是誰教會孩子憎恨或畏懼另一種族的人？

肯尼斯・克拉克（1914－2005 年）

背景介紹

聚焦

種族態度

此前

1929 年 德國作家、社工布魯諾・拉斯克發表了《兒童的種族態度》，確立了研究兒童的種族觀念的心理學方法。

20 世紀 30 年代早期 加拿大心理學家奧托・克蘭伯格和律師攜手為公立學校中黑人教師與白人教師應獲得同等薪酬而努力。

此後

1954 年 美國最高法院就「在學校中實施種族隔離是否違憲」的問題召開「布朗對托皮卡教育局案」聽證會。

1978 年 埃利奧特・阿倫森提出了「拼圖教室」的教學方法，旨在幫助不同種族的學生進行合作學習，從而減少多種族混合教室中的種族歧視問題。

20世紀30年代後期，肯尼斯・克拉克（Kenneth Clark）和他的妻子瑪米・克拉克（Mamie Clark）研究了種族隔離學校對非裔學童造成的心理影響（尤其是對個體自我形象的影響）。他們設計了「洋娃娃實驗」，用以了解兒童對種族差異的認知以及他們潛在的種族觀念。在實驗中，他們選取了三到七歲的兒童，實驗提供了四個洋娃娃，這四個洋娃娃外表完全相同，只在皮膚的顏色上有所差別——從白色到不同深淺的黑色。兒童對娃娃皮膚顏色的選擇明顯表現出他們的種族意識，他們會選擇最像自己種族皮膚顏色的娃娃。

為了解兒童對不同種族的態度，克拉克要求兒童指出自己最喜歡或最想要的娃娃，還要求他們指出哪個娃娃看起來最好看、哪個最難看。令人不安的是，黑人兒童明顯表現出對白色娃娃的偏愛，而這可以解釋為他們潛在的自我排斥。克拉克深信這反映了孩子們接納、內化了社會上普遍存在的種族歧視態度，於是克拉克提出了一個重要的問題：「是誰教會孩子憎恨或畏懼另一種族的人？」

克拉克在20世紀30年代末40年代初進行的洋娃娃實驗表明，在種族隔離學校中的黑人兒童往往更喜歡選擇白人洋娃娃，這說明這些兒童已經接納了當時流行的種族歧視觀點。

偏見的傳遞

克拉剋夫婦想要探討美國社會如何塑造了種族歧視的現狀，他認為孩子們依據社會的標準習得了對不同種族的差異性評價。美國社會要求兒童將自己歸到某個特殊羣體中，而每個種族羣體都被社會賦予

參見：埃利奧特・阿倫森 244~245 頁，穆扎費爾・謝里夫 337 頁。

在三歲之前，兒童就已經有了種族的意識，並且已經形成了種族偏見。

20 世紀 30 年代的美國，白人兒童甚至黑人兒童都表現出對白種人的偏愛、對有色人種的排斥。

父母、教師、同伴以及媒體等社會影響和種族隔離制度使得兒童內化了種族歧視的觀點。

是誰教會孩子憎恨或畏懼另一種族的人？

了特定的等級。這些黑人兒童對白人娃娃的偏愛說明他們知道白人在美國社會的優先地位，並且他們還將這一觀點內化到了自己的認知系統中。三歲的兒童就已經表現出了和與同種族成人類似的態度。克拉克夫婦得出結論：這些態度實際是多個因素（包括父母、老師、朋友、電視、電影和漫畫）共同導致的結果。儘管家長們很少有人刻意教導兒童憎恨其他種族羣體，但是很多人卻將社會的普遍態度在微妙的、潛意識的過程中「傳遞」給了孩子。例如，一些白人父母可能阻止自己的孩子與黑人兒童一起玩耍，這就等於暗示孩子們要懼怕、遠離黑人兒童。

社會利用種族隔離制度告訴人們，不同種族的人們有着不同的社會地位。

——肯尼斯・克拉克

克拉克在 1950 年對自己的研究進行了總結，他指出，種族隔離制度對白人兒童和黑人兒童的人格都造成了破壞性的影響。他在 1954 年布朗對托皮卡教育局案中的專家證詞中指出，公立學校中的種族隔離制度是違憲行為，直接引發了美國消除學校種族隔離制度的做法以及民權運動。■

肯尼斯・克拉克

肯尼斯・克拉克出生在巴拿馬運河區，他在五歲時搬到紐約的哈萊姆。他的母親拒絕接受讓自己的兒子進入職業學校或中等專業學校的裁決，因此克拉克有了進入高中求學的機會。之後他在華盛頓的霍華德大學獲得心理學碩士學位。他在那裏遇見了他的妻子，之後兩人一起進行研究，他和妻子獲得了哥倫比亞大學的心理學博士學位，二人是獲得該學位的第一位黑人男性和女性。他們還在哈萊姆成立了兒童發展與青少年就業中心。

克拉克還是紐約城市大學第一個成為終身教授的黑人，也是美國心理學會第一位黑人主席。

主要作品

1947 年 《黑人兒童的種族認同和偏好》
1955 年 《偏見與你的孩子》
1965 年 《黑暗的貧民區》
1974 年 《令人傷感的權力》

女孩的成績比男孩好

埃莉諾・麥科比（1917 年－ ）

總體來講，男孩和女孩之間並不存在智力和能力上的顯著差異。

但是因為女孩更傾向於在學校的學業上付諸努力，並且她們往往對學業擁有更高的興趣和更好的習慣……

……所以女孩的成績比男孩好。

背景介紹

聚焦

女權主義心理學

此前

20 世紀早期 第一個針對性別差異的研究是由女權主義心理學家做出的。

20 世紀 70 年代 性別研究往往強調男女之間的差異。

此後

20 世紀 80 年代 研究發現男性和女性的大腦結構有所不同。

1993 年 安妮・福斯托-斯特林聲稱「男性」和「女性」之間存在生物方面的等級差異，比如，我們可以界定出五種不同的性別。

2003 年 西蒙・巴倫科恩認為，女性的大腦結構使得她們更易於移情，而男性的大腦結構使得他們更容易進行系統理解。

20 世紀 70 年代，曾因行為主義的興起而被壓抑的性別差異研究再次被女權主義心理學家提上日程。美國心理學家埃莉諾・麥科比（Eleanor Maccoby）越來越關注女權問題。她不滿當時的心理學文獻只強調男女之間的差異卻不關注相似點，於是她和學生卡羅爾・傑克林一起對關注性別差異的 1600 項研究結果進行了分析。他們將自己的研究結果發表在了《性別差異心理學》（1974）中，他們希望能夠借此向公眾展示，普遍認為的兩性差異其實大多是人們杜撰的結果，人們對性別的很多刻板印象其實並不真實。儘管一些研究結果顯示男孩比女孩更擅長數學和空間推理、女孩具有更為卓越的語言能力，但是隨後的研究發現，這些差異其實並不顯著，或者說這種差異遠比其表象複雜。

但有一種差異在眾多研究中是一致的，那就是「在學校，女孩的成績比男孩更好」。麥科比對這一結論特別感興趣，尤其她發現在這些研究中，女孩的能力傾向測驗成績並不比男孩高。

此外，之前對成就動機的研究

參見：珍妮特・泰勒・斯彭斯 236 頁，西蒙・巴倫科恩 298~299 頁。

麥科比的研究表明，女孩往往更願意滿足教師的期望，並且更願意努力學習，因此她們往往更容易獲得好的學業成績。

似乎表明，男孩應該比同齡女孩的成就動機更高。男性出於自己的原因往往會更注重成就，他們往往對任務表現出更高的參與度，採取的探索性行為也更多；而女孩則主要關注人際關係方面的成就，她們會更努力取悅他人，並且在很多任務上，女孩的自信水平要低於男孩。

挑戰刻板印象

麥科比堅決反對這些假設，她指出女孩比男孩的學業成績更好，女孩很早就表現出對學業技能有更濃厚的興趣，並且在完成高中學業之前，女孩的中途輟學率也更低。麥科比因此認為，就學業而言，和男孩相比，女孩的高學業成績清楚地反映出她們付出了更多的努力，擁有更好的習慣，無論男孩和女孩在成就動機方面是否存在差異，都無法説明女孩在學業動機方面劣於男孩。這種動機會在女孩的一生中起到非常重要的作用，因為學業表現與之後個體的工作表現息息相關。有關不同性別的固有差異的爭論與很多政治問題聯繫到一起，比如社會組織形式，比如男性、女性天生適合的職業等。麥科比指出，心理學文獻傾向於強調不同性別的差異，卻忽視了性別的平等，因此她認為人們對不同性別的職業刻板印象是失實的。■

激發女孩的自信和主動性可以很好地促進她們的智力發展。

——埃莉諾・麥科比

埃莉諾・麥科比

埃莉諾・麥科比（原名埃蒙斯）出生在華盛頓州的塔科馬，她在華盛頓大學獲得學士學位，之後在美國密歇根大學獲得了實驗心理學的碩士學位和博士學位。20 世紀 40 年代，她曾在農業部任職，然後到哈佛大學擔任有關兒童教養研究的督導。後來她發現人們的性別偏見阻礙了她的工作，於是她前往史丹福大學並成為第一位女性心理學系主任。麥科比獲得了美國心理學基金會頒發的終身成就獎，美國心理學會還推出了以她的名字命名的獎項。麥科比打破性別刻板印象的研究成果被認為是了解兒童社會化過程和理解性別差異的基礎。

主要作品

1966 年　《性別差異的發展》
1974 年　《性別差異心理學》
1996 年　《離異家庭的青少年》

大部分人類行為都是通過模仿習得的

阿爾伯特・班杜拉（1925 年－ ）

背景介紹

聚焦

社會學習理論

此前

1938 年 斯金納提出了操作性條件作用，揭示了學習中的積極和消極的強化。

1939 年 美國心理學家約翰・多拉德提出，攻擊行為往往是受挫導致的。

此後

1966 年 美國心理學家雷奧納德・伯克維茲指出環境線索的重要作用，比如憤怒導致的攻擊行為必然有環境因素的作用。

1977 年 美國心理學家羅伯特・巴倫指出，班杜拉的實驗結果表明，媒體上的暴力行為會助長社會上的暴力行為。

20世紀四五十年代，學習行為理論主要源自行為主義學家斯金納的操作性條件作用理論——學習行為的獎懲結果是決定學習行為的唯一因素。阿爾伯特・班杜拉（Albert Bandura）在這個背景下開始了對兒童攻擊行為的研究。他認為作為一種習得行為，從操作性條件作用的獎懲結果來探討攻擊行為遠遠不夠。

班杜拉的假設是，兒童通過觀察和模仿成人（尤其是家庭成員）學會暴力行為。他認為，解決問題的關鍵在於結合斯金納的操作性條件作用理論以及佛洛伊德的精神分析理論，探討個體如何將他人的特徵內化到自己的人格體系中。班杜拉的成就在其「波波玩偶」實驗以及他在 1977 年發表的專著《社會學習理論》中達到了巔峰。

社會學習理論

班杜拉認為個體並不是通過強化（獎懲）而是通過觀察他人的行為完成其學習過程的，這也是社會學習理論的核心觀點。該理論認為，個體的學習過程是通過在內心排練、模仿所觀察到的他人（適宜行為的榜樣）的行為完成的。班杜拉認為「大多數人的行為都是通過模仿習得的」。

班杜拉指出，一個人需要經歷四個階段完成模仿他人行為的過程，即注意、保留、複製和動機。學習過程需要學習者首先注意到所學的行為，接着他需要記住自己的所見所聞，然後他才能重現該行為，最後他會在合適的動機或原因（例如預期自己的行為會得到獎勵）的驅使下再現這一行為。雖然關於獎勵的概念也是社會學習理論的一部分，但是班杜拉對於個體行為與其環境之間關係的激進的、反行為主義觀點和傳統行為主義有着根本的不同。在行為主義者看來，環境對行為起着絕對的決定作用，但是

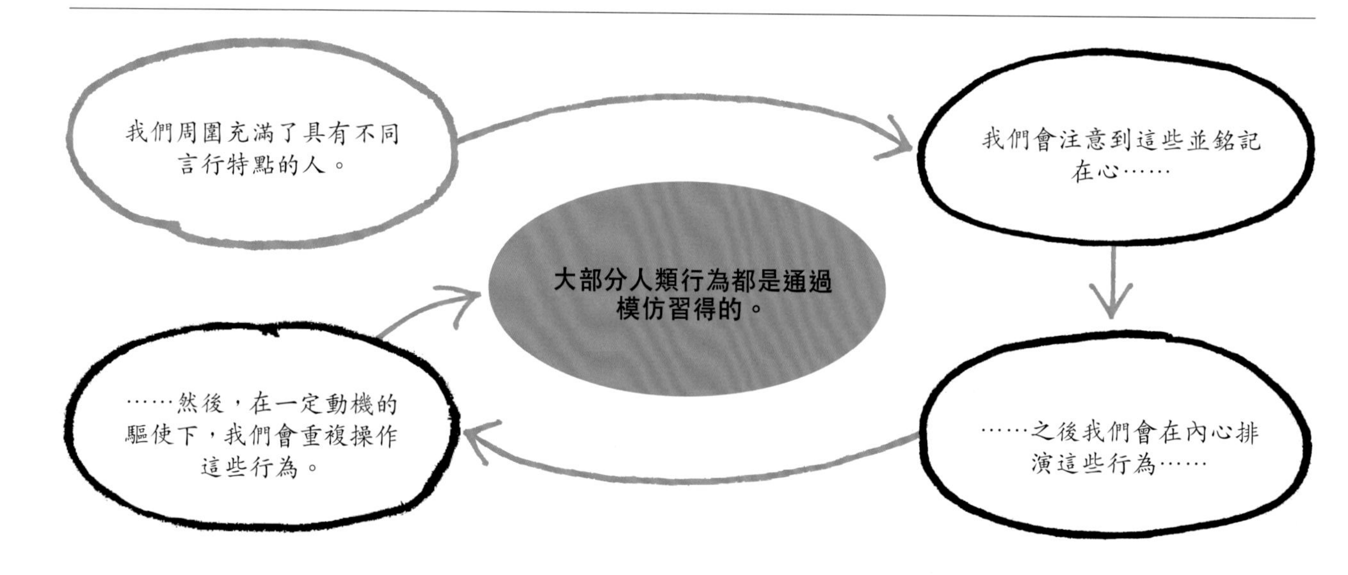

參見：康拉德・洛倫茨 77 頁，斯金納 78~85 頁，西格蒙德・佛洛伊德 92~99 頁，利維・維高斯基 270 頁。

班杜拉則秉承「相互決定論」——個體與環境相互影響。

班杜拉認為個體的人格由三方面交互形成：環境、行為以及心理過程（個體使用語言和內心圖像的能力）。研究表明，這些因素與兒童的攻擊行為均密不可分。班杜拉認為，兒童通過觀察、模仿成人而學會的攻擊行為。

「波波玩偶」實驗

班杜拉社會學習理論的觀點基於他在 1961 年的波波玩偶實驗，該研究的目的在於探索兒童攻擊行為形成過程，了解激發個體實施攻擊行為的誘因，探討決定個體實施攻擊行為的決定性因素。實驗表明，兒童會模仿成人榜樣的行為，實驗展示了社會上攻擊行為的榜樣所起到的重大影響。實驗被試都是從當地幼兒園招募的三到六歲（36 個）男孩和（36 個）女孩。這些被試被分為三組，每組 24 名兒童，包括 12 個男孩和 12 個女孩。第一組為對照組（沒有成人榜樣）；第二組的兒童會接觸到一名攻擊充氣波波玩偶的成人；第三組的兒童接觸的是一位平靜地與玩偶玩耍的成人。在實驗中所有的孩子都單獨進行測試，以確保他們不會受到其他兒童的干擾。

行為在一定程度上會塑造環境，而因此營造的環境又會對行為產生相應的影響。

——阿爾伯特・班杜拉

圖為班杜拉 1951 年關於攻擊行為的實驗中兒童攻擊玩偶的情況。有些兒童甚至會發明出新的攻擊玩偶的方式——使用房間裏的其他玩具作為武器。

在第二組的實驗中，每名兒童將看到成人對玩偶實施身體和口頭上的攻擊。成人會用木槌擊打充氣娃娃、把它扔到空中、用腳踢娃娃、再把它扔在地板上擊打。之後，主試將每個孩子安排到一個單獨的房間中，在房間裏除了波波玩偶外還放置其他的一些玩具。結果發現兒童會模仿成人對玩偶進行大量的攻擊行為，有的孩子甚至還會創造出新的攻擊行為去擊打娃娃。這一組的兒童和其他組的兒童相比顯得不那麼羞怯，他們對槍械玩具表現出了高度的興趣——儘管之前成人並沒有示範使用槍械的行為。

相反，控制組的兒童或是那些接觸到平靜成人的兒童很少出現可觀察的任何身體和口頭上的攻擊行

電腦遊戲以及媒體中的暴力行為被認為是暴力行為的潛在行為示範，儘管這一觀點尚未得到強有力的實驗研究證實。

為。儘管班杜拉認為觀察到攻擊行為可能只是削弱了對兒童本已存在的攻擊行為的約束作用，但是，兒童會模仿自己看到的行為這一事實表明，觀察學習過程是的確存在的。

媒體中的暴力

班杜拉的研究對於媒體中暴力行為的盛行提出了很多質疑。如果一個陌生人的攻擊行為可以成為兒童學習攻擊行為的榜樣，你自然會認為，電視節目力的暴力行為也可能成為這樣的榜樣。現代的電影和電視節目充斥着各種生動的暴力行為，這或許被認為是無傷大雅的，但是時常接觸這些節目的兒童則可能模仿這些行為。這一觀點已經引起了人們的激烈爭論。許多研究表明，含有暴力色彩的電影和電視節目不會增加兒童的暴力行為。甚至還有些研究表明，時常接觸暴力行為可以減少兒童的攻擊行為——即宣洩理論。該理論認為，個體可能會將自己與屏幕上的角色聯繫到一起，因而屏幕上的暴力行為可以幫助個體釋放負面情緒，從而降低個體的暴力行為傾向。

觀看攻擊行為的示範並不能起到宣洩情緒的作用。

——阿爾伯特・班杜拉

其他心理學家則認為，電視是潛在的教育形式，電視上的角色時常會成為兒童模仿的榜樣，因此電視上出現的人物應該起到積極的示範作用，以降低社會上暴力行為的整體影響。

雖然班杜拉不相信接觸暴力行為可以起到宣洩的效果，但是他很謹慎地區分了學習與實施之間的區別。他認為，兒童可以通過觀察學會暴力行為，但是擁有有關暴力行為的知識並不一定意味着個體會實施這樣的行為。他特別提醒人們注意不要將媒體上的暴力行為和現實中的暴力行為進行直接因果關係的歸因。

社會學習理論家認為，認知在個體的模仿過程中起到一定的作用，認知因素會在觀看暴力行為與實施暴力行為之間起到一定的協調作用。舉例來說，個體對電視上暴力行為的理解和感知、電視節目的真實程度都是影響個體是否實施暴力行為的重要因素。班杜拉認為，在兒童在學習暴力行為的過程中，環境也是十分重要的因素。顯然，那些生活在高犯罪率地區的人們和生活在低犯罪率地區的人們相比，前者實施暴力行為的可能性會更高。

性別發展

基於班杜拉研究結果的社會學習理論對於我們理解性別認同發展具有十分重要的意義。根據性別發展理論，男孩和女孩之所以會出現不同的行為傾向，是因為父母（以及其他個體的重要他人）對待他們的方式不同。經過研究證實，從出生開始，人們就在不知不覺中調整自己的行為以滿足他人對自己性別角色的預期；因此，人們會鼓勵兒童做出符合自己性別特點的行為。

班杜拉的研究發現，兒童還會通過強化和觀察學習學會特定的行為方式。通過模仿他人的行為，兒童會因做出符合自己性別角色的行為而得到正強化。而當兒童做出不符合自己性別角色的行為時，他人也會給予兒童直接或間接的忽視或否定。

雖然人們對班杜拉的理論有所批評（通常批評集中在他的理論上，認為他的理論不能算是一個真正的認知發展理論），但是在半個世紀後他的發現和理論依然被人們廣泛討論和引用，這也反映出他的理論影響之廣。他的理論對許多心理學領域都產生了影響，其中包括社會認知理論、人格理論，甚至還有心理治療實踐。他的觀點也為行為主義學習理論和之後的認知學習理論架起了橋樑。

班杜拉把研究重點放在了注意、記憶和動機等認知過程上，這表明他已經開始擺脫只注重可被觀察和測量的變量（行為主義者唯一關注的方面）轉而關注人的內在世界（心靈）是如何學習的。因此，很多人都認為班杜拉是同時代的人中最為傑出且最富影響力的心理學家。■

在兒童眼中，那些符合性別角色的行為，比如獨立（對應男孩）或是移情（對應女孩），會因滿足成人的預期而得到強化，同時也是兒童模仿成人或同伴的結果。

阿爾伯特・班杜拉

阿爾伯特・班杜拉出生在加拿大阿爾伯塔省的小鎮上，他的父母都是波蘭人。他畢業於英屬哥倫比亞大學，之後他前往愛荷華大學深造並獲得了碩士學位和博士學位，在那裏他開始對學習理論產生興趣。1953 年，他以名譽教授的身份任教於加利福尼亞的史丹福大學。

作為世界上最傑出的、最富有影響力的心理學家之一，班杜拉獲得了無數的獎項，包括桑代克基金提供的教育心理學傑出貢獻獎（1999 年），以及高級行為主義療法協會的終身成就獎（2001 年）。他同時還擁有超過 16 個榮譽學位，並於 1974 年當選美國心理學會的主席。

主要作品

1973 年 《攻擊行為：社會學習角度的分析》
1977 年 《社會學習理論》
1986 年 《思想和行為的社會基礎：社會認知理論》

道德發展的六個階段

勞倫斯・科爾伯格（1927—1987 年）

背景介紹

聚焦

道德發展

此前

1923 年　西格蒙德・佛洛伊德從精神分析的視角對人類的道德發展做出了解釋。

1932 年　讓・皮亞傑認為人類的道德發展遵循兩種方式的推理：一種是自律，一種是他律。

此後

1977 年　美國教育心理學家威廉・達蒙指出，兒童很早就能夠意識到他人的需要，兒童出現這種能力的年齡比科爾伯格認為的要早。

1982 年　美國教育心理學家南希・艾森伯格指出，要理解兒童的道德發展，我們必須探討他們在面臨自己的需求與他人的需求出現衝突時的思考過程。

勞倫斯・科爾伯格（Lawrence Kohlberg）認為個體從兒童到青春期的道德發展是逐步的過程。1956 年，他以 72 名十歲到十六歲的男孩為研究對象，給予他們需要進行選擇（兩個選擇都不能被完全接受）的道德兩難故事，然後研究他們的反應。其中一個兩難故事是：妻子罹患了致命的疾病，因為沒有錢，所以丈夫偷竊了妻子急需的藥物。之後，科爾伯格對其中的 58 名被試進行了跟蹤研究，每三年進行一次後續研究，這一過程持續了二十年，他希望了解這些被試的

個體從童年、青少年到成年的道德發展遵循六個階段的過程。

在前兩個前習俗階段，懲罰、獎勵以及互惠原則會決定個體的道德行為。

在習俗水平的兩個階段，個體的道德行為的目標在於遵從他人的是非觀、維護已有法則、維持社會秩序等。

在後習俗水平的兩個階段，個體本身才是道德行為判斷的主體，個體道德行為不再以社會規範為準則，而是遵循個體自己的良心和普遍的道德原則。

參見：西格蒙德·佛洛伊德 92~99 頁，讓·皮亞傑 262~269 頁，阿爾伯特·班杜拉 286~291 頁。

對道德的思考是不斷發展的。

——勞倫斯·科爾伯格

道德傾向隨着年齡增長有着怎樣的變化。基於被試給出的答案，科爾伯格界定出了道德發展的三個水平六個階段，這三個水平為前成規水平、成規水平和後成規水平。

道德推理

九歲之前一般處於前成規水平的道德推理階段，個體在此時會認為規則是固定的、絕對的。在前成規水平的第一個階段（服從和懲罰的階段），個體對行為對錯的判斷基於該行為是否會受到懲罰。在第二個階段（相對功利的階段），個體對行為對錯的判斷基於該行為是否會得到獎勵。此時，個體會考慮他人的需求和願望，但這種考慮基於互惠原則：「你幫我抓癢，我也幫你抓癢」。這一水平道德主要取決於行為的結果。

道德推理的第二個水平始於青春期，持續到個體的成年早期。在這一階段，個體開始考慮行為背後的動機，而不僅僅參考行為的結果。該水平的第一個階段時常被稱為「好孩子」階段，在這一階段，兒童對道德行為的定義是它是否能幫助或取悅他人。對行為的判斷基於該行為是否是「好的行為」。在該水平的第二階段（遵從權威與維護社會秩序的階段），我們將好的行為等同於遵從權威或遵守秩序的行為，並認為好的行為

甘地是為數不多能夠到達科爾伯格理論中最終道德階段的人。在成年後，他始終認為自己有責任對抗那些不公正的、壓迫性的規則。

可以維持社會秩序。在道德發展的第三個水平，我們開始脱離簡單地服從規則，但是科爾伯格認為只有 10%~15% 的人可以到達這一水平。在這一水平的第一個階段（社會契約的階段），我們尊重權威，但是我們會越來越清楚地認識到，個人的權利可以取代那些破壞性或限制性的法則。我們會認識到，和遵守規則相比，人的生命更加神聖。在第六個即最後一個階段（普遍的倫理原則的階段），我們的良心是我們最終的判斷標準，我們和他人一樣都擁有同樣的、應受到尊重的權利。我們可能會以普遍原則（如公正）的名義對規則進行抵抗。科爾伯格的六階段理論被認為有些激進，因為該理論認為道德不是強加給兒童的（精神分析學家認為道德是強加給兒童的），也不是迴避不良情緒的結果（行為主義者認為道德是迴避不良情緒的結果）。科爾伯格認為，兒童的道德發展是通過與他人的互動形成的，是一種對尊重、同情和愛的感知。■

勞倫斯·科爾伯格

勞倫斯·科爾伯格出生在紐約的布朗克斯維爾，他是家裏四個孩子中最小的一個。在第二次世界大戰結束時，他完成了自己的高中學業並成為一名水手，他曾協助猶太難民偷渡到巴勒斯坦。1948 年，科爾伯格前往芝加哥大學求學，在那裏，他僅僅花了一年就取得了學士學位，之後他繼續着自己的研究和教學，並在 1958 年獲得了博士學位。他還曾任教於耶魯大學，最後留在哈佛大學執教。

1971 年，科爾伯格在伯利茲感染了寄生蟲，這使得他不得不與持續性疼痛和抑鬱進行抗爭。1987 年 1 月 19 日，在要求停止治療後，他選擇了自殺，據説他的屍體最終在大西洋冰冷的水域中被找到。

主要作品

1969 年 《階段和連續性》
1976 年 《道德與道德發展階段》
1981 年 《道德發展哲學》

語言器官的發展類似於其他身體器官的發展

諾姆・喬姆斯基（1928 年－ ）

背景介紹

聚焦

先天論

此前

1958 年　斯金納使用操作性條件作用來解釋語言的發展過程，他認為兒童通過強化習得了詞語和短語。

1977 年　阿爾伯特・班杜拉認為兒童會通過模仿學會句子的一般範式，然後兒童會將特定的詞語填進句子的範式中。

此後

1994 年　斯蒂文・平克指出，語言是一種與生俱來的本能，語言之所以會出現是因為它有利於人類的生存。

2003 年　心理學家斯坦・庫扎和海澤・希爾認為，和喬姆斯基的假設不同，父母時常會給予兒童符合語法規則的句子。

20世紀中期，斯金納和班杜拉的學習理論是解釋語言發展的主流理論。這些行為主義者認為，語言同人類的其他能力一樣，是環境輸入和學習的直接結果，並且可以通過操作性制約的核心技術（獎勵和強化）而得以發展。斯金納指出，當孩子模仿語言的聲音並形成正確的詞語時，他們會立即得到父母的認可和強化，而這將促使他們繼續學習新的單詞和短語。班杜拉拓展了模仿的概念，他指出，孩子們模仿的不僅是具體的文字和聲

參見：斯金納 78~85 頁，傑羅姆・布魯納 164~165 頁，斯蒂文・平克 211 頁，讓・皮亞傑 262~269 頁，阿爾伯特・班杜拉 286~291 頁。

年幼的兒童能夠自發地使用自己從未學過的語法規則。

即使無法理解句子中全部的詞語，年幼的兒童也能夠理解句子的含義。

語言的模仿加之鼓勵和讚美無法解釋語言的創造性和豐富性。

人們理解語法的能力是天生的，具有生物學基礎。

語言器官的發展類似於其他身體器官的發展。

音，還有句子的結構和通用範式，句子形成的過程就好像用特定的詞語填入句子模板一樣。

然而，語言學家諾姆・喬姆斯基（Noam Chomsky）則認為操作性制約不足以解釋語言的豐富性和創造性，也不足以解釋兒童為何能自發使用從未學過或聽過的語法規則，也不能解釋兒童為甚麼能夠在未理解句子裏每一個詞的情況下就理解句子的含義。在喬姆斯基看來，這種能力是人類天生的：「語言器官的發展類似於其他身體器官的發展」，他認為人類的語言能力和其他很多能力一樣，都是遺傳的結果。

先天論

喬姆斯基認為，儘管兒童所處的環境為其語言的內容提供了支持，但是語法本身是個體與生俱來的，是生物本能決定的人類能力。為了論證自己的觀點，他引證了人類發展中遺傳而來的其他能力。舉例來說，青春期的開始就是個體發展的必然結果，這與個體的語言器官的發展相類似。我們可以斷定這是一個遺傳決定的重要里程碑，儘管不同人的語言發展會因為不同的環境因素而出現或多或少的差異，但是其基本過程在整個人類中都是相通的。我們可以理所當然地認為這是一種基本的生物功能。

喬姆斯基強調，語言的發展是人類基因發展導致的必然結果，就好像我們的血液循環系統和視覺系統，就好像我們經過進化長出了胳膊而不是翅膀。

關於「語言是我們成長過程中的必然」這一觀點十分重要，因為這一觀點凸顯了喬姆斯基的理念——語言不是學習的結果。他秉持着先天論的觀點，強調人類的遺傳對行為的影響和作用，他並不認為環境輸入有多麼重要。然而，喬姆斯基認為環境因素對於影響個體語言發展的方向起到了重要作用，因為畢竟個體的早期經歷會影響個體的語言器官發展。例如，因為喬姆斯基在賓夕法尼亞州的費城長大，因此他便吸收了這一地區的英

語言是一個自由創造的過程。

——喬姆斯基

語方言的知識，他的語言器官的結構也因此發生了適應性的改變。無論個體是在巴黎、東京還是倫敦長大，他都會經歷同樣的發展過程。

通用語法

但是如何證明語言的習得是與生俱來的而不是學習的結果？喬姆斯基認為，最有説服力的證據是語法本身是個體的一種本能直覺。顯而易見，人們從不需要討論或學習就能理解語法（因此，一部分語法理解能力也是生物遺傳的結果）。舉例來說，英語語法結構中有些句子可以省略代詞，而有的則不能省略。這二者之間的區別極其微小，但即使是（以英語為母語）六歲兒童，也能夠完美地理解、使用這些句子結構。這意味着語法的理解並不需要學習，因此這種能力必然是天生的。為甚麼人們可以擁有如此豐富的語法理解能力？六歲的兒童又如何能夠如此創造性地使用語言？語言能力是天生的可能是這些問題的唯一解釋。喬姆斯基聲稱世界各地的人們都可以找到這種「通用語法」的證據，只不過這種語法可能會因個體的母語不同而有些許不同。因此這種語言機制實際上是先天的，也是個體獲得語言的基礎。所有的孩子都同樣能夠學會任何他們所接觸到的語言，因此喬姆斯基認為，這就是語言機制來自遺傳的最好證據。他指出，人類都有通過遺傳獲得的語言器官，而這可以賦予我們相同的語言功能，其中包括基本語法、言語能力以及理解言語的能力。這種機制可以確保我們學習並使用人類的語言，同時也可能幫助我們習得那些違反規則的語言。

語言獲得機制

喬姆斯基認為我們都有與生俱來的語言獲得裝置（LAD）。他認為以下三方面事實説明我們每個人都有這樣的裝置：每個兒童出生就能夠理解和使用所有類型的句子，哪怕這種句子他們從未聽過或學過；所有的語言都有着共同的普遍要素；無論個體的智力和所處的文化如何，他們都能夠學會語法規則。此外，還有其他的支持性證據，比如個體的發聲器官、呼吸系統、聽覺系統和大腦似乎都是先天為語言交流而「準備」的。

我們生來就能夠習得符合一系列規則的語言，這種規則就是我們常説的通用語法。

——諾姆・喬姆斯基

諾姆・喬姆斯基

語言學家、哲學家、認知科學家、社會活動家諾姆・喬姆斯基出生於美國賓夕法尼亞州，他的父母都是猶太人。他在賓夕法尼亞大學學習哲學和語言學，並在那裏獲得了學士、碩士和博士學位。1955年，喬姆斯基進入麻省理工學院並於 1976 年成為教授。

喬姆斯基被公認為現代語言學之父，但他同時也是一個持不同政見的無政府主義信徒。他對美國外交政策的批評使他成為一個極具爭議的人物。他曾多次獲得榮譽學位，還曾獲得傑出科學貢獻獎、多蘿西埃爾德里奇和平獎和奧威爾獎。他與另外一位語言學家卡羅爾・沙茨喜結連理，直到她於 2008 年逝世，他們共同度過了 59 年的婚姻生活。

主要作品

1957 年 《句法結構》
1965 年 《笛卡兒語言學》
1968 年 《語言和思維》

聾啞兒童使用手語進行交流，這種手語和人們的口頭語言擁有同樣的特點，這說明，有關語法和句法的知識是我們先天就有的。

喬姆斯基認為，兒童時常會聽到父母或其他成年人說出不合文法的、不完整的語言，那麼只有語言獲得裝置可以解釋為甚麼他們能夠通過這樣的語言學會語言的規則和文法。最後，有關聾啞兒童的研究也提供了支持性的證據，未受過語言教育的聾啞人也會自發出現符合一般語言基本原則的手語。

評價

認知科學家平克也認可語言是一種與大腦特定「裝置」相聯繫的、與生俱來的本能，但是他認為語言的產生是進化和適應的結果，因為早期它可以幫助我們的祖先更好地生存。喬姆斯基對平克的這一語言進化論的觀點並不認同，他認為語言本身具備完全獨立的心理模塊，並且不受個體的其他認知能力的影響。

語言學家簡・艾奇遜也認可喬姆斯基的說法——兒童天生就有理解語言規則的能力，但是她還認為，兒童天生具有的問題解決的能力使得他們能夠加工語言信息（以及其他信息）。然而，喬姆斯基則堅持認為，人類天生的語言能力是獨立於其他能力存在的，因為大腦由類似於身體器官的心智器官所組成，所以語言可以獨立於其他心理功能而存在。

社交障礙專家羅賓・查普曼也對喬姆斯基的觀點提出了批評，他認為人們應該在社會交往的背景下進行語言發展研究。她指出，兒童語言能力的發展是一個歷經多年、逐塊形成的過程，而兒童獲得語言能力的速度存在很大的差異，因此這表明社會環境因素的作用也必須考慮其中。此外，人們對喬姆斯基的假設「語言是人類獨有的能力」的說法也提出了一定程度的質疑。對黑猩猩的研究表明，猿類和人類在語言方面只存在數量上而非質量上的差異，這使得人們開始質疑語言是否是人類獨有能力這一說法。

喬姆斯基的觀點對語言學、心理學、哲學和數學等多個領域都造成了深遠的影響。儘管其觀點「兒童生來就具有學習語言的能力」被廣為接受，但是他的「兒童天生具備語言知識，兒童的父母對兒童知識的獲得並沒有太大作用」的觀點卻引發了很大的爭議。人們普遍認為喬姆斯基是心理學歷史上最極端的先天論者，儘管人們認為他的「語言的發展具有生物學基礎」的說法比行為主義的「語言發展是操作性條件作用的結果」更貼近事實，但是人們認為喬姆斯基的理論依然無法完全解釋語言的生成。喬姆斯基的觀點促使了後來整合型觀點的出現，這勢必會幫助人們對語言進行新的研究、產生新的理解。■

對黑猩猩交流的研究發現，黑猩猩的語言是複雜的，儘管人類語言的內容和豐富性要更勝一籌。

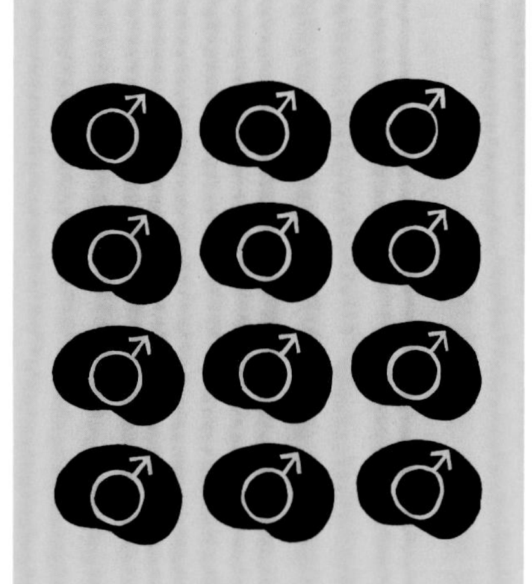

自閉症是男性大腦的極端形式

西蒙・巴倫科恩（1958 年－ ）

背景介紹

聚焦

心理理論

此前

1943 年 美國心理學家里奧・肯納指出自閉症源自父母的冷酷無情。

1944 年 澳洲兒科醫師漢斯・亞斯伯格將自閉症描述為「男性智力的極端變量」。

1979 年 英國心理學家洛娜・溫和朱迪絲・古爾德發現自閉症存在多種類型。

此後

1989 年 德裔心理學家猶他・弗里斯指出，罹患自閉症的個體傾向於關注情境的細節，而不是關注情境中更廣層面的內容。

1997 年 英國心理學家佩特・米切爾批評巴倫科恩的心理理論無法解釋某些自閉症患者在記憶等方面的出眾才能。

自閉症是一種會阻礙社交和交流技能正常發展的障礙。罹患自閉症的兒童對周圍世界的反應在他人看來十分怪誕。他們的交流技能可能很糟糕，社交互動對這些兒童而言也十分困難，當然部分原因可能在於罹患自閉症的兒童一般都不願開口說話，也可能是因為很多罹患自閉症的兒童對他人毫無興趣。大部分罹患自閉症的兒童都是男孩，而且大部分自閉症患者直到成年仍未康復。對自閉症的解釋有很多。最近的也最有影響力的就是西蒙・巴倫科恩（Simon Baron-cohen）的「心理理論」假說，之後他對不同性別的大腦差異的研究也證實了他的假設，他認為「自閉症是男性大腦的極端形式」。

擁有極端女性大腦的個體會出現「系統盲」的問題。

——西蒙・巴倫科恩

大腦類型

在 2003 年，巴倫科恩提出了「女性」和「男性」大腦的同感－系統理論，該理論為每一個人（不分性別）賦予大腦特定的類型，而分類的依據便是個體的同感或系統化能力。他的研究表明，女性大腦的同感能力是天生的，女性會對他人產生更多（和男性相比）同感，對他人的面部表情和非語言交流更為敏感。相比之下，男性大腦似乎更容易理解和構建系統，男性大腦感興趣的是事物的運作、結構和組織。男性大腦在需要進行編碼的任務中（如看地圖）會更勝一籌。

然而，這並不意味着這種分類完全和個體的性別對應。巴倫科恩的實驗結果表明，17%左右的男性有「同感腦」，17%的婦女有「系

參見：羅傑·斯佩里 337 頁，海因茨·赫克豪森 338 頁，邁克爾·路特 339 頁。

男性大腦天生善於理解和建立系統。

女性大腦天生善於移情。

罹患自閉症的人會執着地痴迷於理解和操作系統，但是缺乏同感的「工具」。

自閉症是男性大腦的極端形式。

統化腦」，而許多人則擁有兩種能力水平相當的「平衡腦」。

心理理論

巴倫科恩認為，罹患自閉症的人缺乏「心智理論」，即正確理解他人的情緒和行為的能力，因此無法了解他人的心態或意圖。此外，這些人往往對某些類型的系統有着偏執的興趣，比如他們會全神貫注在電燈開關上。他們還專注於系統中的微小細節，關注於系統的潛在規則並努力掌控這一規則，追求分毫不差地學習每一件事情。以上所述的對系統的痴迷以及表現出的缺乏同感能力的特點，加之男性罹患自閉症的高比例，使得巴倫科恩得出結論：罹患自閉症的人有一個極端的「男性」大腦。

自閉症是兒童最為嚴重的心理障礙，巴倫科恩的觀點幫我們進一步了解這種病症，提高了人們對這一病症的關注度，並且使治療自閉症的方法有了很大改進。■

罹患自閉症的兒童有時會在某些方面表現出很高的天分，尤其對於那些需要觀察細節的工作（比如數學、繪畫和製圖）。

西蒙·巴倫科恩

西蒙·巴倫科恩出生在倫敦，他在倫敦大學的精神病學研究所獲得了臨床心理學家的執業資格，之後他在倫敦大學學院完成了博士學位的學習。

1995 年，他成為了劍橋三一學院的實驗心理學研究員，目前他是該學院發展精神病理學的教授和自閉症研究中心的主任，他的研究主要集中在探究自閉症的成因以及尋找治療自閉症的方法上。

他曾獲得過諸多榮譽，包括總統獎、英國心理學學會頒發的斯皮爾曼獎，以及美國心理學會頒發的博伊德麥坎德利斯獎。從 2009 年到 2011 年，巴倫科恩擔任國際自閉症研究協會的副會長，他也是英國自閉症協會的副會長。

主要作品

1993 年 《自閉症：一些事實》
1995 年 《精神盲》
1999 年 《教自閉症兒童進行心智解讀》
2003 年 《本質上的區別》

PSYCHOLOGY OF DIFFERENCE PERSONALITY AND INTELLIGENCE

差異心理學
人格和智力

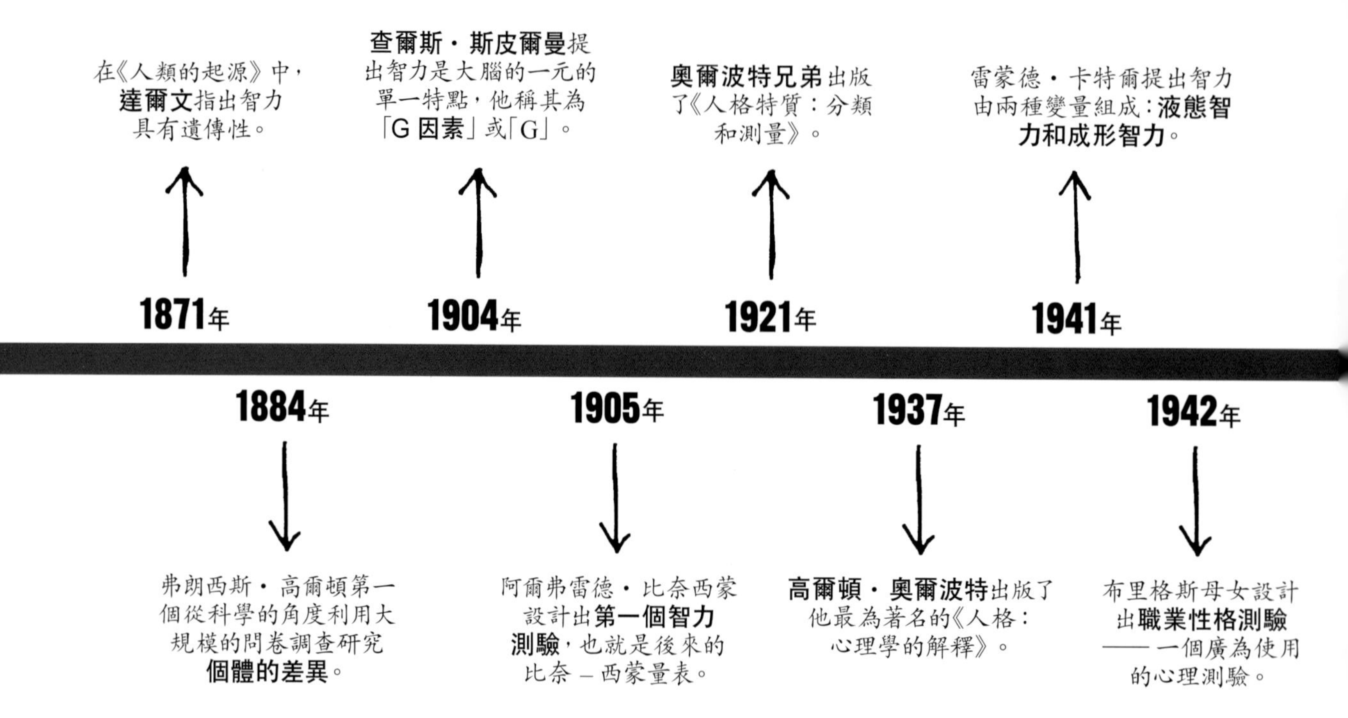

理論心理學關注的主要是對常見的思維和行為進行識別和檢驗，但哲學家以及之後的科學家則一致認為，我們在心理構成上的差異使得我們成為與他人不同的個體。一些早期的哲學家使用人格的體液說來解釋人格的差異，但是直到 20 世紀才出現了對人格的科學研究。行為主義者的觀點我們自然可以想像——認為人格是條件作用的產物，而精神分析理論則將人格描述為無意識對個體過去經歷造成的影響——這些理論的基礎往往是其他更為普遍化的研究，而不是單獨針對人格的研究。第一個在該領域使用系統化研究方法的心理學家是奧爾波特，他認為人們對人格的了解遠遠不夠。作為「特質理論」的先驅之一，他界定了不同的人格特質類型，並指出這些特質在三個不同水平上的結合構成了每個人的獨特人格。奧爾波特的研究成果獲得了人們的認可，人格特質的觀點既成為人格心理學的核心，也成為當時又一個新的重要研究領域。

人格特質

特質分析的新方法（比如卡特爾的因素分析法鑑別出了 16 種人格特質）幫助奧爾波特進一步細化他的理論，將組成個體人格的特質的數量進行了精簡。大多數這類人格模型都會包含內向性和外向性這樣的主要特質，而這二者之間的區別被認為是決定個體人格的主要因素。艾森克的三因素模型便將這二者納入其中，艾森克的理論模型中三個基本的特質是：神經質、內傾性—外傾性以及精神質。

人們時常質疑個體是否會做出與其人格特質相符的行為。米歇爾的研究表明，人在不同的情境下會做出不同的行為，他指出應該在個體對不同環境的知覺和反應的前提下探討其人格特質的問題。這不僅因為人格的一致性遠沒有人們假設的那麼高，還因為在某些個案中，有的人會有多個不同的人格。在

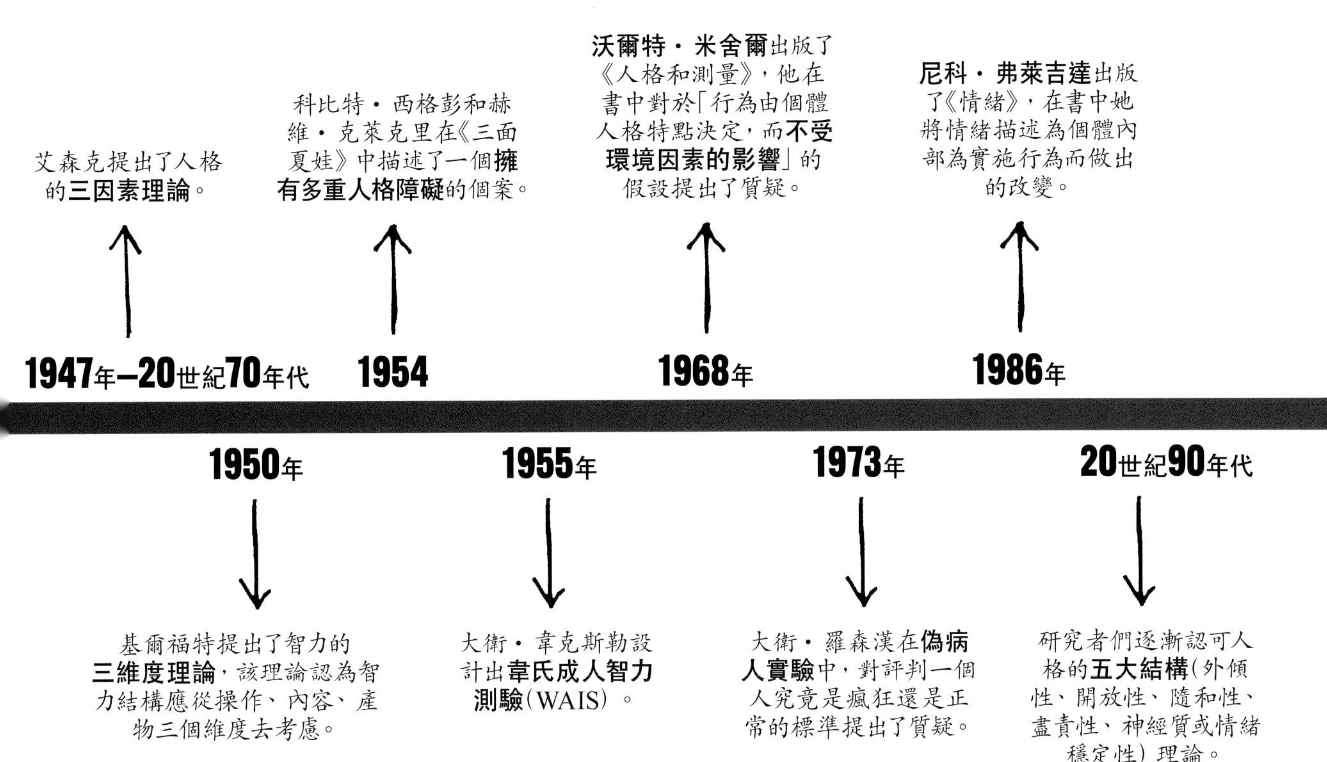

《三面夏娃》中，精神科醫生西格彭和克萊克里便描述了一個存在多重人格障礙——現在被稱為離解性身份認同障礙（DID）——的個案。

智力因素

另一個讓我們與眾不同的因素便是智力。幾乎從心理學誕生開始人們便開始對智力進行研究了，但是人們逐漸發現它難以定義和測量。相關的研究也頻繁引發了人們的爭議；自達爾文和高爾頓時期開始，智力便被假設為一種遺傳特徵（種族偏見和優生學也因此應運而生），而不是受環境影響的因素。這種智力究竟源於先天還是後天的話題成了人們關注的焦點，包括卡特爾和艾森克這樣的心理學家都認為智力源於遺傳，而其他人則爭論智力本身會受環境影響，而有關智力的諸多測試存在文化偏見，因而這些測試結果往往並不準確。

20世紀早期，英國心理學家斯皮爾曼就通過統計技術這種科學、客觀的研究手段為智力的研究奠定了基礎。他確定了智力的單一因素「G因素」，即一個與個體其他智力能力相關的因素。基爾福特對這種單一智力因素的觀點提出了質疑，基爾福特認為智力包含一系列不同的能力，而這一觀點也間接引出了卡特爾的成形智力與液態智力理論——推理和批判性思維的兩個水平。有關差異心理學等領域的研究，最早是由艾克曼和弗萊吉達（情緒和面部表情）、羅森漢（心理障礙）所發起的，雖然羅森漢的實驗表明區分差異（區分「正常」與「異常」）並不容易。這些研究表明，人與人之間的差異似乎更加類似於頻譜上不同位置的散點，並不容易進行區分，這也進一步凸顯了人類心理的複雜性和多樣性。■

牙籤和名字一樣，都可以有多種用途

J.P. 基爾福特（1897–1978 年）

背景介紹

聚焦

智力心理學

此前

19 世紀 威廉・馮特、古斯塔夫・費希納和弗朗西斯・高爾頓提出，個體之間在認知能力等方面的差異可以通過實證測量工具來加以測量。

1904 年 英國心理學家查爾斯・斯皮爾曼提出，智力可以被數字所界定。

1938 年 英國心理學家瑟斯頓界定了組成個體的「基本能力」，即智力的七種變量。

此後

1969 年 菲利普・弗農估算認為人類的智力大約 60% 來自於天生。

1974 年 美國心理學家埃利斯・保羅・托倫斯設計出自己的創造力測驗，該測驗至今仍被廣泛應用着。

雖然對智力以及智力的組成成分等相關問題的討論可以追溯到古希臘時期，但是第一個系統測量智力的方法直到 1905 年才出現，當時，法國心理學家比奈應邀進行研究，以識別出可能從教育援助計劃中受益的兒童。他和研究者西蒙一起設計出了「比奈－西蒙量表」，該量表使用記憶、注意以及問題解決任務等工具對兒童的智力進行測量並得出一個分數或商數，從而用以推斷個體的智力水平。從方便的角度出發，他們將平均的智力商數（IQ）設為 100，心理學家可以通過

那些簡單的問題解決任務和與記憶相關的任務⋯⋯

⋯⋯可以通過輻合性思維——得出一個「正確」答案的能力——而得以解決。

這種能力可以通過標準化智力測驗（IQ）來加以測試。

那些需要創造性解決方案的問題⋯⋯

⋯⋯可以通過發散性思維——同時探索多個可能解決方案的能力——而得以解決。

這種能力需要一種新的、囊括問題解決和想像力等內容的測量手段來加以測試。

參見：阿爾弗雷德・比奈 50~53 頁，雷蒙德・卡特爾 314~315 頁，漢斯・艾森克 316~321 頁，威廉・斯登 334 頁，大衛・韋克斯勒 336 頁。

創造性思維甚至可以為牙籤找到上百種用途。基爾福特的「非常用途測驗」對人們列舉出某種物體的通常用途和非常用途的能力進行了區分。

這個分數更加輕鬆地對個體進行分類。實際上，大約有 95%左右的人得分在 70~130 之間，只有約 0.5%的人得分在 145 分(天才級別)以上。

雖然這一測驗至今為止依然在被人們所使用，但是美國心理學家基爾福特(J.P.Guilford)認為其中存在根本的缺陷。他指出，標準化的智力測驗忽視了人們的創造性，並且，標準化的智力測驗的潛在假設是智商可以反映人們的「普遍智力」—— 但這一假設是否成立令人質疑。

創造力測驗

根據定義，創造力意味着對一個問題提出多個解決辦法。這需要一種不同的思維，吉爾福德稱之為「發散性思維」，因為這種思維指向多個方向且為一個問題找到了多個解決辦法。相反，傳統的智力測驗需要個體進行一種以單一答案為終點的思維：匯聚性思維。

基爾福特認為創造力是可測量的，即可以通過個體思維發散方向的數量來加以測量。他設計了一系列的測驗來量化人們的發散性思維，這其中就包括 1967 年的「非常用途測驗」—— 該測驗要求被試儘可能多地寫出物品的用途：(a)牙籤、(b)磚塊、(c)曲別針。在他設計的「後果推斷測驗」中，他要求被試想像如果突然取消所有國家和地方的法律會發生甚麼，然後要求被試儘可能多地列舉可能的後果。基爾福特從流暢性、靈活性、獨特性和精緻性來對被試的答案進行打分。

基爾福特聲稱智力並不是只由單一的「一般因素」組成的，而是含有三個方面的內容：操作、內容和產物。操作(Operations)是指我們使用的智力加工過程，包括記憶、認知和評價等六個因素；內容(Content)是指智力過程中所包含的信息和數據，包括視覺和聽覺方面的共計五個方面的信息；產物(Products)是指對這些內容進行智力加工後的結果，包括類別、關係等六個因素。這樣，智力便由 6×5×6=180 種基本能力構成，也就意味着共計有 180 種智力類型 —— 現在已經有超過一百種得到核實。

基爾福特理論的複雜性以及在測驗中存在的問題使得他的測驗沒有標準化智力測驗使用得廣泛，但是他的成果對智力以及創造力的研究產生了深遠的影響。■

J.P. 基爾福特

吉爾福德出生於美國內布拉斯加州的一個農場。他比同齡人顯得聰明得多，他高中畢業時曾作為畢業生代表發言。因應徵入伍，他被迫中斷了心理學專業的學習，但他後來繼續了自己的學業，並在康奈爾大學獲得了博士學位。1928 年，他以副教授的身份回到內布拉斯加州，並於 1940 年在美國南加州大學(USC)就職，之後便一直在這所大學執教直到 1967 年退休(除了第二次世界大戰期間曾被短期借調)。人們對他的形容為：正直、慷慨的顧家好男人，在部隊的日子裏，他因羞怯而被冠以「灰色幽靈」的綽號。作為一名多產且富有影響力的研究者，基爾福特設計了 30 個測驗，出版了超過 25 部著作和 300 多篇文章。

主要作品

1936 年 《心理測量方法》

1967 年 《人類智力的本質》

那些可以在固定時間內想出大量點子的人往往更能產生重要的觀點。

——J.P. 基爾福特

魯賓遜在遇見「星期五」之前是否缺乏某種人格特質？

高爾頓・奧爾波特（1897—1967 年）

背景介紹

聚焦

特質理論

此前

公元前 2 世紀 蓋倫根據四種體液將人類的人格進行了分類。

1890 年 在《心理學原理》中，威廉・詹姆斯嘗試將個體的自我區分為主體自我（認知的主體）「I」和客體自我（認知的客體）「me」。

此後

1946 年 雷蒙德・卡特爾根據高爾頓・奧爾波特和奧德波特的詞彙學假設設計出 16PF（人格因素）人格問卷。

20 世紀 70 年代 漢斯・艾森克設計出 PEN（精神質、內外傾和情緒性）人格問卷。

1993 年 美國心理學家丹・麥克亞當在《我們賴以生存的故事》中提出了個案研究的方法。

高爾頓・奧爾波特（Gordon Allport）被認為是人格心理學的奠基人之一，他是第一個專門研究人格的近代心理學家。自從希波克拉底（公元前 400 年）和蓋倫的四種體液説之後，似乎再沒有人嘗試對人格進行細化分類。19 世紀，儘管人們對個體的自我開展了諸多討論，但心理學領域中人格方面的研究依然是空白。

20 世紀初，心理學兩大學派（精神分析和行為主義）採取截然相反的方法。這兩大具有高度影響力的學派一直在不斷發展（也一直備受爭議），對當今的心理學界依然有着巨大的影響。行為主義只關心我們如何獲得（或學習）行為，在人格方面是一片空白；而精神分析理論提供了更加深入的方法，認為個體的人格被不可知的潛意識所操控，但是這種潛意識只能通過對口誤或是夢的分析才能略窺一斑。美國心理學家奧爾波特對這兩種方法都不以為然。他認為，行為主義的錯誤在於把人簡化為只會學習的個體，因為每個人都是獨特的，每個人的知覺也是獨特的。他認為精神分析理論也不足以解釋人們的個性和行為，因為精神分析過分強調個體過去經歷的重要性，卻忽視了個體當下的動機和所處的背景。當他還是一名年輕的大學畢業生時，他曾去維也納拜訪佛洛伊德，這個經歷進一步堅

人們都在努力走向未來，但是他們的心理卻多半在追溯過去。

——高爾頓・奧爾波特

人格是由……

……類似利他這樣的首要特質或「支配性的激情」組成，不是每個人都擁有首要特質，那些擁有這些特質的人往往會因為這種特質而出名。

……類似誠實或攻擊性這樣的一般特質組成。當個體缺乏首要特質時，這些一般特質會塑造個體的人格。

……當面對陌生人時的緊張或嘲笑不恰當行為這樣的次要特質組成。這些特質會在特定的情景下被激發出來。

參見：克勞迪亞斯・蓋倫 18~19 頁，威廉・詹姆斯 38~45 頁，西格蒙德・佛洛伊德 92~99 頁，卡爾・羅傑斯 130~137 頁，亞伯拉罕・馬斯洛 138~139 頁，馬丁・沙利文 200~201 頁，保羅・薩科夫斯基斯 212~213 頁，雷蒙德・卡特爾 314~315 頁，漢斯・艾森克 316~321 頁，威廉・斯登 334 頁。

定了他的觀點。在第一次會面的時候，他和佛洛伊德進行了一次簡短的交流，奧爾波特告訴佛洛伊德他在來維也納路上遇到的一個小男孩。這個小男孩很怕自己被弄髒，母親鼓勵他坐在一個看起來有些髒亂的人的旁邊，他拒絕了。奧爾波特認為小男孩的這種恐懼也許是從他母親（一個整潔而又頗具氣場的女人）那裏習得的。佛洛伊德問奧爾波特：「你是那個小男孩嗎？」佛洛伊德將奧爾波特的結論歸結於奧爾波特自己童年的無意識片段導致的結果，卻忽視了他當下的動機和意圖。而在奧爾波特的研究生涯中，他始終堅持「當下比個體過去的經歷更重要」的原則，儘管在他後來的研究中，他對精神分析理論給予了更多關注——用其作為補充。

奧爾波特認為，對於人類的學習與人格應該採取合理、綜合且開放的研究觀點。他吸收了當時盛行的諸多研究方法，但是他依然堅持自己的核心觀點：每個個體的獨特性及其人格主要受到（但不完全是）個體的人際關係的影響。

人格理論

奧爾波特主張從個體的個性特質、人際關係、當下背景以及動機等方面綜合看待個體的人格。他提出了兩種研究人格的不同方法：通則式研究和個案研究這兩種方法均由德國哲學家威廉・文德爾班和威廉・狄爾泰所創，但是第一個將其付諸實踐的是奧爾波特的大學導師威廉・斯登。

第一種方法——通則式研究，力求客觀、科學，智力研究便是一個很好的例證。這其中包括通過對大量被試進行外傾性和內傾性人格特質的測試，之後對這些數據進行精密的分析，從而得出一系列結論，比如人羣中屬於外傾性和內傾性的比例有多少，或者這種特質與年齡、性別、個體所處地域有怎樣的關係等。然而，這種方法並不是要在個體的水平探討某一特質，而是要脱離個體的角度、從羣體的角度探討某個特質，進行比較研究並得出結論。這也是行為主義學家斯金納用以觀察老鼠行為的方法。

第二種方法，個案研究法，與通則性研究方法相反。個案研究法旨在對某個個體進行深入和廣泛的研究，這種研究會將個體的人格特質、經歷、人際關係、他人對個體的感知等因素納入考量。這種方法與精神分析相類似——精神分析療法一般也只關注一個人。

奧爾波特指出，通則式研究方法如果用以描述個體特質顯得缺乏解釋能力，個案研究雖然無法得出普遍結論，但可以詳細對某個人進行解釋。所以，他同時運用了這兩種研究方法，儘管從普遍意義上來看，他在實證研究方面的成果並不被大眾所知，人們更多地還是認為他是一個理論學家，幾乎算是一個哲學家。然而，他早期與自己兄弟弗羅伊德合寫的《人格特質：分類和測量》就是一個關於通則性研究方法很好的範例。而他後來的研究工作，對珍妮・馬斯特森的分析則是一個很好的個案研究的詳細範例。

詞彙學假設

奧爾波特和他的兄弟在他們的第一個研究中匯報了對人格特質的研究結果。他們要求被試完成一份人格問卷，同時也要求與被試相熟的三個人完成這份問卷；這反映出了奧爾波特兄弟對人格的觀點：人格在個體與他人的人際關係中逐漸形成。通過研究他們得出結論：特質可以被區分，他們還嘗試對特質進行測量。他們認為自己開發出了一個完整的、有效的人格測量工具。1936 年，奧爾波特和他的同事奧德波特提出，那些最為顯著的、與個體人際生活息息相關的個體差異可以通過語言進行表達；這種差異越重要，就越有可能被描述為一個單獨的詞彙。這一觀點被稱為人格的詞彙學假設。這兩位研究者對當時最全的英文詞典進行了檢索，找到 18000 個描述個性的詞

個體的人格類型並不在於個體的本性或是天性，而在於觀察者對個體的評價。

——高爾頓・奧爾波特

奧爾波特和奧德波特的詞彙學假設基於「最重要的人格差異可以體現在語言上」的觀點，他們識別出了 18000 個描述個體人格的詞彙。

語。他們選擇了其中的 4500 個形容詞，他們認為這些形容詞可以描述個體可被觀察的、穩定的人格特質。

首要特質

經過對詞彙學假設的深入研究，奧爾波特界定了三種不同類型的人格特質：首要特質、共同特質和次要特質。首要特質是個體的基本特質，它們掌管個體的生活方式。奧爾波特認為，不是每個人都擁有首要特質，但如果某個個體擁有首要特質，那麼他便會因此而聞名，事實上，有些人太過有名，以致他們的名字也會成為其首要特質的代言詞，比如拜倫、加爾文主義、馬基雅弗利。

可以說一個人擁有某個特質，但是不能說他就是某個類型的人。

——高爾頓・奧爾波特

一些和首要特質相比不那麼顯著的特點對個體而言也十分重要，它們會對個體的生活起到引導和統合（意識和無意識層面）的作用；事實上，個體的每個行為都可以和這些特質的影響相聯繫。

在其後來的研究中，奧爾波特認為個體的首要特質可以促進自我統一體（基本的內驅力、核心需求及個體的願望）的形成。這個觀點已經超出了氣質論的範疇，而是將人格描述為一種迫切需要被表達的導向性目標。為了說明自我統一體，奧爾波特以挪威極地探險家羅爾德・阿蒙森為例進行說明。阿蒙森從 15 歲開始便一心希望成為一名極地探險家。他所面臨的困難看似不可踰越，引誘他放棄夢想的誘惑也十分吸引人，但是他一直持續付出着努力，雖然他不斷獲得了各種小成果，但這只進一步激發了他想要實現自己「極地探險」目標的渴望。

在航行通過西北航道之後，阿蒙森開始着手準備前往南極的計劃。之後，經歷了多年的準備和挫折後，他飛往了北極。他的信念依然沒有動搖，他依然在堅持自己的夢想，後來他為救助一名初級探險者而不幸喪生。

相對不太重要的特質

和首要特質相比，共同特質屬於比較普遍的特點，比如誠實就是大部分人都有的特點。這些積木一樣的特點會塑造我們的行為，但是它們並不如首要特質重要。奧爾波特指出，共同特質的發展主要受到個體父母的影響，是後天形成的。同一文化下的個體會擁有同一類型、不同水平的特質，例如，攻擊性這種特點的水平就會因人而異。在奧爾波特看來，我們大部分人都擁有 5~10 種這樣的特質，他們就是我們的突出特點。

奧爾波特指出，隨着時間的推移，共同特質可能實現「功能上的自治」，這意味着我們開始可能會因為某個原因做某件事情，但之後我們會因其他的原因繼續做這件事。這是因為當前的動機並不總是依賴於我們的過往。例如，我們可能會為了打敗班裏另一個孩子而學

任何認為人格是穩定、不變的理論都是錯誤的。

——高爾頓・奧爾波特

習繪畫，但是我們最終會為了完善自己的作品而繼續學習繪畫。這意味着，我們的過去只能間接影響我們今天的思考和行動。功能上的自治一樣也可以解釋個體強迫性的行為和思維：這些行為和思維可能表現除了功能的自治，個體不知道自己為甚麼做這件事，但是他就是無法阻止自己。

奧爾波特定義的第三類特質也就是常說的次要特質，和首要特質或一般特質相比，這類特質對我們的影響要弱一些。它們只有在特定的場合下才會出現，因為它們由環境和情境所決定。例如，我們會說一個人「在被搔癢時會發脾氣」或「在飛機上會緊張」。這些特質所反映出的個體的態度和偏好可以改變。當沒有他人在場時，次要特質也會出現，但是幾乎難以被察覺。這三類特質一起向我們展示出了人類的複雜性。

特質和行為

奧爾波特感興趣的是個體的特質是如何形成的，以及個體的特質及其行為之間的關係。他認為內在和外在的力量會聯合起來對我們的行為造成影響。被他稱為基因型的特定內在驅動力支配着我們保留和使用信息（與外界進行交互）的過程。同時，被他稱為現象型的外在力量決定了個體接納其環境的方式，以及他人的行為對個體的影響。他認為，這兩種力量為個體人格特質的形成提供了基礎。

如果將這些觀點帶入《魯賓遜漂流記》的故事中，奧爾波特認為，在遇到「星期五」之前，魯賓遜的基因型特質或說是其內在資源，加之他的一些現象型特質，共同幫助他在荒島上存活了下來。他從最初的絕望中恢復了過來，並且在船隻沉沒前打撈回了武器、工具和其他補給品。他給居住的洞穴安裝了圍欄，還做了一份日

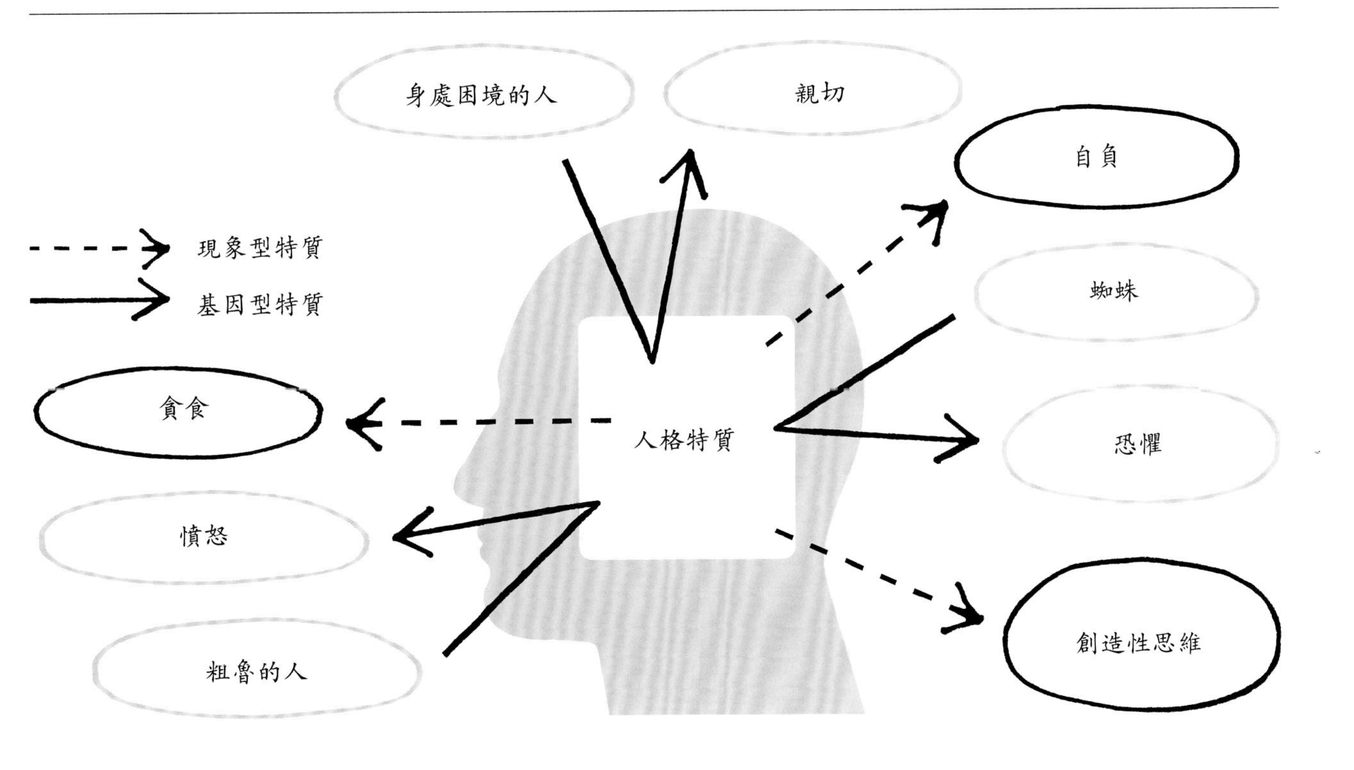

奧爾波特指出，魯賓遜顯然擁有多種個人特質，但是只有在他遇難並遇到「星期五」之後，有些特質才得以顯現。

曆。他打獵、種植大米和玉米、學着做陶器、學着養羊，他還收養了一隻鸚鵡。他閱讀聖經並開始信奉宗教。這些行為都表現出了魯賓遜的首要特質以及產生的相應行為。

然而，只有在「星期五」到來之後，魯賓遜的其他現象型特質的行為才找到了出口：他幫助「星期五」逃離抓捕者，耐心地堅持教「星期五」學習英語，他還將「星期五」轉變成了一個基督徒。儘管魯賓遜擁有這些人格特質，但是在他與「星期五」建立交往之前，這些特質都沒有表現的機會（或通道）。這一觀點類似我們熟知的哲學難題：如果森林中空無一人，那麼一棵樹倒下是否會產生噪聲？在奧爾波特看來，人格特質會讓我們的行為具備一致性；人格特質總是存在的，即使沒有人激發它們，即使沒有人目睹這些特質所引發的行為，它們還是存在的。

個案研究

1937 年，《人格：心理學的解釋》出版後，奧爾波特將注意力轉到了種族、偏見以及道德規範上。但是到 1965 年，他又將注意力轉到對珍妮・馬斯特森（1868—1937）的人格特質的個案研究上來。他的研究對象珍妮在其生命的最後 11 年中，給與自己相熟的一對夫婦撰寫了 300 封信件。

奧爾波特對這些信件進行了分析研究，他讓 36 名被試通過這些信件來描述他們所理解的珍妮的人格特質。被試描述出的八個特質「羣」中有 198 項相對較容易分辨的個人特質，所有參加評定的人都一致認可這些特質：愛爭吵 – 多疑、自我中心、獨立、攻擊性、憤世嫉俗、多愁善感、有藝術才能、高度緊張。

然而，奧爾波特認為這個針對珍妮的人格特質分析並不具有決定意義，於是他將其他的理論框架也納入分析過程中，其中包括佛洛伊德和阿德勒的精神分析理論。在他的學生傑弗里・佩奇和阿爾弗雷德・鮑德溫的幫助下，奧爾波特對材料還採用了「內容分析」的方法。這是一種新的計算機分析形式，通過特定程序，計算機可以計算涉及特定主題或某種情緒的字或短語的出現次數。這種新方法給奧爾波特帶來了巨大的震撼，並因此進一步加深了他對其觀點的堅信程度——個案研究可以揭示個體性格特點的細微之處，這是問卷調查遠不能及的優勢。

1966 年，奧爾波特發表了題為《再談人格特質》的論文，該論文指出，人格研究不應該聚焦在對個體特質的微量分析上，而應該研究個體的整個精神組織。他

人格是一個極其複雜的東西，我們不能簡單地用概念來束縛它。

——高爾頓・奧爾波特

指出，他早期撰寫人格特質的著作時並沒有深厚的心理學背景知識，因此可能存在一定方向上的偏差，但他堅持認為特質是用以描述個體人格的良好起點。

奧爾波特的影響

奧爾波特的理論為很多當代的思想流派奠定了基礎，儘管這一點可能很少有人提及。卡特爾和艾森克的人格問卷衍生出當代的很多人格測驗，而卡特爾和艾森克也利用了奧爾波特的詞彙學研究結果。卡特爾的十六因素量表至今依然被廣泛使用着，卡特爾採用了奧爾波特最初形成的4500個形容詞以及計算機分析的結果界定了這十六個因素。

人本主義心理學為很多心理輔導和治療奠定了基礎，它在很大程度上也獲益於奧爾波特的研究成果。尤其是奧爾波特的個案研究，以及堅持每個個體都有其獨特性的觀點，都為人本主義心理學的產生和發展提供了方向。現在人們越來越重視來訪者和諮詢師之間的關係，因為人們認為這種關係可以促進個體人格的表達和發展，而這也根源於奧爾波特的觀點：「人格是人際關係的機能」。

對於以個體積極體驗為中心的理論，奧爾波特也是第一批指出其問題的人，這種理論的基本觀點大部分來自於存在焦慮或是其他心理障礙的個體的行為，或是來自於那些被捕捉到的、絕望的老鼠的奇怪舉動。他不知道為甚麼沒有理論建立在對健康的、

奧爾波特主張心理學家應該脱離哲學來研究人格特質。

——馬丁・沙利文

努力讓自己的生活更具意義的個體的研究之上。他指出，大多數研究針對的是罪犯，而不是堅守法律的仁人志士；探索的是恐懼，而不是人的勇氣；指向的是人的無知和缺陷，而不是人類的智慧。由馬丁・沙利文倡導的積極心理學採納的便是奧爾波特的觀點，並且發展出了研究個體積極體驗的科學方法。

到了1955年，奧爾波特撰寫了《生成》一書，他的思維更加深入；他將人們為達成更高水平的認知而做出的努力視為人格的真正動機。「生成」是人們的最終目標的觀點在卡爾・羅傑斯和亞伯拉罕・馬斯洛的努力下得到了進一步的發展，他們將其重新命名為「自我實現」。儘管奧爾波特的研究成果和其他知名心理學家相比似乎並沒有被廣泛引用，但是他對心理學產生了深入、持久的影響。■

高爾頓・奧爾波特

高爾頓・奧爾波特1897年出生於美國印第安納州的蒙特蘇馬。奧爾波特是四兄弟中年紀最小的一個。兒時的奧爾波特害羞、好學，但是他在十幾歲時便成為學校報紙的編輯，並有了自己的印刷生意。

第一次世界大戰期間，奧爾波特曾在軍隊服役，之後他爭取到了哈佛大學的獎學金，前往那裏學習哲學和經濟學。1919年畢業後，他曾在土耳其執教一年，然後又回到哈佛，並於1922年獲得了心理學博士學位。他還曾在英國的劍橋大學學習，也曾前往德國學習過完形理論。

1924年，奧爾波特再次回到哈佛，並開始執教美國第一門人格研究課程。除了曾有四年在新罕布什爾州達特茅斯大學執教，他的全部執教時間都留給了哈佛，直到1967年他因罹患肺癌去世，享年70歲。

主要作品

1937年 《人格：心理學的解釋》
1954年 《偏見的本質》
1955年 《生成》
1961年 《人格的類型及發展》

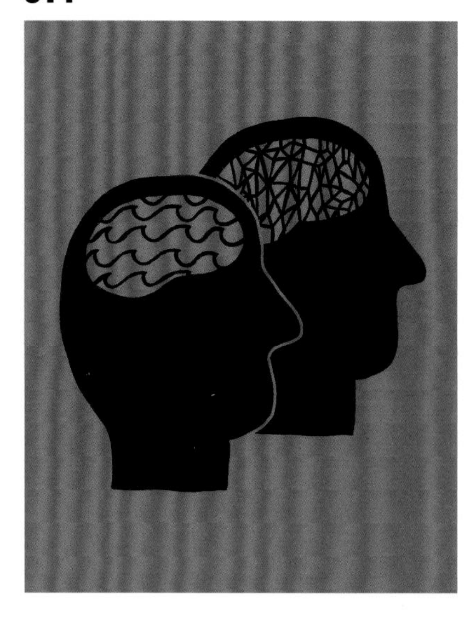

一般智力包含成形智力和液態智力

雷蒙德・卡特爾（1905－1998 年）

背景介紹

聚焦

智力理論

此前

20 世紀初 阿爾弗雷德・比奈稱可以對人的智力進行測量，並提出了「智力商數」（智商）（IQ）的概念。

1904 年 查爾斯・斯皮爾曼提出了智力的「G 因素」。

1931 年 在《智力的測量》中，愛德華・桑代克指出智力有三或四種主要類型。

此後

1950 年 基爾福特稱，有大約 150 種不同的智力類型。

1989 年 美國心理學家約翰・卡羅爾提出了智力的三層次心理測量模型，這三個層次包含寬層能力、窄層能力以及斯皮爾曼的 G 因素。

雷蒙德・卡特爾（Raymond Cattell）被認為是 20 世紀為數不多的最令人尊崇的心理學家之一。他的研究對探索人類的智力、動機以及人格都具有重要意義。他對智力的興趣早在他還是斯皮爾曼的學生時就已確立。斯皮爾曼是英國著名的心理學家，他將智力定義為「G 因素」，即為所有的學習過程提供基礎的一般智力能力。

1941 年，卡特爾更加深入地發展了這一概念，他為「G 因素」定義了兩種不同的組成部分：液態和成形智力。液態智力是一系列運用到任何問題或內容上的思考或推理能力。有時被描述為一種在我們不知道如何做某事時所用的能力，它是我們在問題解決或模式識別過程中自動使用的能力，它被認為與我們的工作記憶容量密切相關。

卡特爾認為液態智力來自基因遺傳，這可能可以解釋個體在智力方面的差異。液態智力在個體成年時到達頂峰，然後穩步下降，這也

一般智力由（G 因素）兩部分組成。

液態智力，是指抽象思維的能力，以及在沒有説明和實踐的情況下覺察事物之間關係的能力。

成形智力，基於個體過去的經驗和已學到的知識，是隨着我們年齡增長而逐漸累積的判斷能力。

參見：阿爾弗雷德・比奈 50~53 頁，J.P. 基爾福特 304~305 頁，漢斯・艾森克 316~321 頁，威廉・斯登 334 頁，大衛・韋克斯勒 336 頁。

許是因為年齡增長帶來的大腦的相關變化。腦損傷可能影響液態智力，這表明液態智力很大程度上仰賴於個體的生理。

成形智力

在我們使用液態智力解決問題時，我們開始對周圍所處的世界進行知識存儲和假設形成的過程。這一知識的存儲便是我們的成形智力，卡特爾將其描述為人們通過在一系列文化活動中獲得的「一系列判斷技能」。社會階層、年齡、國籍以及歷史時代等原因或導致個體的學習經歷出現很大的差異。

成形智力包括言語理解、數學能力等技能，因為這些技能基於個體習得的知識，比如語法規則、加減法及其他數學概念的規則，因此這種智力會隨着年齡的增長而呈現穩定的逐漸增長的態勢，直到 65 歲左右，成形智力才會下降。

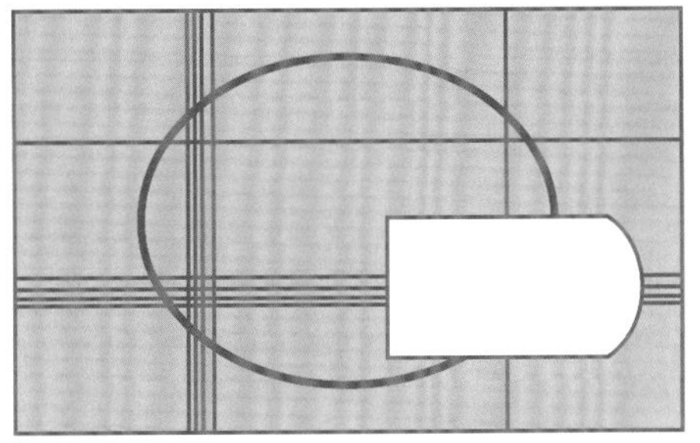

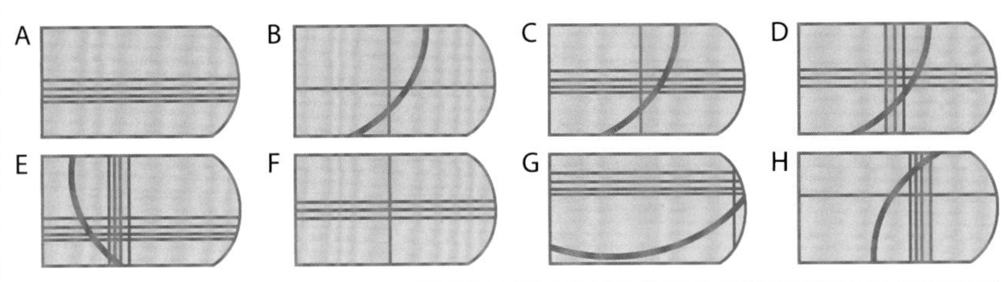

文化公平智力測驗最初由卡特爾於 1940 年提出，該測驗通過與圖案相關的問題測量個體的液態智力，其中的問題需要個體使用其推理能力（但不需要任何知識基礎）來加以解決。

卡特爾認為液態和成形智力彼此相互獨立，但個體如果具有較高的液態智力，可能促使其成形智力得到更廣和更快的發展，而這也與個體的人格以及興趣等因素有關。他特別指出標準的智力測試往往對成形和液態智力都有所評估。

卡特爾設計出獨立測試液態智力的測驗。他的《文化公平智力測驗》是非言語、主要基於形狀和圖案的多項選擇測驗，對被測量者沒有知識基礎方面的要求，這個測驗可以應用於任何文化下的成人和兒童。■

雷蒙德・卡特爾

雷蒙德·卡特爾出生在英國的斯塔福郡，他最初在 1924 年獲得了化學的一級學位，之後他的興趣轉向了心理學並在 1929 年獲得博士學位。在任教於倫敦大學和埃克塞特大學後，他在萊斯特兒童指導診所工作了五年，然後在 1937 年前往美國。他在克拉克大學、哈佛大學和伊利諾伊大學都曾擔任職務，直到 1973 年。卡特爾結過三次婚，他最終在夏威夷大學擔任教授，並在那裏度過餘生。1997 年，美國心理學會授予他終身成就獎。然而，他的觀點「國家應該通過優生學政策來保證高智力基因的遺傳」把他推到了風口浪尖，並使得他的獲獎引發了爭議。卡特爾雖為自己辯護，但拒絕接受獎項，他於次年死於心臟衰竭。

主要作品

1971 年 《能力》
1987 年 《智力》

天才和瘋子
僅有一線之隔

漢斯・艾森克（1916－1997年）

背景介紹

聚焦

人格

此前

1926 年 美國心理學家凱瑟琳・考克斯對 300 名天才的智商和人格進行了測試，結果發現他們的平均智商高於 165，而其主要的人格特點是高水平的毅力和動機。

1956 年 基爾福特提出了與創造力有關的發散性思維的概念。

此後

2009 年 在《天才 101：創造者、領導和神童》中，美國心理學家基思・西蒙頓（Dean Keith Simonton）認為，天才源於良好的基因和良好的環境。

2009 年 瑞典心理學家安德斯・愛立信將專家級的行為表現歸功於數萬小時的練習。

在歷史上，「天才是天生的還是後天的」這個話題一直深受人們的關注。20 世紀初以前，人們對天才的理解很大程度上來源於那些被認定為天才的人的故事，如達・芬奇和貝多芬。早在亞里士多德時期，人們眼中具有創造力的天才和瘋子之間就存在聯繫，人們普遍認為這二者均是遺傳的結果。1904 年，英國心理學家哈夫洛克・埃利斯的《關於英國天才的研究》報告了他為探討精神病患者和富有創造力的個體之間的聯繫而設置的對照研究。70 年後，德國心理學家漢斯・艾森克（Hans Eysenck）對早期的研究結果進行了回顧，他得出結論，天才並不是與精神病（完全的精神錯亂）存在聯繫，而是與精神質（出現精神病症狀的潛在傾向）之間存在聯繫。

氣質和生物學

許多心理學家對人格特質進行了定義和測量，但艾森克的焦點集中在人類的氣質上，而非探討組成個體人格的細節特點。他是一位生物學家，和許多之前的前輩（尤其是古希臘醫生希波克拉底和蓋倫）一樣，他認為生理因素決定氣質。希波克拉底曾提出性格類型來源於個體特定類型體液的過量或缺乏。蓋倫進一步深化了這種觀點，他認為可以人共有四種氣質：多血質、膽汁質、黏液質和抑鬱質。他聲稱，多血質的人血液佔優勢，往往

心理偏差與創造力都有潛在的遺傳基礎。

——漢斯・艾森克

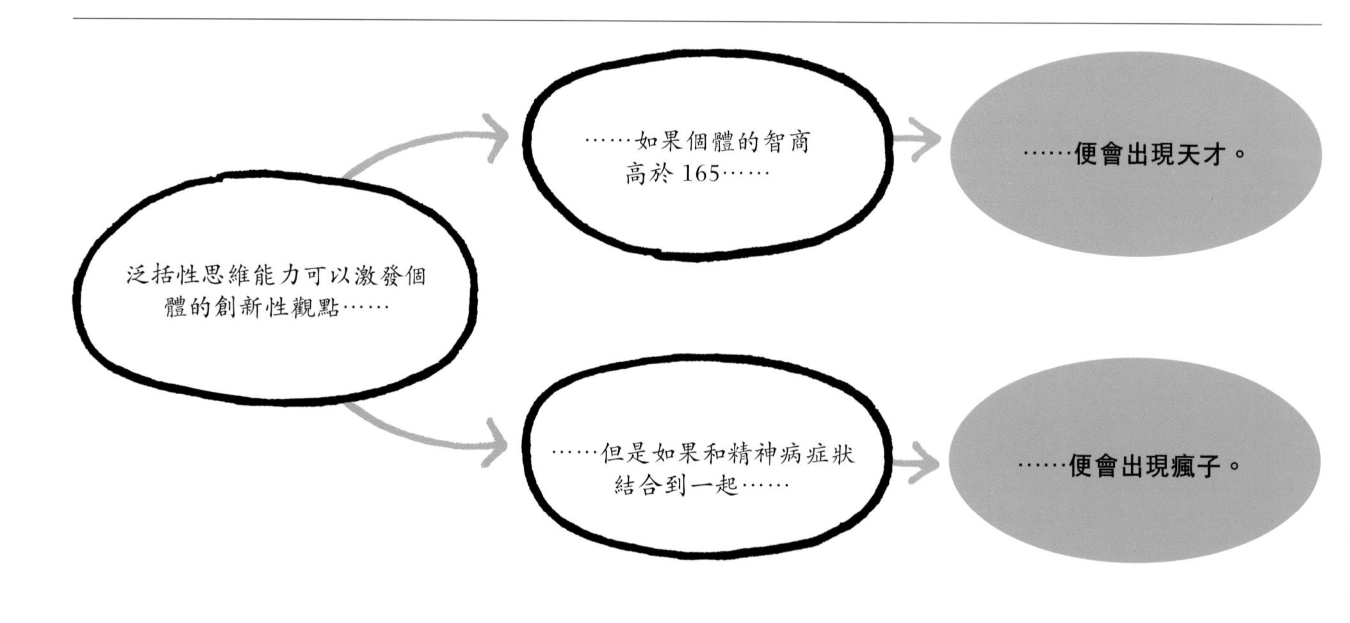

參見：克勞迪亞斯・蓋倫 18~19 頁，弗朗西斯・高爾頓 28~29 頁，J.P. 基爾福特 304~305 頁，高爾頓・奧爾波特 306~313 頁，雷蒙德・卡特爾 314~315 頁，沃爾特・米舍爾 326~327 頁，大衛・羅森漢 328~329 頁。

會開朗樂觀。膽汁質的人膽汁佔優勢，往往容易性情急躁。黏液質的人黏液佔優勢，往往會行動緩慢、懶惰、遲鈍。抑鬱質的人黑膽汁佔優勢，往往容易悲傷、悲觀和沮喪。

蓋倫的生物方法引起了艾森克的興趣，艾森克認為氣質是由生理因素和遺傳決定的。他提出了人格的兩維度測量標準，周圍被各種細節性的特質所環繞。他用神經質和內外向這兩個維度映射了蓋倫的四種氣質類型。

艾森克量表

「神經質」是艾森克定義的一個人格維度，一端是情緒平靜和穩定，另一端是緊張、易怒。他指出，神經質(在人格因素示意圖中處於不穩定的一端) 説明個體的交感神經系統激活閾限較低，這是大腦激活「戰鬥或逃跑」反應的重要組成部分。從這個角度來看，擁有這樣更加靈敏的系統的個體會更易過度反應，所以即使是輕微的威脅，他們也會認定為是嚴重的危險而立即做出反應，個體會出現血壓和心率增加、出汗等現象。他們也更容易患上各種神經障礙疾病。然而，艾森克並不認為得分接近神經質這端的個體在現實生活中必然會出現神經質的問題，只不過他們更容易患上各種神經障礙疾病。艾森克定義的第二個維度是「外向 – 內向」。我們在日常生活中會用這個維度來描述我們周圍的人，因此艾森克十分重視這個維度。外向性的個體善交際、善

艾森克的人格模型為我們提供了一個定義性格氣質的拱形參數圖。每個超級因素（外傾和神經質）都由低層次的習性所組成。這兩個超級因素將這些習性區分為可以反映蓋倫的四種氣質的四種類型。

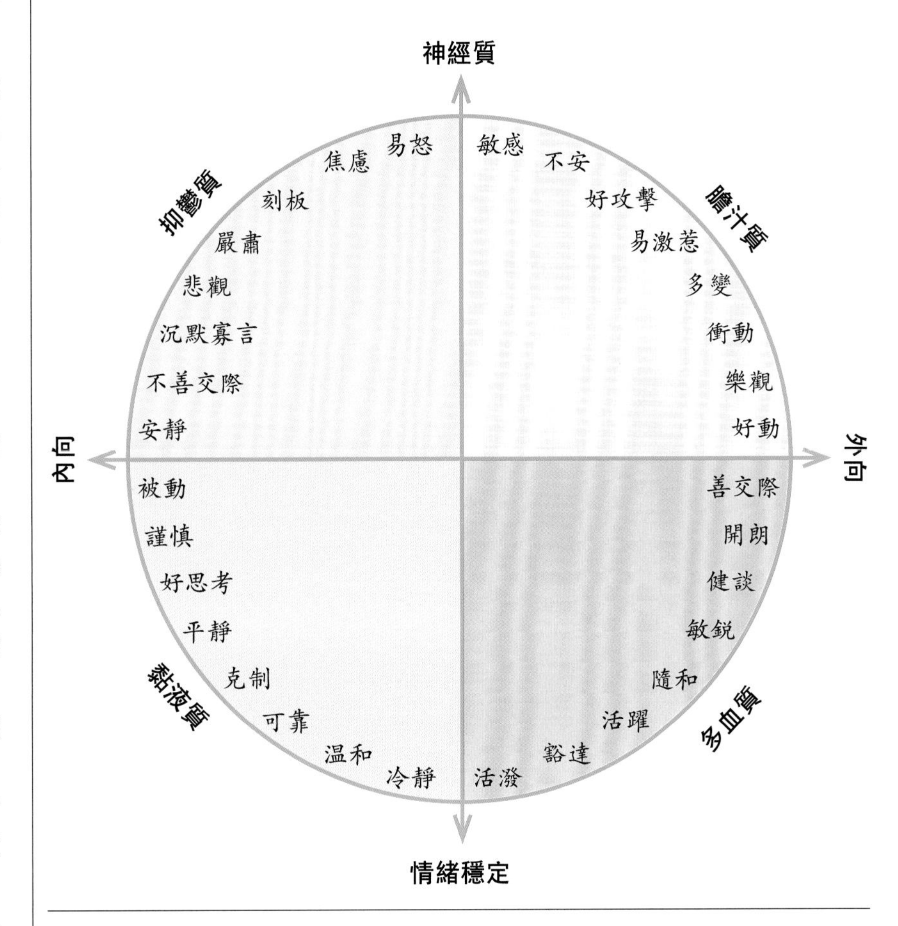

言辭，內向性的個體則害羞而安靜。艾森克聲稱，大腦活動的差異可以解釋這二者之間的不同：內向性的個體處於長時間的神經過敏以及過度被喚起的狀態，而外向性的個體處於長時間的無聊或喚起不足狀態；所以大腦要麼會通過和他人的互動尋求更加深入的刺激來保持自己的覺醒狀態(外向性個體)，要麼通過尋求平靜和孤獨而讓自身平靜下來(內向性個體)。

精神質

艾森克在大範圍內檢驗了自己的觀點，但是他發現自己的研究忽視了某些社會團體，於是他將視線轉到了精神衞生機構上。通過研究，他在原來的基礎上又

人們認為，和外傾性的人相比，內傾性的人的活動水平更高，因此內傾性的人長期處於更高水平的大腦皮質激活狀態。

——漢斯・艾森克

增添了一個維度，他稱其為「精神質」，這一術語在日常使用中從很大程度上取代了原有的「精神錯亂」。在人格理論中，他的這一做法具有突破性意義：大部分人格理論學家都致力於界定和測量正常（健全）的人格。然而，艾森克指出精神質和神經質一樣，也存在程度上的差異；他的測驗就是要尋找精神病患者常見的人格特質。

艾森克發現有些人格特質彼此聯繫，並會引發精神質；精神質個體在量表上得分居高的項目通常有：好攻擊、自我中心、冷漠、衝動、反社會、難以移情、創造性、倔強。不過，在這樣的量表上得分高並不意味着個體一定是精神質的，也不是説他將不可避免出現精神質的問題，只能説明他們和精神質的個體擁有同樣的特點而已。例如挪威心理學家丹・奧維尤斯和他的同事在 1980 年所做的對照研究就發現，精神質中的「好攻擊」在生物學上與個體的睾丸激素升高有關。

天才研究

對創造力的定義一直以來並沒有統一定論，但是大家懷有共識，即創造力包含創意和創新，創造力建立在人格和智力兩方面的基礎上。在《創造力和人格：理論建議》中，艾森克試圖解釋創造力以及創造力與智力、人格和天才之間的關係。

天才被認為是創造力的最高級別，它取決於個體的高智商：IQ 得分高過 165 是天才的首要條件。然而，僅有高智商並不夠，另外一個和智力密切相關的元素便是我們用以尋找答案的心理檢索過程，這一過程需要我們從記憶中將不同的內容提取出來，然後形成對問題的新的解決方案。心理檢索過程會受到「我的過去經歷及思想中有哪些與這個問題有關？」等問題的指引。我們每個人的檢索過程各有不同，而這種檢索的能力並不依賴於我們的智商，這種能力存在程度上的差異，從對相關因素進行泛括性思考（將過多實物視為潛在可能的解決方案），到縮小範圍只形成單一的解決方法（只看到少數可能的幾種解決方案）；居於這種能力中心的則是對解決任何問題都可能需要用到的資源的認知。

泛括性思維可以通過詞語聯想測驗加以測量，詞語聯想測驗主要分析兩個方面的內容：個體對給定詞語的反應數量以及其反

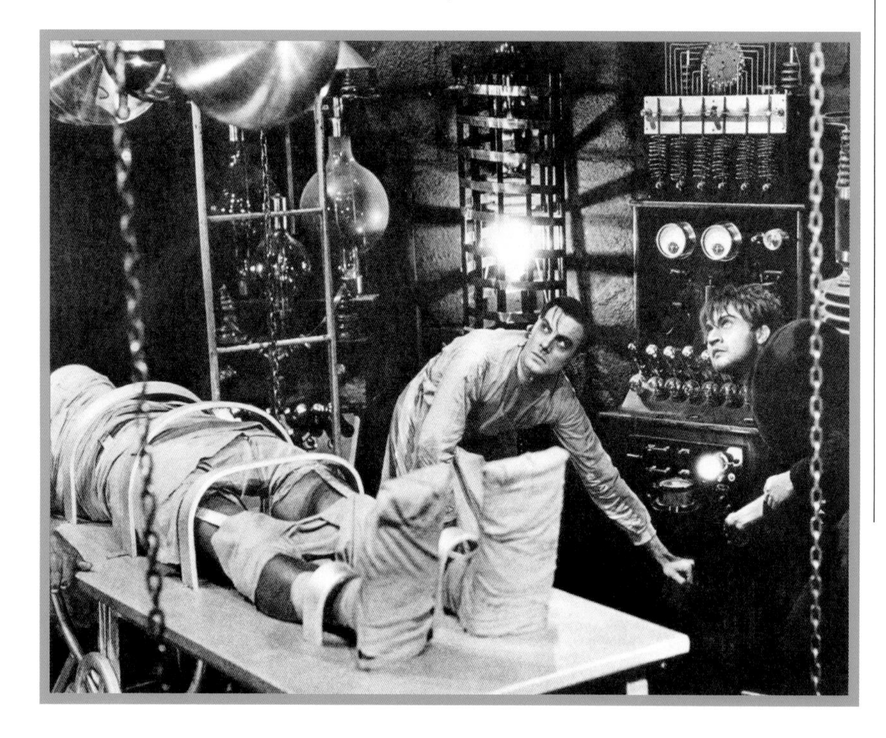

在瑪麗・雪萊的小説中，創造怪物的弗蘭肯斯坦教授表現出了典型的精神病症狀：魯莽、無視規矩以及固執的態度。

創造性的天才，比如藝術家梵高，就表現出了艾森克的精神質方面的一些特質，尤其是泛括性思維、獨立性和不墨守成規。

應的新穎程度。舉例來說，當給定詞語是「腳」時，那些只能給出固定答案的個體最可能得出的反應是「鞋」；思維寬泛一些的個體可能會反饋出「手」或「趾頭」，而具備泛括性思維能力的個體可能會反饋出如「士兵」或者「疼痛」等詞語。這種測驗使測量創造性成為可能。

艾森克證實，泛括性思維是精神質和創造力都具備的共同特徵。當泛括性思維與高智商同時存在時，具有創造性的天才便應運而生，因為這二者的結合可以產生創新性的觀點，而這種認知特點也是創造性的基礎。當泛括性思維和精神病症狀相伴時，便可能產生不同程度的精神病。

創造力和人格

艾森克認為創造力是一種人格特質，它為個體的創造性成就提供了潛在可能，但是實現的過程卻需要精神質方面的特質（但個體不能存在精神病症狀）。而將創造力特質轉化為成就的驅動力（比如創作藝術作品）則需要一些精神病方面的特質，比如泛括性思維方式。艾森克並不是說天才和瘋子之間存在因果關係；但是這二者之間的確存在共同之處——泛括性思維，而泛括性思維與不同因素（天才 / 瘋狂）結合將會產生完全不同的結果。

對創造力的研究面臨着一系列嚴峻的挑戰：一些研究人員聲稱，創造力的判斷標準只能依靠其產出的成果。艾森克也認為無法為創造力提出一個全面成熟的理論，只能就創造力提出一系列的建議，正如他所說：「我只是將幾個模糊理論聯結到了一起」。他的研究工作涉及很多領域，但最著名的還是他對人格和智力的探索。他的 PEN（精神質、內外向、神經質）模型產生了巨大的影響力，並為後來許多人格特質的研究奠定了基礎。■

在沒有精神病的情況下……精神質是將創造力特質轉化為現實中的成功的重要因素。

——漢斯・艾森克

漢斯・艾森克

漢斯・艾森克出生於德國柏林，他的父母均是藝術從業者，他的母親是著名的電影演員，他的父親愛德華是虔誠的天主教徒，也是一個舞台演員。他的父母在他出生後不久就離婚了，艾森克由外婆撫養長大。1934 年，他發現，如果加入納粹，就只能在柏林大學學習，於是他前往英國，在倫敦大學學習心理學。

艾森克於 1938 年結婚，在第二次世界大戰期間他險些因自己的德國公民身份被捕，之後他完成了博士學位的學習，並作為一名心理學家在急診醫院工作。他後來創辦了倫敦大學精神病學研究所並擔任那裏的負責人。艾森克於 1950 年再婚，並於 1955 年成為英國公民。他於 1996 年被診斷患有腦瘤，並於 1997 年在倫敦的一家臨終關懷醫院去世。

主要作品

1967 年　《人格的生物學基礎》
1976 年　《人格的維度：精神質》
1983 年　《創造性的根源》

三種核心動機驅動個體做出行動

大衛・麥克萊蘭（1917－1998 年）

背景介紹

聚焦

需要理論

此前

1938 年　美國心理學家亨利・穆雷提出了有關個體的心理需求如何塑造其人格的理論。

1943 年　亞伯拉罕・馬斯洛在《人類動機理論》中提出了需要層次理論。

1959 年　在《工作的動機》中，美國心理學家弗雷德里克・赫茨伯格指出，人們工作的動機來源於對成就的追求，而不是金錢。

此後

1990 年　在《心流：心理的最佳體驗》中，米哈里・齊克森米哈里探討了人類的成就動機。

2002 年　馬丁・沙利文指出，動機是一種性格優勢的表達。

2004 年　在《有效率的領導》一書中，美國心理學家丹尼爾・戈爾曼將麥克萊蘭的觀點應用到了商業的領導力領域。

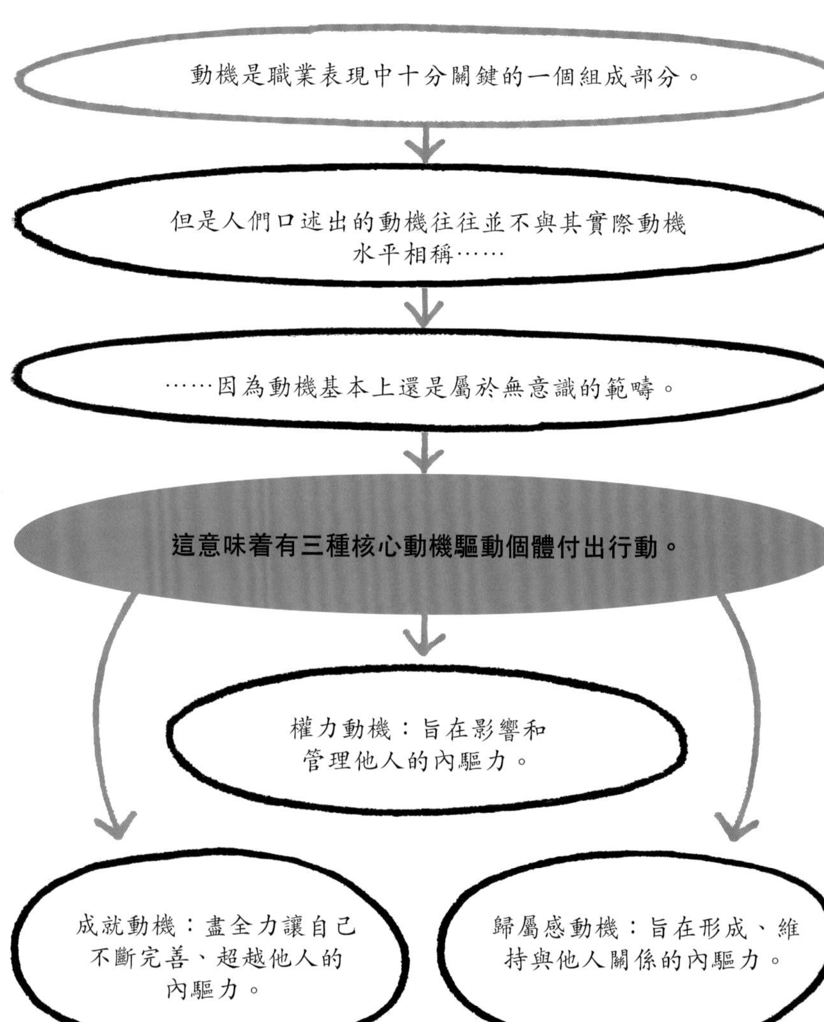

參見：亞伯拉罕・馬斯洛 138~139 頁，米哈里・齊克森米哈里 198~199 頁，馬丁・沙利文 200~201 頁。

20世紀六七十年代，各大機構在招聘人員時通常依據學業成績、人格和智商測驗的結果。然而，大衛・麥克萊蘭（David C. McClelland）認為，人們的動機水平才是預測其是否會在職場取得成就的最佳指標。通過廣泛研究，他確立了三種可以預測個體工作表現的動機：對權力、成就以及歸屬感的需要。雖然每個人都有這三種動機，但他認為在每個人身上佔據主導地位的動機將會決定一個人在職場的表現。

三種核心需求

在麥克萊蘭看來，人們對權力或對控制別人的需要是成為優秀的經理或領導的最重要的動力。但這種需要必須要以公司或組織的利益為基礎。個人權力慾較強的個體可能無法成為優秀的團體協作者。

麥克萊蘭認為，高品質的工作來自於個體追求成就的高水平動力，因此和智力相比，個體追求成就的內驅力可以更為準確地預測其工作成就。他認為，個體的成就動機可以賦予其競爭優勢，幫助他們制訂新的目標，不斷完善自我。

最後，麥克萊蘭指出，對歸屬感的需要（追求與他人的良好關係）可以幫助人們進行良好的團隊協作。他還指出，明顯具有歸屬感需要的個體不太可能成為一個成功的管理者。

麥克萊蘭指出，動機深深根源於個體無意識領域的人格特質。我們都無法充分意識到自己的動機，所以，工作面試或是自我報告量表中得出的動機分析往往並不屬實。他主張使用心理學家亨利・穆雷和克里斯蒂娜・摩根在20世紀30年代為揭示個體無意識而設計出的主題統覺測驗（TAT）來測量個體的動機。該測驗要求被試通過圖片編出一個故事，其假設是，這些故事可以預測個體的基本能力和動機。一直以來，主題統覺測驗很少被運用到商業領域。麥克萊蘭設計了創新性的方法分析個體在這一測驗上的反應，從而幫助企業、組織對不同個體進行比較以確定最適合該工作領域的人。

麥克萊蘭的觀點徹底改變了企業招聘，儘管測驗結果分析的複雜性使該測驗的運用受到了限制，但其基本原則卻得到人們的認可並被延續了下來。現在，動機水平被視為評價個體工作表現的關鍵所在。■

麥克萊蘭所開發的主題統覺測驗被用於評估求職者。人們認為，根據圖片講述一個故事能夠揭示出人的真實動機。

大衛・麥克萊蘭

大衛・麥克萊蘭出生在紐約州芒特弗農。從康涅狄格州衛斯理大學畢業後，他前往密蘇里大學並在那裏拿到了碩士學位。之後，他前往耶魯大學，並於1941年在那裏獲得了實驗心理學博士學位。他在幾所大學都有短暫的執教經歷，他於1956年接受了哈佛大學的邀請，成為那裏的教授。麥克萊蘭在哈佛大學執教30年，是社會關係學系的負責人。

1963年，麥克萊蘭成立了企業管理諮詢公司，他運用自己的理論協助公司高管進行員工的評估和培訓工作。1987年，波士頓大學授予他「傑出心理學教授」的稱號，他在波士頓大學一直執教，直到80歲逝世。

主要作品

1953年 《成就動機》
1961年 《追求成就的社會》
1973年 《做能力測試，而不是智力測試》
1987年 《人類的動機》
1998年 《通過行為事件訪談鑑別個體的能力》

情緒本質上是一個無意識的過程

尼科・弗萊吉達（1927—2015 年）

背景介紹

聚焦

情緒心理學

此前

1872 年　生物學家達爾文在《人和動物對情緒的表達》中第一次涉及人類情緒的科學研究。

19 世紀末期　威廉・詹姆斯和丹麥生理學家卡爾・蘭格提出詹姆斯-蘭格情緒理論：情緒是身體變化的結果，而不是生理變化的原因。

1929 年　生理學家沃爾特・坎農和菲利普・巴德提出坎農巴德理論，該理論指出，我們的情緒是和生理喚起同時產生的。

此後

1991 年　心理學家理查德・拉扎勒斯在《情緒和適應》中指出，個體的思維先於情緒或生理喚起的出現。

情緒和感受比較特殊，看似完全是主觀層面的內容。圍繞它們有着諸多的未解之謎，這似乎可以解釋這個領域發展得為甚麼如此緩慢。但是在最近 30 年中，這一情況有所改變，科學家開始探索情緒的「發生點」，再次激發了人們對這一主題的興趣。進化心理學家也提出了類似的問題。情緒的目的是甚麼？它們如何幫助我們生存並成

情緒本質上是一個無意識的過程。

情緒是一種動機，幫助我們為行動做好準備。

它是自發的生理過程，並不受我們控制。

我們可以通過無意識的身體表現意識到我們的情緒，比如大笑。

感受是對情緒的一種解釋。

我們能夠意識到自己的感受，並會基於感受做出決定。

因為我們會控制自己的感受，因此他人無法通過行為猜測我們的感受。

參見：威廉・詹姆斯 38~45 頁，阿爾伯特・艾利斯 142~145 頁，高爾頓・鮑爾 194~195 頁，夏洛特・比勒 336 頁，雷內・迪阿特凱內 338 頁，斯坦利・沙克特 338 頁。

長？尼科・弗萊吉達（Nico Frijda）的開創性著作《情緒的法則》一書探索了有關情緒的本質及其法則。他認為情緒處在認知和生理這兩條道路的交叉口處：有些情緒（比如恐懼）是我們固有的、天生的，我們和動物都擁有這些基本情緒。而一些其他的情緒則是我們思維的反應——因此顯然是基於認知過程的。有些情緒（比如憤怒或羞愧）甚至受到了文化因素的影響。

弗萊吉達對情緒和感受進行了明確的區分。情緒是我們無法控制的，它們自發出現，時時提醒我們它們的存在，它們出現時我們會感覺到身體上的變化，比如我們恐懼時會覺得腸胃緊縮。出於這個原因，他說：「情緒本質上是一個無意識的過程」。感受是我們對自己情緒的解釋，意識的成分會更多一些。當我們有某種感受時，我們依然有思考和決定的能力。和感受相比，我們更容易被情緒所操控。

想法和行動

弗萊吉達指出，情緒和感受有着不同的表現方式。情緒會為我們的行動做好準備；當我們面臨恐懼的情境時，情緒可以幫助我們的身體做出戰鬥或逃跑的準備。他人可以通過我們的行為了解或者至少猜測我們的情緒。但是，我們的感受可能與我們的行為並不一致，因為我們會選擇隱藏自己感受的行為方式。

弗萊吉達將情緒視為提高自我知覺的一種機會。情緒時常伴隨着生理喚起，這將幫助我們意識到情緒，進而更加清晰地了解自己的感受。這可以幫助我們在了解感受的情況下做出選擇，做出如實的反應，進而加深對自我的認識。但弗萊吉達認為的基本情緒僅限於憤怒、喜悦、羞恥、悲傷和恐懼。其他諸如嫉妒和內疚等情緒則並不存在一樣的生物必然性。在對情緒表達的規則進行了清晰的定義和描述後，弗萊吉達指出，我們可以預測其產生和消長。我們的理性會像晴雨表那樣對其進行解釋，以確保我們的心理健康。弗萊吉達指出：「我們的情緒自我和理性自我並不是完全分化的，相反，它們彼此之間的關係遠比看起來要緊密得多」。■

弗萊吉達指出，如恐懼這樣的情緒，總是「因某事而被激發的」。它們是我們對環境變化的自發反應，同時也在很大程度上揭示出人與環境之間的關係。

尼克・弗萊吉達

尼克・弗萊吉達出生在阿姆斯特丹的一個充滿學術氛圍的猶太家庭。在孩童時，為了躲避第二次世界大戰對猶太人的迫害，他不得不過着東躲西藏的生活。他在阿姆斯特丹的大學城學習心理學。1956 年，他的《解讀面部表情》的論文幫助他獲得了博士學位。他將自己對情緒的興趣歸因於自己在學生時代與「一位表情豐富的女孩」的戀愛經歷。

1952 年到 1955 年，弗萊吉達在荷蘭陸軍神經官能症中心承擔臨床心理學家的工作。之後，他回到科研領域重新開始執教。在之後的十年中，他先是成為阿姆斯特丹大學的助理教授，然後逐步成為實驗和理論心理學教授。

弗萊吉達作為教授在歐洲各地遊學，他的足跡遍佈巴黎、意大利、德國和巴西。現在，他與第二任妻子居住在阿姆斯特丹。

主要作品

1986 年 《情緒》
2006 年 《情緒的法則》
2011 年 《情緒管理與自由意志》

脫離環境線索去理解行為的做法是荒謬的

沃爾特・米舍爾（1930 年－ ）

背景介紹

聚焦

人格理論

此前

公元前 400 年　古希臘醫生希波克拉底認為人格取決於個體身體中四種體液的水平。

1946 年　雷蒙德・卡特爾開發出十六因素人格模型。

1961 年　美國心理學家歐內斯特・托普斯和雷蒙德・克萊斯托提出了第一個「五大」人格因素模型。

此後

1975 年　漢斯・艾森克的人格問卷識別出了兩個以生物學為基礎的、彼此獨立的人格維度。

1980 年　美國心理學家羅伯特・霍根、喬伊斯・霍根和羅德尼・沃倫菲爾茲在「五大」人格模型的基礎上設計出了較為全面的人格測驗。

直到 20 世紀 60 年代晚期，人格還依然被描述為來自基因遺傳的個體的行為特質。因為人格被認為是了解、預測個體行為的必不可少的因素，因此心理學家一直致力於定義和測量這些特質。卡特爾確定了十六種不同的人格特質，艾森克認為，人格特質只有三到四種。1961 年，托普斯和克萊斯托提出了「五大」人格因素模型：開放性、盡責性、外傾性、隨和性、神經質或情緒穩定性。1968 年，沃爾特・米舍爾（Walter Mischel）提出了震驚世界的人格理論，他在《人格和測

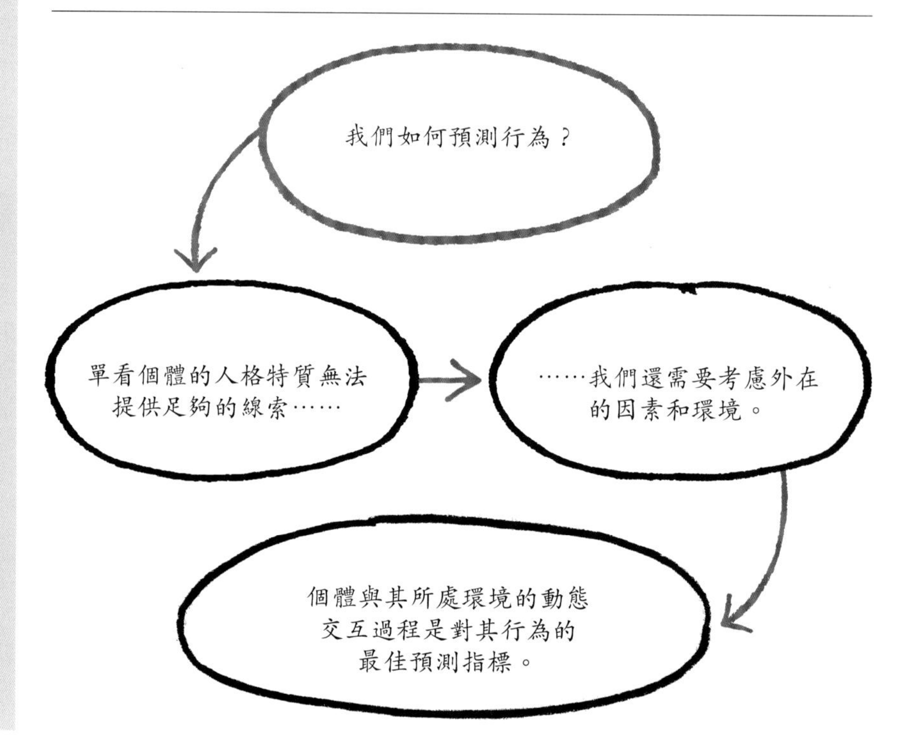

參見：克勞迪亞斯·蓋倫 18~19 頁，高爾頓·奧爾波特 306~307 頁，
雷蒙德·卡特爾 314~315 頁，漢斯·艾森克 316~321 頁。

量》中提出，經典的人格測驗在對人格的評估上毫無意義。他回顧了一些試圖從人格測驗結果預測行為的研究，發現只有大約 9%的測驗是有效的。

外部因素

米舍爾提出，要重視如環境背景等外部因素對行為的決定性作用，他認為人和環境的動態交互作用對於理解個體的行為十分重要。設想一下，如果說人們的行為完全獨立於外部環境的話該是多麼荒謬。他提出，如果在不同的情況、不同的環境下分析個體的行為，那麼我們便可以了解個體的行為特點，這將會揭示個體與眾不同的人格特點。在此過程中還需要考慮個體自己對環境的理解和解釋。

後來，米舍爾還研究了人們的思維習慣，思維習慣不會隨着時間或情境的變化而變化。在他著名的測試個體意志力的棉花糖實驗中，他給四歲的孩子一顆棉花糖，並告訴他，如果他現在吃掉糖果，那麼

關於一個人，人格測驗到底能告訴我們甚麼？

——沃爾特·米舍爾

米舍爾對孩子的行為研究揭示，抵抗誘惑而不是屈從於短期的滿足感，這種特質可以預測個體未來的成就。

他就只能吃到一個棉花糖，而如果他願意等待 20 分鐘，他就可以得到兩個棉花糖。有些孩子們會選擇等待 20 分鐘，有些孩子則不會。米舍爾在這些孩子進入青春期之後對他們進行了追蹤研究，他發現，那些抵制住誘惑、等待了 20 分鐘的孩子具有更好的心理適應能力，更加有責任感，他們的學業成績和人際交往能力都更好一些，並且他們的自尊水平也要更高。和之前其他研究者們測量的特質相比，延遲滿足能力似乎是一個可以預測個體未來的更好的指標。

米舍爾為人格研究帶來了改變——從人格如何預測行為轉到了如何利用行為研究個體人格上。他的研究還改變了人格潛質在崗位應聘方面的運用。原本那些被認為可以應用於崗位招聘的測驗如今也只被視為一種參考，人們會在和崗位相似的情境下解釋這些測驗的結果。■

沃爾特·米舍爾

沃爾特·米舍爾出生在奧地利，1938 年他與家人一起移居美國。他在紐約的布魯克林區長大，於 1956 年在俄亥俄州立大學獲得臨床心理學博士學位。接着，他前往科羅拉多州的哈佛大學和史丹福大學任教，之後又於 1983 年前往紐約市的哥倫比亞大學，在那裏他擔任人文科學教授。

米舍爾被授予無數榮譽。這其中包括傑出科學貢獻獎、美國心理學會頒發的傑出科學家獎，還有 2011 年心理學領域著名的格威文美爾獎。米舍爾同時也是一個多產且才華洋溢的藝術家。

主要作品

1968 年 《人格和測量》
1973 年 《個體本身的特點是否比環境線索更為重要？》
2003 年 《人格導論》

在精神病醫院，我們無法區分正常人和精神病人

大衛・羅森漢（1932－2012 年）

背景介紹

聚焦

反精神病學

此前

1960 年　在《分裂的自我：一項針對神志正常與瘋狂的存在主義研究》中，萊恩強調了家庭是引發心理疾病的重要因素。

1961 年　心理學家齊格勒和菲利普斯證實，不同種類的精神障礙擁有很多相同的症狀。

1961 年　美籍匈牙利精神病學專家托馬斯・斯扎斯出版了備受爭議的《精神疾病的謊言》。

1967 年　英國精神病專家大衛・庫珀發起了反精神病學運動。

此後

2008 年　托馬斯・斯扎斯出版了《精神病學：謊言的科學》。

精神病學家指出，可以通過按照症狀所屬的類別來對精神障礙進行精確診斷。

↓

因此他們能區分正常人和精神病人之間的差別。

↓

第一個實驗表明，有些正常人也會被診斷為精神病人。

第二個實驗表明，那些真正的精神病人可能會被判定為是假裝的。

↓

在精神病院中，我們無法區分正常人和精神病人。

↓

精神病學診斷並不客觀，不同的觀察者往往有不同的標準。

參見：埃米爾·克雷佩林 31 頁，R.D. 萊恩 150~151 頁，萊昂·費斯廷格 166~167 頁，埃利奧特·阿倫森 244~245 頁。

20世紀 60 年代，精神病學面臨着一批被稱之為「反精神病專家」對其基本理念提出的挑戰。這個由精神病專家、心理學家、社工組成的非正式組織提出，精神病學是針對精神健康的醫學模型，然而，這一模型缺乏對症狀的詳細檢查，而且其治療制度在很大程度上忽略了病人的需求和行為。

1973 年，大衛·羅森漢（David Rosenhan）在美國進行了旨在探討精神病學診斷準確性的實地研究，他的研究得出了戲劇化的結論：在精神病院中，我們無法區分正常人和精神病人。

在第一部分的研究中，羅森漢召集了八名正常人（包括他自己），這八個人來自不同的年齡階段和職業領域，每個人的任務是假扮精神病人。羅森漢向他們解釋了研究的目標：大家要努力以病人的身份被收容到五所美國的國立精神病醫院中。第一步，均通過電話聯繫這些醫院預約進行診斷。之後，在醫院的接待處，他們需要陳述自己的頭腦中出現陌生的聲音，羅森漢要求大家用「不清晰」、「空洞」、「砰」等詞語形容這種聲音——以證明這種感受的無意義性。羅森漢要求大家用假名和假職業進行登記，但是必須提供真實的個人經歷。

結果，儘管沒有表現出精神分裂的症狀，所有的假病人都被診斷為精神分裂症並被醫院收治。他們的住院時間大約持續 19 天，在這期間，他們將做出完全正常的表現。他們會將醫院的經歷寫入日記，開始時偷偷摸摸這樣做，後來則開始光明正大地記，因為沒有人對此提出質疑。羅森漢發現，醫院對他們的治療記錄上都寫着同樣的評論「病人忙於書寫行為」——為甚麼正常的行為也可能會被解釋為精神病症狀？

這些「假病人」在醫院會以人格解離和無能為力為主要方向來講述自己的經歷。他們就醫過程的記錄顯示，他們每個人每天與醫務人員接觸的時間平均不到 7 分鐘。雖然他們沒有被醫院工作人員識破身份，但是其他病人卻對他們產生了懷疑，有時會有人提出：「你沒有瘋，你只是一個來調查醫院的記者」。

區分正常人和精神病人

羅森漢還做了另外一個研究，被研究醫院的工作人員已經知道羅森漢第一個研究的結果，並且不相信這種錯誤會在自己的醫院裏發生。羅森漢告訴這些工作人員，在以後的三個月中，會有一個或多個假病人嘗試進入這間醫院。在三個月的時間裏，這間醫院接受住院的人共有 193 人。這些人當中，有 41 名被至少一位醫院職員判定為假病人，有 23 名被至少一位精神病醫師判定為假病人。

羅森漢的研究引爆人們的爭議，並進一步促使很多機構開始逐步完善他們對患者的看護工作。■

大衛·羅森漢

大衛·羅森漢 1932 年出生在美國。在紐約市葉史瓦大學獲得心理學學士學位後，他繼續前往哥倫比亞大學攻讀碩士和博士學位。他專門研究臨床和社會心理學，並成為法庭審判策略和決策方面的專家。1957 年到 1970 年，他在斯沃斯莫爾學院、普林斯頓大學、哈弗福德學院等多地任教。最後他留在了史丹福大學，在那裏執教了近三十年。在史丹福大學，他擔任心理學和法學的名譽教授。他是美國科學進步協會的成員，並在牛津大學擔任客座教授。

他創辦了審判分析團，並一直是為心理疾病患者爭取合法權利的主要推動者。

主要作品

1968 年 《變態心理學基礎》（與派瑞·蘭登合著）
1973 年 《精神病院裏的正常人》
1997 年 《變態》（與馬丁·沙利文、麗薩·巴特勒合著）

三面夏娃

科比特・西格彭（1919－1999 年）
赫維・克萊克里（1903－1984 年）

背景介紹

聚焦

心理障礙

此前

19 世紀 80 年代 讓內・皮埃爾將多重人格障礙（MPD）描述為一種多重意識形態，他還創造出了「解離」這一術語。

1887 年 法國外科醫生尤金・阿扎姆記錄了一個存在多重人格的個案 Felida X。

1906 年 美國醫師莫庭・普林斯在其著作《分裂的人格》一書中描述了克里斯汀・波強普的個案。

此後

20 世紀 70 年代 美國精神病學家科妮莉亞・威爾伯報告了西比爾・伊莎貝爾・帝豪的個案，並且她將多重人格障礙與兒時被虐待經歷聯繫到了一起。

1980 年 美國精神病學會出版了《精神障礙的診斷與統計手冊（第三版）》，將多重人格障礙加入其中。

1994 年 多重人格障礙更名為分離性身份識別障礙。

多重人格障礙（之後更名為分離性身份障礙）是一種精神狀態，存在這種問題的個體其人格會出現兩個或兩個以上的身份。第一例多重人格障礙發現於 1791 年，是由愛伯哈德・格梅林博士報告的。在之後的 150 年中，又出現了大約 100 個這樣的臨床病例。有人認為，多重人格障礙源自個體兒時的受虐經歷，可以通過將其亞人格重新整合到個體的主人格中而被治癒。多重人格障礙最著名的個案便是白色夏娃。1952 年，西格彭和克萊克里報告了伊芙（Eve）——白色夏娃的個案，伊芙有嚴重的頭痛，還伴有偶發的暈眩。她是一個整潔、拘謹的年輕女子，時年 25 歲，已婚，有一個四歲的女兒。伊芙連續接受了 14 個月的治療。

伊芙向醫生描述一些令她困惑的事件，她買了一些根本負擔不起的衣服，但是她卻沒有買東西時的記憶。在講述的過程中，她的言行舉止突然出現了改變。她先是一臉疑惑，然後臉上的線條出現了變化。她的眼睛瞪大了，她挑釁般地

白色夏娃

整潔、保守、膽小、受壓抑、有強迫傾向。
並不知道另外兩個人格的存在。

黑色夏娃

任性、苛刻、無責任感、淺薄、歇斯底里。
知道白色夏娃的存在，但是不知道簡。

簡

成熟、能力出眾、有趣、有同情心。只有在清醒的情況下才知曉另外兩個夏娃的存在。

參見：皮埃爾・讓內 54~55 頁，蒂莫西・利里 148 頁，米爾頓・艾里克森 336 頁。

微笑着。她以輕浮而歡快的語氣跟醫生要煙，而伊芙並不吸煙。

這就是「黑色夏娃」，一個與白色夏娃完全不同的人格——她的皮膚對尼龍過敏，白色夏娃沒有這個問題。白色夏娃並不知道黑色夏娃的存在，而黑色夏娃卻知道白色夏娃，她甚至還嘲笑白色夏娃是一個「該死的笨蛋……」

截然不同的人格

治療師對兩個夏娃都進行了測試，結果發現白色夏娃的智商略高於黑色夏娃；她們兩個的測試結果都顯示她們屬於「聰明、正常」的範疇。治療師還使用了羅夏墨漬測驗（接受測驗的個體將匯報自己對一些無意義墨點的知覺感受）測試了她們的人格。黑色夏娃和白色夏娃出現了很大的差異：黑色夏娃的測試結果顯示出她具有歇斯底里的傾向，具有適應能力，而白色夏娃則表現出了「拘謹、焦慮以及強迫性的特徵」，並且無法處理自己的憤怒和敵意。

伊芙出現這種狀況被認為和其兒時的受虐經歷有關，因此治療師開始努力幫助她回到兒時，利用催眠的技術促使黑色夏娃出現。最後，治療師開始試圖讓兩個夏娃同時出現，結果她出現了神志恍惚的狀態，並最終以第三種人格醒來：簡，第三個面孔——一個比白色夏娃更有能力、更有趣的性格。她似乎整合了兩個夏娃的優點，同時又摒棄了二者的缺陷。兩個夏娃都不知道簡的存在，但是簡卻同時知道她們兩個。

簡在兩個夏娃之間慢慢找到了平衡點，而伊芙利用對三種人格進行動態管理的機會逐漸成長起來：她將兩個夏娃都統合到了自己的性格中。

像這樣完全成熟的多重人格障礙的個案十分少見，現在人們普遍認為，存在很多不太顯著的多重人格障礙患者。人們開始對類似伊芙這樣的個案進行深入的研究，這促使多重人格障礙的診斷和治療方案得到了進一步的發展和完善，從而提高了此類疾病的治癒率。■

伊芙的故事在出版界和電影界都受到了熱捧，《三面夏娃》這部電影抓住了公眾的想像力，並使得伊芙這個個案成了最著名的多重人格障礙的案例。

黑色夏娃說：「當我外出喝酒時，她會從宿醉中醒來。」

——科比特・西格彭
赫維・克萊克里

科比特・西格彭及赫維・克萊克里

西格彭出生於美國佐治亞州的梅肯。他在兒時是一位魔術愛好者，這個愛好他堅持了一生，他還曾被選入美國東南部魔術師協會的名人堂。西格彭於 1942 年和 1945 年先後於默瑟大學和佐治亞醫學院畢業。第二次世界大戰期間他曾在美軍服役。1948 年，他與克萊克里開始了私人執業精神科醫生的輝煌職業生涯。20 年來，他們二人在佐治亞醫學院的精神和神經內科進行聯合授課。人們對西格彭的評價是「他的每次演講結束後，在座的聽眾都會自發地起立歡呼」。他於 1987 年退休。

克萊克里出生在喬治亞州的奧古斯塔。1924 年，他從喬治亞大學畢業，讀書時他熱衷於戶外活動。之後，他獲得了羅德獎學金並赴英國牛津大學就讀，然後於 1926 年畢業。他的整個職業生涯都在佐治亞醫學院度過，他曾在多個崗位上就職，其中就包括精神病學和健康行為中心的負責人。1941 年，他對精神病患者進行了開創性的研究，而結果出版在其撰寫的《心智健全的面具》一書中。

主要作品

1941 年　《心智健全的面具》（克萊克里）
1957 年　《三面夏娃》（西格彭和克萊克里）

DIRECTORY

人名錄

人名錄

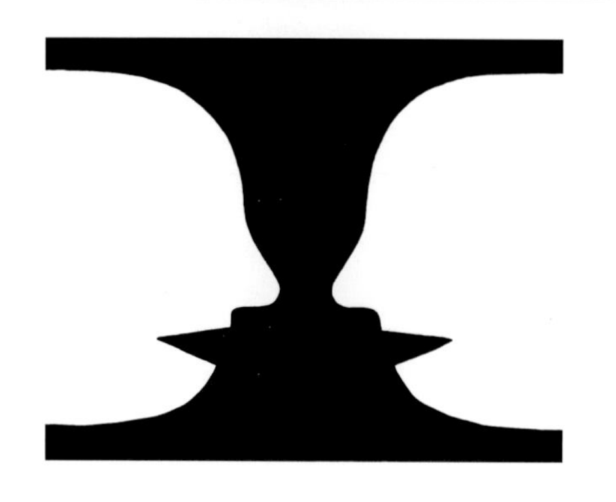

對於大腦的研究可以追溯到人類文明的早期——儘管當時的研究還不具備現代意義上的科學性，主要是哲學思辨的內容。在20世紀後半葉，當生物科學出現重大進展後，對心理過程進行真正科學的分析才成為了可能，這也促使心理學從哲學中脫離了出來，成為獨立的研究領域。本書中已經呈現了很多重要研究者的觀點和發現，但是還有很多人同樣對心理學這一受人尊敬的學科做出了重要貢獻，從結構主義、行為主義、精神分析到認知療法，下面提到的心理學家都將幫助我們更加深入地理解我們作為人類的獨特之處。

約翰·杜威

1859－1952年

美國人杜威極大地影響了20世紀上半葉科學和哲學對人類思維研究的發展。雖然他是一名行為主義心理學家，但他對實用主義哲學的運用對美國的教育思想和實踐產生了重大的影響。

參見：威廉·詹姆斯 38~45頁，斯坦利·霍爾 46~47頁

威廉姆·里弗斯

1864－1922年

英國的威廉姆·哈爾斯·里弗斯·里弗斯是一名外科醫生、神經學家和精神病醫生，他主要研究身心之間的關係。他發表過數篇關於神經系統疾病（包括癔症）的重要論文。他因著名的「炮彈休克」效應研究（創傷後應激障礙）而聞名，他還被認為是醫學人類學的創始人之一。里弗斯在對托雷斯海峽考察中改採用的跨文化分析法為後來的實地研究奠定了基礎。

參見：威廉·馮特 32~37頁，赫爾曼·艾賓浩斯 48~49頁，西格蒙德·佛洛伊德 92~99頁

愛德華·鐵欽納

1867－1927年

英國的愛德華·布拉德福德·鐵欽納先在牛津大學研究實驗心理學，之後又前往德國在馮特的指導下學習。他於1892年移居美國，之後被人們推為結構心理學的創始人，打破了人類過去的經驗體系，將這些經驗按照基本結構進行排列。結構心理學基於內省，這與當時流行的行為主義觀點截然不同。到了20世紀20年代，鐵欽納因自己的觀點難覓知音而被擱置在了極其孤立的地位，但他仍然廣受讚譽。

他撰寫了許多心理學方面的經典教材，如《心理學大綱》（1896）、《實驗心理學》（1901—1905）、《心理學教科書》（1910）。

參見：威廉·馮特 32~37頁，威廉·詹姆斯 38~45頁，基爾福特 304~305頁，埃德溫·博林 335頁

威廉·斯登

1871－1938年

德國的威廉·斯登是確立發展心理學地位的領軍人物。他在對自己三個孩子（均大於18歲）的觀察之後，完成了自己的第一本著作《幼兒心理學》（1914）。他採用個體心理學的方法探索了個體的發展歷程，並將應用心理學、差異心理學、遺傳學以及普通心理學等的方法納入其中。作為司法心理學的先驅，他是首先使用律則－個案研究法的人。斯登因其通過智商測驗計算兒童的智力水平的研究而聞名。通過將測試得出的個體的心理年齡除以其生理年齡然後再乘以100，個體就將得到一個代表自己智商的分數。

參見：阿爾弗雷德·比奈 50~53頁，讓·皮亞傑 262~269頁

查爾斯・塞繆爾・邁爾斯
1873－1946 年

邁爾斯曾在劍橋大學追隨里弗斯學習實驗心理學，他於 1912 年成立了劍橋大學實驗心理學實驗室。第一次世界大戰期間，他為出現「炮彈休克」（他發明的術語）問題的士兵提供幫助。戰爭結束後，他成為了職業心理發展的關鍵人物。他的著作包括《心智與工作》（1920）、《英國的工業心理學》（1926）以及《在心智領域中》（1937）。

參見：庫爾特・萊溫 218~223 頁，所羅門・艾殊 224~227 頁，雷蒙德・卡特爾 314~315 頁，威廉姆・里弗斯 334 頁

馬克斯・韋特海默
1880－1943 年

20 世紀 30 年代，捷克心理學家韋特海默和庫爾特・考夫卡以及沃爾夫岡・科勒共同在美國創立了完形心理學。完形建立在有關知覺組織的已有理論之上。與馮特的分子論不同，韋特海默主張研究整體，其名言是「整體大於部分之和」。他還提出了求簡律，即我們的大腦對視覺信息的加工會簡化成為最為簡單的片段信息——對稱和形狀。

參見：亞伯拉罕・馬斯洛 138~139 頁，所羅門・艾殊 224~227 頁

埃爾頓・梅奧
1880－1949 年

20 世紀 30 年代，來自澳洲的哈佛大學工業管理教授埃爾頓・梅奧進行了開創性的霍桑實驗。他使用心理學、生物學以及人類學等學科知識，在改變工作條件的前提下，連續五年對六名女性工人的工作效率和工作熱情進行了研究。最令人驚訝的是這些工人對研究本身的反應（現在已經為人所熟知的霍桑效應）是當人們知道自己在被研究時，其行為會出現變化的現象。這一發現對產業倫理及關係、社會科學研究方法等領域產生了持久的影響。

參見：西格蒙德・佛洛伊德 92~99 頁，卡爾・榮格 102~107 頁

赫爾曼・羅夏克
1884－1922 年

在瑞士上學時，羅夏克被人稱為「墨跡」，因為他總是在寫寫畫畫。後來，他設計出了墨跡測試——用無意義的墨點解釋個體的情緒、性格和思維障礙。在其「圖形解釋測驗」心理診斷法出版（1921）的一年後，羅夏克在 37 歲的時候離開了人世。後來，人們又對該測試進行了發展，但是後來出現的四個分支都存在這樣那樣的缺陷。1993 年，美國心理學家約翰・愛格耐結束了羣雄爭霸的混亂局面，建立了統一的測驗標準——綜合測試體系，一個沿用下來的精神分析實驗。

參見：阿爾弗雷德・比奈 50~53 頁，西格蒙德・佛洛伊德 92~99 頁，卡爾・榮格 102~107 頁

克拉克・赫爾
1884－1952 年

克拉克・赫爾早期的研究主要集中在心理測驗和催眠上。他曾出版《能力傾向測驗》（1929）以及《催眠與暗示感受性》（1933）。在客觀的行為主義方法的啟示下，赫爾出版了《機械學習的數學推理定律》（1940）——利用數學公式測量所有的行為（包括動物的行為）。他在其著作《行為原理》（1943）中對這一理論進行了發展，探討了強化在刺激－反應這一聯繫中的影響和作用。當時，他的《行為通用論》曾是最為標準的心理學研究體系之一。

參見：讓-馬丁・沙可 30 頁，阿爾弗雷德・比奈 50~53 頁，伊萬・巴甫洛夫 60~61 頁，愛德華・桑代克 62~65 頁

埃德溫・博林
1886－1968 年

埃德溫・博林是實驗心理學領域中的重要人物，他專門研究人的感覺和知覺體系。他對希爾的老婦 / 少女兩可圖的解釋使類似的圖片之後被稱為波林圖。20 世紀 20 年代，波林將哈佛心理系的研究領域從精神病學發展成為一個統合結構主義和行為主義的嚴格的科學學派。他先發表了第一本著作《實驗心理學史》（1929），之後又發表了《實驗心理學史上的感覺與知覺》（1942）。

參見：威廉・馮特 32~37 頁，愛德華・鐵欽納 334 頁

弗雷德里克・巴特利特
1886－1969 年

弗雷德里克・巴特利特是劍橋大學實驗心理學教授（1931—1951）。他因其記憶實驗而聞名，他要求被試閱讀一個並不熟悉的虛構故事（如鬼魂的戰爭），然後再要求被試進行回憶。結果發現被試會添加一些原本沒有的細節，或是為故事賦

予自己文化的意義。巴特利特認為，被試並不是不記得故事，而是重構了其內容。

參見：安道爾・圖爾文 186~191 頁，高爾頓・鮑爾 194~195 頁，威廉姆・里弗斯 334 頁

夏洛特・比勒

1893－1974 年

夏洛特・比勒與丈夫卡爾於 1922 年一起創辦了維也納心理研究所。她開始時主要研究兒童的人格和認知發展，後來拓展到了人類一生的發展。她將卡爾・榮格的三階段論拓展為四個階段：0~15 歲，16~25 歲，26~45 歲，46~65 歲。比勒發現成人的情緒與其幼兒時期的經歷之間存在聯繫。她設計的「世界測驗」是一種治療手段，使用一些微縮的複製品揭示兒童的內在情緒世界。在出版了《從出生到成熟》(1935)、《從兒童到老年》(1938) 之後，她移居美國。20 世紀 60 年代，比勒的研究對人本主義心理學的發展起到了重要的作用。

參見：卡爾・羅傑斯 130~137 頁，亞伯拉罕・馬斯洛 138~139 頁，維克多・弗蘭克爾 140 頁，高爾頓・奧爾波特 306~313 頁

大衛・韋克斯勒

1896－1981 年

第一次世界大戰期間，韋克斯勒（出生於羅馬尼亞的美國人）、愛德華・桑代克和查爾斯・斯皮爾曼一起作為軍隊的心理學家工作。他們一起實施了用以測試團體智力的陸軍甲種測驗。後來，他開發了比奈測試，增加了非言語推理的部分。韋克斯勒認為智力不僅在於理性思考的能力，還在於個體的有目標的行動能力以及有效處理環境的能力。1939 年，韋克斯勒－貝爾維智力量表出版，十年之後，他又出版了韋氏兒童智力量表 (1949)。現在，韋氏成人智力量表 (1955) 仍是使用最廣泛的智力測驗。

參見：弗朗西斯・高爾頓 28~29 頁，阿爾弗雷德・比奈 50~53 頁，大衛・麥克萊蘭 322~323 頁

南希・貝利

1899－1994 年

南希・貝利是美國著名兒童發展心理學家，她專門研究個體的運動和智力發展。在博士階段的學習中，她通過分析兒童汗腺中的水分含量測量兒童的恐懼水平。她的《貝利智力和運動發育量表》(1969) 依然是測量 1~42 個月的嬰兒的智力和身體發育狀況的世界級標準。

參見：埃德溫・格斯里 74 頁，西蒙・巴倫科恩 298~299 頁

米爾頓・艾里克森

1901－1980 年

艾里克森出生在內華達州，他基於多年對催眠的嘗試錯誤的觀察結果使得他成為催眠領域的全球權威。他用以誘發催眠的「艾里克森握手」使他聞名於世。艾里克森被認為是催眠治療的創始人，他的成就還對家庭治療、焦點解決療法、系統療法以及一些短期療法（其中就包括神經語言程式學，NLP）的發展產生了重要影響。

參見：B.F. 斯金納 78~85 頁，斯坦利・米爾格蘭姆 246~253 頁

亞歷山大・盧利亞

1902－1977 年

魯利亞出生在俄羅斯的喀山，早期他在莫斯科的心理研究所學習。他主要研究人類的反應時和思維過程，由此他發明了以及他獨有的「協同動力法」和有史以來第一台測謊機。之後，他前往了醫學院學習神經病學。由於他在生理和心理方面的雙重背景，他在腦損傷、記憶力減退、認知、失語症（語言障礙）等領域都取得了突破性的研究成果。他在著作《支離破碎世界中的男人：腦損傷的歷史》(1972) 中所講述的故事使人們進一步了解了神經系統疾病。

參見：西格蒙德・佛洛伊德 92~99 頁，B.F. 斯金納 78~85 頁，諾姆・喬姆斯基 294~297 頁

丹尼爾・拉加什

1903－1972 年

法國的丹尼爾・拉加什聽取了喬治・杜馬斯的講座後，燃起對實驗心理學、精神病理學和現象學的興趣。作為一名法醫和犯罪學專家，拉加什出版了一系列的著作，其中包括《嫉妒》(1947)、《病理學的悲哀》(1956)。國際精神分析協會於 1953 年因他對薩夏・納赫特的醫療威權主義提出批評而取消了他的會員資格，於是他和雅克・拉岡一起成立了獨立的精神分析學會。作為一名佛洛伊德學派的理論學家，拉加什在推進精神分析的公眾普及方面做出了重要貢獻，尤其是他將佛洛伊德理論與臨床治療的結合為精神分析的發展起到了不可忽視的作用。

參見：雅克・拉岡 122~123 頁

歐內斯特・希爾加德
1904－2001 年

20 世紀 50 年代，希爾加德和妻子在美國史丹福大學進行了有關催眠研究的開創性工作。1957 年，他們創立了催眠研究實驗室。之後，他與安德烈・穆勒・維特森霍夫一起開發了《史丹福催眠感受性量表》(1959)。他那備受爭議的新離解性學説和「隱藏觀察者效應」(1977)，即在催眠狀態下，執行控制系統下的子系統依然保有意識，經歷了時間的考驗。他出版的教科書《學習因素》(與馬奎斯合著，1940) 以及《心理學導論》(1953) 依然被沿用至今。

參見：伊萬・巴甫洛夫 60~61 頁，
萊昂・費斯廷格 166~167 頁，
埃莉諾・麥科比 284~285 頁

喬治・凱利
1905－1967 年

喬治・凱利的《個人建構主義心理學》(1955) 為人格心理學做出了重要貢獻。他富有人文主義的思想表明，個體會通過自己對事件的認知評價過程形成自己的人格特點。這一理論衍生出了用以研究診斷個體人格類型的角色建構測驗。這一測驗對認知心理學和心理測驗領域都有着重要的作用，同時，它也被運用於組織行為學以及教育研究的領域。

參見：約翰・赫爾巴特 24~25 頁，
卡爾・羅傑斯 130~137 頁，
烏瑞克・奈瑟爾 339 頁

穆扎費爾・謝里夫
1906－1988 年

謝里夫在土耳其長大，在美國的哥倫比亞大學獲得了博士學位，他的博士研究論文的題目是《社會因素如何影響個體的知覺》。他在 1936 年出版了《社會規範心理學》，其中的游動錯覺實驗令他聲名一時。謝里夫的一項重要貢獻在於他成功地將實驗室實驗和實地實驗結合到一起。他與妻子卡羅琳・伍德・謝里夫實施了著名的「羅伯斯山洞實驗」(1954)。其中，少年營員們被分為兩組。謝里夫裝扮成看門人，以觀察團體中偏見、衝突以及刻板印象的來源。他的研究後來衍生出來的現實衝突理論依然是我們用以理解羣體行為的基礎。他與卡爾・霍夫蘭還共同發展出了社會判斷理論 (1961)。

參見：所羅門・艾殊 224~227 頁，
菲利普・齊巴度 254~255 頁

尼爾・米勒
1909－2002 年

美國心理學家米勒在維也納追隨安娜・佛洛伊德和海因茨・哈特曼進行研究。在拜讀了拜耶科夫的《大腦皮質和內部器官》(1954) 之後，米勒開始試圖證實個體可以通過意志操控自己的內部器官及其功能。他的發現促使生物反饋治療技術的出現，旨在通過訓練個體對自己身體發出的信號做出反應來改善患者的狀態。

參見：安娜・佛洛伊德 111 頁，
阿爾伯特・班杜拉 286~291 頁

埃里克・伯恩
1910－1970 年

伯恩是加拿大精神病學家和精神分析學家，他提出了溝通分析理論，該理論將言語交流作為心理治療的首要要務。第一個開口的人説出的話語被稱之為溝通刺激，反饋者的反饋被稱之為溝通反饋。在溝通分析中，人格分為三種人格的獨立自我狀態：「父母」(parent ，P)、「成人」(adult ，A) 及「兒童」(child ，C) 三者；每個刺激和反饋都被視為這些「組成部分」的遊戲。所謂交換被視為「我為你做某事，而你也做些甚麼作為回報」。他的《人間遊戲》(1964) 指出，這種個體之間的「遊戲」或行為方式可以揭示個體隱藏的感受或情緒。

參見：艾瑞克・埃里克森 272~273 頁，大衛・麥克萊蘭 322~323 頁

羅傑・斯佩里
1913－1994 年

美國神經生物學家斯佩里對胼胝體的成功分離 —— 左右腦之間的傳輸信號 —— 為治療癲癇帶來了戲劇性的突破。1981 年，他因腦分割理論 (左右腦有着獨立的特化作用) 和大衛・胡貝爾、托斯坦・維厄瑟爾一起被授予諾貝爾生理學和醫學獎。

參見：威廉・詹姆斯 38~45 頁，
西蒙・巴倫科恩 298~299 頁

賽吉・萊伯維奇
1915－2000 年

萊伯維奇是法國著名佛洛伊德學派專家，他專門研究青少年、兒童和

嬰幼兒的發展，他尤其關注嬰兒和母親之間情感聯結的形成過程。他被認為是將兒童精神分析理論引入法國的先驅。他的主要著作有《精神分析在法國》(1980)、《國際青少年精神病學年鑑》(1988)。

參見：西格蒙德・佛洛伊德 92~99頁，安娜・佛洛伊德 111 頁

米爾頓・羅基奇
1918－1988 年

羅基奇是波蘭裔的美國社會心理學家，他主要研究宗教信仰如何影響個體的價值觀和態度。他將價值觀視為個體的核心動機以及個體對基本心理需求進行心理轉換的結果。他的教條主義理論探索了認知的開放性與閉鎖性的特點(《認知的開放性與閉鎖性》1960)。羅基奇的《教條主義量表》現在依然被廣泛使用，他的《羅基奇價值觀調查量表》被認為是調查特定羣體的信仰和價值觀的最為有效的工具之一。在他的《偉大的美國價值觀測驗》中，羅基奇等人對人們態度的轉變進行了測量，從而證實電視媒體可會對人們的價值觀造成影響。

參見：萊昂・費斯廷格 166~167頁，所羅門・艾殊 224~227 頁，阿爾伯特・班杜拉 286~291 頁

雷內・迪阿特凱內
1918－1997 年

迪阿特凱內是法國精神分析學家和心理學家，他聚焦於動力精神醫學領域。他強調不應關注觀察到的行為，而應關注情緒及其背後的思維過程。迪阿特凱內在推進心理健康機構的建立方面做出了重要貢獻，他曾於 1958 年協助創建精神健康協會。他的著作《早熟的精神分析》(與簡寧・西蒙合著，1972) 是他影響力最為持久的作品之一。

參見：安娜・佛洛伊德 111 頁，雅克・拉岡 122~123 頁

保羅・米爾
1920－2003 年

美國的保羅・米爾的研究對心理健康和研究方法論領域產生了持久的影響。在其著作《臨床預測與統計預測：理論分析和相關研究結果的回顧》(1954) 中，他指出，對行為的統計最好使用公式化的數學方法，而不是臨床分析。1962 年，他發現了精神分裂症在遺傳方面的證據，而之前人們一直認為精神分裂源於父母不恰當的養育方式。他的觀點「決定論和自由意志的不確定性」在其著作《身心問題的決定論與自由論》(與赫伯特・費格爾合著，1974) 中得到了體現。

參見：B.F. 斯金納 78~85 頁，大衛・羅森漢 328~329 頁

哈羅德・凱利
1921－2003 年

美國社會心理學家凱利在庫爾特・萊溫的指導下獲得了美國麻省理工學院的博士學位。他的第一項主要研究《溝通與説服》(與霍夫蘭和詹尼斯合著，1953) 將溝通分成了三個部分：「誰」、「對誰」、「説了甚麼」。他的觀點在當時得到了廣泛應用，他的觀點還影響了美國政治家宣傳自己的方式。1953 年，他開始與約翰・蒂博特進行合作研究，他們一起撰寫了《羣體社會心理學》(1959) 和後來的《人際關係：相互依存理論》(1978)。

參見：萊昂・費斯廷格 166~167頁，庫爾特・萊溫 218~223 頁，諾姆・喬姆斯基 294~297 頁

斯坦利・沙克特
1922－1997 年

沙克特出生在紐約，他與傑羅姆・辛格爾共同提出的情緒二因論 (斯辛二氏論) 使他們聞名於世。他們提出，身體的感覺與情緒之間存在聯繫，例如，個體在感到恐懼之前會先出現心跳增加和肌肉緊張的狀況，而個體的生理狀態又會影響其認知。

參見：威廉・詹姆斯 38~45 頁，萊昂・費斯廷格 166~167 頁

海因茨・赫克豪森
1926－1988 年

德國心理學家海因茨・赫克豪森是動機心理學領域的世界級專家。他的博士後論文主要研究了人們對成敗的希望和恐懼，基於早期對兒童動機發展的研究，他和萊茵博格提出了動機的高級認知模型。他與同為心理學家的女兒尤塔共同撰寫了《動機與行為》(1980) 一書，對心理學領域產生了持久的影響。

參見：郭任遠 75 頁，阿爾伯特・班杜拉 286~291 頁，西蒙・巴倫科恩 298~299 頁

安德烈・格林
1927－2012 年

安德烈・格林是埃及裔的法國精神分析學家，他在 20 世紀 50 年代追

隨雅克・拉岡進行實習期間對通信理論和控制論產生了濃厚的興趣。但後來，他對拉岡的理論提出了強烈的質疑，他認為拉岡過分強調象徵性和結構形式，而這使他背離了精神分析的理論宗旨。20 世紀 60 年代後期，格林重新回歸到精神分析的根本 —— 分析，並從這一點出發去探索人們的消極情緒情感。這在其論文《死去的母親》(1980) 中得到了最為貼切的詮釋，他的論文中描述了一個從心理上認為母親已經死去的兒童，因此當發現活着的母親時，孩子因此感到困惑和恐懼。

參見：西格蒙德・佛洛伊德 92~99 頁，唐納德・溫尼考特 118~121 頁，雅克・拉岡 122~123 頁，弗朗索瓦茲・多爾多 279 頁

烏瑞克・奈瑟爾

1928－2012 年

德裔美籍心理學家烏瑞克・奈瑟爾最著名的著作是《認知心理學》(1967)，書中概述了聚焦於心理過程的研究方法。後來，他對認知心理學提出了批評，因為他認為認知心理學在發展過程中忽視了人類知覺的重要作用。他的主要研究方向是人類的記憶，1995 年，他應邀擔任全美心理協會主席，開展了主題為「智力，已知與未知」的專項研究，並對已有的智力測驗理論進行了調查。他的論文後來出版在了《上升的曲線：長期上升的智商分數以及相關的測量》一書中。

參見：喬治・米勒 168~173 頁，唐納德・布羅德本特 178~185 頁

傑羅姆・卡根

1929 年－

卡根是美國發展心理學的領導人物，他認為生理因素比環境因素對個體心理特點的影響更大。他在兒童發展的生物學研究 (焦慮和恐懼對個體的自我意識、道德和記憶等方面的影響) 為氣質的生理學研究奠定了基礎。他對於行為的富有影響力的研究已經遠遠超出了心理學的範疇，其研究涉足犯罪學、教育學、社會學及政治學等領域。

參見：西格蒙德・佛洛伊德 92~99 頁，讓・皮亞傑 262~269 頁

邁克爾・路特

1933 年－

英國精神病學家邁克爾・路特改變了我們對兒童發展問題和行為問題的理解。在其著作《母愛剝奪再評價》(1972) 中，他駁斥了約翰・鮑爾比的選擇性依戀理論，他指出，兒童在童年有多個依戀對象的現象十分普遍。他之後的研究結果顯示，剝奪 (擁有後喪失) 與匱乏 (從未有過) 之間有着顯著的不同，而家庭不和比母愛被剝奪更容易造成反社會行為。

參見：約翰・鮑爾比 274~277 頁，西蒙・巴倫科恩 298~299 頁

弗里德曼・舒爾茨・馮恩

1944 年－

德國心理學家弗里德曼・舒爾茨・馮恩最為人所知的便是他的通信模型，闡述該模型的著作《和彼此對話》分別在 1981 年、1989 年和 1998 年出版了三個版本。馮恩指出，對話存在四個水平的溝通：闡述事實、表述自我、評論我們與他人的關係、要求他人做一些事情。他指出，如果說者與聽者處在不同的層次上，那麼雙方就會出現誤解。

參見：B.F. 斯金納 78~85 頁，庫爾特・萊溫 218~223 頁

約翰・特斯代爾

1944 年－

英國心理學家特斯代爾主要研究通過認知的方法治療抑鬱症。他和津戴爾・塞戈爾和馬克・威廉姆斯一起開發了正念認知療法 (MBCT)。該認知療法結合了正念以及東方的冥想技術，要求那些存在週期性抑鬱症狀的患者有意識地與其消極想法對抗，而不是靜待其發生；此外，患者還需要以超脱的視角審視自己的這些想法。

參見：高爾頓・鮑爾 194~195 頁，艾倫・貝克 174~177 頁

詞彙表

軼事法 Anecdotal method
使用觀察結果（通常不具科學性）作為研究數據。

原型 Archetypes
主要出現在卡爾・榮格的理論中，指的是我們集體無意識情況下用以組織經驗的先天的框架或模式。在神話和故事中，原型時常佔據着重要位置。

聯結 Association
(1) 對知識形成過程的哲學解釋，一般的敍述的方式是：個體將簡單的觀點聯結成為複雜的觀點體系；(2) 兩個心理過程的聯繫往往是個體對過去兩個經歷進行配對的結果。

聯想主義 Associationism
個體通過遺傳或後天學習獲得的對於刺激和反應的神經連接，也是個體不同行為模式的來源。

依附 Attachment
一種重要的情緒關係，個體會希望接近某人並從其那裏獲得安全感，常見於嬰幼兒對父母親的依戀。

注意 Attention
用以形容選擇性的、聚焦於特定目標的知覺過程的通用術語。

自閉症 Autism
一種自閉症頻普（ASD），即多種大腦機能失調的非官方術語，其主要特點是，極度關注自我，缺乏同情心，重複進行某一行為活動，語言和概念技能受損等。

行為矯正 Behaviour modification
使用有效的行為改變策略控制或改變個體或團體的行為。

行為主義 Behaviourism
一種心理學方法，研究的對象只限於可被觀察的行為，因為這些行為可以通過客觀的術語被加以觀察、描述和測量。

中心特質 Central traits
在高爾頓・奧爾波特的理論中，用以描述個體的六個左右的人格特質，例如「害羞」或「和善」。這些是人格的「建築模塊」。

經典制約
Classical conditioning
一種學習過程，其中某個中性刺激通過與另一個無條件刺激配對而被賦予了誘發某個特定反應的能力。

認知 Cognitive
個體的心理過程，比如知覺、記憶或思維。

認知失調 Cognitive dissonance
個體的信念或感受之間出現不一致性，這時常導致壓力的產生。

認知心理學 Cognitive psychology
一種聚焦於學習和掌握知識的心理過程的心理學方法，關注個體思維如何對經歷進行積極有效的管理。

認知風格 Cognitive style
個人所偏愛使用的信息加工方式。

集體無意識 Collective unconscious
在卡爾・榮格的理論中，指的是在個體最深層次的內心，通過原型獲得的積澱下來的精神性情。

條件反射或制約反應
Conditioned response (CR)
將某種中性刺激與一個無條件刺激進行配對，最終該中性刺激也能引發原本無條件刺激所引發的反應。

條件刺激或制約刺激
Conditioned stimulus (CS)
在經典條件反射中，通過將某個刺激與另一個無條件刺激進行配對，那麼這個刺激也將可以引發該無條件刺激可以引發的反應，這個刺激便是條件刺激。

相鄰 Contiguity
兩個事件或想法出現的時間彼此接近。這被認為是形成聯結的必要條件。

控制組 Control group
實驗中不接受研究者實驗控制的被試組。

相關 Correlation
一個統計術語，是指兩組數據或變量在特定情況下存在相似的變化趨勢。它時常會與因果關係相混淆。

成形智力 Crystallized intelligence
通過使用流體智力而獲得的技能、認知能力和策略。晶體智力會隨着年齡的增長而得到加強。

防禦機制 Defence mechanisms
在精神分析理論中，指個體通過無意識為抵擋焦慮而採取的心理反應。

減敏 Desensitize
一種通過不斷讓個體重複接觸某個刺激而降低個體對該刺激的反應強度的過程。

抑鬱 Depression
一種以無助感、低自我價值感、興趣缺失和情感淡漠為顯著特點的心理障礙。在極端個案中，抑鬱可能會損傷個體的正常機能，還可能誘發個體產生輕生念頭。

決定論 Determinism
一種認為所有的事件、行為以及選擇都是由過去事件或已經存在的誘因所導致的理論。

雙耳分聽 Dichotic listening
同時給兩隻耳朵播放兩種不同的信息。

自我 Ego
精神分析理論術語，是組成個體精神的三個組成部分之一（參見本我、超我）。自我是人格中理性的部分，是與外在世界及外在要求接觸的部分，其職責在於控制個體的本能。

經驗主義 Empiricism
一種強調知識來源於感覺和經驗的哲學和心理學方法。

編碼 Encoding
將感覺信息加工進記憶的過程。

動物行為學 Ethology
在自然狀態下研究動物行為的科學。

外向 Extraversion
一種人格類型，這種類型的個體會將精力主要放在外在世界和周圍的人身上（參見內傾性）。

消退 Extinction
(1) 某些事物的消亡，尤其指某個種族；
(2) 在條件學習中指在缺乏強化物的情況下，某種反應強度被削弱。

錯誤記憶 False memory
對於從未發生的事件的偽記憶，一般會被暗示所誘發。

家庭治療 Family therapy
形容針對整個家庭（而非個體）進行治療的通用術語，其假設是：個體的問題往往源自家庭系統中成員之間的關係。

場論 Field theory
庫爾特・萊溫關於人類行為的模型，該模型使用有組織力的場的概念來解釋個體的「生活空間」或社會領域的影響作用。

液態智力 Fluid intelligence
處理新問題的能力，隨着年齡的增長而衰退。

自由聯想 Free association
心理療法使用的一種技術，患者在給予某個單詞後説出自己腦海裏出現的第一樣東西。

佛洛伊德口誤 Freudian slip
個體做出 / 説出一個與自己原本打算做 / 説的行為 / 詞語接近但不同的行為 / 詞語，這反映了個體的無意識動機或焦慮。

功能主義 Functionalism
一種心理學理論，關注個體的心理對環境的適應性。

基本歸因誤差
Fundamental attribution error
個體傾向於從人格特質的角度（而非外在環境的因素）來解釋他人的行為。

普遍智力（「G」因素）
General intelligence (「g」)
根據查爾斯・斯皮爾曼的定義，普遍智力因素或能力可以通過個體在不同智力測驗中所得分數的相關性來加以測量，斯皮爾曼視其為測量個體心智能量的工具，而他人則認為這只表徵了個體的抽象推理能力。

完形心理學 Gestalt psychology
一個注重整體的心理學理論，強調心理加工過程中（如知覺過程）由部分組織成的整體（而非強調各組成部分）。

人本主義心理學
Humanistic psychology
強調自由意志和自我實現在心理健康方面重要作用的心理學學派。

催眠 Hypnosis
一個短暫的、容易被暗示的恍惚狀態。

假設 Hypothesis
需要通過實驗來證實或證偽的預測或預設。

本我 Id
精神分析理論術語，是組成個體精神的三個組成部分之一（參見自我、超我）。本我是心理能量的來源，本我順從於個體的本能。

個體差異 Individual differences
所有的心理特點在不同人身上有着或多或少的差別，比如人格或智力。

自卑情結 Inferiority complex
阿德勒精神分析學派提出的術語，當個體無法處理真實或想像的自卑感時會出現這一問題，出現自卑情結的個體可能會選擇放棄，也可能進一步超越自我。

印記 Imprinting
動物行為學術語，指動物出生後迅速出現的一種快速學習系統。常見於對特定的個體或物件產生依戀。

先天 Innate
天生的或個體出生後便有的一種有機體系；可能來源於遺傳，也可能不是。

本能 Instincts
天生的傾向或內驅力。在精神分析中，這些是激發個體行為和個性的動力。

工具性制約
Instrumental conditioning
一種條件作用，是指動物會因行為的結果而改變其行為。動物走迷津實驗便是一個很好的例子。

智商 Intelligence quotient (IQ)
一種可以讓個體的智力與標準智力水平進行比對的智力指數。最早由威廉・斯登提出，計算方法是用個體的心智年齡除以其生理年齡，然後乘以 100。

內省 Introspection
最為古老的一種心理學方法，由自我發現的過程組成：通過審視自己內在的思維和感覺過程了解並報告自己的內在狀態。

內向性格 Introversion
一種人格類型，這種類型的個體會將精力主要放在自己內在的思維和感受上（參見外向）。

最小可覺差異
Just noticeable difference
個體可以察覺的兩個物理刺激之間的最小差異。

效果律 Law of Effect
由行為主義代表人物愛德華・桑代克提出，該原則的含義是，如果個體對於某個事件有多種可選的行為反應，那麼只有那些得到獎勵的行為與事件的聯結會得到加強，而得到懲罰的行為與事件的聯結將會被削弱。

唯物主義 Materialism
認為只有物質領域是真實的，認為心理現象可以通過物質角度加以解釋的學科。

智力年齡 Mental age
兒童在特定任務上表現出的平均能力所屬的年齡，判斷的方法在於通過標準化測驗將兒童反應與一般的行為標準進行比對。

心身論爭 Mind-body problem
界定心理和物理事件之間交互作用的問題，最早由笛卡兒提出。

負強化 Negative reinforcement
在工具性或操作性條件作用中，通過移除某個消極刺激而加強某個行為反應。

神經元 Neuron
一種可以在不同大腦區域傳遞信息（如神經衝動）的神經細胞。

神經心理學 Neuropsychology
涉及心理學和神經學的二級學科，關注大腦的結構和機能，聚焦於大腦障礙對行為和認知的影響。

無意義音節 Nonsense syllables
由三個字母組成的非詞音節，最早出現在赫爾曼・艾賓浩斯對學習和記憶的研究中。

俄狄匹斯情結 Oedipus complex
來自精神分析理論，指的是男孩在 5 歲左右時的一種發展狀態 —— 男孩會在無意識中對母親產生渴望，並有取代、傷害父親的願望。

操作制約作用
Operant conditioning
通過作用於環境而獲得相應結果的一種條件作用，例如通過按壓槓桿獲得食物。

人格 Personalit
個體穩定而持久的心理和行為特點或特質，這些特點使個體擁有一種相對固定的行為方式。

現象學 Phenomenology
而是一種通過「直接經驗」獲取知識，而不會利用任何預設、假設或解釋來對其進行分類的方法。

恐懼症 Phobia
一種焦慮性障礙，有此問題的個體會頻繁出現強烈的、無理性的恐懼。

正強化 Positive reinforcement
行為主義的重要概念，指的是在預期行為出現後迅速給予獎勵或積極刺激物的過程。

實用主義 Pragmatism
該學說將人類的觀點視為行為的規則，而觀點正確與否要依據實踐結果來判斷。

精神分析 Psychoanalysis
西格蒙德・佛洛伊德的系列理論及治療方法，其核心在於探索影響人類行為的無意識過程。

心理物理學 Psychophysics
研究心理和生理之間關係的科學研究。

性心理發展期
Psychosexual stages
在精神分析理論中，專指兒童的發展階段，聚焦於不同時期兒童用以獲取滿足感的身體部位。

心理治療 Psychotherapy
對所有使用心理治療的技術（而非生理技術）的療法的統稱。

目的行為主義
Purposive behaviourism
愛德華・托爾曼提出的理論，該理論指出，所有的行為都有其終極目標。

現實原理 Reality principle
在精神分析中，指的是用於管理我們的自我、現實世界以及外在需求的一系列原則。

反射 Reflex
對某個刺激的自動反應。

強化 Reinforcement
在經典條件反射中，用以提高某種反應再次出現的可能性的程序。

複製 Replication
對某個實驗或研究進行事無鉅細的完全重複，以期得到同樣的結果。複製對於證實某個發現的正確性而言十分關鍵。

壓抑 Repression
在精神分析理論中，自我防禦機制會將那些不被接納的想法、記憶、衝動或期望推出意識領域。安娜・佛洛伊德還將其稱為動機性遺忘。

提取 Retrieval
搜尋、找到存儲在記憶中的信息的過程。

精神分裂 Schizophrenia
一組會對個體不同腦區的機能造成損傷的嚴重的心理障礙（開始時被誤認為是早發性痴呆）。主要特點是思維混亂、情感缺失或出現不協調的情緒、對現實產生歪曲理解。

自我實現 Self-actualization
個體的潛力得以充分發揮並被表現出來。在亞伯拉罕・馬斯洛看來，這是人類最高級別的需求。

塑造 Shaping
在行為主義理論中，行為的塑造指的是當個體的行為接近或達成預期的反應標準時，給予其正強化的過程。

社會學習 Social learning
一種認為學習是基於觀察他人行為及結果的理論。阿爾伯特・班杜拉是該理論最著名的人物。

刺激 Stimulus
能夠被個體所覺察、引發個體反應的環境中的任何物體、事件、情景或因素。

意識流
Stream of consciousness
威廉・詹姆斯對意識的描述，即思維持續的、流動的過程。

結構主義 Structuralism
以研究個體意識結構為主的心理學理論。

超我 Superego
在精神分析理論中，這一術語指的是個體心靈中從父母或社會的價值觀和標準中傳承下來的組成部分（參見自我、本我），它主要受道德約束所控制。

特質理論 Trait theory
該理論認為，個體相對持久的、穩定的性格特點是導致個體差異的主要原因。

移情 Transference
在精神分析理論中，指的是來訪者會將其過去人際關係中（尤其是和父母的關係）的情緒反應轉移到治療師身上的傾向。

試誤法學習
Trial and error learning
愛德華・桑代克最初提出的一種學習理論，指的是個體通過反覆實施多個行為反應，直致得到預期結果的學習過程。

無條件關懷
Unconditional positive regard
在卡爾・榮格的以來訪者為中心的療法中，指的是諮詢師對來訪者的絕對的接納。

非制約反應
Unconditioned response
在經典條件反射中，對某個刺激做出的反射性（無條件的、天然的）反應（如將四肢遠離造成痛苦的刺激物）。

非制約刺激
Unconditioned stimulus
在經典條件反射中，能夠引發反射性（無條件的、天然的）反應的刺激。

無意識 Unconscious
在精神分析理論中，指意識無法進入的精神領域。

效度 Validity
是指測量工具或手段能夠準確測出所需測量的事物的程度。

蔡戈尼克效應 Zeigarnik effect
指個體對未完成的工作比對已完成的工作記憶更加深刻的傾向。

索引

（以漢語拼音排序）

A

B

C

D

E

F

G

H I

J

K

L

M

N

P

Q

R

S

T

W

X

Y

Z

致 謝

Dorling Kindersley would like to thank Shriya Parameswaran, Neha Sharma, Payal Rosalind Malik, Gadi Farfour, Helen Spencer, Steve Woosnam-Savage, and Paul Drislane for design assistance; Steve Setford for editorial assistance; and Stephanie Chilman for composing the Directory.

PICTURE CREDITS

The publisher would like to thank the following for their kind permission to reproduce their photographs:

(Key: a-above; b-below/bottom; c-centre; f-far; l-left; r-right; t-top)

19 The Bridgeman Art Library: Bibliothèque de la Faculté de Médecine, Paris / Archives Charmet (tr). **21 Corbis:** Bettmann (tr). **Getty Images:** Hulton Archive (bl). **23 akg-images:** Bibliothèque nationale (tc). **Alamy Images:** Tihon L1 (bl). **25 Getty Images:** Hulton Archive (tr). **27 akg-images:** Coll. Archiv f. Kunst & Geschichte (tl). **Corbis:** Bettmann (bl). **29 The Bridgeman Art Library:** Birmingham Museums and Art Gallery (bc). **Getty Images:** Hulton Archive (tr). **30 Getty Images:** Imagno / Hulton Archive (br). **35 Alamy Images:** Interfoto (br). **Corbis:** Visuals Unlimited (tc). **36 Corbis:** Bettmann (tr, tc). **37 Corbis:** Bettmann (bl). **40 Corbis:** (bl). **43 Corbis:** The Gallery Collection. **44 Corbis:** Underwood & Underwood (br). **45 Science Photo Library:** Chris Gallagher (tr). **47 Corbis:** Bettmann (tr). **49 Corbis:** Bettmann (bl); Bill Varie (tr). **51 Science Photo Library:** US National Library of Medicine (tr). **52 Corbis:** Bettmann (bl). **55 Alamy Images:** Eddie Gerald (cr). **Lebrecht Music and Arts:** Rue des Archives / Varma (bl). **61 Corbis:** Bettmann (bl). **LawtonPhotos.com :** (tl). **65 Corbis:** Jose Luis Pelaez, Inc. (tl). **Science Photo Library:** Humanities and Social Sciences Library / New York Public Library (tr). **69 Corbis:** Underwood & Underwood (bl). **71 The Advertising Archives:** (br). **73 Corbis:** Sandy Stockwell / Skyscan (cr). **Magnum Photos:** Wayne Miller (bl). **75 The Advertising Archives:** (cra). **77 Getty Images:** Nina Leen / Time & Life Pictures (br). **81 Getty Images:** Nina Leen / Time & Life Pictures (br). **82 Getty Images:** Joe Raedle (br). **83 Corbis:** Bettmann (tr). **84 Alamy Images:** Monashee Frantz (bl). **87 Getty Images:** Lambert / Archive Photos (tr). **94 Getty Images:** Imagno / Hulton Archive / Sigmund Freud Privatstiftung (tr). **97 Alamy Images:** Bjanka Kadic (bl). **98 The Bridgeman Art Library:** Museum of Modern Art, New York / © Salvador Dali, Fundació Gala-Salvador Dalí, DACS, 2011. **99 Corbis:** Hulton-Deutsch Collection (tr). **101 Corbis:** Guo Dayue / Xinhua Press (tl). **Getty Images:** Imagno / Hulton Archive (tr). **105 Getty Images:** Imagno / Hulton Archive (br). **106 Getty Images:** Apic / Hulton Archive (bl). **107 akg-images:** Walt Disney Productions (tl). **Getty Images:** Imagno / Hulton Archive (tr). **108 Corbis:** Robbie Jack (cra). **109 Wellcome Images:** (bl). **116 Corbis:** Robert Wallis (tl). **117 Alamy Images:** Harvey Lloyd / Peter Arnold, Inc. (tl). **Science Photo Library:** National Library of Medicine (bl). **119 Getty Images:** Hulton Archive (tr). **120 Corbis:** Nancy Honey (br). **123 Getty Images:** Ryan McVay (tl). **Lebrecht Music and Arts:** Rue des Archives / Collection Bourgeron (bl). **127 Corbis:** Michael Reynolds / EPA (tr). **129 Getty Images:** Leonard Mccombe / Time & Life Pictures (tr); Roger-Viollet (bl). **134 Corbis:** Pascal Deloche / Godong (tl). **135 Getty Images:** David Malan / Photographer's Choice (tr). **136 Corbis:** Roger Ressmeyer (bl). **137 Getty Images:** Peter Cade / Iconica (tl). **139 Corbis:** Ann Kaplan (tr). **144 Corbis:** Bettmann (bl). **Getty Images:** Mark Douet (tr). **147 Corbis:** Jutta Klee (tl/computer); Roy Morsch (tc/blamer); Larry Williams (tr/placator). **Getty Images:** Nathan Blaney / Photodisc (tc/leveller). **148 Getty Images:** Dennis Hallinan (b). **151 Corbis:** Allen Ginsberg (tr); Robbie Jack (bl). **153 Getty Images:** Miguel Medina / AFP (tr); Toru Yamanaka / AFP (tl). **155 Alamy Images:** Sigrid Olsson / PhotoAlto (cra). **161 TopFoto.co.uk:** Topham Picturepoint (tl, tr). **162 Getty Images:** Andersen Ross / Photodisc (cb). **165 Press Association Images:** (tr). **167 Science Photo Library:** Estate of Francis Bello (bl). **173 Corbis:** William Whitehurst (tl). **Jon Roemer:** (tr). **175 Beck Institute for Cognitive Behavior Therapy:** (tr). **176 Corbis:** Bettmann (br). **181 Alamy Images:** David O. Bailey (tl). **Science Photo Library:** Corbin O'Grady Studio (tr). **182 Corbis:** Carol Kohen (bl). **184 Corbis:** H. Armstrong Roberts / ClassicStock (bc, br). **Getty Images:** George Marks / Retrofile / Hulton Archive (bl). **185 Corbis:** Monty Rakusen (tr). **190 Alamy Images:** Gary Roebuck (tl). **Courtesy of Baycrest:** (bl). **192 Corbis:** Owaki/ Kulla (cra). **195 Corbis:** Ocean (tr). **197 Getty Images:** Steven Dewall / Redferns (bl). **199 Claremont Graduate University:** Photo by C. Sajgó (bl). **Corbis:** Charles Vlen / Bettmann (tl). **201 Getty Images:** Purestock (bc). **Positive Psychology Center, University of Pennsylvania. :** (tr). **204 Courtesy of UC Irvine:** (bl). **207 Corbis:** Guy Cali (bl). **210 Alamy Images:** Michele Burgess (cb). **212 Lebrecht Music and Arts:** Matti Kolho (bc). **213 University of Bath:** (tr). **221 Getty Images:** Chris Ryan / OJO Images (tr). **222 Corbis:** Moment / Cultura (bc). **223 Alamy Images:** Interfoto (bl). **Corbis:** K.J. Historical (tl). **225 Solomon Asch Center for Study of Ethnopolitical Conflict:** (tr). **227 Corbis:** Bettmann (bl). **229 American Sociological Association, www.asanet.org. :** Photo of Erving Goffman (bl). **Corbis:** Yi Lu (cr). **234 Corbis:** Claro Cortes / Hanoi, Vietnam (tl). **235 Corbis:** Hannes Hepp (bc). **Stanford News Service. :** Linda A. Cicero (tr). **237 Corbis:** Walt Sisco / Bettmann (cr). **239 Corbis:** Sophie Bassouls / Sygma (bl). **241 The Bridgeman Art Library:** Musée national des arts et traditions populaires, Paris / Archives Charmet (tc). **William Glasser Inc. - www.wglasserbooks.com :** (tr). **243 Alamy Images:** David Grossman (tl). **University of Waterloo:** Maurice Greene (bl). **245 Corbis:** Bettmann (bl). **Special Collections, University of California, Santa Cruz:** (tr). **249 Getty Images:** Apic / Hulton Archive (tr). **Manuscripts and Archives, Yale University Library:** Courtesy of Alexandra Milgram (bl). **251 Getty Images:** Peter Stackpole / Time & Life Pictures (br). **252 Corbis:** Stapleton Collection (br). **253 Corbis:** Geneviève Chauvel / Sygma (tl). **255 TopFoto.co.uk:** Topham Picturepoint (tr). **Philip G. Zimbardo, Professor Emeritus, Stanford University:** (tl). **257 Universidad Centroamericana "José Simeón Cañas" (UCA), El Salvador:** (bl). **265 Corbis:** The Gallery Collection (tc). **267 Science Photo Library:**

Bill Anderson (bl). **268 Corbis:** Bettmann (bl). **269 Alamy Images:** Thomas Cockrem (br). **271 Corbis:** Jerry Cooke (cr). **273 Corbis:** Ted Streshinsky (tr). **Getty Images:** Jose Luis Pelaez / Iconica (bc). **276 Corbis:** Hulton-Deutsch Collection (tr). **277 Richard Bowlby:** (bl). **Getty Images:** Lawrence Migdale (tr). **278 Science Photo Library:** Photo Researchers (cr). **281 Corbis:** Tim Page (tr). **282 Library Of Congress, Washington, D.C.:** Gordon Parks (cr). **283 Corbis:** Bettmann (tr). **285 Corbis:** Bob Thomas (tc). **Special Collections, Eric V. Hauser Memorial Library, Reed College, Portland, Oregon:** (bl). **289 Albert Bandura:** Department of Psychology, Stanford University (tr). **290 Alamy Images:** Alex Segre (tr). **291 Corbis:** Ocean (b). **293 Corbis:** Bettmann (tr). **296 Corbis:** Christopher Felver (bl). **297 Corbis:** Frans Lanting (br); Brian Mitchell (tl). **299 Getty Images:** Trisha G. / Flickr (bl). **Rex Features:** Brian Harris (tr). **305 Getty Images:** Stan Munro / Barcroft Media (tl). **310 The Bridgeman Art Library:** Palazzo Vecchio (Palazzo della Signoria), Florence (tr). **312 Getty Images:** MPI / Archive Photos (tl). **313 Corbis:** Bettmann (tr). **315 Courtesy of the University of Illinois Archives:** Image 0000950. Found in RS: 39/1/11, Box 12, Folder Raymond B. Cattell (bl). **320 Corbis:** Bettmann (bl). **321 Getty Images:** Universal History Archive/ Hulton Archive (tl). **Mary Evans Picture Library:** John Cutten (tr). **323 Harvard University :** Jane Reed / Harvard News Office (tr). **Science Photo Library:** Van D. Bucher (bc). **325 Getty Images:** Universal History Archive / Hulton Archive (tr). **Dolph Kohnstamm:** (bl). **327 Corbis:** Monalyn Gracia (tc). **Courtesy of University Archives, Columbia University in the City of New York. :** Joe Pineiro / Office of Public Affairs Negatives - Box 109 (tr). **329 Corbis:** Bettmann (bl). **331 The Kobal Collection:** 20th Century Fox (tc).

All other images © Dorling Kindersley.

For more information see:
www.dkimages.co.uk

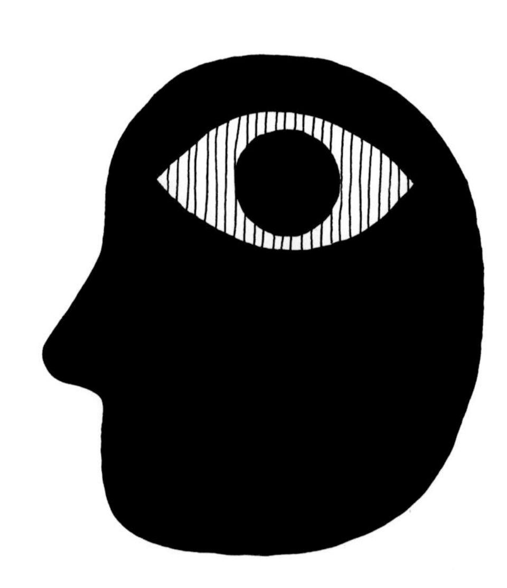